"博学而笃志,切问而近思。"
(《论语》)

博晓古今,可立一家之说;
学贯中西,或成经国之才。

作者简介

姚凯,复旦大学管理学院教授、博士生导师,复旦大学全球科创人才发展研究中心主任,复旦大学文科科研处副处长。兼任上海市行为科学学会副会长,入选教育部新世纪优秀人才支持计划和上海市曙光计划。长期从事领导学、人才资源开发与管理、创新创业等领域的学术和咨政研究。主持或完成国家社会科学基金重大项目、国家自然科学基金项目、上海市人民政府决策咨询研究重点项目等六十余项课题。出版《上海全球城市人才资源开发与流动战略研究》《大学生创业导论》等著作八部,在《管理世界》《中国工业经济》等权威和核心期刊上发表学术论文一百余篇。

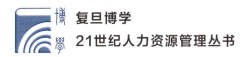

复旦博学
21世纪人力资源管理丛书

上海市精品改革领航课程
复旦大学精品课程
复旦大学课程思政示范课程指定教材

职业责任与领导力

姚凯 编著

复旦大学出版社

内容提要

以职业责任与领导力为核心内容的综合素养教育是新时代我国高校人才培养的内在要求和根本任务。本书有机融合职业责任和领导力两大知识体系，致力于将职业责任与领导力的原理阐释与内在逻辑、时代内涵与外在表现、实现机制与开发修炼相结合，形成了全面系统、内容丰富、逻辑严密、观点新颖的现代学科理论体系，全面涵盖了新时代呼唤职业责任与领导力、责任与职业责任的逻辑、职业责任的实践与实现机制、领导力的本质与理论模型、领导力实践与开发、领导与职业责任的关系、领导力与职业责任的修炼以及领导力和职业责任的未来等丰富的内容。侧重于当代青年职业责任与领导力的心智养成和技能培养，也便于读者从整体上了解和充分把握职业责任与领导力的内容体系全貌。

本书汇集学科领域最新研究成果，并开创性地形成了新的理论体系，前沿理论与案例分析结合，具备原创性、高起点、适用性、易读懂等特点。本书作为基础性通识课程教材，不仅适合于本科生，也可作为研究生、MBA、EMBA的教学参考书，各类组织领导者、管理者和高校研究人员的研修用书。

丛书编辑委员会

主　任　曾湘泉

委　员（按姓氏笔画排序）

文跃然　孙健敏　刘子馨　刘尔铎　萧鸣政
苏荣刚　郑功成　徐惠平　彭剑锋

总策划

文跃然　苏荣刚

序 一

我国近年来加快实施科教兴国和人才强国战略,大力推进高等教育的现代化和内涵式发展,势必要求我国高校要在以人为本、德育优先、促进人的全面发展等原则下,通过打造更高层次的人才培养体系,培养担当民族复兴大任的时代新人。在我国进入产业加速转型升级、经济高质量发展、社会治理结构发生深刻变革的新的历史时期,职业责任和领导力的培养和塑造不仅可以成为当代大学生(包括研究生)职业发展的基石和主要动力,有益于其实现未来的职业成功,同时也有利于促进其时代使命与责任的内化,有效提升当代大学生对未来社会的影响力。因而职业责任和领导力作为大学生素质教育的重要内容,日益受到我国高等教育界的广泛关注。

目前由于我国职业责任和领导力的教育刚刚起步,尚缺乏统一、规范的优秀教材;尤其是职业责任的教学内容尚处于空白,尚未真正建立起有效融合职业责任与领导力两大知识领域的理论体系。同时各高校教师按各自课程需要分别进行讲授,造成学生对本课程知识体系把握角度和领导能力修炼深浅程度参差不齐,影响以后其他专业课程的学习,也不利于学生创业素质和职业能力的培养。

我很高兴地看到,姚凯教授编著的领导力基础教材《职业责任与领导力》正式出版,正本清源地弥补上述缺憾,并创新性地形成了职业责任与领导力的理论体系。姚凯教授长期从事领导力、人力资源开发与管理、大学生创新创业等方面的研究与教学工作,与大学生们有非常密切的交流与沟通,了解大学生的需求及群体特征,分享他

们的成功与感悟,指导他们的创业和就业实践,这些亲身经历为他的教材增色不少。在我看来这本书至少有以下五个特点:

一是"系统性",即内容体系系统全面,涵盖并融合了职业责任与领导力。本书不仅致力于培养大学生职业情感、激发职业责任和领导力意识,而且致力于将职业责任与领导力的原理阐释与内在逻辑、时代内涵与外在表现、实现机制与开发修炼相结合,形成全面系统、内容丰富、逻辑严密的现代的内容体系。从整体上来看本书全部章节分为五个部分的内容,第一部分包括"新时代呼唤职业责任与领导力",第二部分包括"责任与职业责任的逻辑"和"职业责任的实践与实现机制",第三部分包括"领导力的本质与理论模型"和"领导力实践与开发",第四部分包括"领导与职业责任"和"领导力与职业责任的修炼",第五部分包括"领导力、职业责任与未来"。侧重于大学生职业责任与领导力的心智养成和技能培养,也便于读者从整体上了解和充分把握职业责任与领导力的内容体系全貌。

二是"创新性",即理论体系具有鲜明的探索创新。本书首先科学分析和提炼了新时代的主要特征,大学生群体的时代特征,以及职业责任与领导力的时代要求与内涵,使本书站在了时代的前沿。其次,本书一改传统教科书说教式的风格,首创性地从领导的"领导者—追随者—绩效"过程模型的内在逻辑出发,分别从领导者个人和组织两个层面科学推导演绎并得到令人信服的八个方面的职业责任来源,从理论上根本解决了职业责任来源的"迷思"。在此基础上,本书构建了沟通职业责任与领导力的"桥梁"理论,从个人责任、组织责任、社会责任等三个角度筛选出职业责任与领导力之间的深层次逻辑关系和不同的上升途径,从机理上使读者理解新时代职业责任的担当是提高领导力的必由之路。再次,本书通过国内外理论和实践的充分借鉴,采用动态演化的视角,使大学生充分了解在职业生涯生命周期的不同阶段,如何有效地提升自己的职业责任和领导力以实现职业发展的成功。最后,本书还从时代发展的视角对未来职业责任和领导力发展进行了探索性的演化分析,以便读者能够对职业责任与领导力的未来发展趋势有前瞻性的展望。

三是"适用性"。本书在大学生践行职业责任和领导力过程中面临的责任和领导力缺失、失范和失度等现象的基础上,针对当代大学生群体特点,列举了大学生职业责任和领导力在职业生涯不同阶段面临的形形色色的误区和主要问题,紧扣大学生职业责任和领导力提升主题,形成了有针对性的提升思路和对策,准确把握了大学生的心理状态、困惑和现实需求。

四是"实用性"。本书不仅内容全面,逻辑性强,思维慎密,脉络清晰,带来了创新的理念和思想的盛宴,而且在广泛借鉴国内外职业责任和领导力实践与开发经验的基础上,带来了经典和最新的培养模式,培养和提升方法、技能都具有很强的可操作性。本书还列举了大量的大学生和企业家的典型案例,重视"失败"经历、挫折教育,具有很好的可读性，便于广大读者理解和借鉴。

五是"前沿性"。本书在理论方面，在职业责任与领导力的基础理论阐述的基础上，全面介绍了国内外关于职业责任与领导力理论模型、培养模式的最新进展，总结归纳了理论演变的逻辑，前瞻性地预测了面向未来的领导力和职业责任新形态和新趋势。

总之，本书是一本非常适合现代高校对大学生进行职业责任与领导力教育和培养的优秀教材。不仅可以有效提升大学生个人职业素养和领导能力，对职业发展的成功大有裨益；在时代呼唤大学精神回归并赋予职业责任和领导力崭新内涵的今天，也有助于大学生群体紧紧抓住时代的脉搏，与时俱进，不断提升领导力，切实肩负起当代青年的时代使命和责任。我认为，本书作为基础性的通识课程教材，不仅适合于大学生读者，而且也可以作为研究生、MBA、EMBA 的教学参考书，各类组织领导者、管理者和高校研究人员的研修用书。

杨百寅

清华大学经济管理学院

伟创力讲习教授

领导力与组织管理系主任

2020.3.12

随着新时代的到来,传统的知识型人才和应用型人才已经难以满足我国经济转型和创新型国家战略的迫切需求,培养能够肩负民族复兴重任的社会领导者和创新创业人才是国家经济社会发展对高校人才培养模式转变的必然要求,也是我国高校教育改革的主要方向和双创工作的重要战略支点。同时,在当今社会个体价值崛起与多元化价值观交织以及不确定和颠覆性创新的时代背景下,也迫切地需要我国高校加快推进以职业责任和领导力为核心内容的综合素养教育。

目前职业责任和领导力教育虽然得到了我国高等教育界的普遍认同和广泛的重视,但是由于缺乏科学、规范的教学理论体系指导,我国的职业责任与领导力教育目前尚处于萌芽状态,无论是高校还是业界都迫切地呼唤具有时代引领性、内容系统性的教材问世。

令人欣喜的是,姚凯教授编著的领导力通识教材《职业责任与领导力》的正式出版率先打破了上述窘境,并呈现出以下五个方面的突出特点:一是"讲大道",本书注重遵循规律,从新时代的主要特征和服务国家战略入手,探索新经济发展的规律和逻辑;启迪大智慧,培养当代青年战略性思考的全局眼光;寻求走正道,收获规避人生、事业误区和陷阱的良方。二是"求创新",本书实现了教学理论体系学理上的突破和创新,从机理上真正厘清了职业责任的来源、职业责任和领导力之间的相互关系,系统地实现了职业责任和领导力两大知识体系的有机融合。三是"接地气",通过解读移动互联网时代和大数据时代最新的管理理念、商业模式和企业发展趋势,从而赋予职业责任和领导力新的时代内涵。四是"重感悟",注重当代青年学习力的培养和提升,引导其提高理论结合实践的悟性,并在无形中提高其认知和情感的灵性与高度统一。五是"谈发展",致力于使当代青年通过学习和修炼形成良好的自我认知和独立思考能力,并能够自觉地指导其未来的职业选择和职业发展,引导其未来的创新创业和商业决策,促使其在未来的商业社会产生更大的影响力。

相比于其他的教材,姚凯教授编著的《职业责任与领导力》在呈现形式上也具有鲜明的特色:一是,从当代大学生群体的时代特征和未来领导者的愿景出发,阐释职业责任和领导力的理论逻辑、实践与开发,对于当代青年有很强的针对性;二是,通过对未来职业责任和领导力理论新趋势及实践新态势的展望,引发读者动态和前瞻性的思考;三是,内容更加倾向于贴近企业实践和商业实战,可以帮助读者更容易上手;四是,有不少精心挑选的企业家和大学生职业责任与领导力的正向及反向的案例,可以为读者提供有益的参考;五是,文字生动活泼,读者阅读起来更加轻松愉快。

因此,我认为《职业责任与领导力》不仅可以作为教材,也可以作为高校广大青年读者的参考读物,当然也可以为业界的各类组织领导者、管理者和相关研究人员提供有益的借鉴。

职业责任与领导力研究总是与改革开放和时代发展共命运。从20世纪70年代至今,中华大地改革开放已经走过四十余年不平凡的历程,全球经济一体化和人类命运共同体建设呈现出新的时代特征,职业责任和领导力的教学和研究也从较低水准走向较高水准,就学术高度而言,我认为本书虽然不可能尽善尽美,但它已经是无愧于服务国家和高等教育发展的一份代表之作。

衷心祝贺本书的出版面世!

包季鸣

复旦大学管理学院教授

复旦大学 EMBA 学术主任

2020.3.12

目 录

1	**第一章 新时代呼唤职业责任与领导力**
1	【本章要点】
2	【导读案例】
3	第一节 职业责任是职业发展的基石
13	第二节 领导力是职业发展的动力
20	第三节 新时代赋予职业责任与领导力新内涵
47	【本章小结】
47	【案例研究与分析】

52	**第二章 责任与职业责任的逻辑**
52	【本章要点】
53	【导读案例】
54	第一节 责任的特点与来源
64	第二节 责任的分类
76	第三节 职业责任的主要特点与内在逻辑
83	第四节 职业责任的构成要素
92	第五节 职业责任的外在表现
97	第六节 职业责任的负面现象
102	【本章小结】
103	【案例研究与分析】

108 第三章 职业责任的实践与实现机制

108	【本章要点】
109	【导读案例】
110	第一节 职业和职业教育的历史探究
116	第二节 职业责任培养的典型模式研究
123	第三节 职业责任的实现机制
155	【本章小结】
155	【案例研究与分析】

160 第四章 领导力的本质与理论模型

160	【本章要点】
161	【导读案例】
163	第一节 领导理论的演变
190	第二节 领导与领导力
196	第三节 领导力的逻辑
216	第四节 领导力的时代要求
218	【本章小结】
219	【案例研究与分析】

225 第五章 领导力实践与开发

225	【本章要点】
226	【导读案例】
228	第一节 领导力实践与开发的理论
242	第二节 领导力开发的典型模式研究
248	第三节 领导力开发的系统构建
258	【本章小结】
258	【案例研究与分析】

263 第六章 领导与职业责任

263	【本章要点】
264	【导读案例】
265	第一节 领导者的职业责任表现

277	第二节　领导力与职业责任的关系
293	【本章小结】
294	【案例研究与分析】

298　第七章　领导力与职业责任的修炼

298	【本章要点】
299	【导读案例】
302	第一节　职业生涯准备期的职业责任与领导力培养
316	第二节　职业生涯早期的职业责任与领导力发展
329	第三节　职业生涯中期的职业责任与领导力提升
337	第四节　职业生涯晚期的职业责任与领导力传承
340	【本章小结】
340	【案例研究与分析】

343　第八章　领导力、职业责任与未来

343	【本章要点】
344	【导读材料】
345	第一节　面向未来的领导力
369	第二节　面向未来的职业责任
380	【本章小结】
381	【案例研究与分析】

第一章

新时代呼唤职业责任与领导力

【本章要点】

通过对本章内容的学习,应了解和掌握如下内容:

1. 什么是职业责任?其基本内涵包括哪些方面?
2. 什么是领导力?如何理解领导力的本质?
3. 职业责任与领导力对个人职业发展有何重要作用?
4. 职业责任与领导力对推动时代发展、完成个人历史使命有哪些重大意义?作为新时代的青年应该如何有效提升和发展自己的职业责任与领导力?

【导读案例】

胡玮炜：从机器猫的梦想到摩拜单车

胡玮炜，1982年出生于浙江东阳。2004年从浙江大学城市学院新闻系毕业后，进入《每日经济新闻》经济部，成为一名汽车记者。之后其又进入《新京报》《商业价值》极客公园创业社区等做科技报道。在北京和上海生活期间，胡玮炜和许多年轻人一样，也都买过属于自己的自行车，但是结局大致相同：要么是车被偷了，要么就是因为在城市里面骑车、存车非常不方便，弃用了。"与生活在大城市的人一样，当我无数次从地铁站出来，在高峰期的时候根本打不到出租车，明知道很危险，可能也会坐一辆黑摩的。""当时我就希望自己像机器猫一样，每当我想要一辆自行车的时候，就能从口袋里掏出一辆自行车骑走。"胡玮炜从2014年开始做她做梦都在想的事情，也成了她创办摩拜的初衷：让一个城市更适合骑行，让更多人在0—5公里的出行更便利。

看准了当前互联网，尤其是移动互联网与交通出行之间的交互市场，说干就干，2014年，摩拜单车项目成立，"共享单车"理念正式浮出水面。"最初，身边的工业设计师不断地在论证说这个有多困难：会被偷走，不知道应该布在什么地方……"，而且作为一个年轻的女记者来领导整个项目前进，许多人认为不靠谱。尽管一开始遭遇众多质疑，但是她不忘初心，坚持了下来，成了这个项目的创始人。凭借之前的经历和人脉以及共同的梦想，胡玮炜很快从汽车朋友圈里拉了一支创业团队。"我比较轴，我会主动排斥掉这些跟我说不靠谱的东西，你说做不到，我现在没办法证明，我最后会做出来给大家看就是了。"胡玮炜如是说。

2015年1月，摩拜科技成立，并且拥有了自己的自行车制造厂。2016年4月22日，摩拜单车正式在上海上线。2016年9月1日，摩拜单车正式全面进入北京。2017年1月13日，胡玮炜和另外6名不同领域的专家、企业家受邀参加总理主持的座谈会。2017年3月11日，胡玮炜参与"朗读者"录制。2017年5月26日，胡玮炜在2017中国电子商务创新发展峰会上获得"年度新锐人物"奖。

目前，摩拜已经大批量出现在众多一二线城市，但问题也随之而来。大量摩拜单车被损坏、被偷，甚至还有的被放在咸鱼上出售。共享单车停放混乱，各种监管问题也时有发生。而且除了用户的使用问题，摩拜单车也引来众多质疑，认为其"盈利问题没有根本解决，只是一种创业套路，不断通过炒作来骗风投而已"。

对此，胡玮炜表现得非常从容："商业模式不一定是固定的，不论是对社会还是对个人，只要我们做的事情非常有意义，非常有价值就可以。""如果我心里产生了一个想法，它就像种下了一颗种子，会不断地发芽，我就一直不停地去推动自己继续做这件事。我是一个感性的人，如果我不去做的话，我会非常难受。创业的路上，最大的竞争对手永远都是自己。就算这次失败了，那也是一项公益。"

"有一次，一个用户在朋友圈回复我，说其实在深圳有很多人，比如像保洁阿姨们，她们通常在凌晨两点的时候刚刚下班，而那个时候全城都已经没有公共交通工具了。摩拜单车正好方便地解决了她们的难题，看到这个，我非常受鼓舞：摩拜真的对老百姓的出行有用！"

"'骑行改变城市、骑行改变生活'一直是我的愿望，也会一直成为我们的口号。"胡玮炜自信地说。

2018年4月3日，摩拜单车被美团以27亿美元收购。收购后，胡玮炜继续担任摩拜CEO。摩拜共享单车在资本的助推下有了新的变化，但不变的是她的初心。她在朋友圈中写道："很多人都把摩拜单车看成是出行工具，实际上我一直说它是'美好的生活方式'，回归到简单，本质，健康绿色，不过分追求物质。"

不管未来怎么变化，直到今天，胡玮炜依然算得上是青年创业成功的典范。"文艺青年""简单""真诚""责任感"，一直是其对外释放的形象信息。

资料来源：胡玮炜，《为什么做出摩拜的人是我？》，《中国连锁》，2017年第2期，第90—91页

【请思考】

1. 为什么要培养职业责任？职业责任与事业成功有什么关系？
2. 职业责任与领导力有什么关系？
3. 胡玮炜的经历对你有哪些启示？

第一节　职业责任是职业发展的基石

一、责任与职业责任的概念界定

责任是个古老而又年轻的话题，在不同的历史时期，责任的内涵也在不断发展。时代在前进，新的政治风向、经济态势以及社会变革、技术革新的伟大实践，赋予责任

日益丰富的时代内容。

1. 责任的缘起

人生之真谛全在"责任"二字。阿根廷作家贝尔纳多·科尔顿说,"人生中只有一种至高无上的追求,那就是对责任的追求"。马克思、恩格斯也曾经指出,"作为确定的人,现实的人,你就有规定,就有使命,就有任务"①,这里的使命、任务指的就是"责任"。也就是说,"责任"从本质上是人的一种社会必然性,对于所有人来说,承担责任都是"不可推卸的"。一个人一旦放弃了责任,会失去他人的信任和尊重,会失去社会对其的基本认可,最后甚至失去自身的立命之本——尊严。只有具有责任感的人,才会受人尊敬,让人放心。

在尊崇儒家思想的传统中国文化中,讲到责任,历来讲求"无我""克己""自我牺牲",强调群体或他人的利益高于一切。对待他人,要求做到"仁者爱人",即要有同情、怜悯他人之心;对待国家,要求做到"天下兴亡,匹夫有责","先天下之忧而忧,后天下之乐而乐"。中国作为传统的宗法社会,国家往往被认为是家族和家庭的大家,家国同构,身、家、族、国融为一体。因此,历来传统中华文化的责任讲求的是对社会、对国家的奉献,即"大我"[1]。除了社会责任之外,儒家思想也特别强调自我责任,认为"身体发肤,受之父母,不敢毁伤",对自己的身体健康负责,本质是对父母尽责任的一种折射;同时通过"学而时习之""学而不思则罔,思而不学则殆""学不可以已""积学而不息"等名句指出学习是个人进步的基础,要求个人不断学习和提高修养,当然最终的落脚点在于要尽应尽的社会责任。总而言之,传统儒家文化说到责任,不仅强调个人的发展,更重要的是强调个人对社会的奉献。

2. 责任的内涵

责任的价值除了体现"责任"字里行间的深刻内涵之外,还要悟出责任的本质、精髓、灵魂,悟出责任之道。"责任"一词最早出现于我国唐宋时期。发展到今天它的含义已经变得非常丰富,人们从不同的角度认识责任、诠释责任、理解责任、悟道责任,而且至今也在不断地完善和丰富责任的内涵。

在古汉语中,"责任"同"责",本义是债务("债"是"责"的分化字),一般可引申为以下六层意思。其一,讨还,索取。如"责,求也"(《说文》)、"宋多责赂于郑"(《左传·桓公十三年》)等;其二,要求,督促。如"不教而责成功,虐也"(《荀子·宥坐》);其三,谴责、责备、质问。如"使先生自责,乃反自誉"(《东方朔传》);其四,处罚,责罚,加刑。如"刘崇患太祖慵惰不作业,数加答责""责小过以大恶,安能服人"(《论衡·问孔》);其五,责任,负责。如"有言责者,不得其言则去"(《孟子·公孙丑下》);其六,债,所欠的钱。如"乃有意欲为收责于薛乎?"(《战国策·齐策》),今天

---

[1]《马克思恩格斯全集》(第三卷),人民出版社1960年版,第329页。

其"债务"等意义已经为"债"所替代,但"责任"等意义依然延续至今。

在现代汉语中,按照《汉语大辞典》的解释,"责任"一词通常有三个基本含义:

(1) 担任职责或分内应做的事。指的是每个人都必须承担与其身份、地位等相称的义务。如"岗位责任""职业责任""尽职尽责"等。

(2) 特定人对特定事项的发生、发展、变化及其成果负有积极的助长义务。如"担保责任""举证责任"。

(3) 因没有做好分内的事情,或没有履行助长义务而应承担的过失或强制性义务。如违约责任、违法责任、追究责任等。简言之,任职、分内事、因过失而受查处是责任的三层基本含义。

在19世纪,耶稣会传教士丁韪良用"责任"二字翻译了《万国公法》中的"obligation"和"obligatory",于是,"责任"一词就有了"义务"的含义(日文中将obligation就译为"义务")。罗存德(Lobscheid)所编著的《英华辞典》(1866—1869)也曾用"责任"二字翻译"duty"一词,于是"责任"就有了比较清晰的义务及职责的含义。同时,中文和日文也都先后开始以"责任"翻译"responsibility"或"responsible",这样"责任"又有应该承担某种不利后果的意思。这也就基本吻合了现代我们对责任含义的理解。

责任概念在西方真正流行起来是19世纪下半叶,特别是二战之后伴随着伦理学的兴起而兴起。德国哲学家汉斯·伦克(Hans Lenk)曾经给"责任"下过一个定义,他认为责任是"某人为了某事在某一主管面前,根据某项标准,在某一行为范围内负责"[②]。该定义是从微观层面,基于个人的具体任务和任务标准等方面对责任进行诠释。其定义强调了责任主体对自己行为选择的自由意志,强调了责任感是行为主体成为真正的责任载体的重要因素,突出了责任伦理的重要作用。但是伦克对"责任"行为的发生机制还缺乏必要的说明。比如其定义责任主体为什么必须行"某事",行"某事"的决定因素是什么,为什么主体必须为"某事"负责,以及应该如何为某事负责等,这些在该定义中都没有得到很好的体现。施韦克(Schweiker)也曾经总结了三种相互关联的责任模式,他将其表述为责任归咎(imputability)、受托责任(accountability)和责任义务(liability)[③]。其中责任归咎是指任何行动可归因于特定的一个或一些人,此人对这些行为及其做出的决定负责,比如,如果某桥梁存在严重设计缺陷和重大安全隐患,则此责任应归咎于负责设计的工程师;受托责任是指某人应某人的要求而承担责任,比如企业首席执行官(CEO)是公司股东的代理人,对股东负有责任;责任义务,是指专业人员都必须在明确合同的情况下进行这些工作。也就是说这样做需要意识到个人或组织的局限性,避免承担过多的责任和能力,比如受物业公司聘请的保安具有巡查安保义务。

综上,我们认为责任是指由一个人的角色资格所赋予的、并与此相适应的从事某些活动、完成某些任务以及承担相应后果的行政、法律和道德的要求和能力。纵观古今中外学者们对责任内涵的界定,一方面我们发现"责任"概念在进一步深化与发展,另一方面可以看出在其内涵的发展过程中已经慢慢包含了职业责任的要素。

责任分散效应(diffusion of responsibility)

2011年10月13日下午,广东省佛山市2岁小女孩小悦悦被汽车撞倒,事后路边监控录像显示,在长达7分钟的时间内,共18个路人经过,但竟无一人救助,最后被一个捡垃圾的大妈救起,但不幸的是她还是在8天后离世。事件发生后,国人纷纷谴责路人怎能如此冷漠,见死不救。后来,有心理专家出来解释说路人的"冷漠",其实是心理学上的"旁观者效应"所致。

这个概念诞生于美国的一桩谋杀案。1964年3月13日凌晨,纽约28岁的女子吉蒂·吉诺维斯(Kitty Genovese)在自己的住所前被一个持刀歹徒袭击身亡,整个过程持续了近35分钟,在此过程中,她曾大声呼救,她所住公寓里有50多人听到了她的呼救,甚至有38个邻居打开窗户目睹了此事,但最后竟无一人出手相助或报警。

事件发生后《纽约时报》头版报道了这件事,在美国引起轩然大波。美国民众和媒体普遍认为美国社会正在变成一个冷漠的社会。但是两位名心理学家——约翰·达利(John Darley)和比伯·拉塔内(Bibb Latane)却不这样认为。他们研究了所有关于这个事件的报道后,提出了与众不同的解释:无人帮助吉诺维斯的原因恰恰是因为她的邻居达50多个——人越多,就越没有人去帮助受害者。因为责任被分散了。后来两位学者通过多个心理学试验证明:无论是提供帮助的可能性,还是提供帮助的及时性,都随着"在场"人数的增多而迅速递减。两位心理学家把这种现象叫做"旁观者介入紧急事态的社会抑制",简称"旁观者效应"。

他们还对该现象进行了心理学剖析,认为造成该效应或现象的机制之一就是"责任分散"(diffusion of responsibility)。所谓责任分散,指的是面对突发事件,在旁观者众多的情况下,每个人都在有意无意地等待别人行动,而自己处于观望状态。每个人都以为别人已经提供帮助(别人已经帮了,用不着我了),或将会提供帮助(我不帮,总有人会帮),或应该提供帮助(别人都不帮,我为什么要帮)。这样的情形最终导致了旁观者的集体冷漠,而酿成悲剧。在旁观者众多的情况下,不仅帮助受害者的责任感扩散了,而且不帮助受害者的自责和内疲感也扩散了。"谁都有责任"最终变成了"谁都没有责任"。这种现象令人深思。

资料来源:曾本君,《社会心理视域下小悦悦事件冷漠行为探析》,《理论观察》,2012年第3期,第23—24页

【请思考】

1. 你还知道哪些旁观者冷漠的例子?请举一二例。
2. 如何才能防范责任分散现象?

3. 职业责任的重要性和内涵

(1)职业责任的重要性。正所谓"天地生人,有一人应有一人之业;人生在世,生一日当尽一日之勤"。由于角色的不同,每个人必然要承担不同的责任。因此,责任有不同的类别和范畴,如家庭责任、职业责任、社会责任等。其中,职业责任不仅是职业担当和个人价值实现的基本前提,并且具有重要的社会意义和深刻的社会价值。职业责任有轻重之分,而无有无之别。甚至很多学者认为所谓责任就是指广义上的职业责任,也有越来越多的学者研究职业责任。

关于职业责任的重要性,无论在理论界还是在实践领域都得到了足够的重视。首先,职业责任是个体从事和做好本职工作的关键。工作是一种责任,职业责任规范着每一个职业的发展。富士康创始人、著名企业家郭台铭曾经说过:"公司没有管理,只有责任。"著名豫剧表演艺术家常香玉也经常用"戏比天大"来教育弟子,约束自己。正是在她严谨的职业责任感的影响下,才培养了一批又一批的豫剧表演传承人。

职业责任不仅规范着各行各业的发展,而且还起到维系和保持经济和社会稳定的重要作用。如果社会各行各业的人员失去了自己的职业责任,整个社会就会混乱不堪,失去秩序,严重影响社会的长久稳定与社会安全。试想一下,如果缺乏职业责任,从业人员毫无敬畏之感,也不需要从业资格和工作经验,人们可以行医无证件、建房无保障、制药无许可,只要有暴利什么事都敢做,各种诈骗和诱拐生意无所不为,社会处于动荡不安和无序发展之中,还如何谈社会发展,如何谈生活幸福?因此,职业责任是关系社会和谐稳定的重大问题。强调和强化职业责任已成为全社会的呼声。

从影响范围来看,职业责任是具有普遍社会意义的重大问题。根据人口普查数据,2019年末中国人口已超14亿,其中劳动就业人口超7.7亿。劳动就业人口广泛涉及整个社会的各行各业,其中还不包括新兴技术和新兴业态带来的各种新兴职业,如时尚主播、街头摄影师、自由撰稿人等自由职业者。因此,加强职业责任已经成为关系到全社会发展的重大问题。

从影响深度来看，职业责任已经深入到社会生活的各个领域。每个社会成员在履行职业责任中所体现的社会利益关系、人际关系和个人道德修养的深度和广度，是其他生活领域的道德标准所无法比拟的。各行各业从业人员的敬业精神和职业责任感，不仅大大提高了社会生产力，而且在正常社会秩序的形成中发挥着非常关键的作用。

从影响的时间维度来看，职业责任还是人类社会可持续发展的内在必然要求。人类社会的发展是由一代又一代人的工作成果积累和持续奉献所实现的，每个人的一生除了接受父母的养育之恩外，更多的是接受社会的帮助、享受社会进步的成果和福利，而这一切都需要每个人同时对社会做出相应的奉献才能有效实现。因此，从某种程度来说，职业责任实质上也是一种社会责任。

（2）职业责任的内涵。国内外学者从不同角度探讨了职业责任的内涵。龚鉴瑛从责任主体的角度界定了职业责任。其认为职业责任指的是"行业以及从事一定职业的个体对社会或他人所必须承担的职责和后果"。这种责任通过职业章程或条款来规定，包括职业团体的责任和职业从业者的责任两个方面④。张力力等学者则从责任构成角度提出职业责任应该包括职业责任意识、职业责任内容、职业责任能力及职业责任后果四个维度⑤。也有学者从责任是否具有主动性角度提出其可以分为消极责任和积极责任两类。其中，消极责任认为责任是一种义务，是关于在给定状态下，谁来承担责任的问题，即在事情发生后所要求承担的责任。而积极责任则重点强调当前状态下的活动，或是采取行动避免发生未来不希望发生的事情，即主动性责任。

封智勇按照责任的对象一般性地将责任分为对个人的责任、对家庭的责任、对组织的责任、对社会的责任这四个层面。尤其是对个人的责任最为重要，因为它是其他一切责任的基础，只有在承担好个人初级责任的前提下，才谈得上承担下一份更高级的责任（图1-1）⑥。

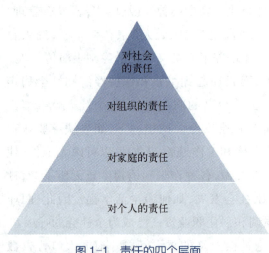

图1-1 责任的四个层面

在此基础上，复旦大学包季鸣教授则以企业为背景从责任对象的角度对职业责任进行了阐述。他将职业责任以企业为边界，分为广义和狭义两个层次。狭义上的职业责任是指企业内部的责任，是指个人必须为其上级、同级和下级员工承担的必要的责任和相应的后果。它是由特定的岗位位置和职务要求所决定的。从广义上讲，职业责任则进一步延伸到整个组织和组织外部，包括职业人员对整个组织、利益相关者和社会的责任,这是由社会分工所决定的⑦。

综合以上研究成果可以看出,随着时代的发展和社会的不断进步,职业责任的重要性越来越被理论界和全社会所重视,而且随着科技进步和生产力的不断发展,个人价值的不断崛起,社会所涉及的职业领域也在不断地扩大和更替,职业边界越来越模糊,职业责任所涉及的领域和内涵也越来越广泛。笔者从责任对象的视角,借鉴国内外学者的观点,进一步地对职业责任的内涵进行科学和系统的界定。我们认为,在当今时代,职业责任首先要承载从业者对个人或自身的责任,其次要承载从业者对自己从事职业的职责及其所应承担的后果,这包括对组织内部成员和组织整体的责任,对组织外部所有利益相关者的责任,乃至于对社会的责任,具体如图1-2所示。

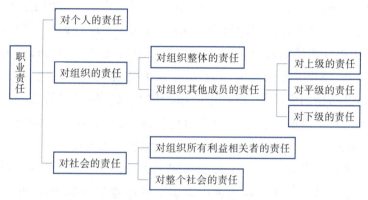

图1-2　职业责任的层次

首先,对个人的责任,即自我责任。自我责任是对自我产生的责任意识,是由于自身而不是因为其他监督者或组织机构强迫个人产生的责任意识。如果说"达则兼济天下"的社会责任是对人的社会价值的肯定,那么"穷则独善其身"的自我责任就是对人的自我价值的肯定。它要求自己对自己负责,自己是自己的监督者,能够进行自我评判,是自己对自己的行为进而对自己的行为后果而负责。自由和责任是相辅相成、相伴而生的。人之所以真正自由,是因为他能对自己负责,能够为自己的行为承担责任。社会上的每一个人都必须首先有一种自我责任感,然后才能谈论履行社会责任。深刻的自我责任感是一切行为的基础,是个体生存的意义所在。

自我责任要求每个人对自己负责,不要无所作为,但也不能胡作非为,更不能消沉颓废、自甘堕落。要努力发展自己的才能,维护自己的尊严,要使自己各方面的行为服从自己生命的最高目标。自我责任是职业责任的基本且重要的组成部分。特别是在当今时代,互联网使人与人之间的信息交流方式更加快捷、广泛和高效,它不仅为我们提供了许多新的职业,而且实现了广义上的人与人之间的合作——虚拟协作。甚至可以在某种程度上说,互联网最大的贡献在于个人及其价值的崛起,近年来几乎所有的互联网应用程序和商业模式大都指向个人。无论是当下热门的直播、网络红人,还是众多的互联网企业家和创业者,越来越多的个人和个人价值在这个时代被快速释放。因此,在移动互联网时代个人价值不断凸显的背景下,在职业责任的内涵中更多地赋予自我责任显得尤为重要且紧迫,自我责任对于规范人与人之间信息和知识的分享,健康有效地引导人与人之间的协作关系,使人们恪守社会公德和职业道德发挥着越来越重要的作用。

其次,对组织的责任。职业责任是在具体的从业过程中,通过他人把工作做好并实现工作成果来实现的,相应地,对组织的责任也包括两个层次,第一个层次是指对组织内部所有成员的责任(包括上级、同事、下属等),第二个层次则指对整个组织的责任。职业责任不仅与行为人所承担的职业角色密切相关,而且还与行为人在其组织中承担的使命密切相关。一方面行为人在某个组织机构中承担了一定的职务或角色,组织制度会赋予其某种特定的权利和义务,并决定他应该做什么以及不应该做什么,即一个人承担什么样的角色就应该承担怎样的责任;另一方面,行为人除了选择自己的行为以外,还要指导他人的行为,从而成为拥有权力或权威的人,这时行为人不仅应该对自己所做的事负责,而且还应该为那些执行他指令的人的行为负责。因此职业责任既与特定制度结构中的个人角色相应,又与其在组织中所承担的使命相关[8]。不同职业和在同一职业的不同岗位的人,所承担的责任大小是有差别的。一个管理者的职业责任一般要大于一个普通车间工人的职业责任。然而,职业责任却无有无之别。不论在行为人在职业行为中事实上承担着怎样的责任,每位职业者都必须在从事职业行为之前就建立起明确的责任意识,在职业行为中都有同等的职业责任,对工作都应该尽力尽责,这将直接影响到职业人的工作效率与效益。

最后,对社会的责任。职业责任具有社会属性,其本身也是一种社会责任,要求每一位职业人要对社会负责。当前"社会责任"已成为企业公民本身、各利益相关者及企业组织越来越关注的关键词。对于个人来说,每个人都生活在社会中,享受着社会所带来的种种便利。因此,个人就要根据自己在社会分工系统和更广的社会交换系统中的地位承担起对社会的相应责任。这里的社会责任包括两个方面。首先是作为组织成员之一要承担对组织所有的利益相关者的责任。比如说对消费者或者服务对象的权益责任,比如为消费者提供优质产品或服务、为顾客或客户提供便利等。其次即使作为社会普通成员,每个人也都肩负着更广泛的某些社会责任,比如说,深夜聚会时要考虑是否会影响邻居;携带宠物上街时,须防止自己的宠物给行人带来麻烦等。同时也包括对国家的社会责任,包括依法纳税、救助弱势群体、捐助慈善事业等。任何一种职业也都是社会的一分子,都承担着一定的社会责任,社会正是通过分工把各种职业的社会责任和义务赋予每个职业劳动者,因而每个从业者都必须承担一定的社会任务,为社会做出应有的贡献。在此基础上,随着时代的发展,社会责任的范畴还在不断扩大。比如,对于以营利为目的的企业家来说,最开始其只要遵守法律,只需"取之有道"即可,而不要求"用之有度"。但是随着时代的发展,企业家除了遵守法律规定,还要承担对政府、员工、顾客、同行、社会公众、社区及社会环境的责任。尤其是当下,全社会还要求企业必须遵守环保、动物保护等方面的法规要求。比如麦当劳使用可降解的纸盒来代替有害环境的塑料盒,宝洁汰渍洗衣粉宣称"使用100%再循环纸包装"等。每一位职业从业者肩负着发展经济和促进社会进步的双重历史重任,不应该忘记自己对社会的责任,对国家的重要历史重任,不应该忘记自己对社会的责任,对国家的义务。因此,每一个从业者都应该树立起强烈的社会责任意识,形成对自己所应承担的社会职责、任务和使命的自觉意识。

此外,在对待社会责任问题上应注意两点:一是社会责任的责任主体问题。一种典型的倾向是从一个特定的社会角色抽象地谈论其社会责任。苏联学者科恩曾经说过:"如果每个人都'对每一件事负责',那么这就意味着人们以及他们的职责是无人认领的,最终实际上没有人对任何事情负责。""没有权利和责任的协调和隶属关系,对所有人负责的原则将不可避免地成为对所有人没有责任的原则。"二是社会责任的界限。其典型的倾向是将社会责任局限于个人的社会职业和家庭责任之内,缺乏普遍的社会责任感。这种倾向的危险在于,没有人对涉及社会普遍利益、需要全社会关注的事情负责,而且这些事项往往很难由某些特定的个人完全负责。

二、职业责任与职业发展

职业发展是每个人人生的必经之路,是个人致力于职业道路的探索,是个人建立、取得成功和成就的终身的职业活动。个人的职业责任与职业发展密不可分,具体表现在:

1. 职业责任是衡量人生价值的重要标志

职业责任是人生观、价值观的重要体现之一。在现实生活中,人们的社会生活往往是多方面的,社会中每个人的家庭关系或家庭生活可能是不完整的,但任何人都必须从事一定的工作或职业活动,不能完全脱离职业责任。马克思曾经说过:"作为确定的人,现实的人,你就有规定,就有使命,就有任务,至于你是否意识到这一点,那都是无所谓的。"也就是说,人一旦进入一定的社会关系,生活在一定的社会物质条件下,就必须承担一定的使命、责任和任务。一般来说,我们每个人都会在职业生涯中花费至少三分之一的时间。职业活动是人类最基本的实践活动。我们的主要收入也来自职业活动,通过这些活动我们对社会的主要贡献得到了反映。每个人的人生价值不仅取决于自己人生目标的确立和人生道路的选择,还取决于我们履行的职责和职业义务。同时,一个人从事职业活动的时期往往处于其道德意识和道德行为的相对成熟期,一个人在履行职业责任和义务的过程中所形成的具体的职业责任、义务和道德价值观,必然会对人生价值的实现产生深刻的影响。可以说,职业责任是人们职业生活的指南,是人生观和价值观的重要组成部分,也是道德建设的基石[9]。职业责任意识已经成为一种具有广泛社会性的社会意识形态,加强职业责任更成为全社会的呼声。

2. 职业责任是职业胜任力的重要组成部分

"胜任力"最早是由哈佛大学教授戴维·麦克利兰(David McClelland)正式提出的。所谓胜任力是指"能将某一工作中有卓越成就者与普通者区分开来的个人的深层次特征",一般包括动机、特质、态度或价值观、知识、认知或行为技能等能显著区分优秀与一般绩效的个体特征,该特征通常可以被可靠测量。周文霞等学者的研究显示,个人所具备的职业胜任力能促进员工自身的就业转型,对职业成功以及提升组织竞争力具有重要作用[10]。每个人的职业胜任力不仅包括专业知识、专业技能与专业能力,还要包括职业兴趣、职业态度和职业责任、职业价值观等。江日辉曾经指出新闻记者胜任力特征内容呈现清晰专业技能、职业素质、个性特征、导向意识和动机等因子结构。其中有八个核心胜任力特征:有独特的新闻视角、善于挖掘新闻,有敏锐的新闻感觉和观察力,善于采访提问,社会责任感强,恪守新闻职业道德、廉洁自律,意志坚定、遇到困难不轻易退缩,政治敏感度高,社会经验丰富、洞察力强等[11]。因此,职业责任成为职业胜任力的重要组成部分。而众所周知,职业胜任力对企业发展非常重要,一个企业可以利用胜任力来识别其领导团队的行为是否可以带领整个企业达到预定的发展目标。同时职业胜任力又是个体职业成功的前提[12],每个人要实现人生目标,除了需要加强对专业知识和实践技能等方面的提升,还应该重视职业责任心的塑造,进而提升自身的职业胜任力,助力个体职业成功。

3. 职业责任是职业发展的基石,是职业成功的关键

责任感(sense of responsibility)是个体对其应该担负的责任和履行的义务所持的一种积极的、自觉的态度体验,是个体内化的思维方式和行为习惯,它与一定的行为、事件及其后果密切相关,并对其后续行为产生直接的影响。职业责任感是个体对待岗位和对待工作的一种积极和自觉的态度体验[13]。如前所示,人一旦进入一定的社会关系,处于一定的社会物质生活条件中,就必然要担负起一定的使命、职责和任务。对这些使命、职责和任务的理解和体验,便产生责任感。而且,责任感始终与"责任"紧密连在一起。它表现为对客观上个体对自身应尽义务的一种认识;表现为个体不仅要考虑行为的出发点,而且要更多地考虑行为的效果,并对行为结果负责。

首先,职业责任感的树立,有助于个人以角色的标准来要求自己,改造自己,是个人职业发展的基石。个人对其职业价值的认知、情感,角色定位的把握,职业规范的内化,只有履之于行动才会产生效能。职业责任感高的个体对个人职业价值认识深刻,在职业活动中情感体验是积极的,对职业角色把握是恰当的,能认真履行岗位职

责,把自身的职业当成是人生价值实现的需要,充满光荣感、使命感,工作自信感和满意感高。职业责任感高的个体能够不断完善自身素质,责任感成为其实现敬业尽责的内在驱动力,会有不断完善自身素质的强烈愿望和积极行动,及时补充新知识,接受新的思想、工具,探究新的工作方法,努力通过各种途径和方法构建合理的知识结构和提高工作能力,积极加强个体职业道德修养。同时,员工的个体职业责任感越强,个体就会以更健康、积极的心态投入自身的职业,能够拥有良好的职业态度,比较容易对工作充满热情、创造性、积极性,善于理性应对和缓解各种矛盾与压力,克服各种困难,缓解自身的职业倦怠和工作压力,并从内心深深爱上其所从事的职业。

其次,相比较其他人格特质,职业责任感的树立是个体职业成功的关键。伦敦(London)等在《管理职业》一书中提出职业成功的概念,将其定义为"在职业生涯发展过程中个体所获得的积极的心理上的成就或是与工作有关的成果"[14]。职业成功包括主观职业成功和客观职业成功两个维度,主观职业成功是指个体在职业发展过程中逐步积累起来的心理成就感受,是个体对职业生涯的认知和情绪反应,包括工作满意度、职业满意度等;客观职业成功则是指能被第三方直接衡量和验证的成功标准,包括收入水平、晋升次数、晋升速度、工资增长和头衔等。研究表明,职业成功的影响首先就来源于个体本身。从 20 世纪 80 年代到现在,学者们一致认为智力、工作经验、受教育程度、培训状况、职业变更、任职期限等个人的人力资本变量与职业成功变量之间存在着明显的正向相关性。乔治(Judge)等验证了个性和智力与客观职业成功(工资和职业地位)以及主观职业成功(选取工作满意度作为唯一维度)之间的关系,同时研究分析了大五模型中的责任心、外倾性和神经质这三个性格特征与职业成功之间的关系[15]。研究结果表明,当个体具有较强的责任心时,其主观和客观职业成功都会受到正向影响,他们之间存在正相关性。而且在人格个性特质中,只检验出责任心对主观成功的正相关,且因人生阶段不同而产生不同的作用程度,这与赛伯特(Seibert)、克莱默(Kraimer)、布德罗(Boudreau)和博斯韦尔(Boswell)在 2001 年的研究结果不谋而合[16]。

第二节　领导力是职业发展的动力

一、领导力的概念界定

1. 领导的定义

虽然"领导"现象在日常工作和生活中普遍出现,但是到底什么是"领导"至今没有统一、权威的定义。在西方的领导学文献中学者们根据自己的认知和兴趣对领导

(leadership)给出了众多不同的定义,如将其定义为行政职位、行为、品质、影响、角色关系、互动模式等,伯恩斯、福斯特以及奥克利(Burns, Foster & Oakley)等均指出,"过去几十年,有关领导的定义出现过几百种之多,但几乎每种定义均能诠释出一些与领导本质有关的东西,不知是领导现象过于复杂致使它的定义无法统一,还是根本就没有必要统一?"[17]总之,"什么是领导"至今仍然是一个争论不休的话题。

加里·尤克尔(Gary Yukl)在他的著作《组织领导学》中总结了一些有代表性的定义[18]:

领 导 的 定 义		
提 出 者	时间	主 要 观 点
亨普希尔(Hemphill)和孔斯(Coons)	1957	领导是个人指导一个团体朝着一个共同目标活动的行为。
伯恩斯(Burns)	1978	当个人运用制度的、政治的、精神的和其他的资源去激起、促使和满足追随者的动机时,就实行了领导。
卡茨(Katz)和卡恩(Kahn)	1978	领导是对组织日常活动的机制性的影响。
劳赫(Rauch)和贝林(Behhng)	1984	领导是影响一个有组织的团体朝着既定目标活动的过程。
理查德(Richard)和恩格尔(Ende)	1986	领导是在能实现的事情中阐明愿景、赋予价值和创造环境的。
雅各布斯(Jacobs)和贾克斯(Jaques)	1990	领导是一个对集体努力给予目的(意义指导)的过程,以及激起期望达到目的的意愿而努力的过程。
雪恩(Schein)	1992	领导是运用外界文化使其更具适应性变化的能力。
德拉思(Drath)和普劳斯(Plaus)	1994	领导是给人们共同工作赋予意义的过程,因而人们能够理解它并为之献身。
豪斯(House)	1999	领导是个人影响、鼓动和促使其他人奉献于组织的效能和成功的能力。
加里·尤克尔(Gary Yukl)	2005	领导是让其他人理解和同意必须去做什么和如何有效地去做的过程,以及促进个人和集体努力去实现共同目标。

资料来源:加里·尤克尔,《组织领导学》,中国人民大学出版社,2015年版,第2—5页。

(1)国内外对于领导的认识。对领导的定义可以说是"仁者见仁,智者见智"。综合考察目前国内外学者对领导的认识,目前对领导众多的定义主要包括以下六种视角。

第一种视角是将领导视为一种特质。20世纪上半叶开始,领导理论处于起步阶段。该阶段的研究以探索领导者的素质为主,称为特质论。该角度认为领导者素质是与生俱来的,其研究重点在于对成功的领导者的特质进行分析,期望从中获得领导者的共同特征。该视角以领导者为中心,探讨领导者不同于其他人的特点,例如,研究和关注领导人的性格、素质方面的特征等。强调领导者个人良好的特性与品质对领导工作与提高领导效能的重要意义。同时该理论解释了某些特质与领导绩效间的关系,有助于选拔和培养领导人才。其主要的代表人物有斯多基尔(Stogdill)、切斯利(E. E. Chiseli)等,特质论后期,研究重心还从具体素质的分析转移到了塑造领导者的风格,即如何培养领导者应具备的各方面的素质,其代表人物有本尼斯(Warren Bennis)等。

第二种视角是将领导视为一种权力。该视角认为领导是管理中的高层次活动,是管理的重要职能之一,领导者以一定的权力决定和影响社会、组织及其成员的行为,这种权力由职位权力与非职位权力组成。所谓职位权力是指领导者因为其所处的合法职位和担当的职务而享有的法定权力,这是领导履行职责并产生影响的重要依据和前提条件,是"制度化的权力",具有强制性,包括合法权、奖励权和惩罚权等;所谓非职位权力是一种与组织的职位无关但与领导者个人素质息息相关的权力,主要有专长权、个人魅力、感情权等,这类权力与领导者的自身素质和能力密切相关,是通过领导者自身努力创造的权力,也可以理解为领导者的"权威"。

第三种视角是关系的视角。该视角认为领导实质上是一种人际关系,在这一关系中他人之所以服从于领导者是因为他们想服从,而并非别无选择。该视角认为领导本质上是影响力,是领导者以思想和行为影响他人,使其追随自己完成目标的过程。这个视角着重关注领导的人际技能在处理具体事务中的应用。

第四种视角是组织的视角。该视角的早期学者认为领导是正式组织中具有正式职位、负责组织工作并影响组织成员的人。后来梅奥霍桑实验之后,领导的界定范围即由"正式组织"向"非正式组织"扩展,从而使领导所涉及的观察范围更加广泛和全面。

第五种视角是行为过程的视角。彼得·汤姆逊指出"领导指的是对一个有组织的群体施加影响,以推动其实现目标。"这种理解将领导视为一个行为过程,是促使他人以一种有效的方式去努力工作,进而实现组织目标的行为过程。该视角认为领导由三要素构成:领导者、被领导者和环境,其中领导者是领导活动的主体,是最重要的因素,因此,领导者的行为决定着领导活动的最终效能。领导者和被领导者相互作用,领导活动是在一定的情景中进行的。其研究角度主要涉及领导特质、领导行为、领导权变、领导风格等方面的变量,并致力于寻求领导效能的提升。

第六种视角是伦理道德的视角。领导涉及领导者作为核心人物与相应追随者的行为关系,这种关系就与伦理道德密切相关。在领导者与追随者共同组成的团队或组织中,领导者在为众人和社会谋求福利的过程中,领导者在引导和服务追随者的同时,也能够恰当地实现个人的利益。在此背景下,领导就被赋予了积极的意义。这种定义比较符合常人对于领导的认知:领导应是正面的、积极的,否则追随者可能不情愿接受他的引导,也就无所谓什么领导[19]。

综上可以看出,领导是一种客观存在的社会现象,广泛涉及各参与者之间的人际关系、权力支配、伦理道德等诸多因素,不仅关系到领导的效率也关系到领导的效果,既体现了领导的科学性,又体现了领导的艺术性。理解领导的本质必须基于系统的视角综合考虑上述各种因素。

(2)领导概念的界定。综合借鉴国内外学者对领导的界定,我们认为所谓领导(leadership),是对一个有组织的群体施加影响,以推动其实现目标的过程。领导者、被领导者、组织结构与影响力、领导目标和环境等因素之间相互影响、相互作用,共同构成了领导活动的结构性基础,这些要素的状况及其相互间的关系决定了领导效能的发挥。领导过程中领导的主要目标是实现组织的使命和目标,领导的本质就是有效地影响他人并实现领导效能。

2. 领导力的定义

(1)领导与领导力的关系。根据1933年出版的牛津英语词典注明,英文"领导者"(leader)一词迟至1300年才出现,而"领导""领导力"(leadership)一词的出现则要等到1821年,而且西方学者对领导力的早期研究即源于对领导者的特质研究。在领导理论的研究过程中,大家逐渐发现不管是军事将领、政府官员还是企业家,他们均具备着同一种抽象特性——领导力。

在英文中,领导和领导力的对应词都是"leadership",中文在翻译时习惯于根据国外学者对"leadership"的不同理解而决定译文用"领导"还是"领导力"。领导与领导力的区别主要表现在两个方面:一是定义的"属性"不同。学者一般把领导定义为"一种过程"或者"一种关系",而把领导力定义为"一种能力或能力体系"或者"能力集合"。二是定义"重点"不同。领导关注的是领导者和被领导者在特定情景下为实现群体、团队或组织目标而进行的交互过程,而领导力则关注的是领导者吸引和影响被领导者实现群体、团队或组织目标的能力。由此可以看出,领导力是领导的一个子系统,是从领导者角度诠释领导学的理论体系。

(2)领导力概念的发展。领导力是企业最重要的组织资源和核心竞争力之一。在很大程度上,它决定了组织目标是否能够实现,以及组织目标能够达到的程度。不同的领导和领导力定义引致了不同的领导内涵、测量方法和对现象的解释。例如,一些研究者从个别领导者或领导者群体的角度来解释领导现象,另一些研究者则从关系、群体或下属的角度来探究,而其他研究者则关注领导者的特质和行为,或从认知和情感等方面研究领导力及其影响。领导力研究中形成的不同视角正好反映了各种不同的领导力建构方式,可以帮助人们从广度和深度上进一步理解领导力,并在此基础上发展出相应的领导力理论模型。

国内外许多优秀的管理学家对领导力的概念都有不同的定义。据统计,20世纪以来的研究成果中关于领导力的概念有350多个[20]。其中认为领导力"是一种影响力,是一种获得追随者并使之甘心为实现组织目标而努力奋斗的能力"(哈罗德·孔茨)获得了较为一致的认可。美国学者詹姆斯·库泽斯等认为,领导力是领导者如何激励他人自愿地在组织中做出卓越成就的能力[21]。管理大师彼得·德鲁克认为"领导能力是把握组织的使命及动员人们围绕这个使命奋斗的一种能力"。领导力大师沃伦·本尼斯认为,领导力是领导者将愿景转化为现实的能力。有些学者也认为:"世界上任何人都是影响别人和被别人影响的。影响别人行为的行为,谓之'领导';影响别人行为的能力,则谓之'领导力'。"保罗·赫塞博士指出:"任何人都可以使用领导力,只要你成功地影响了他人的行为,你就是在使用领导力。领导他人基本上基于专业才能或者个人魅力,绝对不是单纯地依靠你的职位称呼。"

另一种观点认为领导力与领导最本质的区别在于,领导是一个行为或者过程,领导力则是胜任这种行为或者实现这个过程的能力。如中科院"科技领导力研究"课题曾指出"领导力是领导者在特定的情景中吸引和影响被领导者与所有利益相关者并持续实现组织目标的能力"。清华大学的吴维库教授则认为领导力是一个边界模糊、定义宽泛的术语,其核心是影响力和获得追随者[22]。

另外还有一个分支则认为领导力更应该侧重领导艺术,如詹姆斯·库泽斯和巴里·波斯纳在其所著《领导力》一书中认为"所谓领导力就是动员大家,为了共同的愿景去努力奋斗的艺术"[23]。彼得·德鲁克则指出:"所谓领导力就是要将一个人的精神境界、一个人的责任心提到前所未有的高度之后,才能把一个人的潜力、持续的创新动力开发出来,让其做出自身之前难以想象的那种成就。"很显然,德鲁克是从领导力培养的角度界定了其内涵。

同时为了了解个体领导力的构成,研究者开始探究到底是哪些特质使领导者成为领导者这一问题。20世纪早期形成领导特质理论(trait theories)以及20世纪70年代形成的魅力型领导理论(charismatic leadership theory)就是这一方面的典型代表。魅力型领导理论是由"行政管理之父"德国的社会学家马克斯·韦伯(Max Weber)率先提出。所谓"魅力"(charisma),意指领导者对下属的一种天然的吸引力、感染力和影响力。随后许多学者对所谓领导魅力进行了深入剖析,如豪斯(Robert House,1977)认为高度自信、支配他人的倾向和对自己信念的坚定不移这三种特征是领导者的魅力[24]。斯坦福大学管理专家吉姆·柯林斯在其管理畅销书《从优秀到卓越》中指出"有些领导者本身集个人的谦卑和职业的执着于一身,打造持久的伟大""他们一方面,能够展现出毫不动摇的决心和毅力,为了长期业绩而做必须要做的事情,无论它们有多么困难;另一方面,他们的决心是沉静的,毫不张扬的,主要依靠标准而非魅力进行激励,这些人被其称为是'第五级领导'"。

(3)领导力概念的界定。综合各种概念,可以归纳出领导力的几个特征:一是领导力与领导密切相关,领导力是在领导过程中形成、发展并服务于领导过程的能力的体系,领导力是领导的派生概念,领导力的内涵是由领导的内涵决定的;二是领导力不同于领导,领导是指一个过程或一种行为,而领导力是指实现这个过程或胜任这种行为的能力;三是领导力是最重要的组织资源和核心竞争力之一,领导力在很大程度上决定着组织目标能否实现以及组织目标实现的程度。

透析领导力的定义和特征,可以认为,所谓领导力,是指领导者在特定的情景中吸引和影响被领导者与利益相关者并持续实现群体或组织目标的能力。领导力是获得追随者的能力,是带领别人跟自己来的能力[25]。

二、领导力与职业发展

领导力是一种成功的潜质,是现代社会每个人都应具有的一项基本能力。从20世纪七八十年代开始,美国等西方发达国家开始重视领导力教育,目的就是为所在国家培养具有国际化视野、坚韧不拔的意志品质和责任心,良好的团队精神以及卓越的影响力、控制力和决断力等领导力素质的新型人才。所谓领导力教育就是"通过有组织地提供具有一定理论性的教育活动以促进受教育者的领导知识、技能和价值观等方面的发展,进而提升其达成变革使命的能力"[26]。领导力对个体职业发展的影响主要体现在以下几个方面。

1. 领导力是学生未来职业发展的强大助推力

在21世纪,当社会变革、国际交流、信息技术、个性发展等挑战和机遇纷纷来临的时候,这意味着每一个参与社会分工的人,无论是否是领导者,都必须或多或少地具备领导力。因此,21世纪高校培养的人才不仅是专业技能出众的人才,而且是具有组织协调和领导能力的复合型人才,是具有开阔的视野、良好的心态并具有创新创业能力的新型人才。如前所述,从20世纪80年代到90年代以来,美国等西方国家高校的领导力教育已经处于全球领先的地位。相比较而言,我国大学生的领导力培养大多局限于培养少数骨干学生,同时也培养出不少未来社会各行各业的潜在领导者,但和西方主要国家的领导力教育相比而言无论是教育重视程度、教育的普及程度和教育体系的成熟度都还存在着较大的差距。随着社会的发展和进步,我们越来越清楚地看到:领导力不是少数人的特权,而应该是每个人都能够被赋予的角色和必备素质。领导力是大学生就业创业的核心竞争力之一,有助于提升学生的职业适应性、组织情商和职业胜任力,它是学生未来职业发展的强大推动力,在学生发展中发挥着不可估量的潜在作用。因此,大学生领导力的培养不是要培养传统的"当官"意识,而是要培养新时代所需要的领导力、组织能力、协作能力、理解能力、激励能力、沟通能力、决策能力、预测能力等综合领导能力。基于未来的职业发展,大学生领导力的培养与提升是当代大学生成长与职业发展不可缺少的教育环节。

2. 领导力培养有助于个人克服职业天花板

早期职业天花板现象主要指的是在欧美主流社会中,移民尤其是亚洲移民,只能担任较低的职位,或者在担任较高的职位后难以晋升,无法进入核心决策层的现象。这种现象就像天花板一样,看得见却很难突破。虽然现有的研究更多的关注女性职业发展的天花板现象,但是在个人职业发展的过程中,大多数人在达到一定的水平后,晋升的空间越来越小,所以他们或多或少会在不同的阶段达到自己晋升渠道的天花板。这种情况被形象地称为天花板现象,也可以归结为个人职业提升的瓶颈。天花板现象反映了一种职业上的不平等,这种不平等不能用一个人过去的"资历或成就"来解释。这种无形的障碍剥夺了企业和政府部门中许多有资格的人竞争和保持高级管理职位的机会。此外,造成"上限"困难的原因有很多,如制度安排、教育程度、年龄等。面对天花板,如果不能理性解决,一定程度上会出现消极心态,轻者因此失去工作动力,得过且过,重者可能以权谋私,误入歧途。

诚然,制度因素是造成天花板现象的主要原因。受任职年龄的限制,特别是一些地方片面强调干部年轻化,在干部任用中搞任职年龄层层递减,因而不同层级的干部在升迁中往往会遭遇不同的任职年龄天花板。晋升领导职务需求的无限性与各类单位领导职务供给的有限性之间的矛盾,阻碍了个人的发展空间,导致天花板现象不断出现。一些人心态消极,一旦感觉未来升迁无望,就会提前放弃希望,不思进取,不求上进,从而提前自行终止了上升的可能也是重要原因。除此之外,个人能力有限也是催生天花板现象的重要原因。其中的个人能力就包括重要的领导能力的提升。实践证明,领导力与工作目标期望、控制感、自尊、正性情绪、应对力和成就等呈正相关;个体如果接受过领导力培养,更容易有较强的工作绩效表现,并能主动迎难而上,通过努力付出达到圆满完成任务的目的。具备较高的领导力,就可能越有积极的自我意识,能够坚韧不拔且全力以赴地完成工作,越容易突破职业天花板,更容易获得成功。

3. 领导力有助于拓宽未来职业发展路径

当今社会对人才可雇佣性的高度关注,体现职业发展能力的时代性、可变迁性,未来职业发展能力是多元的、综合的,同时它又是发展的、动态的。在完成大学阶段的学习后,大学生个体所达到的知识、技能、素质等综合能力,既要能满足当前就业的需求,又要能有助于未来的继续发展,这样才能提升可雇佣性,促进其全面发展、和谐发展和可持续发展。所谓可雇佣性是指个体是否具备可雇佣的素质与能力。它是个人拥有的满足雇主和顾客不断变化需求的素质和胜任能力,并有助于实现自身的工作期望和发挥潜能。哈佛大学教授戴维·麦克利兰(David C. McClelland)认为,决定一个人在工作上能否取得好的成就,除了拥有工作所必需的知识、技能外,更重要的取决于其深藏在大脑中的人格特质、动机及价值观等。当代大学生中不少人往往在就业中表现出工作胜任潜质不佳,未来职业发展能力偏弱,他们在处理团队合作、社会适应、创新创业、自我调适、社会责任感等诸多体现领导力特质等方面问题时比较欠缺,职业发展缺乏可持续性。领导力开发与培养是一个连续的、系统的过程,可以发展个体的自我塑造能力、提升团队领导能力、培育个体引领变革能力,从而提升个体未来职业发展的核心竞争力,拓宽职业路径。

第三节 新时代赋予职业责任与领导力新内涵

一、新时代的主要特征

"时代"这一概念从未像今天这样被人们所津津乐道:从21世纪初盛行的"全球化时代""知识经济时代""信息化时代""数字时代"到如今愈演愈热的"工业4.0时代""大数据时代""人工智能时代""微时代""互联网+时代"等,时代概念层出不穷,一方面反映了人们认知的多元化,同时也折射出短短十几年时间里中华大地所经历的前所未有的改革与"嬗变":随着经济、社会结构的全面转型,人们的政治理念、价值体系、社会文化及生存方式也正在面临全方位的解构与重组。研究探讨当今时代在政治、经济、社会文化和技术等各领域的特征,并在此基础上分析、把握每一位中国人的时代责任与历史使命,不仅是我们对当下时代的深刻叩问,更是对未来时代的高瞻预测,尤其对适应并推动时代发展具有非常重要的意义。

那么,何谓时代?《辞海》(第六版)认为"时代是指历史上根据经济、政治、文化等状况来划分的社会各个发展阶段"。历史唯物主义认为,时代不是一个单纯的时间概念,而是一个广泛的综合性命题,时代是人类社会发展阶段基本特征的最高概括。我国台湾著名书法大家曹秋圃曾经说过:"所谓时代性,即统合众多个性,而成时代潮流也。"从时间上看,时代是指人类社会发展的一个较长的历史阶段;从空间上看,它以全世界大多数国家和地区的社会发展基本特征为依据;从内容上讲,它是世界范围各种现象和发展的本质的概括和总结;从发展方向来讲,它是世界历史进程的基本态势的反映。所谓时代的特征是具体时代的时代性质与主题在政治、经济、社会等方面的突出表现。纵观今天社会,各个领域、各个层面每天都在发生着深刻的变化,发展理念不断更新,新鲜事物层出不穷,每天都会产生无数新的变化和新的机遇。当今时代的鲜明特征主要体现在以下四个方面:

1. 当今时代的政治特征——"改革"与"创新"并进

伟大的无产阶级革命家列宁曾指出:"政治就是参预国事,指导国家,确定国家活动的方式、任务和内容。"那么当今新的时代背景下世界各国到底如何参与、指导、管理国家呢？又有何规律可循？《宋史·徐禧传》中曾指出"天下之治,有因有革,期于趋时适治而已。"这就是说古今中外治理天下的方法,一定要能够合乎时代需要,做出适时的变革,才能达到治理的目标。

毋庸置疑,自20世纪80年代以后,尽管世界范围内的局部摩擦与冲突此起彼伏,但国际局势还是相对平稳,世界大战并未再次出现,"和平与发展"成为当今的时代主题和全球政治的"常态"。"要和平、促发展、谋共赢"成为世界政治潮流。在当今新的政治时代下,为了迎合和平、发展、共赢的潮流,为了实现国民的梦想,越来越多的国家开始重视政治上的改革与创新。突出的表现就是世界各国掀起的轰轰烈烈的政府行政改革或"政府再造"运动。

美国的政府再造设计大师戴维·奥斯本(David Osborne)等人认为：政府再造就是用现代企业家精神改革传统公共部门,用现代企业化体制来取代传统官僚体制,要通过变革组织目标、权力结构、责任机制、组织激励以及组织文化等来创建企业化政府,使改造后的政府具备创新能力及应付各种挑战的能力,适应当前和未来环境的变化,大幅提高政府效能、效率与适应性。这就要求政府摒弃传统的思维模式,努力接受全新的企业经营管理理念,并将其应用于各个部门,以创新、竞争、高效和顾客导向的方式使用资源和提供服务。当然这种企业化的政府不是要以盈利为目的,但是它却代表着"一种不可逆转的组织范式的历史性的转变"。管理学大师彼得·德鲁克(Peter F. Drucker)曾经预言："在现存的公共事业机构内建立企业化的管理机构可能会是这一代人的最重要的政治任务。"

"政府再造"运动一方面是西方国家特定政治、经济背景下的产物,同时也在某种程度上折射出政治改革发展的一般性规律。但是由于初始禀赋条件、内生状况、外部约束的差异,没有任何后发国家可以完全复制先发国家的发展经验,因而既需要、也只能另辟蹊径。学习借鉴西方各个国家的"政府再造"理论,同时又结合中国的国情,自十八大以来,中国各级政府正在进行着"从行政控制、管理导向向民主参与、服务导向的转变,从全能政府、无限政府向效率政府、有限政府的转变,从人治政府向法治政府的转变"等改革与创新。尤其是当下的政府简政放权、公私合作与民营化(PPP)等成为本届政府改革与创新的主攻方向与重点,也势必成为今后政府治理改革与创新的重要趋势之一。

要想顺利推进改革与创新,实现服务型、有限型、法制型政府转变,我们首先必须正视改革本身的艰难性。纵观古今中外,改革岂止千万,然而最终成功者屈指可数。商鞅变法便是一例。政府的改革会牵动经济、社会、生态等方方面面的体制机制变革。改革的阻力之大自然就不言而喻了。但是鲁迅先生曾经说过"愈艰难就愈要做。改革,向来没有一帆风顺的",改革是需要大智慧和冒巨大风险的,是需要我们能够具备较坚韧的责任感和使命感才能完成的事业,并以此为改革创建一个良好的法律环境与制度环境。

要想顺利推进改革与创新,实现服务型、有限型、法制型政府转变,需要我国各级政府公务人员具备企业家精神,需要其结合中国国情探索具有中国特色的公共服务市场化管理方法,以解决当今时代新出现的问题。戴维·奥斯本与特德·盖布勒(Ted Gaebler)在其著作《改革政府:企业精神如何改革着公营部门》中指出具有企业家精神的政府应该是:有事业心的政府——政府应该重视以物质奖励来调动部门与工作人员的积极性与主动性,让管理人员都转变成为企业家,具备企业家的拼搏精神;有预见的政府——即政府要有预防意识、预防对策,防患于未然,比如政府要使用尽量少的花费来预防火灾、犯罪与疾病,而不是花大量的钱去灭火、雇警察,政府部门及各级公务人员需要制定战略规划,建立预算制度,尽其所能地考虑未来的发展问题,需要具备企业家的前瞻意识和战略精神;分权的政府——从等级制到参与和协作,即政府下放权力,积极采用参与式管理,赋予一线工作人员较大的自主权,使之能够适应快速多变的工作环境,同时建立新的报告、监督和责任机制,既增强公众对政府的信任度,又能大大提高政府的工作效率,即需要具备企业家的信任力和凝聚力。尽管这一观点也受到了诸多批评,但是我们不能否认西方多国运用这种思想进行政府改革与创新后,取得了显著的成效,上述观点还是非常值得我们借鉴和学习的。当前,经济全球化、信息社会使世界各国所处的时代与国际背景大致相同,这就驱使我们必须学会借鉴西方发达国家成功的政治改革创新经验,合理吸收关于企业家精神的政府思想的精华,比如把竞争机制引入政府管理领域,在管理中要有战略意识,要实行分权管理、公众参与式管理,要培育和发扬各级公务人员的企业家探索与创新精神等,进而提高我国政府效率与管理水平。

当然,要想顺利推进改革与创新,实现服务型、有限型、法制型政府转变,并不代表政府责任的弱化。随着时代的发展,民众会不可避免地参与到政治管理与治理中来,民众对于政府责任的期望与要求不仅不会降低,相反还会有所提高,尤其是在一些涉及民生的大是大非面前。比如食品药品安全、儿童教育、养老服务、生产安全、环境污染、商品价格、交通堵塞、税收透明等社会问题,无一不影响到每个人的生活品质,社会大众会不断要求政府提高管理的品质,明确、加强政府责任。社会力量与民众也希望更多地参与到治理进程中。因此,各级政府及相关公务人员是否有坚定的职业责任感、是否有开放包容的心态、是否有整合协调的领导能力以及是否能够开发与时俱进的管理工具,将直接关系到政府责任履行的成效,直接关系到中国能否顺应时代呼唤,有序推进政治的改革与创新。

2. 当今时代的经济特征——"后危机"与"新常态"并存

(1)世界经济步入"后危机"时代及其原因。纵观世界经济史,在2008年西方国家"金融海啸"之前,世界经济的持续高速增长,欧美等西方国家逐步摆脱经济"滞胀"顽疾,中国为首的发展中国家陆续进行改革开放并取得巨大成效,世界经济经历了十年较为持续而强劲的增长。

而2008年美国次贷危机突然袭来,由此引发的全球金融危机,中断了世界经济的这种演进,将世界经济推入了一个痛苦的调整期,许多学者称其为"后危机时期"。此次危机不仅对欧美列国,也对包括从计划经济向市场经济过渡的各个转型国家而言都是一场空前的经济金融体系灾难。灾难之后世界经济的"后危机"时期,客观地说,既是个特有的调整阶段——世界经济、金融体系正在经历深度调整,同时也是世界经济运行的一种特有状态。作为一个时段,它属于全球经济在两个较长增长周期之间的一个艰难的调整期;作为一种特有状态,世界经济迄今所显露出的特征明显地不同于以往所有此类调整期。过去的十年间,我们可以明显感受到在当前的世界经济格局中,发达经济体和新兴市场的博弈持续深化,全球资源配置和生产格局正在重组。总而言之,世界经济治理结构正在悄然变局,而世界经济的调整依然存在着不确定性,时刻都潜藏着巨大的危机,而且也许会持续相当长的一段时期。

那到底是什么原因造成了如此之大的金融风暴?据调研,此次金融危机居然是一群受过良好工商管理教育的商学院学生在背后做了推手。

要准确理解这一点,可以从美国商学院的历史开始说起。成立于1881年,位于宾夕法尼亚大学沃顿商学院,被认为是美国历史上第一所开设商科研究生课程的学校。1898—1913年,包括加州大学伯克利分校、密歇根大学、西北大学和芝加哥大学在内的20多所大学建立了商学院。关于设立商学院的目标及这些目标能否实现的争议从一开始就产生了。大多数学校领导在解释开设商学院的决定时,都谈到了崇高的目标。密歇根大学院长爱德华·琼斯(Edward Jones)是这样说的:如果我们哀叹人类文明对物质的欲望过于强烈,我们或许可以希望创造一种与之抗衡的力量。也许在行业内,我们可以激发一些行业领导者的雄心壮志,让他们实现新的和更多的社会理想。早年,学校领导对崇高理想和学科的关注与公司领导要求企业提供技术竞争力之间一直存在矛盾。1928年,当时西北大学商学院的院长曾说:"无论是谁去查阅美国商学院名录,如果期望从中获得商学院的明确定义,或是期望能找到商学院众多目标中的深刻一致性,那么他肯定要失望了。"大多数最好的商学院都要求会计、法律、英语(商务函电)和基础经济学课程。这些实践性课程引发了一些商学院院长的抱怨,他们认为商学院已经失去了对最初理想的理解。用1934年时任宾夕法尼亚大学沃顿商学院院长约瑟夫·威利斯(Joseph Willis)的话说:"我们是不是太重视培养商'术',而太不重视把他们培养成具有国家责任感的商人呢?他们是不是也可以成为优秀的公民呢?"

最初几十年,商学研究生课程对学生基本没有吸引力。即使在这一阶段出现了像埃德蒙·勒尼德教授(Edmund Learned)的那些严谨的学术成果,也出现了像埃尔顿·梅奥(Elton Mayo)和弗里茨·罗斯里斯伯格(Fritz Roethlisberger)两位管理学家发现的广为人知、极具影响的"霍桑效应"(Hawthorne effect)。

第二次世界大战成为商学院历史的转折点。大萧条中声名受损的大型企业因为在战争中有所贡献而重新获得了声誉。随着美国展开了与苏联的经济、军事和外交竞赛,商界领袖获得了新的重要地位,商学院的入学人数稳步攀升,增长势头持续了几十年。同时,商学教育也得到了来自全新领域的支持。这个时期的福特基金会与卡内基基金会十分重视加强管理学教育,并向一些名列前茅的商学院提供了大量的资助。一些精英商学院,比如,设立在斯坦福大学、宾夕法尼亚大学、哥伦比亚大学和西北大学的商学院立刻着手提高教师质量,并成功地设立更为严谨的研究项目,而这些项目的成果有很多都在顶尖学术期刊上成功发表。

但这场风暴还是始于20世纪70年代末。当时,美国企业在全球市场面临的竞争加剧,美国经济陷入滞胀。20世纪80年代末期的诸多问题加上一些引发公众高度关注的丑闻,动摇了人们对于公司领导能力的信心。在20世纪80年代末期伊凡·博斯基(Ivan Boesky)以及迈克尔·米尔肯(Michael Milken)等金融家的交易勾当丑闻爆出,20世纪末21世纪初又出现因主管行为不端而引发的安然公司和世通公司破产事件,而随后投行以及其他金融机构的高风险投资又助推了2008年的经济衰退[27]。这些高管中有许多都是商学院毕业生,这些管理者缺乏适应不同文化和价值观的能力,缺乏掌握政治和监管权力的能力,特别是缺乏对企业面临的道德问题的敏感性。企业经理们质疑商学院毕业生的执行能力以及他们对职场现实的理解。经常被批评缺乏领导素质、人际沟通技巧、有效的合作,甚至是有效的沟通和说服。因此从这些受过良好工商管理教育的商学院学生身上我们可以看出正确的职业责任和领导力对社会的发展是多么的重要。管理者用得好可以造福人类,用得不好也可以危害人类社会。

(2)"后危机"时代中的世界经济"新常态"。"新常态"(the new normal)概念的提出最早是在2010年,由美国太平洋基金管理公司总裁M.埃里安(Mohamed El-Erian)首次开始使用,最初其用来预言2008年国际金融危机之后世界经济增长可能会出现的长期态势。2010年之前,为应对周期性国际经济危机的影响,世界主要各国政府大都倾向推行"凯恩斯主义",对国民经济采取宏观刺激政策以遏制其迅速下滑趋势,经济增长加速效果显著。但是在2010年之后,该做法在世界范围内开始收效甚微,至今大部分国家仍处于后危机时期的经济低迷之中。因此,国际社会开始以新常态来刻画发达经济体(尤其是美国)陷入持续艰难调整的境地。

那到底何为"新常态"?要弄清"新常态"的概念范畴,首先需要理解何谓"常态"。《辞源》(第三版)中认为"常态"有"固定的姿态或通常的状态"之义;而辩证唯物主义则认为"常态"是"统一体的相对的平衡",但是,任何事物都是发展的,这就使得所有"常态"都是暂时的、是处于不断变动之中的。"当量变超过了一定的限度,这个统一体的相对的平衡就无法维持了,此时,旧的常态被新的'相对的平衡'所取代"。苏联哲学家鲁特凯维奇也指出,旧常态的偏离,意味着"建立新的常态"。由此,从经济管理的范畴上,我们就可以认为"新常态"是指"特定国家从某种长期稳定的经济状态转为另一长期稳定的经济状态",导致这种转变的往往是重要的经济社会事件的冲击,比如2008年世界经济金融危机等。这一观点得到了许多学者的认可。著名学者埃里安认为,在后危机时代,美国会在较长时期保持2%或以下的增长率以及6%或以上的失业率的持续低速增长状态就是一种"新常态"。刘鹤则强调"危机的自我拓展只有走完全过程才能达到新的平衡点,大危机一旦发生就注定是一个较长的过程"。这些似乎为世界经济"新常态",尤其是美国"新常态"提供了支持,而"新常态"随即成为人们讨论世界经济,尤其是美国经济的重要概念[②]。

全球经济危机事件:"黑天鹅"or"灰犀牛"?

距2007年8月世界经济危机爆发已足足有十个年头。此次危机自当年美国次贷危机开始,随后金融海啸迅速席卷全球,波及世界各经济领域。

此次危机影响非常深远,在过去十年中,关于这次全球经济危机触发原因的探究一直是焦点。不少学者将其归为"黑天鹅"事件。该说法源自黎巴嫩学者,经济学家纳西姆·塔勒布的观点,指的是那些极其罕见、出乎意料、造成严重后果的重大事件(纳西姆·塔勒布,《黑天鹅:如何应对不可预知的未来》,2007)。之后,经济学家们普遍认为,这次危机之所以会造成如此严重的后果,是因为它的产生非常突然,且发展迅速,之前数年的经济繁荣,使人们无法想象全球金融系统会产生严重的崩溃,如果有危机产生,也一定是可以预期,并及时补救的。但此次经济危机让人猝不及防,以至于产生的后续影响能延续至今。

但是,随后显露的证据却不断表明2007年的经济危机开始之前,其实有着众多的警示信号:2004年一份美国联邦调查局的报告提醒人们提防抵押欺诈的大范围爆发;2008年,时任法国财长的克里斯蒂娜·拉加德在G7峰会上提醒人们,一场金融界的海啸即将来临;圣路易联邦银行总裁威廉·普尔和路易斯安那州议员理查德·贝克预言房利美和房地美将出现大问题。

诸多事件都表明,2007年的经济危机绝不是毫无预警的突发事件,用"黑天鹅"比喻它不但不正确,而且还会干扰人们对事件性质的判断。世界经济论坛青年领袖、国际政策研究所所长、经济学家米歇尔·渥克提出了一个新的概念"灰犀牛"。在其著作《灰犀牛:如何应对大概率危机》一书中,她认为类似以"黑天鹅"比喻小概率而又影响巨大的事件,"灰犀牛"可以比喻大概率且影响巨大的潜在危机。灰犀牛是非洲草原上常见的动物,它在灌木中若隐若现。当它刚开始撒开四蹄奔跑时,看起来缓慢而笨重,你认为有充足的时间躲避它,对它毫不在乎。但当它冲到你的面前时,巨大的身躯加上惯性,已经刹不住脚,而你却在原地被吓得呆立,毫无反应。

所谓"灰犀牛"事件是我们本来应该看到,但没看到的危险,又或是我们有意忽视了的危险,所以人们才会出现误判,认为这些危机是突如其来,无法预料和避免的。"灰犀牛"的典型特点是,其发出的信号不是太模糊,而是看到它的人们会忽略这些信号。正如2007年的经济危机,它有着明显的先兆,但没能引起人们应有的重视,没有得到积极的防范和应对。

资料来源:本案例改编自何戴翰,《全球经济危机"灰犀牛"的十年》,2017
【请思考】
您认为当今中国经济环境中哪些因素是"灰犀牛"呢?

(3) 后危机时代下的中国经济新常态。虽然,中国的经济增长一直令世界所瞩目,但是到2011年前后,其经济增长速度从之前的两位数下降到7%,2016—2018年经济增长速度甚至一度跌破7%,到2019年GDP增速为6.1%,这是一种结构性减速,也就是说,中国经济的基本面正在经历历史性的实质变化,已经进入了一个"新时代"或经济发展的新阶段——经济"新常态"阶段。但此"新常态"与西方商界、学界以及舆论界在"后危机时代"频繁使用"新常态"概念大相径庭,当前中国在"全面深化改革"语境下提出的"新常态",具备截然不同的内涵、目的和实现路径,不可混为一谈。中国经济新常态的核心要义就是指中国经济增长速度进入中高级阶段、经济结构调整进入关键时期、经济增长动力亟待进入新的创新驱动新阶段、经济风险预判和监控进入新的时期。新常态下我国经济出现了增速变化、结构优化和动力转化的发展新特征,在这个新阶段中,将发生一系列不同以往的、相对稳定的、全局性的新现象、新变化。经济发展将走上新轨道,出现新形式,依赖新动力,政府、企业、居民都必须有新观念和新作为。

在新常态经济环境下,各级政府首先应该正视目前的经济环境下必定会伴随的生产成本上升、投资收益率下降、国内消费不振、出口导向型增长不可持续等经济新常态的特征,对政府职能与工作重心相应作出调整。尤其需要正视诸如技术进步方式改变、投资收益率下降等必然伴随在产业结构更新与技术升级的过程之中,各级政府要努力为技术创新与产业升级创造良好的制度环境、市场环境,引导各个市场主体有序公平竞争。由于经济增长方式从要素驱动、投资驱动向创新驱动转变,政府需要不断简化事前审批环节,加强事中事后监督,促进市场准入管理模式不断优化,以最大限度地激发市场主体的参与热情、创新创造动力,实现经济增长动力从传统增长点向新的增长点转变。同时,要促进国家创新机制长效化,国家、各级政府也要采取措施建立完善企业家资格认证系统、人才交流市场、继续教育培训机制等,以促进我国企业经营者的职业化。

在新常态经济环境下,由于市场变化的非连续性和企业成长的连续性之间存在矛盾,这会导致市场发展低速化和企业成熟化并存。各企业应该明确解读、适应并积极应对经济新常态,加快企业转型升级的战略调整和战术调整。首先,企业应该明确并坚定企业转型升级的战略取向,将调整重点聚焦于战略导向、经营体制与管理系统等方面。其次,各企业要重新寻找新的竞争优势,抛弃传统企业发展的依赖元素,努力通过营造新的市场感知力、价值创造力和组织控制力等来应对各种新的矛盾,通过技术创新、产品创新、管理创新、商业模式创新等多种途径实现企业转型升级。最后,企业应该要摒弃传统的粗放式管理,不断提高内部管理水平,尤其是创新人力资源管理水平。在国家积极推行产业结构优化升级的背景之下,各个行业对人才的需求越来越大,廉价的人力优势已经越来越小。企业必须建立起现代公司制度,不断完善内部治理结构,建立科学的决策体制。而且企业要积极采用互联网技术,构建新型人力资源管理体系,加大内部人才培养以及外部人才的引进力度,充分调动员工的工作积极性和创造性。同时企业还需要建立创新的长效机制,形成良好的创新管理氛围,培养职业化的企业家队伍,培养和造就一个主导创新管理前沿和领导市场竞争潮流的企业家阶层。

经济新常态也是一种战略思维、战略心态:在新常态经济环境下,整个国家的发展将更加体现战略思维的"平常心态",更倾向于长远愿景、长效目标和长治久安;整个社会心理会更具战略平常心,更倾向于长期理性、公共思维和持久耐心。作为社会中的单个个体,一方面我们将越来越明显地观察和感受到中国整个社会的价值选择、行为特征和规则意识的一系列新常态现象;另一方面,我们也能深切感受到经济结构优化升级所带来的城乡区域差距的缩小、居民收入占比的提升以及逐步增大的第三产业消费需求,我们广大民众在更多享受到经济发展成果的同时,能够感受到创业、创新愈发成为我国经济增长的新引擎,成为居民就业的新保障,感受到大众创业、万众创新的热潮。从个人层面上讲,选择一份职业、选择一个行业,你必须有超前的目光,不然个人有可能会被经济转型所淘汰。

　　改革开放以来,中国特色社会主义建设成就空前,综合国力和国际地位迅速提高,我国成为世界第二大经济体,全面建成小康社会指日可待,基本实现现代化目标全面推进。这一点不仅国人切身感受、倍感鼓舞,而且也得到了许多外国政要、学者等的首肯和赞誉。比如,美国前国务卿基辛格曾经以"沧桑巨变"来盛赞中国改革开放的巨大成就。美国著名的未来学家、《大趋势》的作者约翰·奈斯比特说过:中国几乎天天都有精彩的故事。尽管以往我们在革命和改革征途上不断创造奇迹、续写辉煌,我们完全可以这么说,与过去任何时候相比,今天距离中华民族伟大复兴的目标实现则更近,因而更有信心和实力实现中国梦。然而,"行百里者半九十",越是接近成功,难度就愈大,风险和考验就愈甚。进言之,在我们的发展遇到空前的历史机遇期的同时,中国的改革发展步入"攻坚期""深水区",改革攻坚的难度空前加大。在全面深化改革的重大历史拐点,面对新常态,如何突破诸多改革难题,如何规避诸多陷阱,如何在错误思潮的干扰中继续扬帆起航、乘风破浪,深化改革、推进发展,如何以创新、协调、绿色、开放、共享的发展理念来推进经济社会科学发展,阐释民生幸福的丰富内涵,回应新的时代语境中社会的新要求、人民的新期盼、奋斗的新起点,这些问题,全党在看,群众在盼,国际社会也在关注。中国梦的提出,反映了意识形态话语的时代性创变,它以反映时代潮流、汇聚人民心声、承继历史薪火的新概念新表述再度擘画中华民族的新蓝图新愿景;同时,它也是对上述时代问题的积极的战略应对,它使国家、民族和人民发展的目标更明确、更具体,从而能够更好地发挥信念提升、目标引领以及价值激励的功能。

中国经济新常态

　　习近平总书记在2014年5月考察河南时第一次提及经济新常态。同年11月,习近平在亚太经合组织(APEC)工商领导人峰会上所做的题为《谋求持久发展 共筑亚太梦想》的主旨演讲中,较系统地阐述了中国经济新常态问题,认为中国经济呈现出新常态的主要特点是:"从高速增长转为中高速增长""经济结构不断优化升级""从要素驱动、投资驱动转向创新驱动"。其中"稳增长"着眼近期,"调结构"着眼中期,"促改革"着眼长期。

> 经济新常态就是经济结构的对称态,在经济结构对称态基础上的经济可持续发展。经济新常态是强调结构稳增长的经济,而不是总量经济;着眼于经济结构的对称态及在对称态基础上的可持续发展,而不仅仅是GDP、人均GDP增长与经济规模最大化。

3. 当今时代的社会特征——"个体化"与"多元化"交织

进入21世纪以来,经济发展、科技变革和全球化进程正在悄然改变着当今世界的社会结构与价值观念。社会的高度复杂性与不确定性极大地增强,世界已然进入一个全新的社会发展阶段。这一社会阶段所带给人们的直观感受也极其复杂,诸如突发事件频发、新媒体与网络暴力泛滥、生态环境危机等。正如爱尔兰管理学者、英国伦敦商学院管理学教授查尔斯·汉迪(Charles Handy)在《非理性时代》一书中所描述的那样:人类社会正在经历一个"非理性时代",几乎所有的社会变化都"不是一个模式的部分;这种不连续性在历史上不时地发生"。乌尔里希·贝克(Ulrich Beck)认为人类社会正步入"风险社会"阶段,这里的风险主要指的是各种"社会"的因素而非"技术"的因素。在当代社会变革中,社会利益关系、利益格局不断变动,思想文化、社会心理范式等得到创新性发展,多样、多变、多动,内在的、外来的、积极的、消极的多种思想观念相互交织、碰撞,正所谓"乱花渐欲迷人眼"。社会思潮非常活跃,社会心态波动不平,新情况、新问题层出不穷。在市场化、全球化、信息化等多种力量的共同作用下,社会领域发生了巨大的变化,个体化成为当今时代下社会发展的潮流,而且伴随着个体化社会、个体价值的崛起,社会价值领域明显呈现出多元化的趋势。

(1)个体化的崛起。德国著名社会学家斐迪南·滕尼斯(Ferdinand Tönnies)认为,个体化正在成为当代社会生活的主要倾向。所谓个体化指的是"单一个体意识到其自身人格、价值及目的都要挣脱束缚其的共同体才可发展。"德国社会学家贝克则认为"个体化既不是一种自然现象也不是一个新的发明",而是"个体从诸如阶级、阶层、性别、家庭的结构性束缚力量中相对解放出来……各种力量不再以家庭作为单位,而是从个体出发"。波兰社会学家齐格蒙特·鲍曼(Zygmunt Bauman)则指出:"个体化指的是个体身份从'承受者'(given)向'责任者'(task)的转型,要求行动者承担执行这项任务的责任、并对其行为的后果(包括副作用)负责。"英国著名社会理论家和社会学家安东尼·吉登斯(Anthony Giddens)指出,个体化的进程与生活政治紧密相连,选择、自我实现是个体化的核心内容。综上,我们可以看出,界定个体化至少应该包括两个方面:一是指个体从传统的交往关系中逐渐抽离出来,个体行为的框架以及制约因素的社会结构逐步松动,包括阶级、家庭、邻里等传统社会共同体的概念被弱化[2];二是指个体会拥有更多的自由,但是向个体大量开放的自主决策和行动,意味着个体责任的兴起。个人面对新的自由和责任时应对能力的不同和分化,两种参量共同决定了个体化。

(2) 个体价值崛起的影响。个体化、个体价值的崛起对政治、经济等各个领域都产生了巨大的影响。在社会政治治理政策领域,该趋势正朝着要正视社会成员日益增强的个性化进而去努力寻求社会服务最优化的方向发展;在工业生产,尤其是工业设计方面,个体化在当前的商业实践转变中具有非常大的意义。"个体顾客的特殊需要和偏好在为顾客定制的产品中得到更多的考虑。"有学者指出,"个体化、新的群体和不断变化的价值观为新产品和新服务打开了新机会,为经济增长提供了强大的潜力"。比如在一些典型的大规模生产行业,如汽车制造业,当下正面临着转型的压力,许多企业不得不从大规模标准化生产转向汽车内部设计和配置的个性化。工业服务业也以相同的模式继续发展其致力于个性化服务的悠久传统,软件系统及其维护的个性化设计尤其加强了这一趋势。

在商业管理领域,尤其是组织变革管理和人力资源管理领域,因为对个人价值的重视,商业企业的管理重点越来越从传统的决策部门或结构重组转向对人力资本发展条件的提升和管理。约瑟夫·派恩(B. Joseph Pine)和詹姆斯·吉尔摩(James H. Gilmore)等提出在体验经济的时代,企业仅仅提供高质量的服务是不够的,还需要为用户精心策划难忘的体验,体验本身就能成为一种产品[3]。同时,越来越多的企业尤其是国际知名大企业开始重视工作环境体验。更值得关注的是,这种以体验为中心的趋势也正悄然改变着员工对其组织的预期,领先企业的管理实践正在从对外部顾客体验的关注扩展到对员工个体工作体验的关注上。

谷歌"逆天"的工作环境

众所周知,谷歌(Google)素以为员工提供良好工作环境而著称。如果你有机会进入到谷歌办公地点参观,你肯定会留下深刻印象。接下来让我们了解一下谷歌员工们的"幸福生活"。

(1) 隔音太空舱。如果工作累了,员工可在这个太空舱好好休息一会儿。该娱乐设施不但可隔音,而且能阻挡任何光线进入。

(2) 回到幼儿园。每层办公楼之间都安装了一个滑梯。除了娱乐功能外，还可供员工们在发生火灾时紧急撤离。

(3) 美味佳肴。在上班时间，谷歌员工可随时到食堂就餐，食品种类也丰富多样。

(4) 工作地点。每位员工至少配备两台大屏幕显示器，平均每个办公室有4—6名员工。

(5) 技术创新。办公大楼随处可见白色书写板，目的是方便员工随时记下各种新创意。一位产品经理对此表示："你坐在办公室时，灵感并不一定会来；或许就在你走动时，灵感就会如期而至谷歌。"

(6) 轻松一下。在很多办公区域，很容易找到台球、视频游戏等娱乐设施。

(7) 打个电话。办公楼每层都设立一个电话室。每台电话机都安装在经过装饰的小屋当中，以方便Google员工处理私事。

(8) 技术支持。如果谷歌员工电脑出了问题怎么办？没关系，把它搬到这儿来就行。在等待电脑修理过程中，你还可以喝上一杯饮料。

(9) 专业按摩。身心疲倦？这儿有专业按摩师在等着你全身放松。

资料来源：看看谷歌公司的员工福利！https：//www.sohu.com/a/236462933_177164。

【请思考】

谷歌为什么要为每位员工提供这么好的工作环境？难道它不担心员工"玩物丧志"，工作懈怠、不负责任吗？

除此之外,"成就个体价值式"人力资源管理也在世界范围内逐步兴起。2013年罗伯特(Robehmed)曾在一篇题为《为何大学毕业生成批涌向初创公司?》的文章中提及:"如果问一批近年来毕业的大学生——他们目前在哪里工作的话,有相当一部分人会回答说'在一家初创公司工作'。'初创公司'曾经是一个指代小企业的行业术语,但现在却让人联想到一种令人兴奋的具有企业家精神的生活方式——越来越多受过高等教育的年轻人正在选择这种生活方式。"据该作者统计,美国20世纪80年代至21世纪初期间出生的年轻人(现年25—40岁)中有47%在员工人数规模少于100人的公司工作。这一结果与肖尔(Shaw)等人在2008年针对美国同时代年轻人就业倾向的研究不谋而合——现在的年轻一代更加重视工作的挑战性和多样化的学习方式[①]。2016年,优兴咨询(Universum)公布了2016年全球人才调研中国区的调查结果,其调研了中国110所重点高校55 000多名学生毕业后的理想工作去向。数据显示,中国年轻人更偏爱初创公司,日益重视雇主能够提供的软性条件。"有创造性"是学生在选择雇主时看重的因素,他们特别偏好能够在初创公司工作,甚至自己设立初创公司。在初创公司中,最令这些年轻人感到愉悦的是没有等级职位划分的层级结构,没有大型组织系统的组织僵化与内耗现象,但却拥有很多让他们觉得可以贡献其自身价值之处,并可以看到最终结果。许多人表示,在初创公司里,能够非常迅速地学会涉及范围更广的一系列技能,而并非像在大型企业中那样被固化在一个狭窄的职位通道里。最重要的是,这些年轻人都希望自己能在初创公司中产生影响、做出贡献,并能够得到及时反馈。

个人价值上升对企业管理领域的更重要影响是传统组织边界的模糊和传统组织雇佣关系的改变。随着个人对知识和信息的掌握,在现代科学技术的帮助下,个人的能力将更加强大。组织成员不再仅仅依靠于组织,而更多的是依靠自己的知识和能力。成员与组织之间的关系不再是等级关系,而是合作关系,甚至是平等的网络关系。此时要想提升组织管理效率,传统的雇佣型的管理模式是无法胜任的。

出于上述原因,一些研究人员提出了"无边界职业生涯"的概念。在未来新型的组织架构中,组织个体成员将组织看作职业发展平台而非终身效劳的对象,以能力和价值的提升而非长期雇佣保证为就业目的。也就是说,面对复杂的竞争市场,组织结构、管理模式、工作稳定性的变革导致传统的企业与员工之间紧密的依附关系被表面灵活的、松散的新型雇佣关系所替代,员工的就业价值观和工作安全感受到急剧的冲击,传统的组织边界(如等级森严的汇报和晋升准则)被打破。这些改变,意味着传统的雇佣关系已经开始弱化甚至逐步解除,人们之所以还在一个组织中,是因为组织拥有资源与平台,倘若资源与平台进一步社会化、网络化,个体的自主性就会更加被显现出来。另外一个典型的"个体价值驱动"潮流的表现就是大量"创客"的涌现。他们无视经典和权威,执着追逐梦想,实现个体价值,不断推陈出新,在IT、节能环保、新能源、光电显示触控及智慧城市等专业展会上频现精彩之作。埃里克·施密特(Eric Schmidt,谷歌前任 CEO、现任董事长)认为,未来组织的关键职能,就是让一群创客聚在一起,快速地感知客户需求,愉快地、充满创造力地开发产品、提供服务。他们需要感受变化、提出挑战,他们具有内在的动力和热情,只要事情有意义他们都乐意奋不顾身地投入工作,而企业管理者只需要营造氛围。我们甚至可以说,是员工使用了组织的公共服务,而不是公司雇用了员工。《2016 年德勤千禧一代报告》(The 2016 Deloitte Millenial Survey)调查了 29 个国家的 7 692 名千禧员工(指 1982 年之后 20 年间出生的员工),最终报告结果显示,超过 25% 的千禧员工计划在 2016 年离职,近一半的人计划在 2 年内离职。调查还发现,该年龄段员工忠诚度低的原因,除了觉得缺乏领导力方面的发展机会之外,还因为企业将利润置于价值观、行为准则和企业道德之上的行为令他们不满。我们应该看到,新组织模式的最重要的功能就是以尊重个体价值为前提的"赋能",而不再是管理或激励。

海尔的"企业平台化、员工创客化、用户个性化"

2014 年底,海尔总裁张瑞敏在海尔创业 29 周年纪念会上提出未来企业发展三个"无"的目标:第一个是企业无边界;第二个是管理无领导;第三个是供应链无尺度。

在经历了名牌战略、多元化战略、国际化战略、全球化品牌战略后,当前海尔又一次自我颠覆,进入了网络化战略阶段。张瑞敏说,互联网时代,海尔要实现商业模式、制造模式和消费模式的颠覆。为此,他们进行了"企业平台化、员工创客化、用户个性化"的大胆探索实践,截至 2019 年 12 月,海尔创业平台上已经有 4 000 多家小微企业、4 家上市公司、2 家独角兽企业、12 家瞪羚企业,其中有 100 多家过亿企业……

【请思考】
海尔的此次战略变革的原因是什么?您觉得它为什么能够获得成功?

(3)"个体化"与"多元价值观"的交织。在现代社会,个体的生存模式是多变的。自媒体、虚拟社区、微博和微信等提供了更多的话语权和话语权渠道。社会资源具有多重协同力,整个社会呈现出"去中心化"趋势。这些变化必然导致个体意识形态和价值观念的变化。许多个体的价值观也相互制约,个体所持有的价值观都是各种信息传播和群体规范的结果。随着个性化社会的兴起,社会价值领域也呈现出多元化的趋势。价值观是一个复杂的范畴,在不同的语境中有着不同的含义。在社会学领域,一般认为价值观是"人们对人生目标、人生态度等基本价值观的基本看法和观点"。

社会价值的多元化有多种表现形式。它不仅体现在个体价值选择的多样性上,也体现在不同群体价值选择的多样性上。也就是说,不仅不同年龄层、不同职业层、不同社会阶层的价值观是不同的,而且同一群体中不同个体的价值观也是不同的。个性化对社会结构的变化产生了重要影响,促进了社会经济成分的多样化、分配方式的多样化、社会组织形式的复杂性、个体发展空间和就业选择的丰富性。首先,个人主义必然会带来价值主体利益的多元化。不仅社会利益空间不断扩大,而且不同社会阶层的社会利益也会逐渐分化。其次,个性化必然带来价值选择的多元化。在价值选择的内容上,个体价值选择由一元主义向多元主义转变。个人不仅注重物质价值的实现,而且注重精神价值的获得,不仅注重理想价值,而且注重世俗价值。在个体关注集体价值的同时,个体自身的价值也受到更多的关注。最后,个性化带来价值判断标准的多元化。价值判断不仅注重个人对集体实现社会价值的责任和贡献,而且注重社会对个人的满足和个人价值的实现。它不仅关注个体社会活动的动机,而且关注个体社会活动的效果。总之,随着个性化社会的不断发展,价值内容越来越丰富,人们的价值选择越来越多样化,社会的价值取向也越来越多元化。价值多元化已成为个性化社会发展的必然趋势和结果。

(4)"个体化"与"多元价值观"交织的影响。价值观与自然观、历史观等一样是一个较为宽泛的概念,但是从狭义上,在商业管理领域,我们可以将其等同于个体在职业领域价值取向的主要表现,称其为工作价值观(work values)。众多国内外研究表明,工作价值观往往会影响员工的职业心态,而职业心态则能够反映出员工的工作价值观;同时工作价值观及职业心态共同影响了员工履职行为和工作绩效。因此,"个体化"与"多元价值观"的交织,既可能影响个体对职业的态度、责任和工作绩效,同时又通过影响员工的工作绩效进而冲击和影响传统企业管理的模式。当代企业必须适应这种新型价值制约关系,重视两者的影响,容忍变化莫测的工作状态,进而以适时合理的方式对待员工。也就是说,企业管理实践中,既需要尊重个体独立的价值追求,又需要有严酷的淘汰机制,这对现代管理者提出了更高的要求。

4. 当今时代的科技特征——"百舸争流"与"全面发展"齐头并进

自世纪之交伊始,人类社会就一直处在汹涌澎湃的新科技革命的热潮中。目前,科技创新的发生与标志与之前已经大不相同。当今的新科技革命已不再是传统意义上的以某项重大科技突破(比如第一次工业革命的蒸汽机,第二次工业革命的内燃机等)为标志和某个领域、学科的突起为代表,而是以领域众多、学科全面、系统创新、全面发展为特征。如果说 21 世纪前十年是信息技术、互联网技术的大爆发,那么当今时代,新一轮的科技与创新热潮正在席卷全球:大数据、云技术、人工智能(AI)、工业 4.0 等正在代替上一轮的互联网热潮引领新一轮的技术革命浪潮。而且这一轮新热潮已经在新能源、新材料、航空航天、新型交通工具、虚拟现实、精确医疗、合成生物、智慧城市、智能机器人等多个领域生根发芽,甚至有些已经开花结果。比如 2016 年"阿尔法围棋"的胜利、2017 年引力波的探测获得诺奖、虚拟现实行业的兴起……科学技术创新正在多领域、多学科、全方位风起云涌;重大发现和发明、重大科技成果如雨后春笋般竞相涌现;新技术、新产品正在加速更新换代,此起彼伏:当今时代的科技呈现出后浪推前浪、汹涌澎湃、"百舸争流、全面发展"的局面。

(1)新技术时代的典型特征。2017 年,人民日报刊登了《未来世界科技发展的十大趋势》一文,指出新科技革命与产业变革正在加速推进,并深度融合、全面渗透到人类社会的各个方面,下面简要介绍其影响人们生活方式的最主要的五个方面:

第一,信息网络、生物科技、清洁能源、新材料与先进制造、量子计算机等颠覆性技术会层出不穷,并将催生产业重大变革,比如人机共融的智能制造模式、智能材料与 3D 打印结合形成的 4D 打印技术等,将推动工业品由大批量集中式生产向定制化分布式生产转变,引领"数码世界物质化"和"物质世界智能化"。这些颠覆性技术将不断创造新产品、新需求、新业态,为经济社会发展提供前所未有的驱动力,推动经济格局和产业形态深刻调整,成为创新驱动发展和国家竞争力的关键所在。

第二,科技创新更加以人为本,绿色、健康、智能成为引领科技创新的重点方向。未来科技将更加重视生态环境保护与修复,致力于研发低能耗、高效能的绿色技术与产品,保障人类的健康。比如绿色农业的普及、基因测序、分子靶向治疗等医疗技术的大规模应用等。智能化成为继机械化、电气化、自动化之后的新"工业革命",工业生产向更绿色、更轻便、更高效的方向发展。服务机器人、自动驾驶汽车、快递无人机、智能穿戴设备等的普及,将持续提升人类生活质量,提升人的解放程度。科技创新在满足人类不断增长的个性化多样化需求、增进人类福祉方面,将展现出超乎想象的神奇魅力。

第三,随着"互联网+"蓬勃发展,大数据的普及,将全方位改变人类生产生活。随着新一代信息网络技术,如工业互联网、能源互联网、车联网、物联网等新网络形态不断涌现,智慧城市、智慧物流、智能生活等应用不断拓展,将形成无时不在、无处不在的信息网络环境,对人们的交流、教育、交通、通信、医疗、物流和金融等各种工作和生活需求作出全方位及时智能响应,推动人类生产方式、商业模式、生活方式、学习和思维方式等发生深刻变革。

第四,科技创新活动日益个性化、社会化、大众化、网络化、开放化、集群化,新型研发组织和创新模式将显著改变创新生态。网络信息技术、大型科研设施开放共享、智能制造技术提供了功能强大的研发工具和前所未有的创新平台,使创新门槛快速下降,协同创新不断深入,创新生活实验室、制造实验室等新型创新平台不断产生,众筹、众包、众智等新型创新模式不断涌现,催生越来越多的新型科研机构和组织。当今以"创客运动"为代表的小微型创新、以互联网技术为依托的"软件创业"、由新技术驱动、以极客和创客为重要参与群体的"新硬件时代"正在开启。这些趋势将带来人类科研和创新活动理念及组织模式的深刻变革,激发出前所未有的创新活力。

阿里京东无人仓竞赛"互秀肌肉"

从无人机到无人超市,无人科技成为新的风口。在物流无人仓的布局上,阿里与京东两大巨头也展开了一场科技竞赛。2017年8月2日,菜鸟网络宣布"智能机器人仓库"已在惠州市惠阳区投入使用。就在前一日,京东刚刚宣布"物流无人分拣中心"在江苏昆山启用。业内人士分析称,双方几乎同时宣布自己的无人仓科技,有着明显的军备竞赛意味,这也标志着中国无人仓领域更加国际化、科技化。

就在不久前,国务院法制办发布了《快递暂行条例》征求意见,强调快递安全、快递服务,鼓励快递科技发展。意见指出,国家鼓励和引导经营快递业务的企业采用先进技术,促进自动化分拣设备、机械化装卸设备、智能末端服务设施、电子快递运单以及快件信息化管理系统的推广应用。业内人士分析称,在国家大背景和激烈的市场竞争中,越来越多的企业开始迈向科技物流的道路,未来中国物流也会赶超国际品牌走向国际化道路。

资料来源:新浪新闻,http://news.sina.com.cn/c/2017-08-03/docifyitayr8737402.shtml。

第五,科技创新资源全球流动形成浪潮,优秀科技人才成为竞相争夺的焦点。一方面,经济全球化对创新资源配置日益产生重大影响,人才、资本、技术、产品和信息等创新要素全球流动,速度、范围和规模都将达到空前水平,技术转移和产业重组不断加快。另一方面,科技发达国家强化知识产权战略,主导全球标准制定,构筑技术和创新壁垒,力图在全球创新网络中保持主导地位,新技术应用不均衡状态进一步加剧,发达国家与发展中国家的"技术鸿沟"不断扩大。发达国家利用优势地位,通过放宽技术移民政策、开放国民教育、设立合作研究项目、提供丰厚薪酬待遇等方式,持续增强对全球优秀科技人才的吸引力。新兴国家也纷纷推出各类创新政策和人才计划,积极参与科技资源和优秀人才的全球化竞争。

(2) 新技术时代的消极影响。科学技术的发展不仅带来社会生产方式的重大变革,也带来人们生活方式、交往方式乃至思维方式的变化,但是回顾历史,我们不难发现,技术进步引发的产业革命能够极大地推动社会生产力的进步,同时与此相关的生产关系却往往滞后于生产力的发展,从而引发各种社会矛盾的激化。人工智能与大数据时代的到来,与历史上工业革命带来的社会影响也会存在形态相似、性质相近的内在规律。一方面它为"大众创业、万众创新"带来空前的机遇与可能,同时也给传统经济社会管理、运行模式与社会文明带来极大冲击和一系列的矛盾与困惑。诸如:互联网商务与金融的诚信问题;阿尔法狗、DNC(可微神经计算机,即能根据记忆自主学习的计算机)等人工智能对人类智慧的挑战及机器人编程的版权归属问题;乃至电商快递"电三轮"与城市交通管理的矛盾,如此等等。

综上,人工智能与大数据时代似乎为"失信、无序、垄断"提供了更大的"便利",同时对"诚信、秩序、共享"提出了更高的要求。从这一意义上讲,当今技术时代的发展趋势迫切要求构建以智能与大数据信息技术为基础的技术文明:一是要根据新技术的特征,从新技术发展规律的维度,努力探索并构建有利于技术进步与发展的文化氛围与法制环境;二是要以社会发展规律为维度,总结提炼符合时代特征,形成有利于促进社会文明和谐发展的新的人文精神与文化风尚,要彰显社会公平与正义,让最广大的人民群众能共享技术进步带来的福祉,这是人类社会对技术进步的最大诉求。技术必须要以"善与美"为价值取向,如人工智能必须以服务且造福于人类社会为目的,大数据的共享必须符合国家安全和个人隐私保密的法律要求等等。因而在技术创新和运用过程中必须要融入更多的诚信道德、人文关怀和法治理念,以促进科学技术的健康发展。

二、大学生群体的时代特征

各个高校开始迎来90后甚至00后出生的大学新生。2000年后出生的孩子经常被称为"千禧宝宝",他们成为大学校园的主力军,给大学校园带来了不一样的风景。当代大学生群体较之于以往大学生有什么差异? 他们对自己的大学生活和未来发展有什么憧憬和期待? 综合起来,当代大学生群体存在着以下明显的时代特征:

1. 大学生群体的思维方式发生变化

在社会变迁环境下成长起来的新一代青年大学生,思维活跃立体,思想更加开放和发散,易于接受不同群体的思维冲击,看问题、想问题更加开放化、多元化。他们普遍乐于接受新鲜事物、吸纳多层观点,尝试精神、学习意愿、创新意识较强。青年学生思维方式的变化还直接表现为青年职业观的变化,现在的青年学生对于择业有强烈的自我认知,他们清楚地认识到,只有提高自身的综合素质和社会化程度,成为"一专多能"的复合型人才,才是找到一份理想工作的前提。

2. 大学生群体的自我意识发生变化

大学生群体的自我意识在大学阶段会得到迅速的发展,其自我认识、自我体验、自我控制逐步协调一致。

大学生更加强烈关心自己的发展。大学生在校学习大概延续3—5年时间,在这期间他们会围绕个人发展、个人和社会的关系,主动积极地探索自我。比如经常反省"我聪明吗？我风度如何？我性格怎样？我将成为什么样的人？我如何实现自我价值？"等一系列问题。同时他们会自觉地把自己的命运和集体、国家的命运结合起来,经常考虑如何为社会服务。同时,大学生自我评价能力提高。随着各类知识增多,生活经验扩大,感性和理性趋于成熟,大多数大学生对自己的分析、评价逐渐地客观、全面。同时大学生自我体验更加丰富复杂。大学生对别人的言行和态度极为敏感,愿把自己的情感体验闭锁于心,内心体验起伏较大,取得成绩容易产生积极、肯定的自我体验,甚至骄傲自满、忘乎所以；遇到挫折时又易产生消极、否定的情感体验,甚至自暴自弃、悲观失望,有明显的两极情绪。除此之外,大学生自我控制能力有很大提高,其自觉性、坚持性、独立性和稳定性显著发展。

3. 大学生生活方式与学习方式发生变化

青年大学生是网络生活方式的"急先锋"。各种新媒体的出现和使用为大学生建造出一个不同于现实世界的虚拟世界,造成了大学生生活方式的转变。当代大学生的学习、生活、娱乐都离不开网络,学生们变得越来越"宅"。同时,移动互联时代造就了一种特殊的知识获取方式。当今时代的知识获取更强调个体的参与性和互动性,网络点赞和互怼成为网络互动的真实体现。虚拟性弱化了大学生的道德意识和责任感,虚拟的网络行为造成大学生道德责任感的削弱、自我约束力的降低和自由意识的泛滥。更使得一些自我约束能力差的大学生人格滑坡；加上网上时常出现虚假信息、篡改数据文字、网上偷窃、传播病毒、侵犯知识产权等网络犯罪和不道德行为,使人觉得安全感下降；同时造成大学生的责任心退化和社会监督机制的弱化。

4. 大学生承压能力弱化,责任感有待强化

相对优越的成长环境赋予了当代大学生较强的自信心与自尊感,缺乏挫折磨砺与理性思考,过于叛逆自我,很容易导致心理脆弱性、性格自负性,部分大学生所着意表现的自信成熟往往是一种假象与自我催眠。学生的自我调节能力逐渐退化,成长

中往往缺失必要的面对挫折、矛盾的勇气和处理经验。失去对家庭的直接依赖，很容易导致当代大学生在踏入大学这个"小社会"时表现出极大的不适应性，情绪控制、调节与疏导能力的不足很容易引起精神的迷失与性格的极端，看似个性张扬、世故圆滑的同时可能潜藏着压抑与迷惘。同时也存在着以自我为中心，社会责任感有待强化的现象。

5. 大学生群体后天可塑性强

新一代大学生正处于世界观、价值观、人生观形成完善的关键时期。当代大学生是青年群体中文化水平较高、专业知识和综合素质相对较好的一类群体，是当今社会中最具前瞻性和先导性的价值群体。他们极力表现的成熟更多的是自信乐观使然，而知识视野、年龄阅历、开放思维、乐于挑战等方面的特点也恰恰赋予他们以极大的可塑性，亟须正确引导与教育。

三、职业责任与领导力的时代要求与内涵

1. 时代呼唤职业责任与领导力

纵观历史，人类社会的进步就是不同代际的人们不断繁衍和发展的持续动态的延续过程，是一代又一代人勇于担当和不断履职尽责的结果，所谓"一代人做一代人的事"说的就是每一代人有每一代人所承担的时代责任和历史使命。只有履行好时代赋予的责任，完成好历史赋予的使命，才能使自己的人生更有价值和意义，才能创造出无愧于时代、无愧于历史的华彩篇章。历史的发展规律表明，青年是一个民族和一个国家复兴、繁荣和昌盛的决定力量，可以说，当今社会的发展很大程度上要靠广大中国青年的勇敢担当和身体力行，在各行各业发挥出积极的领导力。明确我们每一个人的时代责任和历史使命，既是未来建设中国特色社会主义现代化事业的需要，更是每个公民义不容辞的责任和义务。

随着生产力的发展和社会关系的变迁，对于个体来说，家庭、职业和社会三种角色不断分化，家庭角色在个人发展中的地位已经逐渐退居幕后，职业角色和社会角色的重要性不断凸显和增强。职业真正地走向了前台并已经成为决定个人发展的主要力量，家庭、家族背景已经不再是个人立足于社会的根本，原来的子承父业式的"世家"越来越少，取而代之的是子孙后辈更加多样化的职业选择。在移动互联网和大数据时代，新兴的职业类型不断涌现，职业涉及的范围更加广泛，职业形式更加多样化，在此背景下，责任更多地意味着在保证工作质量的前提下按时完成工作的职业责任。每个人都要积极地适应这种变化，因为正是这种变化拉开了人类生活崭新的一幕，适应这种变化的个体意味着能够积极地发挥个体的职业能力和领导力，而不能适应这种变化的个体将遭受职场挫折甚至被职场所快速淘汰。

同时，在当今新的时代背景下，在重振市场经济新秩序的过程中，还存在着一系列诸如市场规则不健全、规则意识淡薄，各种欺诈、地方或行业保护主义等不公平竞争行为以及各种行业不正之风等。这些问题的存在一方面会导致市场疲软，产品质量越来越差，严重削弱了我国商品在国际市场上的竞争力，另一方面其阻碍了我国政治、经济体制改革，严重地阻碍了经济的进一步发展，同时导致更多社会不满情绪。解决上述问题关键在于高度重视和加强职业道德和职业责任建设。高尚的职业道德和严谨的职业责任，是促进经济发展的强大动力。"行政管理之父"马克斯·韦伯就曾指出：正是基于每一个虔诚的基督新教徒的"天职"观念，才使得近代资本主义得以产生并发展。这就是说，缺少了职业道德和职业责任这一关键环节，便不可能有经济的健康发展、也不可能实现真正的改革与创新。只有全面提升全体社会成员的职业道德水平和职业责任感，才能建立起良好的市场经济秩序、保证经济新常态的健康发展。

2. 职业责任与领导力培养的时代要求

（1）时代呼唤回归大学精神，强化大学生职业责任与领导力的培养。

回归大学精神

世界上任何一所大学都有其独特的灵魂，大学精神就是大学灵魂的外在体现，也是大学的本质和魅力所在。大学精神是大学在长期发展过程中逐渐积淀形成的具有特色的相对稳定的理想信念和行为准则，她决定了"大学应当做什么和大学应该怎么做"，是大学持续发展的动力和源泉。正如西点军校的精神"责任、荣誉、国家"，每所大学都有其自身的使命和责任，通过卓越的教育培养出对社会有用的人才，通过高水平的科学研究，推动人类的发展进步，对国家负责，对社会负责，"责任和使命"是大学精神的重要内容。

国内外的一流高校都有其独具特色的大学精神，并将这种大学精神一代又一代的传承，剑桥大学的使命是：通过对卓越的教育、知识追求和国际最高水准的科学研究为社会做出贡献；哈佛大学的校训是：真理（Veritas）；斯坦福大学的校训：自由之风劲吹（The Wind of Freedom Blows）；普林斯顿大学的校训：为国家服务，为世界服务（In the Nation's Service and in the Service of All Nations），这些都是国外著名高校大学精神的集中体现，也体现了大学的责任和使命,培养人才,做好学术研究,为国家服务,为世界服务。

中国的大学同样有其自身的精神,国立西南联合大学是中国大学精神的代表,是中国抗日战争期间设于昆明的一所综合性大学,由当时的国立北京大学、国立清华大学及私立南开大学共同组成,自1938年5月4日正式开课,直至1946年5月4日结束,设立时间共8年整,毕业学生3 800余人。当年的西南联大,可以说是办学硬件最差、环境最差,但是西南联大三校师生不惜背井离乡,流亡颠沛万里,坚持"读书不忘救国、救国不忘读书"的信念,八年间培养出了数百位中国科学院院士,包括诺贝尔奖获得者杨振宁、李政道,4位国家最高科学技术奖获得者黄昆、刘东生、叶笃正、吴征镒,数学家华罗庚,两弹元勋邓稼先等知名人士。正是在"刚毅坚卓"精神的支撑下,国立西南联合大学,创造了古今中外教育史上罕见的奇迹。

然而,如今中国越来越多的大学迷失自我,找不到自己的精神,没有了精神支柱,失去了凝聚力和生命力。正如复旦大学前校长杨玉良在接受《中国青年报》采访时表示:现在大学精神有点迷失,出现了一种相对来说比较广泛的精神虚脱。作为全社会来讲,包括大学,功利主义盛行。当前来讲,回归和坚守,比改革更重要,回到大学应该担负的使命,回到大学应有的状态。大学担负着培养一代代精英的责任,北大、清华、复旦培养的人以后的素养怎么样,决定着国家的走向。因此,当今我们要继承优秀传统文化,弘扬传统的大学之道,构建当代大学精神,回归大学的责任和使命。

资料来源:丁东:《人海观潮》,2016年版,第146—165页

【请思考】

1. 您认为大学精神是什么?对大学的发展有哪些重要作用?
2. 您能举出一些表现大学精神缺失的案例吗?在整体大学精神缺失的背景下,您认为应该如何回归大学精神?

① 时代呼唤回归大学精神。中国的未来属于年轻一代,世界的未来属于年轻一代。青年固有青年的优势,但也有明显的劣势,需要打磨与锤炼;在整个时代环境下,大学环境对于当代大学生的成长起着不可替代的重要作用。

什么是大学精神?许多名人大家对此进行过自己的解析。中国科学院院士、清华大学教授施一公认为:"做人并不是一定要做英雄模范,更不是要学八面玲珑,我觉得是学做一个健全的、有自信的、尊重别人的、有社会责任感的人,大学最重要的目标就是培养这样的人。大学最根本的一条就是帮你树立社会价值观、人生观。"复旦大

学管理学院院长陆雄文认为:"当今中国,许多学校成了'学店'。当务之急,要回归大学精神的本原。大学要培养的是专业精英和社会领导者,是影响并推动社会可持续发展的大写的'人'。大学教育应该倡导和引领一代新风:体现出对世风浮躁、物欲横流的强烈针砭;体现出对诚信、仁爱、责任的崇高追求;体现出那么一种中国公民应有的志气、意气和豪气。"

综上所述,所谓大学精神是在大学发展过程中,长期积淀而成的稳定的共同追求、理想和信念,是被大家所认同的价值观,是大学文化的核心,是大学的灵魂所在,是大学组织特性的标志,是大学之为大学的根本所在。大学精神是人们对大学的本质及其办学规律进行系统的哲学思考而形成的一种抽象概括。在建设高水平大学方面,大学精神比任何设施、任何组织都更有效,她在大学的生存和发展中起着引领、激励、凝聚、定向和内涵化作用,保障大学在合乎自身内在逻辑的基础上健康发展。同时,大学精神从思想文化上引领人类的发展和社会的进步,为人类创造最为宝贵的精神财富。

大学是社会组成的关键部分,也是促进社会人成长成才的重要部分,包括西南联大、斯坦福大学等,这些大学之所以能培养出那么多人才,重要的是培养学生先学会做人,做一个有职业责任和领导力的人!

② 大学精神的回归以及新的时代特征要求加强职业责任和领导力的培养。大学精神既具有民族性又具有时代性。从中国古代春秋时期的"私学"、战国时期的"稷下学宫"、汉代的"太学"以及唐代的"官学"和宋代"书院",以及我国现代大学百年之历史,中国的高等教育各方面都得到了惊人的发展,然而,随着社会的多元化,文化变得逐渐模糊,大学之道貌似悄然失落。大学精神之坚守,寻找失落的精神资源,呼唤大学精神的回归与再塑,已成为时代最强烈的需要和呼唤。

从近现代大学的发展历史看,西方大学精神的发展主要经历了三个历史阶段:一是以纽曼(John H. Newman)为代表的传统大学精神,推崇"教学型大学";二是以洪堡和弗莱克斯纳(Abrahaln Flexner)为代表的现代大学精神,推崇"研究型大学";三是以克拉克·科尔(Clark Kerr)为代表的当代大学精神,推崇"多元化巨型大学"②。大学以知识传授、发展科学、服务社会的三大功能得以生存发展③。然而,随着经济社会的发展和多年来的教育实践,高校"传授知识"的功能越来越强。由于传授知识是人才培养的第一要务,而人才培养是以适应社会、服务社会为最终取向和目标,这样的教育思想似乎是无可争辩的。然而,问题的症结在于大学在"适应"社会的过程中迷失了自我,在强调"传授"知识的过程中失去了精神。教育者所忽视的正是教育对象的"人"的本质。尽管受到实用主义和功利主义的影响,大学的人文精神和理性精神并没有被遗忘。

中国古代的大学之道首先崇尚的就是"独立自主、德行为先"。经典著作《大学》开篇就已经表明:"大学之道,在明明德,在亲民,在止于至善。"春秋时期往往以"六经"(《诗》《书》《礼》《易》《乐》《春秋》)为主要教学内容,它注重人的德行与智慧;战国时期的"稷下学宫"具有兼容并包、自由讨论的精神,吸引师生踊跃参加,甚至参加辩论。中国现代大学通过向西方学习,其精神坚持"学术自由、兼容并包、教授治校"。

如今,如前所述经济全球化,政治多极化,世界多元化,交流复杂化,导致置身其中的大学面临的问题越来越多。首先,当今社会在飞速发展,尤其是日益发展的科学技术推动这个世界不断向前进步,时代对社会中的任何一个存在物都提出了新的要求,并且要求其迅速应对,受到市场化和商业化浪潮的冲击,大学出现了许多急功近利的表现,以至于今天的大学学习出现了狭窄化、专业化、技术化的倾向,于是远大的人生抱负渐淡渐消失,卓越的眼光和超越的胸襟逐渐被市侩式的世故虚荣所取代。在这样的背景下,人文精神的培养很难取得"短期效果"。有人提出要摒弃当前大学的功利主义和实用主义思想,重构大学精神,发挥更根本的"精神"作用,主张大学应该为社会服务,成为社会进步的助推器。真正的大学要把培养"人"作为第一要务,立足和归宿是人,关注的是人的解放、完善和发展,而不是爱因斯坦所说的培养"训练有素的狗";要服务社会要招贤纳士、延揽各地有真才实学之人、集思广益、群策群力,把学校办好,为国家为社会培养出更多德才兼备的学子。"大学教育应激发我们的好奇心,使我们对新思想、新经验持开放的心态;它应该鼓励我们思考那些未曾检验的假设,思考我们的价值观和信仰"。

著名科学家竺可桢在任浙江大学校长时曾经指出:"大学教育的目的,决不仅是造就多少专家如工程师、医生之类,而尤在乎养成公忠坚毅、能担当大任、主持风会、转移国运的领导人才。"世界上许多杰出人物、大师和领袖,早在大学阶段就崭露头角,表现出与众不同的能力。当今社会正在发生急剧的变革,经济新常态和经济转型、市场的法制化、管理的人性化以及大数据时代的到来等时代特征赋予了我们新的时代责任和历史使命。而大学阶段教育是学生形成个性、自主发展的关键时期,因此,在大学生中考察和培养当代大学生的领导力和社会责任感,提高履行时代责任的能力,利用所学知识解决社会问题的能力,这是时代的呼唤与需要。

(2)当今时代兴起"全人"教育思潮,内在地要求加强职业责任与领导力的培养。全人教育是当代教育发展的一种新趋势,是高等教育发展的一种新视角。全人教育思想兴起于20世纪六七十年代,全人教育的目的是"培育人的整体发展,包括人的智力、情感、社会、身体、创造力直觉、审美和精神潜能的发展",培育"人的整体发展"[38]。其主要教育思想是通过传授"整全的知识"以形成"健全的人格",促进人的整体、全面发展,使学生成为德业双收、人格完善的人。

随着知识经济和信息化时代的到来,我国高等教育存在严重的科学化、功利化、工具化倾向,形成了所谓的"半人"教育的现象。因此,高等教育要实现深入改革与创新发展,必须确立其独特的价值追求。高校人才培养目标在强化专业型、技术型、知识型人才的同时应进一步加强大学人文素质教育,促进大学生的全面和谐发展,从而适应经济社会发展变化的要求㊺。

我国台湾的赖明德教授认为,全人教育的含义和功能在于开发人的潜能,变化人的气质,使人具有丰富的知识、专业的技能、良好的品行、强健的体魄、审美的情趣、博大的胸怀。赖先生认为,中华民族传统中的"天人合一""内圣外王""仁民爱物"三个文化主题,则正是全人教育的体现。其中"内圣外王",涉及人的内在品格与外在的才干之间的协调发展。正如《大学》中言"古之欲明明德于天下者,先治其国。欲治其国者,先齐其家。欲齐其家者,先修其身。欲修其身者,先正其心。欲正其心者,先诚其意。欲诚其意者,先致其知。致知在格物"。内圣,更多的是一种个人修养,品德是否高尚基本上依赖于个人的修行,所谓"为仁由己","我欲仁,斯仁至矣",就是这个意思。以个人的修养为起点,逐步推己及人,以至于扩展到天下,这就涉及治世了,所以"修己以敬,修己以安人,修己以安百姓",就是开了一个自我的人格修养从为己到安人、安百姓的路径。如果说修己是"内圣"的过程,作为道、德、仁都是"内圣"的重要表现,是个人的素养的提升,而责任就是其中非常重要的组成部分。而"安人、安百姓"是"外王"的过程。其中"仁民爱物"就是"外王"的基本要求,也就是说"人与人之间,以仁慈的心地相互对待,以博爱的精神看待万物,如群体之间,彼此的守望相助,权益的相互维护,困难的合力解决,群己关系的审慎正视以及对动物、植物的爱护,对环境生态的保育,对各种水土资源的妥善开发和有效利用等"。只有这样才能实现从一个"内圣"人格修养而至外王才艺的过程。这种"外王"的才艺也正是现代领导力的基本要求㊻。

因此,高等教育全人教育思潮的核心思想和主要要求与职业责任和领导力的要求不谋而合,其时代特征要求大学教育需要从全人培养的高度加强职业责任与领导力的培养。

3. 职业责任与领导力的时代内涵

(1)新时代要求不断开拓创新,赋予职业责任和领导力以创新内涵。毋庸置疑,创新是国家、社会发展的根本动力。无论从政治、经济、社会还是技术角度的时代特征都要求具有创新意识和创新责任。创新成了当今时代的主题,创新也成为我们的时代责任。创新的关键在于人,正是人的智慧点亮了创新发展的明灯。当今时代背景下,具备了优异的创新能力和积极的创新意识,就可以掌握主动,取得更好的成就,获得更大的发展。

首先,新时代的政治特征要求每一位青年弘扬以改革创新为核心的时代责任。为了顺应"和平与发展的潮流",实现伟大的"中国梦",需要实践主体不断地学习与创新,使中国具备国际竞争的核心力。"梦想从学习开始",成就"中国梦"需要创新人才的支撑与保障。学习新知以及创新思维能力,是今后社会成员发展的必备责任。

拥有视野开阔、思维活跃、知识丰富、能力突出的中国青年一代,具备成为创新的主力军和践行者的条件。每个人都应树立梦想从学习开始的理念,培养良好的学习习惯和创新思维,并内化成自身的责任意识。

其次,新时代的经济特征要求每一位中国人具有创新意识和创新责任。经济新常态环境下,整体经济发展增长减速、产能过剩、内需、外贸、投资不足,企业生存压力日益凸显,特别是传统行业异常艰难。企业与个人的发展在于使命与创新,有变化才有机会。我们从事各行各业都需要秉承更高的职业责任要求,适应新常态下的社会生存。

最后,新时代的社会特征和技术特征要求我们每个社会成员发挥个体的创新意识和履行创新责任。"个体化"兴起一个非常重要的表现就是组织中每个个体对创新创造的无限渴望,新的社会生活方式、新的网络技术不仅改变了个体与组织的关系,也改变了个体与组织之间的力量对比。借助于组织或者网络这一普遍适用的创新平台,个体价值创造的能量和效能会被极度放大,使更多新的创业方式和商业模式成为可能。创新不再是少数科学家独享的"专利",社会中的每个人都可以也可能成为创新的主体,新型创新载体(比如创客、极客等)与传统意义的专业化实验室并存。传统的以技术发展为导向、科研人员为主体、科学实验室为载体的创新活动正在被以顾客为中心、以全社会为舞台的,以人为本的创新模式所挑战,甚至被取代的趋势和潜力。因此,我们每一个社会成员都应该重视创新意识的培养,我们每个人也必须承担起创新的责任。海尔集团董事局主席张瑞敏就曾经指出,"零距离""去中心化""分布式"的互联网思维正在把我们带进一个充满生机与挑战的人人时代,一个人人"创客"的时代。近年来,市场就业压力不断增大,但企业对高科技、大数据等专业性人才的需求持续增加,出现"井喷式"增长,我们更应该使自己努力钻研学问,具备创新意识和创新责任,严格要求自己,使自己成为适应技术时代要求的创新型人才。

(2)新时代要求重视人和社会全面发展,赋予职业责任和领导力以道德内涵。所谓道德责任指的是人们在特定的社会关系中所应该选择的道德行为以及对社会或他人所应该承担的道德义务。不管人们是否意识到,是否愿意,客观上都必然要求每个人履行其对国家、社会和他人所应负的道德责任。道德责任本身是与社会发展紧密联系在一起的,它反映了社会发展的客观规律和道德原则规范。道德责任的自觉承担是保证人之为人的必要条件,是保证道德人格形成的内在机制,是个体自我完善的内在要求和方法。青年大学生是社会生态系统中最具活力的生命主体,在这个阶段,他们已经具备道德责任的基本理解和判断能力,进入由外化到内化、由他律到自律的道德责任转化时期,应努力实现道德责任意识自由和理性自觉,达到道德责任行为的自动化。

我国要克服经济上的"后危机",适应经济新常态,实现经济发展的改革与创新,需要的不仅是增强国家硬实力,同时也需要注重提升国家软实力。这里的软实力主要指的就是文化实力,其中国民的道德、民族的精神和凝聚力等是其中不可或缺的重要因素。另外,随着社会的发展,尤其是多元文化以及多元价值观的交织,必然影响着现实中人与人、人与社会的各种行为规范——道德。在多元社会文化体系中,道德也必然是多元的。中国古代传统文化张扬的道德责任感"敬业乐群""先天下之忧而忧,后天下之乐而乐""天下兴亡匹夫有责"等一直是中华民族宝贵的精神品格和崇高的价值追求。但是随着全球化进程的加快,人们的价值观念、思维方式以及行为方式都在发生着剧烈变化,传统的道德规范受到强烈冲击。而且随着社会结构的根本转型,人们的道德价值观发生了质变,各种亚文化和主流文化并存,人们开始强调最低限度的伦理共识,开始强调"己所不欲,勿施于人"的"黄金规则",开始张扬人的主体地位和作用,开始寻求"自我实现""个性张扬",而对于作为人的责任却逃离得越来越远,对于道德的绝对意志也消解得支离破碎。社会主义道德价值观追求的目标是人格完善,其基本特征就是进取性道德意识。我们要顺应时代的要求,实现中华民族的伟大梦想,当务之急便是建立和完善符合市场规律的社会主义道德责任体系,坚守现代社会人的职业责任和社会责任担当,这是时代赋予我们的内在要求。

另外,处于改革开放深水区经济环境下和处于攻坚期的中国社会环境下的各种问题日益凸显,互联网+带来的信息爆炸以及真假难辨的历史虚无主义,使社会负面情绪持续蔓延,甚至波及象牙塔内的莘莘学子。尤其是信息技术的发展,虽然其推进了多元化的交融加速,提升了人的自由,张扬了人的个性,但网络的虚拟化也在相当程度上弱化和解构了当代公民应该承担的道德责任。在互联网平台上人人都可以发表观点,发布消息。一大批网红如雨后春笋般出现,其中不少人关注的是如何提高传播热度,怎样博人眼球,扩大自身影响。少数人甚至不负责任,也不想承担什么责任,而只是一味强调如何调侃他人、释放压力。网络上也有不少对于他人不负责任的言行和一味跟风的从众现象。所以,随着新的网络技术的发展,更需要网民自觉主动地履行道德责任,有效降低市场经济中的交易成本。从人类社会的发展规律来看,发达程度和文明程度越高的经济体,其社会成员往往拥有着更高的职业责任感和职业道德水平,发挥出更加积极的职业领导力和社会领导力。

综上,目前社会转型的突出问题、文化交锋价值碰撞的冲击、互联网上的信息爆炸对道德责任和领导力提出了迫切的要求。中华民族生生不息、薪火相传,依靠的正是自强不息、厚德载物的文化传统和精神力量。新的时代背景下,需要对每一位当代大学生加强职业责任意识教育,倡导科学精神,弘扬中华传统美德,培养高尚的道德情操,提高其道德践履能力,在社会经济生活的实践过程中日益体现出更高的道德成熟度,让弘扬正气、勇于担当的科学道德责任观在社会风气中发挥主导作用。

(3)新时代要求可持续发展,赋予职业责任和领导力以生态保护内涵。生态责任意识是一种稳定的现代责任意识,是指人们对自然环境状况所形成的基于保护环境,完善自我的主观认知和觉悟,就自身的角色对他人产生积极生态影响与否负责的深刻体认,是内化了的生态责任思想和外化了的生态责任行为的总和①。生态责任意识能够指引着人们自觉地朝着生态方向行动,当代大学生唯有具备较强的生态责任意识,才能从思想深处真正理解人与自然界的关系,转化为全民自觉意识和行动,从而有利于我国自然环境保护和生态文明建设。年轻大学生作为时代的先锋,未来社会的建设者和接班人,肩负着重大的使命,他们的生态责任意识水平直接关系到社会的可持续发展。

习近平总书记指出,走向生态文明新时代,建设美丽中国,是实现中华民族伟大复兴的"中国梦"的重要内容。事实上,在追求经济高速增长的道路上,世界各国都曾迷失过。例如:英国的泰晤士河的先污染后治理工程,耗费了巨大的人力、物力、财力。中国亦是如此,环境恶化、水土流失、物种锐减等一系列问题一直困扰着国人,美丽中国建设离不开生态安全和环境保护。培养大学生的生态责任意识是全面建成小康社会、实现中国梦,实现社会和人全面发展的迫切需要。同时当代大学生树立正确的生态责任意识也可以帮助大学生树立科学的生态认知和生态价值观,养成良好的生态责任行为习惯,最终实现自身的全面发展。树立生态责任意识要求当代大学生一方面要树立全球意识,为保护生态环境和历史古迹,维护世界和人类社会的全面、协调、可持续的发展贡献出自己力所能及的力量。另一方面当代大学生还要培养地球公民意识,要开阔视野,拓展心胸,抛弃偏见,勇于和善于自我反省,悦纳他人对自己实事求是的批评。更应该以身作则、更新观念、树立科学发展观,真正达到人与自然和谐共生的目标。

【本章小结】

本章通过结合当今时代的新特征,使我们进一步明确"职业责任与领导力"在当今时代的重要性,同时有助于我们深入理解进行职业责任与领导力培养的重要意义,深刻体会职业责任与领导力是我们完成历史使命的必要条件。

【案例研究与分析】

低调私募"巨鳄"的疯狂

2015年11月1日上午10时30分许,G15沈海高速宁波北至杭州湾跨海大桥庵东出口段,突然全线封闭。包括参与行动的一些人士在内,几乎没人知道正在发生什么。当天晚间,一位白衣男子戴手铐站立的照片,开始在网上流传。照片的主人,正是被誉为"私募一哥"的徐翔。

随后,新华社发布消息称:泽熙投资管理有限公司法定代表人、总经理徐翔等人通过非法手段获取股市内幕信息,从事内幕交易、操纵股票交易价格,其行为涉嫌违法犯罪,近日被公安机关采取强制刑事措施。

徐翔,曾经是A股市场上神话般的存在。其业绩,在外人看来十分不可思议,尤其以2015年六七月股市巨震期间逆势大涨的疑点最多。"在认识他之前,我曾经研究过他的投资风格,总结下来就是胆大。"北京一个私募经理孟华(化名)告诉记者,相熟之后,慢慢感觉他的投资逻辑和索罗斯相似,经常不按常理出牌。

你几乎不可能找到他的资料,因为他不愿意和所谓的主流同行多接触。甚至连徐翔的照片都很难被找到,现在于网上流传的多是其被捕时身穿白色阿玛尼西服的照片。在外界看来,从"宁波涨停板敢死队总舵主",到"中国私募一哥",徐翔纵横资本圈20年,鲜见有关他年龄、学历、家庭,以及所拥有财富的信息。

从3万元起家,到成为身家上百亿的资本大鳄,徐翔在资本市场里书写中国式传奇。然而,骄人战绩的背后却是其利用自身影响力,与上市公司合谋操纵股价的内幕。

徐翔被抓的直接原因是其在2015年股灾期间操纵的那只备受争议的股票——美邦服饰。股灾期间,徐翔与中信证券程博明等高层合谋,利用程博明国家队救市操盘手的身份,将暴跌的美邦服饰股价拉高,助徐翔和他的高管朋友顺利解套。而上海市副市长的亲属,就是其旗下基金的客户之一。

而美邦服饰只是徐翔涉嫌操纵市场众多股票中的一只,也是其赤裸裸地与人合谋操纵股价的案例之一。2014年9月,泽熙投资子公司上海泽熙增煦投资中心以3.67元/股的价格认购华丽家族9 000万股定增股份。两个月后,华丽家族发布公告,拟将对公司经营范围进行调整,剔除房地产开发和相关所有业务,新增股权投资业务。随后通过定增,编织出"石墨烯+机器人+临近空间飞行器"等诸多热门概念于一体的上市公司华丽高科技的故事。短短半个月时间,华丽家族股价连翻3倍,泽熙投资在这一役中赚得盆满钵满,收益率一度超600%。

除直接用资金拉抬股价,徐翔也善于深度介入上市公司,然后通过在特定时期发布重组、高送转等重大利好刺激股价，而后出货。如果说华丽家族是通过上市公司发布重大重组及转型利好来操纵股价，那么鑫科材料则是通过发布超预期的高送转方案来推动股价上行。在泽熙认购鑫科材料定增后，该公司也同样涉足热门概念，相继参股民营银行、投资新能源锂电池、收购西安梦舟影视。泽熙所持有的股份解禁前夕，鑫科材料发布超出市场预期的高送转预案，股价上行，泽熙顺利出货。

泽熙除通过参与增发，还在二级市场直接买入，通常此类股的买入比例不超过5%的举牌线。此举意在规避监管，不用公开申报，且方便日后短线减持。泽熙买入后，通常打着维护投资者权益的旗号，要求上市公司巨额分红派现（如惠天热电），如此可短期推动股价上涨，而后套现走人。

据统计，自2013年以来，泽熙参与定增的上市公司有华丽家族、大恒科技、鑫科材料、华东重机、龙宇燃油、康强电子、宝莫股份、乐通股份等。此类操作手法大多类似，即以恰当的时机在二级市场"潜伏"或参与一级半市场，取得足够的股份，并拥有话语权，然后"影响"上市公司决策，配合发利好，或转型重组。在上市公司完成上述过程后，股价飙涨，泽熙减持离场。

经查明，2010年至2015年，徐翔单独或先后与王巍、竺勇共同与13家上市公司董事长、实际控制人合谋，按徐翔要求发布利好信息的时机和内容，炒高股价。徐翔以大宗交易的方式，接盘该公司股东减持的股票，股东按大宗交易减持股票的获利部分与徐翔等人分成，分成比例事先已约定。

最高人民法院2017年3月12日在工作报告中提及徐翔等操纵证券市场案，最新进展为各分案已陆续开庭审理，那些与徐翔合谋坑害股民的上市公司高管，也难逃法律的制裁。

有人说，在金融圈，徐翔的被抓可能标志着一个时代的结束。此次徐翔被抓不是偶然，而是必然。也是中国金融规范化的必由之路。

资料来源：刘永刚，《低调徐翔的疯狂内幕》《中国经济周刊》2015年第43期，第55—57页。

【请思考】

1. 能够领导一个几十亿的私募基金，团队人数上百人，可见其领导力很高，但是为什么徐翔会从一个成功的私募"大鳄"沦为阶下囚，大家认为其出现问题的原因有哪些？

2. 领导力和职业责任之间存在什么样的联系？职业责任和领导力是否具备时代的特征？

注释

① 胡道玖：《以责任看发展　多元视阈的"责任发展观"研究》，上海交通大学出版社2014年版，第12页。
② 汉斯·兰克等：《谁能在科技实践和发展中承担责任》，《西安交通大学学报（社会科学版）》，2005年第1期，第1—6页。
③ William Schweiker：Accounting for Ourselves：Accounting Practice and the Discourse of Ethics，Accounting, Organizations and Society, 1993(2)：231-252.
④ 龚鉴瑛：《关于职业责任的几点思考》，《江西社会科学》，2005年第05期，第206—209页。
⑤ 张力力等：《大学生职业责任教育反思》，《才智》，2015年第21期，第202页。
⑥ 封智勇编著：《职业素养》，福建人民出版社2014年版，第60页。
⑦ 包季鸣：《职业责任与领导力》，复旦大学出版社2012年版，第117—120页。
⑧ 包季鸣：《职业责任与领导力》，复旦大学出版社2012年版，第115页。
⑨ 王虎林：《论职业责任》，《青海金融》，2002年第4期，第58—60页。
⑩ 周文霞等：《职业胜任力研究：综述与展望》，《中国人力资源开发》，2015年第07期，第17—25页。
⑪ 江日辉：《新闻记者胜任力：结构、测量及作用机理研究》，博士论文，武汉大学，2010年。
⑫ 褚福磊：《企业技能人才职业胜任力对职业成功影响的实证研究》，博士论文，北京交通大学，2016年。
⑬ 况志华：《责任心理学》，上海教育出版社2008年版，第9页。
⑭ M. London：Relationships Between Career Motivation, Empowerment and Support for Career-development, Journal of Occupational and Organizational, 1993(1)：55-69.
⑮ Timothy A. Judge et al：An Empirical Investigation of the Predictors of Executive Career Success，1995(3)：485-519.
⑯ Scott E. Seibert et al：Developing Career Resilience and Adaptability, Organizational Dynamics, 2016(3)：245-257.
⑰ G. Gemmill et al：Leadership — an Alienating Social Myth, Hum. Relat., 1992(2)：113-129.
⑱ ［美］加里·尤克尔著，陶文昭译：《组织领导学》（第5版），中国人民大学出版社2004年版，第2页。
⑲ 李雷等：《领导定义演化进程的综述——评价与展望》，《科技管理研究》，2011年第5期，第225—228页。
⑳ 王文学：《领导力新论》，甘肃人民出版社2012年版，第27—28页。
㉑ ［美］约翰·加德纳著，李养龙译：《论领导力》，中信出版社2007年版，第4—6页。
㉒ 吴维库编著：《领导学》，高等教育出版社2011年版，第18页。
㉓ 詹姆斯·M.库泽斯：《领导力》，电子工业出版社2019年版，第104—114页。
㉔ 董临萍等：《国外组织情景下魅力型领导理论研究探析》，《外国经济与管理》，2006年第11期，第20—27,58页。
㉕ 陆圆圆等：《领导力核心四要素研究》，《新视野》，2013年第2期，第56—59页。
㉖ 房欲飞：《美国高校大学生领导教育研究》，博士论文，华东师范大学，2008年。
㉗ 佚名：《美国商学院的发展历程》，2019年7月2日，http：//slfswh.xiangzhan.com/p-article_detail/id-3541.html。
㉘ 史蒂芬·罗奇：《后工业化时代中国的转型》，《中国发展观察》，2014年第4期，第20—23页。

㉙ 黄元丰等:《论个体化社会背景下多元社会价值的整合》,《赣南师范学院学报》,2015 年第 04 期,第 39—43 页。
㉚ B. Joseph Pine et al: The experience economy, Harvard Business Review Press, 2011: 10.
㉛ 陈春花:《共享时代的到来需要管理新范式》,《管理学报》,2016 年第 2 期,第 157—164 页。
㉜ 牛秀明等:《谈大学精神的坚守》,《科学与财富》,2011 年第 1 期,第 50—51 页。
㉝ 刘尧:《大学精神与大学科学发展》,《福州大学学报(哲学和社会科学版)》,2014 年第 1 期,第 104—108 页。
㉞ 张东海:《全人教育思潮与高等教育实践研究》,博士后论文,华东师范大学,2007 年。
㉟ 刘晓燕:《大学全人教育的理念及实践》,硕士论文,南京信息工程大学,2014 年。
㊱ 赖明德:《全人教育的探讨和落实》,《河北大学学报(哲学社会科学版)》,2002 年第 2 期,第 6—8 页。
㊲ 潘凌芝:《大学生生态责任意识培养研究——以广西部分高校为例》,广西师范大学硕士论文,2014 年。

第二章 责任与职业责任的逻辑

【本章要点】

通过对本章内容的学习,应了解和掌握如下内容:

1. 责任的特点有哪些?
2. 责任都有哪些种类?
3. 责任的来源包括哪些?
4. 职业责任具体包括哪些层次?怎么理解职业责任的存在形式?
5. 如何认识职业责任主要内涵与内在逻辑?
6. 如何理解职业责任外在表现与负面现象?
7. 如何理解领导者的工作与职业责任?

【导读案例】

三星 Note7 手机爆炸疑云

三星 Note 7(Galaxy Note 7)曾经发布于 2016 年 8 月 2 日,但是在 2016 年 10 月 11 日三星就宣布开始召回 Note 7,因为其轰动全球的爆炸事件。

2017 年 1 月 23 日上午,三星电子(Samsung Electronics)在韩国首尔举行新闻发布会,宣布了与全球三大独立研究机构[美国保险商实验室(UL)、Exponent 实验室以及德国莱茵 TUV 集团等业内领先的第三方机构]的联合调查结果。公布其爆炸的根本原因在于电池。为了追求创新和卓越的设计,三星电子就 Galaxy Note 7 电池重新设置了规格和标准,而这种电池在设计与制造过程中存在的问题未能在 Note 7 发布之前发现和识别。

随后,三星在美国、韩国和澳大利亚等 10 个国家宣布召回总共 250 万部 Note 7 手机。同时发布声明称,在中国大陆销售的 Note 7 电池是由一家与其他国家销售的不同的电池供应商提供的,其生产和销售的手机没有任何安全风险。

然而,2016 年 9 月 18 日至 10 月 2 日,包括安全版本在内的国行 Note 7 接连发生了七次爆炸事件。在国家质量监督检验检疫总局的压力下,三星最终于 10 月 11 日结束了歧视性召回,向中国消费者致歉并承诺召回全部国行版三星 Note 7 手机。

作为全球最大的手机制造商之一,三星竟然采用了尚未经过全面测试的激进手机设计。更让人无法容忍的是,为了节省成本,在明知手机存在重大安全隐患的前提下,该公司竟公然将中国排除在召回范围之外,并两次宣称这款手机是安全可靠的。导致具有潜在风险的手机在中国持续销售了近两个月。

果然,三星为自己的行为付出了巨大代价。数据显示,2017 年全球智能手机销量近 15 亿部,排名前五的手机品牌分别是三星、苹果、华为、OPPO 和小米,其中国产品牌占三分之一。韩国三星出货量 3.17 亿部,市场份额 21.6%。三星长期以来一直是全球领先的手机制造商,海外销量占比超过 90%,在欧洲和美洲的销量几乎每年都在增长。三星在国际上非常强大,但其在中国的销量多年来一直在下降,市场份额甚至不到 1%。早在 2013 年,三星还一直在中国占据了主导地位,拥有中国市场 19.7% 的份额。从那以后,三星的销售额逐年下跌。2017 年四季度三星手机的市场份额分别为 3.1%、2.7%、2.0% 和 0.8%。2018 年第一季度,三星在中国仅售出 214 万部手机,占比 0.8%;第三季度,三星电子在中国只交付了 60 万部手机,而 2018 年全年,三星电子在华手机销量也只有 300 万部。三星电子智能手机业务 CEO 高东真(Koh Dong-jin)在接受采访时承认,三星在中国的手机业务失败。

那么,作为世界上最大的手机制造商之一,三星电子为什么在中国市场连连溃败,其主要原因都有哪些?

笔者认为,三星手机在中国市场表现低迷除了其定价过高,配置很低,性价比不高以外,其 Note 7 爆炸事件之后的歧视反应和不负责任的表现,应该重创了其在中国消费者心目中的品牌形象,最终使消费者对三星手机渐渐地失去了信任。

资料来源:《份额跌至 2%,三星手机惨到要退出中国市场?原因:不尊重中国消费者》,https://www.sohu.com/a/229901631_100109459,2018 年 4 月 29 日。

【请思考】

作为世界上最大的手机制造商之一,三星电子为什么在中国市场连连溃败,你怎么看待其溃败的原因?

第一节 责任的特点与来源

一、责任的主要特点

从现有的国内外研究来看,"责任"一词已被人们赋予诸多丰富且差异化的内涵和特点,归纳下来其主要的特点如下:

首先,责任本质上是一种角色义务。在社会舞台上,每个人都扮演着不同的角色,每个角色往往意味着一种责任。不同的角色,其责任主体在应做之事、评价标准和结果上是不同的,责任的具体内涵也不相同。在某种程度上,一个人饰演"角色"的最大成功就是履行责任。角色和契约往往直接决定职业责任的一些要素,比如工程师需要关注工程安全和健康,管理者需要关注政治和财务问题等等。

其次,责任是自愿的。歌德曾经说过:"责任就是热爱你被要求去做的事情。"从根本上讲,责任是人类一种真实的、非强迫的、完全自觉自愿的行为。正如德国精神病学家埃利希·弗洛姆所说,"真正的责任是完全自愿的行为;它是个体在人类社会活动和人际交往中的主动选择行为"。也就是说,责任并不强调个人必须承担自己行为的后果,而是强调每个人都应该主动承担和履行自己的义务,把应该做的事情当作自己的责任,主动承担自己的使命。

再次,责任不仅包括责任感,责任还包括履行责任、承担责任,即具备责任力。"责任感"更多的是指一种内在的心理活动,一种稳定的心理状态或心理感受。"责任感"决定了责任必须是内在的和自觉的,它是对外在事物的积极关怀,是对承担一定义务的自觉意识,包括希望通过自己的努力达到一定甚至最好的效果。但是,责任的实现必须与具体的外部责任相联系。除了主动承担责任外,更有必要去履行责任。有能力承担责任就意味着需要具备责任能力。朱熹曾说过:"敬字工夫,乃是圣门第一义……无事时,敬在里面;有事时,敬在事上,有事无事,吾之敬未尝间断。"说的正是这个道理。

具体来说,责任是指行为主体对行为及其后果的担当,是对行为及其后果所承担的责任。在拉丁语言系统中,责任的词根是"respondeo",这意味着"我的回答",也就是说,一个人有能力使自己去承诺一个特定的任务,这是行为主体为他的行为及其后果的担当。也就是说,责任是指由一个人的角色资格所赋予的、并与此相适应的从事某些活动、完成某些任务以及承担相应后果的法律的和道德的要求和能力。责任不仅与不同的社会角色相关,更包括主体自觉的责任行为,同时要求责任主体具有相当的承担责任的能力。责任问题涉及社会生活的方方面面。

拓展思考:责任的时效

故事一:责任"财富"

弗兰克是一位美籍意大利人,在20世纪初时,他经过艰苦的努力先是开办了一家小银行。但刚开办不久就遭遇了一次银行抢劫,结果其损失惨重,很快他就破了产,储户失去了存款。当他拖着妻子和四个儿女从头开始的时候,他决定偿还那笔天文数字般的存款。所有的人都劝他:"你为什么要这样做呢?这件事你是没有责任的。"但他回答:"是的,在法律上也许我没有,但在道义上,我有责任,我应该还钱。"而归还的代价是接下来三十九年的艰苦生活,寄出最后一笔"债务"时,他轻叹:"现在我终于无债一身轻了。"他用一生的辛酸和汗水完成了他的责任,给世界留下了一笔真正的财富。

故事二:责任"巨人"

史玉柱,安徽怀远人。1991年史玉柱创办成立了巨人公司,并发誓要做"中国的IBM",做"东方巨人"。1995年,史玉柱发动以"巨人脑黄金"营销为主的"二次创业"和"三大战役",并在当年当选全国改革十大风云人物。可是,到1997年初,史玉柱的巨人集团爆发危机,在所谓的"巨人风波"中轰然倒下。

1992年处在巅峰时期的巨人集团决定在珠海建造巨人大厦,最初计划是盖38层。同年下半年,一位中央领导到巨人视察,建议"盖得更高一点",巨人大厦跃升至54层。当时手中现金严重不足的史玉柱将赌注压在了卖楼花上。而正是在1994年巨人大厦开始卖楼花时,政府开始对过热的经济进行宏观调控,卖楼花受到一定限制。1996年,已投入3亿多元的巨人大厦资金告急。在贷不到款的情况下,史玉柱不得不将保健品业务的资金调往巨人大厦。最终,脑黄金等保健品业务因"抽血"过量,再加上管理不善,迅速盛极而衰。1997年初,巨人大厦未能按期完工,史玉柱多方筹资未果,巨人集团的财务危机在媒体"地毯式"轰炸下爆发,其超过3亿元的应收款也因此无法收回。不久,只建至地面三层的巨人大厦停工。

1997年年初,因巨人大厦未按期完工,国内购楼花者天天上门要求退款。总部办公楼被拍卖抵债,银行账户被法院冻结,巨人集团欠债2.5亿元,名存实亡。但一直未申请破产。人们都以为这下史玉柱是彻底完了,欠债让他再活三辈子也不可能还清,没有人相信他还能东山再起。

2000年,史玉柱和原班底人马在上海及江浙重新创业,做的是"脑白金"业务。他表示:"老百姓的钱,我一定要还。"并定下了2000年年底还钱的时间表。

2001年,史玉柱全部还清了2.5亿的债务。当年被评为"CCTV中国经济年度人物"。

一栋荒草肆虐的烂尾楼,外加几亿元巨债,山穷水尽的史玉柱十年来如履薄冰,小心翼翼,卖脑白金,投资银行股,进军网络游戏,在一片废墟上,转眼练就了超过500亿元的财富。完成下半场的完美逆转。

资料来源:https://zhidao.baidu.com/qustion/75333765.html
http://news.sohu.com/20081108/n260516154.shtml

【请思考】
1. 责任有没有时效?
2. 弗兰克和史玉柱的故事对你有哪些启示?

二、责任的来源

想要深入研究和探讨职业责任基本原理,首先要回答的是责任的来源的问题。

而职业责任既与个人相关,又与组织密切相关。本节拟从两个方面——个人责任和组织责任的角度论述责任的来源:

1. **个人角度责任的来源**

(1) 人选择的自由性。首先,人类的责任是以自由意志为前提的。责任观念,在中国思想史上,最初有两层含义:一是表示臣民或子民等对君主、皇帝、"天"等"主体"积极尽职尽责、忠贞不渝;其次,个人应对其行为的不利后果和疏忽负责。在西方思想史上,古希腊唯心主义哲学家苏格拉底把"责任"看作是一种能力,是一种"善良公民"必须为国家和人民服务所需要具备的本领和能力。他提出"美德即知识",认为知识包含一切的善,只有具有知识的人才具有德性,才能承担治理国家的责任。伊壁鸠鲁认为责任是指人们应该对自己行为的后果负责。"我们可以自由行动,"他说,"这种自由意味着一种责任,它使我们得到奖赏,也使我们堕落。"因此,责任作为一种普遍的人性和社会伦理观念,包含着极其丰富的内容[①]。

责任源于人的本质,由人的行为和活动决定。也就是说,人的自由选择与责任的关系是辩证统一的,人的责任是建立在意志自由的前提下的。如果我们承认人在改造客观世界和主观世界的过程中有选择自己行为的自由,我们就必须承认人应对自己的行为及其后果负责。一切喜欢的和不喜欢的都是由人自己决定的。人是生而自由的,人是自由的主体。除了自由选择的自主性这层含义之外,自由的另一层意义是承担自由选择的责任。

人类的自由意味着承担所有伴随自由选择而来的责任,不仅对自己,而且对所有人负责,也包括自然和社会。没有自由,就无法履行责任;不承担责任就是要求不受限制的自由。因为,如果在善与恶之间没有选择的自由,在献身于共同进步的事业与牺牲他人的自私和私利之间没有选择的自由,那么就没有责任可言。自由选择一定是在自由尺度或限制内的选择。辩证唯物主义虽然主张自由选择,但并不认为所有的选择都是合规律性、合目的性的。因此,不能认为所有的选择都是自由的。如果那些不负责任的人,违背真理和价值,违背选择作为自由选择的客观规律,那就是对自由本义的歪曲。真正自由的选择是高度责任感的选择。责任感支配着人们自由选择的目的和动机,帮助人们形成正确的行为计划,促使人们预见自己行为和活动的后果,在自由选择中尊重他人和社会的利益[②]。

(2) 人的社会性角色。责任是人类群体性或社会性的产物。责任是现实生活中社会生活和社会关系对人的具体要求。社会依存理论认为,责任源于人际的社会依存性,是特定的社会之于个体的思想、行为的规定性。责任伴随着人类社会的出现而出现,只要存在着人与人之间的交往,存在着选择行为的自由,就会有责任产生[③]。责任不是一个阶级或民族的具体概念,而是一种普遍的人性观,是一种社会伦理观。在人类发展的历史上,不同的社会、不同的国家、不同的民族、不同的阶级对责任有不同的理解、要求和标准。马克思说:"作为确定的人,现实的人,你就有规定,就有使命,就有任务,至于你是否意识到这一点,那都是无所谓的[1]。"这个任务产生于你的需要和你与现实世界的联系。"马克思的论述深刻地反映了无产阶级责任观的广度和深度。它继承了人类责任的共性和美德,强调对全人类的共同命运和发展负有责任。人人都应充分发挥全面社会关系的作用,在履行自己职责的过程中实现人的自由、和谐与全面发展。每个人都在舞台上履行自己的职责,充分挖掘和发挥自己的潜能,实现自己的最高价值。

在社会生活中,我们扮演不同的角色,而每一种角色往往都意味着一种责任。这种责任往往是一种服从社会共同价值体系的责任。这是每一个社会成员必须承担的,如人对自己、他人、家庭、社会、国家和生态环境的责任。随着所处环境和场所的变化,我们会不断地变换着自己的角色,调节角色行为,承担不同的责任。从纵向看,人的一生会不断变换角色;从横向看,人在不同的场合扮演着不同的角色。所以,每个人都承担着多种责任。只有人人都认识到自己扮演的角色,尽到自己的责任,才能共同建设和谐美好的社会,共享美好的幸福生活。

(3)社会分工的内在要求。责任也是社会分工的必然结果。伴随着生产力的提升与发展,社会分工会形成不同的职业,进而形成了不同职业的责任分工。该种责任往往是履行社会结构中某一特定类型角色的责任。责任具有社会性,它与社会共存,是人类社会历史发展的必然结果。社会分工是提高生产效率、促进社会发展的必要手段。从分工与责任的关系来看,一方面,分工必然要求社会分工体系中从事某一职业的人必须履行该职业所要求的责任。另一方面,如果没有责任,分工的优势就无法体现,分工就无法持续,社会就会出现动荡甚至陷入混乱。从这个角度看,责任是社会存在和发展的基础和前提。在相当长的历史时期,社会分工以固定的形式产生了社会等级和身份,因此,责任也与身份相联系。任何一种身份都有相应的责任。只有履行这些与身份相适应的责任,个人才能符合自己的身份④。

就企业的领导者而言,他们是组织的灵魂,他们赋予组织使命,为组织制定目标,并努力实现目标,同时领导者又是"带头大哥",他们必须明确自己的身份,承担相应的责任;他们要为追随者实现责任和任务而服务,领导者之所以具备较强的领导力,在于领导者能够深受成员的认同与信任,能够总结团队的意见,综合众人的感受,协助团队确立目标、厘清问题,找出策略方向,并协助合理地安排团队分工与职责,帮助追随者实现自身的职责。领导学理论研究认为,支持型领导指领导者友好地对待追随者,关心追随者的需要。支持型管理风格指管理人员关心与支持员工的工作,在企业内部营造支持员工、信任员工和帮助员工的组织氛围,关心员工、尊重员工、重视员

---

[1] 《马克思恩格斯全集》(第三卷),人民出版社 1960 年版,第 329 页。

工的利益,承认员工对企业作出的贡献,为员工自身发展而服务。

(4)能力的规定。社会的发展需要个人付出自己的能力和努力。然而,正如孔子所说,"唯上智与下愚不移"(《论语·阳货》)一样,现代心理学研究也表明,人的能力是有差异的。不仅在能力倾向上有差异,而且在能力水平和表现早晚上也有差异。能力差异的存在,不仅为因材施教、知人善任提供了心理基础,而且为职业决策和角色扮演提供了心理基础,也为责任承担提供了心理基础。责任的一个来源是对能力(或影响力、权力)的规定。能力(或影响力、权力)强的人应对能力(或影响力、权力)弱的人负责。也就是说,权力越大,影响越大,权力越大,个人责任越大。社会心理学认为,每个人都有能力影响他人,只是方式不同。影响的大小决定了影响的方向。例如,不仅父母影响他们的孩子,孩子也影响他们的父母。同样,教师对学生有很大的影响,领导者对下属有很大的影响,政府对公众有很大的影响。这种影响的大小总是影响责任的归属。也就是说,父母应该对孩子的行为负责,老师应该对学生的行为负责,领导应该对下属的行为负责,政府应该对人们的行为负责。同样,领导干部、名人、权威专家、明星偶像的行为也受到了公众的关注,起到了表率作用。他们必须意识到自己的责任,为人民树立好榜样。当然,这并不是说能力较弱(或影响力较弱或权力较弱)的人不需要承担责任。其实,孩子、学生、下属对父母、老师、领导也负有相应的责任,只是程度较轻。更重要的是,能力的力量会随着时间的推移而改变。随着年龄的增长,弱者变得强大,而强者变得软弱。在生活中,在童年时代,孩子往往"尊敬父母",但当孩子长大成人之后,人们又往往成为孩子"受尊敬的父母"。因此,子女也要对父母承担责任。

2. 组织角度责任的来源

(1)企业使命的赋予。

① 企业使命的出发点来自外部顾客。客户利益是企业的出发点和落脚点。随着竞争的深入和客户需求的多样化、多元化,市场竞争将变得越来越复杂。如何选择自己的客户,如何为客户创造最大的价值,如何让客户获得更多的利益,将成为所有企业赢得竞争的出发点和落脚点。客户主要是指企业服务的外部客户,他们需要企业的产品(有形产品和附加产品),外部客户利益是企业的出发点,也是企业之所以存在的根本原因。企业一旦失去了所服务的对象,它们就会变无土之苗、无根之树。客户关注企业,选择企业提供的产品或服务,最基本的是企业是否为他们创造了不同于竞争对手的价值,更方便以及更充分的服务、体验或感受,这些都是客户最关心的利益。与此同时,随着经济的发展和竞争的加剧,市场瞬息万变,客户也在进行动态发展,客户的需求和期望也在不断地变化甚至提升。企业要发展和创造高效率,同时及时调整经营战略,采取必要措施,适应市场变化,满足客户不断发展的需要和期望,使自己的产品和服务处于领先地位,超越客户的期望。如果

企业忽视客户的需求和愿望,对顾客需求置之不理,就会在激烈的竞争环境中失去客户,走向衰落。

德鲁克一再强调,企业的目的只有一种适当的解释,那便是创造消费者。弗朗西斯·高哈特进一步解释:"企业存在的目的是为顾客创造价值,而所谓的创造价值就在于为顾客谋利益,也就是使顾客觉得生活因此变得比较好。"而要使顾客觉得因为企业组织而生活得更好,企业组织不仅要为其提供合格优质的产品和服务,还要通过对消费行为合理的价值引导,削弱人性恶的冲动,提升人性善的要求,从而使其能够获得真正的更好的生活。在这个意义上,企业社会责任是人类走向幸福的一种德性,责任型组织是帮助人类实现幸福的一种载体、一种路径[5]。

② 领导者的主要责任是实现企业的使命、工作有效和企业绩效(贡献)。企业的使命是什么?是为社会创造更多更好的产品和服务,从而促进社会进步和人类发展。企业通过服务社会、服务人民,实现盈利和可持续发展。不盈利的企业是不可能生存的,不盈利的企业是不可能发展的。因为企业是一个经济组织,它需要为员工和社会承担应有的责任。企业只有实现可持续、健康的发展,才能承担起这一使命。因此,企业领导者对实现企业的可持续利润和健康发展负有重大责任。首先,要树立实现企业和人的自身共同发展的理念。企业的发展始终离不开人,人的发展是企业发展的前提。如何把人的发展放在首位,从而带动企业的发展,是优秀企业立于不败之地、快速发展、健康发展的必由之路。企业家或者领导者的成熟度决定企业的成熟度,员工的素质决定企业的质量。其次,有必要明确每个员工的使命、责任和定位。每个员工工作的动力不是来自他的能力,而是来自他的使命。一个有共同使命感的企业一定会成为一个伟大的企业。一个明确的责任分工和员工定位的企业,必然会使员工找到工作的乐趣,工作的动力,不断为企业的发展而奋斗的动力。再次,建立公平、公正、公开的员工晋升、培训和奖励机制,员工在工作中需要得到公正的工作成果评价,从而不断激励自己努力工作。企业必须大胆地对员工进行培训和奖励,使员工随时感受到自己的进步和发展,使员工能够充分感受到自己的价值和成就,树立起努力工作的信心和勇气;最后,建立良好的工作交流平台和氛围,使客户的需求和期望在整个企业得到,企业家或者领导者必须确保相关部门之间、各岗位之间都应得到有效的沟通,使各级领导和所有员工能理解客户需求的内容、细节和变化以及反馈,并采取措施来满足客户的要求,建立沟通机制和无边界环境。

(2) 责任链的层级化延伸。在传统的组织管理中,传统管理层级是金字塔式的结构。金字塔的最上面是高层管理者,一般是指总经理或决策者,中间层为中层管理人员,最下面的一层叫"First Line Staff",也就是所谓的一线人员,主要指的是政策的执行者。

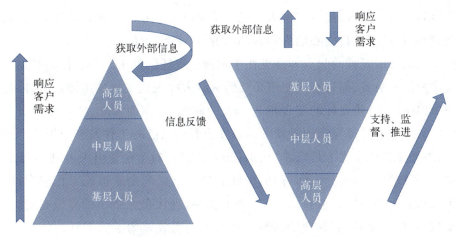

图 2-1 金字塔与倒金字塔式组织结构

企业的使命被分解为不同层次的目标和责任,与管理金字塔相一致,最终形成企业管理中的责任链。在传统的管理层级结构中,一线员工处于被动执行的底层,往往无法独立开展创造性工作,其价值创新的效率和效能都很低,更不用说主动承担自己的责任了。针对传统管理金字塔的不足,瑞典 SAS 公司(北欧航空公司)原总裁杨·卡尔森创造了"倒金字塔"管理法,称之卡尔森管理倒金字塔又称"倒三角形"。他把传统管理层级金字塔结构颠倒过来,让自己处在这个"倒金字塔"的最下面,他任命自己为政策的监督者。他认为,一旦确定了公司的总体目标,总经理的任务就是监督和执行政策,以实现这一目标。中层管理人员保持不变,最高层是生产线工人,卡尔森把他们称为基层决策者。

"倒金字塔"改变了传统的自上而下的管理方式。它的核心是,每个人都是负责任的,可以决定自己应该做什么,而不必报告所有的事情。主席只负责观察、监督和促进政策的实施。其目的是让每一位员工在公司管理者设置的"V"形无限空间中自由发挥,释放工作热情。一旦员工得到信任和重视,他们就会为企业的发展提出好的建议,这将提高他们自己甚至整个企业的工作效率。卡尔森解释道:"每个人都想知道,都觉得自己是被需要的。""每个人都想被当作一个个体来对待。""给别人一个承担责任的理由,会释放出隐藏在他们内心的能量。""任何不了解情况的人都不能被追究责任;相反,任何了解情况的人都无法逃避责任。"卡尔森倒金字塔将员工推向企业价值创新的前沿,体现了员工是企业价值创造的主体和企业责任主体的先进管理理念,通过扁平化管理,拉近员工与客户、员工与领导的距离,使每个人都能承担起自己的责任,并切实赋予每个人的权利和责任。

正如管理大师德鲁克预言,"未来的企业组织将不再是一种金字塔式的等级制结构,而会逐步向扁平式结构演进"。企业是个大写的"人",顾客和员工是企业永远的支柱。企业创新价值的实现在于把顾客做大,而价值创新的实施在于把员工做大。

要把顾客做大,首先必须把员工做大。把顾客做大,是实现企业的价值创新,而把员工做大,则是让员工发自内心地为顾客创新价值,承担责任。

责任链的分层延伸的起点和终点在于塑造负责任的员工。负责任的员工不仅对某项工作的绩效负责,而且有权使用必要的资源来实现该工作的绩效。此外,他愿意为任务做出贡献,并将目标的实现视为个人的成就⑥。简而言之,负责任的员工意味着组织中的任何成员都应该用管理者的态度去看待自己的工作及整个组织。德鲁克指出,组织的重要使命之一是培养"负责任的员工"。对于企业组织来说,负责任的员工是良好绩效的保证;对个人而言,负责任的员工是提高企业员工工作满意度、顺利实现个人职业生涯目标的重要途径。"为了生存,现代企业必须招募最有能力、受教育程度最高、最敬业的、最有责任感的年轻人为其服务。"为了吸引并留住优秀人才,对公司来说,仅仅承诺未来、生活和经济上的成功是不够的。德鲁克说:"我们必须让年轻人有一种愿景和使命感,从而满足他们为社会做出贡献的愿望。"⑦让每一个组织成员从管理者的立场与角度出发,就能够达到通过自己工作的那一部分看到组织的全部,看到自己与整个企业组织工作成果的关系,从而发现自己的价值和意义,以及工作的价值和意义,这样他们也会更乐于承担更大的工作责任,也会从中获得更多的满足感,拥有更大的成就感。从这个角度来说,责任链的层级化延伸是一种非常重要的责任来源以及组织创新的方式。

(3) 企业绩效实现的需求。企业组织作为一种有形的存在,其产出主要表现为物质产品与服务。在德鲁克看来,创造良好的业绩不仅是企业组织的根本任务,而且是衡量和判断一个企业组织在多大程度上能够担负起社会责任以及其管理能力如何的最直接、最明显的尺度。任何组织不管其功能和作用多么的不同,它们的共同任务都在于创造应有的业绩。如果组织未能创造应有的业绩,那就是不仅辜负了社会对它的期望,而且由于没有利用好社会分配给它的资源来造福于社会,造成了社会资源的浪费,所以,企业组织作为一种有形的存在,其贡献主要体现在物质产品和服务上。德鲁克认为,创造良好的绩效不仅是企业组织的根本任务,也是衡量和判断企业组织承担社会责任的程度和管理能力的最直接、最明显的尺度。任何组织的共同任务,无论其职能和角色有多么不同,都一定是产生其应有的业绩。如果一个组织不能创建适当的业绩,它不仅辜负了社会的期望,而且因为没有充分利用社会资源,造成社会资源的浪费。因此,德鲁克说,"我们的组织和组织管理所必须具有的权威只有一个基础,那就是业绩。业绩是我们拥有组织的唯一理由,也是我们容忍组织要求拥有权威并行使权力的唯一要求"⑧。因此,利用组织所能控制的资源来完成其特殊使命和任务,并根据社会需求创造良好的绩效,是组织义不容辞的责任。与此同时,创造良好的业绩也是企业生命力的关键所在。

(4) 利益相关者的需求。企业组织作为一种适应社会经济发展需要的社会存在,不可避免地会对社会产生超越其贡献的影响。因此其必须承担与之产生联系的所有利益相关者(包括员工、环境、客户和其他组织在内)的所有责任,这些责任被统一到企业的社会责任中。企业的社会责任是企业组织形成和发展的伦理基础,也是企业作为社会组织,帮助人类实现幸福的一种品格。现代社会是有组织的社会,每一项重要的社会任务都被委托给一个大的机构去完成,"每一个组织都成为要执行一项社会任务的社会有机体的一部分"。德鲁克认为,企业组织作为一种社会存在,是为满足社会经济发展的需要而专门设立的(履行社会经济职能)。现代组织存在的原因是为了给社会提供某种特殊的服务,所以它必须存在于社会中,存在于社区中,与其他机构和人们和睦相处,并在一定的社会环境中开展活动。同时,它必须雇人为它工作。企业组织功能的有效发挥直接关系到社会有机体的正常运行。然而,任何组织为了实现自己的目的和使命,实现自己的目标,必然会对其成员、社区、环境和社会产生多种影响。这种影响不仅是必然的,而且"不可避免地会超出它的存在所做出的贡献",是一种"完全意义上的恶"[9]。它们是企业组织完成使命和任务的必不可少的副产品。但是这并不意味着企业组织可以忽视这些影响,相反地,它必须为这些影响负全部的责任,"每个组织必须承担所有与其有关的员工、环境、顾客和其他组织有关联的人和事的全部责任,这就是它的社会责任"。

除此之外,"任何一个组织都不只是为了自身,而是为了社会存在,企业也不例外。企业不仅是股东争取利润的工具,更应该成为为其他社会利益者服务的工具,因为企业利益相关者的利益最大化才是现代企业的经营目的,股东价值最大化并不等于企业创造的社会财富最大化"。一方面,如上所述,企业对社会的首要责任是盈利,同样重要的是企业增长的必要性。这是管理者绝对不能放弃和逃避的首要责任。如果企业不能获得足够的利润,整个社会就必须承担相应的损失。如果企业创新和发展不能产生应有的效果,社会就会变得越来越贫穷和虚弱。此外,企业和组织也应该承担相应的责任,预测和限制其行为对社会的负面影响,并采取措施减少这些负面影响。承担社会责任不仅仅是一种负累,只要我们抓住并利用好它,它就能充分转化为企业组织发展的契机。把问题转化为机会是组织管理的本质。"把社会问题转化为企业发展的机遇,最有意义的机遇可能不在于新技术、新产品、新服务,而在于解决社会问题,即社会创新。"比如,社会企业以企业运作的方式,投资运营较大规模的社会投资项目,并追求社会效益最大化,即目前兴起的企业社会投资理念。这种投资将企业运作当成手段,把利润当成工具,以社会利益最大化为目标。再比如,一些企业拿出部分资金吸引公益机构投资到其部分业务领域,最终达到盈利目的。它不同于为了达到特定经营目的而实施的市场营销、捐赠等行为,是一种与公益机构全新的关系模式[10]。这种社会创新直接和间接地造福和加强了公司或企业业绩。除了这些直接的市场机会,一个长期守法、对社会友好、对社会负责任的企业组织也可以改善其形象,增加无形资产。同时,对重视社会责任的企业的宣传也会增加消费者的好感,消费者对该企业的商品会增加相应的偏好,然后就会更加关注企业社会责任问题,通过降低信息的不对称性,最终影响对企业社会责任的产品的需求,这些都有利于企业组织的长远发展。

目前,越来越多的企业把企业社会责任纳入企业战略中,以企业社会责任作为获取差异化竞争优势的一种普遍方式,希望通过企业社会责任战略来开拓市场,并获取差异化竞争优势,具体策略如使用可再生材料、产品的再回收利用等等。现实中企业研发能实现生产过程创新和产品创新,其中大多数的企业研发往往只专注于产品创新,实际上,企业研发的投入也可能出现与企业社会责任有关的生产过程创新和产品创新,企业可以通过履行社会责任的途径实施产品差异化战略,开辟新市场并让消费者和其他利益相关者受益。在企业社会责任战略方面,企业可以通过创新和学习,把环境约束和社会压力转变成为有效的市场机遇,通过一系列的社会和环境问题的有效应对和解决,企业社会责任创新可以使企业更具有竞争优势,最终促成企业的绩效实现。

第二节 责任的分类

由于人们对责任内涵的理解不同,不同历史时期学术界对责任的解释不同,不同学科对责任的侧重也不同,责任的划分类型也就不同。本书根据责任的不同性质将其分为自然责任、角色责任和能力责任。

一、自然责任

自然责任是个体作为社会存在承担与个人能力相当的责任。这是人作为人的一种自然能力责任,是不可取消的、不受社会制度影响的、个人应当承担的责任,如助人、行善、仁慈等。它主要依赖于个体主动自觉自愿的努力,属于美德伦理。

二、角色责任

自然责任具有道义力量,是角色责任的根源,而角色责任是自然责任的具体化。角色责任是由协议、契约产生的具有外在强制约束力的制度伦理。角色责任是个体从自己所扮演的角色、所承担的任务以及所认可的协议中分配得来的责任,这是近代社会以来最常见的履行道德责任的方式。个体在社会生活中总是扮演不同的角色,就需要承担不同的责任,所以角色责任是一种外在的、强制性的、必为性责任。在家庭中,有父母养育子女、子女赡养父母的责任;在工作中,医生要救死扶伤、教师要教书育人、军人要保家卫国、官员要服务大众的职业责任等。每个人正是通过角色责任来获得社会的认可,并获得相应的社会地位以及角色资格,否则,如果不负责任来挑战社会规则,就会失去扮演某种角色的资格与权利[11]。角色责任有以下四种表现形式:

1. 个体责任

作为社会生活最小单位的"个人",个体责任往往呈现三个层次:第一位责任是争取和获得满足个人生存需要的较好物质条件和文化条件;第二位责任是获得个人事业的成功;第三位责任就是实现人生的崇高价值,这是个人最重要的责任。

个体作为精神存在和物质存在的统一体,通过个体活动将精神操作与实践操作统一起来,这些个体活动则体现了个体责任的存在形式。个体责任可以从做人、做事这两个角度来分析:做人的角度包括人道地对待他者和陌生人、人道地对待自己人道地对待社会、对待人类的现在和未来、人道地对待生物等;做事的角度包括树立远大高尚的事业理想、练就做事的本领、提高做事的能力、处理好做事时的劳动关系等。

2. 组织责任

组织不是个人的结合,而是角色的组合。那么组织责任的内涵和外延是什么?

最初,古典经济学的观点坚持狭义的组织责任观,该观点认为组织责任是单维的。比如密尔顿·弗里德曼(Milton Friedman)曾经指出,企业有且只有一种社会责任,即在游戏规则(公开的、自由的、没有诡计与欺诈的竞争)范围之内,为增加利润而运用资源、开展活动,即企业仅仅存在唯一一种商业社会责任,遵守职业规则,利用其资源从事那些旨在增加其利润的活动,在该观点的指引下,企业唯一的责任就是追求利润最大化,只强调组织的经济责任,该观点一直到20世纪的40年代,都占据着统治地位。

然而,古典经济学强调的"利润最大化"是建立在企业利益和社会利益并无矛盾的假设基础之上。事实上,古典经济学的这种理论假设与现实的经济生活是极不相符的。于是,许多研究者开始呼吁,企业除了要为股东和投资者谋取利益,追求利润最大化之外,还要承担更多的道德责任[12]。德鲁克认为任何组织都不是为了自身,而是为了整个社会而存在的。因此,组织在追求利润最大化的同时,必须承担和履行相应的社会责任[13]。罗宾斯认为,企业在履行法律和经济承诺的同时,也应满足一些利益主体的要求。但是对于整个社会来说,企业应该承担更大的社会责任,这些责任是面向整个社会未来发展的,企业应该为此做出应有的贡献[14]。阿基·B.卡罗（Archie B. Carroll）认为企业社会责任是社会在一定时期对企业提出的经济、法律、道德和慈善期望，并提出四责任模型，即企业责任包括企业的慈善责任（做一个好的企业公民）、道德责任（讲求伦理）、法律责任（遵守法律）和经济责任（追求利润）[15]。他认为企业的社会责任指向的是社会，社会这一主体本身的复杂性决定了它对企业责任的要求也变得复杂，这一观点与彼得·德鲁克的观点不谋而合，他认为企业的责任应该随着社会的发展而越来越大、越来越丰富。彼得·德鲁克把组织的责任分为内部责任和外部责任。内部责任就是组织"分内应做的事"，即职业赋予而应完成的责任，而外部责任则指组织的社会责任——维护和增进社会公益的义务[16]。在由各种社会组织组成的社会系统中，社会组织的功能既包括实现组织的自身目标，同时也包括实现社会大目标（对组织以外的社区和社会负有的责任）这两个任务，所以，组织的自身目标和社会大目标就成为组织的职业责任和社会责任。

组织的职业责任作为组织内在的、根本的要求，是社会组织合法与合理性存在的前提，即这个组织或机构应完成社会赋予的基本功能，体现一定的社会价值。同时，社会组织还要履行高于自身组织目标（法律职能和义务）的社会义务，即"每个组织必须承担所有与其有关的员工、环境、顾客和其他与组织有关联的人和事的全部责任"。这些有关社会组织的全部责任就是组织在社会系统中应承担的社会责任。

综上，广义的组织责任认为，组织责任的内涵十分丰富，从结构上表现出多样性的特征。该观点坚持组织所面对的对象具有多样性，会导致其组织目标和社会责任的内涵也表现出多样性的特点。对于组织责任，主体自然是组织，组织这一角色所指向的对象是多样的，股东、员工、管理人员、顾客、供应商、民众，以及行业、社区、政府、社会等利益相关者，均属于组织的对象。针对的对象不同，其视域下的组织责任内涵也会表现出差异。比如，针对最主要的利益相关者股东，组织应该为其创造更大的利润，保证其资本投入的收益，这种责任研究者称为经济的责任；当然，组织作为法律主体，应该遵守相关的法律法规，合法经营，承担一个法律主体应该承担的法律责任；对消费者而言，组织责任更多地应该体现在坚持以顾客为中心的理念，为其提供质量和安全有保证的、价格合理的、能够满足消费者需求的产品和服务；对供应商而言，组织的责任应该表现在相互尊重、公平竞争、互利共赢、诚实守信、坚守契约等方面；对社区、社会而言，组织的责任表现在服务社区、关注环境保护和可持续发展，合法经营、诚信经营、依法纳税，为社会创造价值等方面，应该关注和维护大众、社区、社会、环境的利益，坚守社会道义，为社会创造价值，承担道德责任和社会责任[17]。

联想的组织责任

组织伦理文化决定了组织责任的实现,联想集团(Lenovo)的文化价值观和社会责任信念决定了联想对于组织责任的解读与落实,联想公司在组织责任领域希望突出三个优势:一是责任员工,二是责任产品,三是创新公益。

1. 联想的组织责任——内在伦理

联想要求员工共同秉承"联想之道"的5P文化价值观。"联想之道"的核心理念:"说到做到、尽心尽力"。基于这一核心理念,提出了5P作为落实责任的行动指南:

Plan——想清楚再承诺;

Perform——承诺就要兑现;

Prioritize——公司利益至上;

Practice——每一年、每一天我们都在进步;

Pioneer——敢为天下先。

2. 联想的组织责任——外在伦理

联想秉持"世界因联想更美好"的社会责任理念,作为联合国全球契约的缔约方和成员,致力于将战略与人权、劳工、环境和反腐败领域的10项原则保持一致,并建立了"六为"社会责任实践路径图,积极承担对客户、对员工、对合作伙伴、对投资者、对环境和社会的责任。

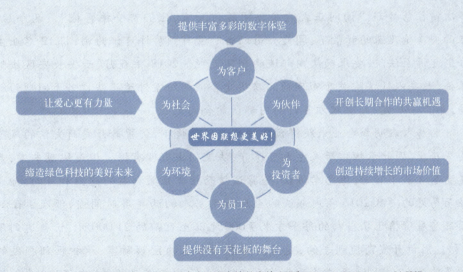

资料来源:张维迎,陈晓萍:《把联想建成没有家族的家族企业》,January 2013, www.IACMR.org。

3. 契约责任

所谓契约,是指双方(或多方)通过平等协商达成协议,将双方(或多方)约定的格式条款以固定的书面形式并以一定的格式记录下来,形成书面的、备执行的文书;契约是社会秩序的基本内容。所谓契约责任通常是指一方通过签订合同而承担的责任。契约责任是维护秩序的关键。契约责任的履行与否直接关系到社会的稳定与和谐。

开发商自己告自己?——契约精神的缺失

契约精神是西方文明社会的主流精神,所谓契约精神是指存在于商品经济社会,而由此派生的契约关系与内在的原则,是一种自由、平等、守信的精神。伴随中国市场经济的不断发展,中国的商业社会越来越迫切需要具备契约精神的企业和个体。

据报道,2016 年 4 月起,多名购房者通过内部认购,以一次性付款的方式购买了西安一家名叫闻天公司开发的紫杉庄园项目多套房屋,双方并签订了内部认购合同。据该合同约定,开发商须为购房人保留该房屋至签订正式《商品房买卖合同》时,且不得与第三方签订该房屋的《商品房内部认购合同》或《商品房买卖合同》,并承诺在购房人携本合同与甲方签订《商品房买卖合同》时,甲方将完全履行本合同约定的房屋位置、面积、价款、户型等条款。此后,购房者多次前往售楼部,"询问正式购房合同签订事宜,他们都一拖再拖"。两年后,在西安房价飞涨的背景下,闻天公司以当时没有预售许可证为由,将 12 名业主分别起诉至法院,要求确认内部认购合同无效。2018 年 6 月,西安长安区法院根据《最高人民法院关于审理商品房买卖合同纠纷案件适用法律若干问题的解释》第二条规定,判决双方签订的内部认购合同无效。

购房人在明知企业未获得预售许可证的前提下,仍冒着开发商失信的风险购买房屋,因此承担该后果也无可厚非,法院判决有理有据。但是纵观本案,开发商尽管赢了官司,但恶意诉讼、违背诚信而换取巨额利益的意图和目的,却是显而易见的。从 2016 年内部认购至反诉购房人的两年多时间内,涉及诉讼的项目房屋价格已从当初的每平方米 7 000 元涨至目前的 21 000 元,价差达到了 2 倍。胜诉开发商揽到手的,是房价飙升而带来的巨额财富,承担巨额损失的却是购房人。因此,无论是两年前无证销售,还是当前毁约并"自证违法"诉讼获取巨额得利,都是开发商失去诚信、恶意欺瞒的不道德行为。而开发商之所以敢于这样做,是因为失信行为的收益远高于所付出的成本和代价。

该案之所以引起媒体舆论的高度关注,正是开发商这种"为了利益不择手段"的做法,不排除将可能引发公众担忧、更多不良企业跟进效仿,对行业发展和社会诚信体系的建设,有百害而无一益。"人无信不立,业无信不兴,国无信不强。"诚信的重要性不言而喻,无论对个人、企业,还是对社会、国家,诚信都是无价之宝。在本案中,尽管法理上购房人需要承担风险,但房地产企业的恶意违约,违背契约精神也应该付出更大的代价。

因此各地应该对类似这种"奇葩个案"认真对待,弥补漏洞,引导市场正确心理预期。作为负有主体监管责任的各地政府,也应当对此类行为加以规范和约束,对严重失信、扰乱市场秩序的企业,应该列入惩戒名录,使得这些企业承担失信带来的后果。

资料来源:伍振国,《人民房评:应该让失信开发商付出更高代价》,http://house.people.com.cn/n1/2018/0810/c164220-30220749.html,2018-08-10。

契约责任在现实中存在以下形式:

(1) 以商务和劳务为纽带的商务责任(commercial liability)。在商业经营关系中,大量的商业交易不再是个人面对面的即时交易,而是交易相对人抽象化的远程交易和信用交易。它们也不仅仅是一种一次性的交易行为,而且是具有连续性的连锁交易行为。这种抽象化、大众化的交易对象隐藏着巨大的交易风险和社会风险,只能依靠商业信用和商业责任规则来保证交易的安全。如:通过信息披露义务,确保交易对方的判断有可靠的依据;通过专业认证标准和认证结果,弥补交易双方在认定产品和服务质量方面的不足;通过银行信用体系来弥补商业信用在长途交易中的不足。企业经营关系中责任制度的设计体现了更多的技术性和社会化安排,责任认定和承担的直接依据是违反法律交易程序和程式。

此外,市场活动类型复杂,利益相关者众多。各种因素的参与使得商业关系成为一个复杂的关系网络,同时还涉及其他各种互动的社会关系。具体商业行为不仅关系到特定商业关系当事人的利益,而且影响到公共利益、市场秩序和社会秩序。在现代社会,环境侵权、人身伤害和劳动伤害案件大多发生在商业领域。除了引入利益中立,并拥有足够的权威公共权力来协调和监督商业经营活动,比如行业协会或有关政府部门等来保护相关方的利益,还需要鼓励和倡导承担各自的商业责任,才能从根本上保障商业交易的安全和秩序。

（2）以劳动关系为纽带的职业契约责任。如果说上述商务责任大多发生在企业组织之间,那以劳动关系为纽带的职业责任往往发生在企业组织内部。企业组织依据任职条件选择入职者,通过劳动合同、聘用合同和任用合同,配置相应的职权、职责。企业组织关系中的任何一个当事人均受到相应的职责规范约束。通过界定每一个职员的利益、自由、职权、职责的界限,依据不同的身份设置不同的行为规范,职业契约责任重在约束发起人的发起行为、企业机关履职者行为以及员工的工作行为,掌握组织权力者还要受到相应的职权规范约束。在企业组织关系中,职业契约责任往往来源于职责的懈怠和职权的滥用[18]。

（3）有形契约责任与心理契约责任。契约可以分为有形契约与心理契约两个层次,相应的契约责任就可以分为有形契约责任和心理契约责任两种。

① 有形契约责任。有形契约,也称正式契约、文本契约,是指交易当事人为取得预期收益而共同确立的各种权利关系,它往往特指具有法律强制力的协议中所规定的责任和义务关系。与之相对应的就是有形契约责任,或者正式契约责任。

② 心理契约责任。

a. 心理契约责任及其特征。经济学中的契约不仅包括具有法律强制力的协议,还包括不具有法律强制力的默认和承诺。这种无形契约责任在组织责任研究的领域,主要指的是心理契约。其相对应的就是心理契约责任。心理契约是近二十年分析组织-员工间雇佣关系的重要理论分析框架,是"影响员工对待组织的态度和行为强而有力的决定因素"[19]。在互联网时代,员工的自我意识日益觉醒,"90后"和"00后"们更加关注自己的需求和目标,其价值观、职业观与其父母、祖父母等之间存在很大的差异。新生代员工进入职场后,他们的要求越来越多样化,对组织的要求也越来越高,有时他们甚至忽视了组织,敢于直接提出不同的要求来满足个人需求。这些现象极大地影响了传统的雇佣关系和人力资源管理实践,也直接影响着心理契约责任研究和实践的发展。理解心理契约,能够理解人的内心"不言而喻"或"默示"的内容;保持心理契约有助于提高员工的工作满意度,提高员工对组织的情感投入,提高员工的工作绩效,降低员工流动率,从而影响组织目标的实现。

心理契约的研究者认为,除了正式的组织契约外,组织与员工之间还存在着一种非正式的契约关系——心理契约。该概念最早是由阿吉里斯(Argyris)在其著作《理解组织行为》(Understanding Organizational Behavior)中提出的[20]。20世纪80年代开始形成了以卢梭(Rousseau)为代表的狭义心理契约学派,该学派强调心理契约是个体在雇佣关系背景下对双方相互义务和责任的理解和信念,是"员工感知到的雇佣合同中的彼此的责任"[21]。该定义侧重于员工单方面,并将抽象"期望"描述为具体的"对雇佣合同责任的感知"。随着该定义的提出以及交易型、平衡型、关系型和变革型心理契约的提出,该理论得到了极大的发展;但是格斯特(Guest)指出忽略组织视角将不能凸显心理契约的核心,即双方的回馈义务,因而有学者再次回归到员工与组织双视角的研究中[22]。此外,相关研究表明,心理契约不是稳定不变的,随着时间和特定事件的出现,既会违背或破坏也会弥补或修复[23]。

心理契约具有主观性的特征。同样的雇佣合同,组织和员工会根据自己的特点和背景形成自己的心理契约。尽管员工和组织坚信他们对雇佣合同有相同的理解,但事实是他们对彼此的义务和责任有不同的理解,这在各个方面都是不同的[24]。造成这种差异的主要原因是多方面的。首先,有些责任是复杂而模糊的,员工和组织的关注点不同,理解也不同[25]。同时,每个员工对雇佣关系的认知图式不同于组织对员工的心理契约感知图式,在责任的假设和解释上存在潜在的不一致。最后,员工获得的信息是不完整的。通过组织行为或间接渠道传递的隐性承诺,容易造成员工与组织的心理契约不一致[26]。同时,有研究认为心理契约是个人职业生涯建设和发展以及组织和社会职业制度的关键组成部分。在职业及其管理方面,由于个人对自己的职业承担着更大的责任,并寻求各种职业中介的资源和联系,多个利益相关者越来越多地与员工的心理契约相关。作为职业代理人的利益相关者所扮演的角色随着个人所处的更大的职业生态系统的功能而变化[27]。

根据相关研究,心理契约理论中的相互"责任"需要细化为"责任认定"和"责任履行"来解释员工与组织之间心理契约的差异以及这些差异的形成。所谓心理契约责任认定是指一方基于雇佣合同对另一方的责任感知。心理契约责任的履行是指在雇佣合同中,一方根据对个人责任的感知履行相应的责任。具体来说,员工心理契约责任的认定是指员工认为组织在雇佣关系中应该做什么;组织的心理契约责任认定是组织认为员工应该在雇佣关系中履行责任。员工心理契约责任的履行是指员工实际履行的责任程度。组织的心理契约履行是指组织责任的实际履行。研究表明,一方经常通过感知另一方的心理契约责任履行和责任履行情况来比较另一方的心理契约责任履行和责任认知,并在不一致的情况下产生心理差距[28]。

b. 心理契约责任的结构。长期以来,关于心理契约的内容结构,主要有"二维"与"三维"两种观点。其他很多相关更细的类别结构实质上可以看作是二维和三维结构的扩展。其中"二维"论以卢梭(Rousseau)[29-30]、罗宾逊(Robinson)[24][31-32]等为代表,他们将心理契约中的组织责任划分为交易契约与关系契约两个维度;中国学者陈加洲、凌文辁、方俐洛等将心理契约划分为现实责任和发展责任两个维度等[33]。

三维论的观点也很多,比如卢梭(Rousseau)等将员工心理契约划分为关系因素、交易因素和团队成员因素三个维度,其中交易维度是指组织为员工提供经济和物质利益,员工承担基本的工作任务;关系维度是指员工与组织关注双方未来长期稳定的关系,促进双方的共同发展;团队成员维度是指员工与组织注重人际支持和良好的关系[34]。夏皮罗(Shapiro)和凯斯勒(Kessler)等人在心理契约结构分析中将员工心理契约划分为交易责任、培训责任和关系责任三个维度,认为无论在"员工责任"还是"企业责任"层面,三维结构似乎更为合适[35]。其中,交易责任包括同行业员工相同的薪酬福利,且薪酬与责任挂钩,同时随着人们生活水平的提高,与物质工资相关的组织责任也随之增加,称为"交易责任"(transactional obligations);第二个因素涉及必要的职业培训,是指与员工知识和能力增长相关的责任,如新知识、新技能培训和组织支持,被称为"培训责任"(training obligations);第三个因素是指与员工个人未来相关的责任,比如长期的安全感和良好的职业前景,被称为"关系责任"(relational obligations)。

国内学者李原、郭德俊以国有企业的796名员工为研究对象,运用验证性因子分析中国员工的心理契约,发现三维结构的解释比二维结构和一维结构更加合理,即组织和员工的责任都包括三个维度:规范型责任、人际型责任和发展型责任,其还检验了相互责任的内在影响,发现组织责任与员工责任之间存在交互关系[36]。朱晓妹、王重鸣等的研究显示,在中国背景下知识型员工的心理契约结构是三维结构,其中的组织责任由物质激励、环境支持和发展机会3个维度构成;员工责任由规范遵循、组织认同、创业导向3个维度构成[37]。李燚等通过对512位组织管理者进行定量研究和结构方差验证,发现组织对管理者的心理契约由三维结构构成,分别是交易型心理契约、关系型心理契约和管理型心理契约[38]。

综上可以看出,心理契约维度和内容会随着国家及其文化的不同而产生差异,其结论可能会因为环境的外在差异而受到影响[39]。

4. 职业责任

> 从事某一职业或拥有某一职位的每个人都必须承担起相应的责任,无论善良与邪恶、快乐与痛苦、有利与不便,这些都要一起来承担,而不能进行选择,如大臣必须进言、队长必须战斗、医师必须服务患者。
> ——William Boghurst,药剂师,伦敦瘟疫,1666年

职业是分工的结果,是人们固定从事的、以此挣得主要生活来源的社会工作。所谓职业责任是指人们在一定职业活动中所承担的特定的职责,它包括人们应该做的工作和应该承担的义务[40]。职业责任对雇主和雇员都非常重要,对企业来说,应当通过以质量观念促责任意识、完善各项岗位规章制度、健全评价体系等途径加

强员工的职业责任教育和培训。对企业员工来说,应自觉明确和认定自己的职业责任,树立职业责任意识。众所周知,职业责任是职业化的结果,职业的性质不同,责任的内容也不同。此处简单介绍一下从事各种职业都要履行的基本职业责任原则。

(1)热爱本职、献身事业的责任。社会主义国家的劳动者既是企业的职工又是企业的主人,应该以主人翁的态度从事职业劳动。他们不仅有参与管理的权利,是规章制度的制定者,而且要服从企业规章制度的约束。因此,我国的就业者具有热爱企业和热爱自己工作的思想基础。热爱自己的事业,热爱自己的职业劳动,能够产生强烈的职业情感和敬业精神。这种强烈的事业心和责任心,是劳动者主动、自觉地实现职业责任的内在动力。

我们常说生命是有限的,事业是无限的,只有把有限的生命融入无限的社会主义建设事业中去,才能使有限的生命闪射出耀眼的光辉。因为事业是具体的、实在的,是有益于社会、有益于人民的,献身事业,就是使自己的生命找到了一个实实在在的依附载体和寄托,不至于虚度年华;事业的追求应该无止境,因为事业能激发人们的激情,能磨砺人的才智,能把生命推上人生的光辉顶点;因而,献身伟大的人类进步的事业,能使人生不朽。

(2)钻研技术、学习业务的责任。随着时代的发展和科学技术的进步,先进技术在各行各业的广泛应用,人们对职业技术提出了越来越高的要求。比如言谈举止、文明举止、外语水平、应变能力、教育水平、技术指标等都成为重要的职业素质。仅凭一腔热情就能干好工作的时代已经不复存在了,因此,努力学习,努力钻研科技,不断提高自己的专业能力和服务质量,是当代职场人士最基本、最重要的责任。

(3)互惠互利、团结合作的责任。互惠互利、团结合作是我国社会主义职业性质决定的,各个企业事业单位之间的关系也是互利、互助、合作的关系。欺诈、欺凌、诈骗、唯利是图、贿赂、不诚实不符合社会主义职业责任要求。即使是市场经济中的私营企业,也必须坚持互利、互助、合作的原则。为切实落实互利合作原则,必须做到:

第一,坚持社会主义事业发展方向,大力提倡诚实劳动和合法经营,坚决摒弃一切不健康的拜金主义经营方式。

第二,坚决打击不法商贩,坚决肃清社会蛀虫,加强群众监督、舆论监督。

第三,要用社会主义思想教育职工,加强社会主义职业道德建设,加强职业道德教育。奖优罚劣,奖惩分明。让每一个成员都知道:互利、互助、合作,是我们职工应该自觉履行的责任。

(4)按劳取酬、遵纪守法的责任。按劳分配是社会主义国家的分配原则。以权谋私、收受贿赂、敲诈勒索、盗窃、抢夺，都是违反纪律和法律的行为。遵守法律是每个公民的义务。从业人员不仅要遵守国家法律，还要遵守职业规范和职业道德。因职业过失造成他人生命财产损失的，也应当受到法律制裁。

总之，按劳分配，遵纪守法，是每个员工必须遵守的职业责任。职业人士应该以高度负责的精神对待自己的专业工作。如果每个专业人员能自觉履行职业道德和职业责任，形成良好的职业态度，提高人们的道德标准就会在我国有良好的环境和最坚实的基础，我国的社会主义精神文明建设也将大大加快。

三、能力责任

中国学者方志良提出了"责商"的概念，他认为"责商"是除了智商和情商之外，决定一个人的职业道路的一个重要方面，由此开创了责任动力学的研究[①]。该理论认为责任是"人的一切社会行动在社会关系中的评价总和"。而理性责任则分为四个维度，分别是：角色责任 R1、能力责任 R2、义务责任 R3 和原因责任 R4。

形象来说，角色责任是井然有序、遵守规则的秩序美，是指角色在规则下必须做的事，因具有明显的约束和外部监管条件，其特征值是$(-1, 0)$，也就是说按照规则做，正常状态为(0)，违反规则的状态为(-1)；能力责任是持续改进、积极变取的进取美，通俗理解为努力做事情的差异性结果，其特征值为$(0, N)$，表示责任会因人而异，产生不同的结果差异，这种差异为程度性的，不存在正负极性；义务责任是成就他人的心灵美，通俗理解为可做、可不做的事情，因非角色特定责任或无法强制和难以监督的原因，就无法对结果进行正式约束，其特征值为$(0, 1)$，表示行为人可以做(1)，也可以不做(0)，不存在处罚，但组织内部鼓励行为人行动有为；而原因责任则是自我修炼的生命之美，通俗理解为因不同原因选择下做的事情，依靠行为人的内驱动并且无显性约束条件下的责任，这种责任停留在行为者的思想理念层。其责任理念问题包括企业发展理念、价值观、愿景、使命、企业战略等问题，其特征值为(C, c)，表示行为人可以做利他性(通常为利于组织方面)(C)选择，也可以做利己性(站在自己的立场)(c)选择，其典型特征是无强制性的决策过程。如果用《西游记》里的人物来表示的话，R1 是沙僧(角色责任)、R2 是孙悟空(能力责任)、R3 是八戒(义务责任)、R4 是唐僧(原因责任)。

每一种维度的责任都是相辅相成的，四种责任象限构成一个完整的责任现象的理论体系。人类的责任体系是建立在社会驱动力(外驱动力 X1 和内驱动力 X2)和社会约束力(隐性约束力 Y2 和显性约束力 Y1)的交互关系下。不同情景下产生不同的责任形态需求，同时亦构成了不同的力量形态表征。这就是理性责任模型中的 4R 结构(角色责任、能力责任、义务责任和原因责任)，它与人的四种力量模型 4P

（冲突力、压力、影响力和领导力），合称4R4P（四种责任四种力量）责任体系。如图2-2所示：

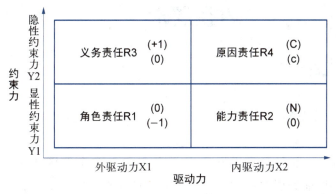

图2-2 4R4P责任体系

（资料来源：方志良：4R4P理论起源与管理运用简介，《科学中国人》，2015年第04期，第38—48页。）

其中能力责任是指与角色责任相对立，责任主体的内驱动力和社会行动在显性的社会关系约束力下的责任形态的评价总和[42]。在现实生活中，能力不一定能表现出来。例如，一个孩子平时学习成绩优秀，但在考试前却被家长批评，孩子被冤枉了，故意在考试时间答不好，期末考试成绩很一般。同样，企业中也有很多有能力却不愿意去努力的现象。能力不等于尽最大的责任，这说明能力和责任有很大的区别。

能力是一种评价，能力责任则是最终的结果表现。因此，在传统的责任管理中，常常用责任胜于能力来说明这种现象，但是这种把能力与责任进行同一类概念比较并不恰当，我们只有清楚能力与能力责任的概念区别才能更加有效地采取相应的管理措施。

能力责任最常见的社会关系显性约束力包括：企业的各种业绩目标、考试成绩录取分数线、各种技能等级等。能力责任最常见的内驱动力包括：业绩、考试成绩、竞技、技能结果等。因此，可以总结为能力责任体现了人与目标激励的关系。根据能力责任的特点，企业管理中需要进行责任评价、目标激励管理、改善企业的绩效管理和薪酬体系等等，使其与员工的能力责任匹配。

一直以来，学者对责任的类型划分都没有固定的标准，都是从不同角度和方法上进行思考。它们之间都是从某个角度来体现责任的性质和特点，既有一定的相似性或者重合性，又体现出独特性。随着人类经济生活领域的扩大，生活方式的变化，责任的内涵也在变化，责任的类型更加细致复杂。

第三节 职业责任的主要特点与内在逻辑

一、职业责任的特点

职业责任应该具备以下特点：

1. 广泛性

职业责任作为一种社会意识形态，存在于社会的各个领域和在职业活动的各种关系之中。社会职业的层次性和多样性也会体现在不同的职业责任上。虽然社会职业是不同的，责任也随之不同，但每个社会都有最基本的职业责任原则，对人们的职业行为有着最基本的要求。各行各业都应该遵守这一基本原则。

2. 自愿性

责任是主体的一种内省化行为，它不依赖于他人的意识，而依赖于行为人的自主选择。职业责任是员工对社会和他人履行职业义务的道德责任。在任何一种职业活动中，无论是谁都必然与他人、与社会发生并保持着各种联系。这些联系产生了特定的关系，从而产生了义务。任何与自己工作有关的义务都是职业义务。作为就业者，为了保持和发展已经形成的一系列联系和关系，他们必须有意识地承担任务、职责和责任，也就是说，他们必须自觉履行应有的职业道德和责任。因此，职业责任要求从业者自觉地将责任融入自律的价值体系，自觉地承担责任。

3. 社会性

在现代社会里，任何人都不可能游离于社会生活的体系之外，个体一旦进入了人类共同生活的相互作用的系统之中，社会生活的共同规则与秩序强加在他身上的那种责任便自行启动了，几乎没有选择不负责任的余地，因为很难能逃脱出这一先天社会秩序的框架。如果个体以不负责任的行为挑战社会规则和秩序，他将立即失去发挥作用和承担任务的资格。例如，一个企业家必须对他的决定和行为的后果负责。如果他不负责任，市场就会惩罚他，甚至把他踢出局。因此，职业责任具有社会性的特征。

4. 规范性

每个职业都是社会的一部分。每个劳动者在职业活动中是否履行职责，不仅关系到自己的利益，也关系到他人的利益，而且关系到整个国家和社会的切身利益。不坚守岗位、玩忽职守，不仅会影响单位的正常运行，而且会使公共财产、国家利益和人民利益遭受损失。为了更有效地履行职业责任，让更多的人接受专业责任的原则，有必要提供有利的条件,以及一些基本的或与职业责任的重大后果相关的规则、纪律,而不仅仅是依靠行为人的自觉。因此,国家以法律的形式保护各行各业的职业规范和纪律,规定从业人员不履行职责应当承担的法律责任。如玩忽职守罪、重大责任事故罪等,均将因严重失职的职业行为而受到法律的制裁[43]。

5. 能动性

职业责任作为一种社会的意识形态,是指从事一定职业的人们在职业责任的规范和制约下,在职业职责心、责任感驱动下,通过职业的活动,通过与生产资料、生产工具的结合,生产出社会所需的物质和精神产品,推动社会的全面发展。因此,职业责任具有能动作用。职业责任能动性的发展,离不开责任感的驱动、责任原则的规范和制约[44]。

二、职业责任的相关概念

说到职业责任,不可避免谈及职业能力、职业道德、职业伦理等三个相关概念,它们是职业化不可缺少的要素,它们都是基于社会分工产生的职业化的衍生物,共同促进职业化的进程。但它们之间存在着明确的界限,不能混淆;它们对立统一于社会分工所产生的职业化的内部矛盾。

职业化是社会分工的内在要求和人类社会发展的必然趋势。当社会分工发展到一定程度,需要一定的专业技术来解决特定的问题,当一定数量的人能够掌握这些专业技能并用它们来解决这些特定的问题时,就会出现职业群体。此时,将产生两个结果。首先,专业化程度和专业化要求越来越高,但与此同时,专业化可能导致职业垄断,进而职业人员会降低产品或服务的质量。

职业的专业性主要是通过职业群体的职业能力——即一个从业人员对职业所需求的专业知识和能力来体现的。从业人员应当经过一定时间的专门训练,从而掌握相关知识和技能,通过某种形式的考核,并在实践中体现这种知识和技能。职业能力主要体现了职业本身的内在要求,从这个角度说,加强职业能力建设是职业化的重要内容。需要指出的是,职业能力并不直接涉及从业人员与其他人之间的关系;但是职业能力的程度却会影响人们对从业人员的信任和该职业的社会声誉。

职业的专业性所产生的副作用主要依靠以利他主义为形式的某些行为准则加以克服。"……用团体的……道德戒律和价值来感染其成员,旨在降低其成员暗中违反他们头顶上的行会限制的可能性[45]。"这些准则就其本身来说并不是指职业的内在要求,它们只是直接调整从业人员与社会大众和相关人员的行为关系,目的是要使从业人员能够获得后者的信任。它们是职业化进程的外部重要保障。正是在这个意义上,涂尔干称"劳动分工将会成一种绝对的行为规范,同时还会被当作是种责任"。这些准则或责任是通过职业道德与职业伦理两个概念来描述的。个人的道德取决于个人的认知与修养,而个人职业责任则取决于其社会角色的要求,即取于人与人之间的关系,而不纯粹是取决于个人的认知和修养。对职业人的评价应当根据其职业的性质要求来确定。

具体来说,伦理是一个时代公认的人际关系规则。我国古代伦理中的"伦"主要是指秩序、次序。《孟子》:"识人事之序,从人从伦。""理"则是指道理和准则。在英文中伦理"ethics"是指"一套在人们中形成共识的理念"。因此,职业伦理是群体的、统一的,一个社会的所有职业都要遵从这一职业伦理。职业伦理决定了职业责任,并规范、制约着从业人员对职业责任的认同与实现。

而道德是依据这个关系规则制定的行为规范。道德中的"道"主要是指世界的本原性的东西。《老子》:"有物混成,先天地生,可以为天下母。吾不知其名,字之曰'道'"。"德"则指合乎道理。朱熹《四书集注》:"德者,得也,行道而有得于心者也。"又曰:"道者,人之所共由,德者,己之所独得。"简单地说,伦理主要是指人们处理人与人之间关系的道理与准则,而道德则指个人对伦理的把握。两者的联系在于伦理需要通过道德来发挥作用,道德应当体现伦理的内容。同理,职业道德是个别的,不同的职业有不同的规范要求。但是这种规范要求必须建立在符合统一的职业伦理信念的基础之上。它强调了人与人之间关系中遵守道德的重要性。职业责任则是伦理原则和道德规范的统一。

三、职业责任的存在形式

1. 职业责任的基本形式:合作共享

在每一个团队中,应充分利用及充分发挥每一个人潜力资源,做好每一个细节,方可产生高效执行力,用心去做,团队方可做大做强。同时,我们每一个团队成员对职业人生的规划,只有通过合作共享,才能实现个人的职业责任和企业的价值。只有热爱本职工作,加强整体观念,才能正确树立职业责任感和荣誉感,这是社会主义职业责任的首要前提和思想保证。

2. 职业责任的价值目标:服务他人、服务社会和服务人类

职业责任的最高价值目标是能够服务他人、社会乃至全人类等社会责任。强化职业责任感有利于社会责任的担负,社会责任的承担更多的不是表现为赴汤蹈火、壮怀激烈,而是爱岗敬业、恪尽职守,以自己的诚实劳动和聪明才智推进祖国的现代化建设。高度的职业责任感促使高度使命感的油然而生,它引导人们把职业理想同远大理想结合起来,寻求个人需求、个人能力同社会需求的结合点,使每一个社会成员都能忠实地在自己的岗位上履行对社会、对人民的责任。倘若每一位生产经营者、每

一位执法人员乃至每一位公民都能在各自的岗位上、各自的社会角色中担当起应负的责任,那么,我们就会营造一个和谐、健康、文明的社会环境。

3. 职业责任的核心:职业精神和职业实践的统一;从业人员的人生价值和社会价值的统一

职业精神与人们的职业活动紧密联系,是具有职业特征的精神与操守,从事某种职业就应该具有相应的职业精神、职业能力和职业自觉。职业精神的实践内涵往往体现在敬业、勤业、创业、立业四个方面。职业精神总是鲜明地表达职业根本利益,以及职业责任、职业行为上的精神要求。就是说,职业精神着重反映一定职业的特殊利益和要求,是在特定的职业实践基础上形成的。它鲜明地表现为某一职业特有的精神传统和从业者特定的心理和素质。职业精神与职业实践相结合,具有较强的稳定性和连续性,形成具有导向性的职业心理和职业习惯,以致在很大程度上改善着从业者在社会和家庭生活中所形成的品行,影响着主体的精神风貌,成为职业责任的核心之一。

职业责任所体现的从业人员人生价值与社会价值、自我实现与社会发展、追求个性与奉献社会是统一的。首先,职业为人们实现人生价值提供客观条件。人们要实现自己的人生价值就要从事职业实践,不从事一定的社会实践的"自我实现"是不可能的。同时我们要利用职业实践条件,发挥主观能动性,正确处理个人与集体、个人与社会的关系,在劳动和奉献中实现自我、贡献社会。

4. 职业责任的载体:职业实践

如前所述,职业责任是指人们在一定职业实践中所承担的特定的职责,离开了职业实践和职业劳动,职业责任就如同无水之鱼。职业实践是实现人生价值的重要途径,要承担职业责任必须要投身到职业化劳动中去,把学校学习到的职业技能运用到职业活动中去,才有可能承担自身的职业责任。

法国微生物学家巴斯德曾说:"立志、工作、成功,是人类活动的三大要素:立志是事业的大门,工作是登堂入室的旅程,这旅程的尽头就是成功在等待着,来庆祝你努力的结果。"可见,巴斯德所称的三大要素中,某种"工作",也就是我们所说职业实践,是最为重要的,它是职业责任的载体。职业实践能够使职业责任和职业理想变成现实。实践是"主观见之于客观的活动"。职业责任的实践过程,就是主观见之于客观的过程,在这个过程中职业责任不断地客观化、现实化,过程的结果是职业责任的最终实现。

5. 职业责任的贡献:职业劳动创新

在社会不断进步的过程中,人们对职业责任越来越重视。人们要求企业人员必须要具有良好的职业素养,只有这样企业人员才能够做好本职工作,肩负起自身的责任,肩负起责任的员工能够主动提升职业能力、以主人翁的责任感改进工作,提升工作效率,从而高效提升劳动效率、产生出超值社会财富或成果的劳动,最终促进职业劳动创新。

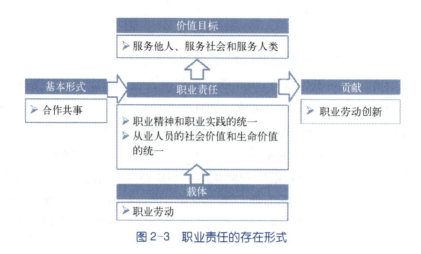

图 2-3　职业责任的存在形式

四、职业责任的层次

在职业生活中,人们应努力超越对物质利益和法律强制的追求,从道德层面理解职业责任,使职业责任既服从于员工的生存需要,又符合崇高的道德。职业责任是职业活动的重要目标,是员工安定下来的基础。它规定并影响职业道德。也就是说,人们的职业道德责任主要来源于职业责任。任何职业活动,一旦涉及对待和履行职业责任的态度,那么职业责任就具有道德意义,此时职业责任就是职业道德责任。这种意义上,职业道德责任是指对待和履行职业责任的态度,是指是否履行职业责任,在多大程度上履行职业责任的道德评价。例如,医生的职业责任是治愈伤者,拯救垂死的人,减轻病人的痛苦。对于医生的态度来说,贯彻落实拯救生命的精神,这个责任就是医生的职业道德。哈耶克认为,市场经济最重要的道德基础是责任感,而责任感源于每个人都要对自己的后果负责的道德意识。没有以道德为基础的责任感,任何职业都会失去其神圣性。此外,从业者应充分认识到职业责任的层次,在工作实践中,不仅要把职业责任作为生存的必然承担,还要把职业责任作为道德责任承担。

1. 承担利益基础上的职业责任

马克思主义认为,人的一切行为都与自己的利益有关。职业责任也是如此。一般来说,人们从事一定的职业活动首先是为了获得一定的物质或精神利益。对此,凤凰卫视著名记者闾丘露薇有一种非常现实和朴素的看法。她曾是唯一一位三进阿富汗的华人女记者,也是第一个进入伊拉克战场的中国女记者,在飞行炮火中为世界做了现场报道,人称"战地玫瑰"。她说,我工作的动力来自"一种支持家庭的职业责任感"。"我认为记者是一种职业,我非常认真对待这件事,因为我需要养活我自己和女儿。对我来说,当我拿了薪水,做了这份工作,我就会尽力而为。这是一个人的最低职业道德。"间丘露薇所说的就是一份基于利益基础上的职业责任。这种职业责任的动机虽然很平实,却是我们每一个从业人员的必备品质。

2. 承担道义基础上的职业责任

人有思想,有感情,有追求,人们在谋生和工作的过程中,会体验到比单纯赚钱而更高层次的精神满足,实现奉献的快乐和价值。因此,从这个意义上讲,劳动不仅是谋生的手段,而且是一个人的精神寄托和道德追求。在此前提下,以谋生为基础的职业责任就上升到更高的层次,而这种职业责任也就成为以道德为基础的职业责任。

在职业生涯中,如果各行各业的从业者在确立和强化职业责任时,不仅要考虑生存的必要性,还要考虑到所从事职业的道德的崇高,那么"谋生"职业就会成为"乐生"的事业;具体来说,从更高的职业责任角度看,我国公务员的职业责任应该是"为人民服务的公仆";新闻工作者的职业责任应该是"铁肩担道义";教师的职业责任应是"人类灵魂的工程师";医生的职业责任应该是"救死扶伤的天使"。虽然在我国现阶段,这种高层次的职业责任要求并不是所有从业者都能实现的,但将其作为职业道德追求来提倡是有其自然合理性和必要性的。

五、职业责任的内在要求

要实现职业责任,从业人员还必须具备以下的职业意识和职业技能:

1. 岗位职责要明确

首先,管理者、领导者要对本单位、本部门的工作给予明确分工,使各级岗位上的每个人都明确自己在组织中的位置,工作范围和工作职责,知道向谁负责,接受谁的工作督导,以及在工作中需要具备哪些技能才能完成自己的生产任务;其次在岗人员要正确理解、认真负责、创造性地履行职责,即"谋其政要竭其力"。

2. 强烈的职业责任意识

把职业看作是个人的安身立命之本,把职业看作是个人生命价值的载体。首先要充分认识自己所选职业的重要性。职业既然存在,定有其必要性、重要性。尤其是自己选定的单位新招聘的职业工作,它是整个组织经济运行链条中的一个环节,一个必不可少的、急需的职业岗位。若这一环节松散以至缺少,整个经济链条就运转不起来。其次要形成个人积极向上的价值系统,个人选定某项职业,本身即含一定程度的接受成分,当个人有意发展利于职业成功的价值观时,他对该职业的接受程度就会大大增强,达到诚心实意接受的程度,加之对所选职业重要性的充分认识,形成了对自己职业的基本信念和判断。有了这种基本价值观,个人思想得到升华,具有强烈的职业责任意识,在单位及其职业工作在个人生活中占据主导后,必然构成积极进取的个人价值系统。于是,诚心服从于单位,积极努力付出,出色完成任务,被视为自己应尽的责任和义务,被视为是个人自信、自尊、自爱的表现,当个人以如此高度自觉的思想准备进入企业后,其事业成功定是必然。

3. 过硬的职业技能

职业技能的获得既要勤奋刻苦地努力,又要用心用脑,与人的天赋、兴趣和聪明才智有关。从业人员的职业技能水平如何,直接关系到其职业活动的质量和效率,关系到其对国家和社会贡献的大小,决定着自己人生价值实现的程度。因此我们说,职业技能是发展自己和服务社会的基本条件。从业人员仅有为社会服务的认识和热情是远远不够的。只有在此基础上掌握熟练的职业技能才能胜任自己的工作,才能更好地为社会和人民服务。

六、领导者的工作与职业责任

管理学大师德鲁克曾说,如果用一个词来描述管理的本质就是"责任",用两个词来描述就是"责任、责任",用三个词来描述就是"责任、责任、责任"。可见,职业责任之于领导是何等重要,承担职业责任是领导者的第一要义,对领导者最根本、最起码的要求就是能够负责。

领导者的职业责任可以分成狭义与广义两个方面:

狭义方面,在《管理:使命、责任、实务》一书中,德鲁克指出作为股东代理人的管理人员的具体职业责任。即"对其他人的工作负有责任的人",管理人员应该对为企业的成果做出贡献负有责任,对自己的工作负有责任。也就是说,要综合平衡短期和长期的效益,实现财富最大化。传统组织中,领导者存在五项基本工作,分别是制定目标、从事组织工作、进行激励与沟通、绩效考核和培养人才,在这五项工作中,领导者要同时兼顾企业整体的绩效和成果、协调当前和长期的要求,将这五项工作综合起来,实现资源整合,使企业成为一个有活力、成长着的有机体。

广义方面,企业领导者要对所有的利益相关者负责。所谓利益相关者是指与组织有一定利益关系的个人或组织群体,可能是组织内部的(如雇员),也可能是外部的(如供应商或社会大众)。企业管理者要对所有的利益相关者负责,包括以下内容:对消费者负责,迎合消费者需求,不以虚假广告欺骗,保证产品质量等;对企业员工负责,维护员工的基本权益,保障员工的合法福利,为员工提供合适的人文关怀等;对战略伙伴负责,平等相待,互助互利,恪守信用,公平竞争,反对垄断,和不正当竞争;对社会大众负责,提供劳动就业机会,参与社会公益活动,支持公共设施建设,保护生态环境等。

第四节　职业责任的构成要素

一、职业责任意识

意识是大脑对客观现实的能动反映,是大脑进行的一种活动。意识是知、情、意三者的统一:"知"是指人类对世界的认识;"情"是指情感,是对客观事物的感受和评价;"意"是指意志,是人类追求某种目的和理想时表现的自我克制、毅力、信心和顽强不屈等精神状态。意识不仅能够主动地、有选择地和创造性地反映客观世界,而且能够指导实践改造客观世界;同时能够在一定程度上调节和控制人体的生理活动,反映自身并控制自身的行为。总之,人的日常生活、学习和工作,都是在意识支配下进行的。

所谓责任意识,就是清楚地知道什么是责任,并自觉地、认真地履行各种职责,参加各种社会活动,把责任转化为行动的心理特征。有责任意识,无论工作多么危险都能降低风险;没有责任意识,岗位的安全会出现隐患。责任意识强,无论遇到多大的困难都能克服;责任意识差,小问题也可造成一场灾难。

职业责任意识指的是从业者在特定的社会条件和职业环境影响下,在教育培养和职业岗位任职实践中形成的某种与所从事的职业有关的责任思想、责任观念等,是我们对所担负的使命、职责或义务的理解、体验和履行的情感等心理特征的综合。它以基本的职业知识为基础,以对职业价值的理性认识为核心,同时展开对职业目标、职业道路、职业道德、职业能力、职业信念、职业发展等一系列问题的思考,具体包括职业责任认知、职业情感、职业态度、职业价值观和职业精神五个方面。

1. 职业责任认知

职业责任界定了职业人员职业行为的具体内容,是其履行职业义务的基础。人们对职业责任的认识和经验,产生了职业责任、职业责任感,这对人们在职业活动中的行为产生了重大影响。只有认识到自己的责任,将其转化为自己内心的道德情感和信仰,人们才能自觉自愿地从事工作,表现出良好的道德行为。相反,如果从业人员未认识到自己的职业责任,就有可能玩忽职守、践踏职业纪律,甚至以职谋私、搞行业不正之风,干出有损于本职的事来。因此,我们应该自觉地意识到自己对社会、对工作、对他人的职业责任,并将其转化为自己的职业道德义务。职业责任认知(occupational responsibility cognition)包括:

(1)职业角色认知(occupational role cognition)。人们常常把社会比作舞台,在舞台上,每个人都在扮演着自己的角色,客观地承担着社会的角色。所谓社会角色,就是一个人的身份,是指由人们特定的社会地位和身份所决定的一套规范系列和行为模式。它是对具有特定地位的人的行为的期待,并随着社会实践的发展而不断更新。社会角色是社会赋予每个人的社会权利和义务,它反映了每个人在社会中的地位和人际关系,代表了每个人的身份。人的主要角色不同,这是由他/她的主要任务决定的。青年学生就业后,其社会角色将相应转变为社会职业人员的角色,社会将根据专业行为的标准和要求对其行为进行衡量和评价。所谓职业角色,是指依靠自己的知识和能力,按照一定的规范,在一定的岗位上开展具体的工作,在行使权力、履行义务为社会做贡献的同时获得相应的报酬。

职业角色认知是指人们对分配给他们或对其要求的工作职责的了解程度。这种认知意识很重要,因为它能够引导员工努力的方向并改进与同事、供应商和其他利益相关者的协作。角色认知概念由三个部分组成。第一,准确的角色识别要求人们知道分配给他们的具体任务是什么。这意味着要求人们意识到具体的责任或后果;第二,准确的角色认知要求他们知道不同的任务和绩效期望之间的优先顺序;第三是要知道完成任务的首选方式。

(2) 职业声望认知(occupational prestige cognition)。对职业声望的研究,始于19世纪末期。1897年W. 亨特在研究美国职业的社会地位时,将职业分为产业主级、秘书级、熟练工人级和非熟练工人级4个等级。马克斯·韦伯曾经指出社会阶层应该从财富、权力和声望三个方面进行考察,职业声望反映了职业分层的主观维度。所谓的职业声望就是指"人们对某种职业社会地位高低的看法",是社会舆论对一种职业的评价。广义的职业声望的认知包括对该职业的收入水平、晋升机会以及对社会的贡献等因素的认识。

人们对职业声望的认知和对职业期望的认知有时很难分开,往往会综合考虑。一般来说,对职业声望考虑较多的人,往往注重社会对职业地位的评价;而对职业期望考虑较多的人,更多的是注重个人对职业的期待与向往,是职业的态度倾向。这些都因人而异。职业声望与职业期望的主要不同在于前者来自社会对职业的评价,后者来自求职者的个性需求。职业声望高的职业,虽然备受社会追捧,但求职的难度也大。

2. 职业情感

情感是人类共有的一种心理现象。它是以一定的形式表现出来的一种持续性心理活动,包含着人类心理活动的一般特征。所谓职业情感(occupational emotion)是指人们对自己的职业所持有的稳定的态度和体验。具有强烈职业情感的人能够从内心产生对自己职业的需求意识和深刻理解,对自己的职业和岗位会产生无限的热爱。因此,职业情感不仅是一种简单的主观体验和外在的情感表达,还是一种内省化的心情心境。职业情感可以分成不同的类型。

从方向上来分,职业情感包括两种类型:

(1) 积极的职业情感(positive occupational emotion)。从业者从自己的工作中了解到职业的社会意义和性质,不顾个人得失,以饱满的热情和执着的爱心,善于克服各种困难,表现出强烈的职业责任感,并能以极大的精力投入到行动中。积极的职业情感对个人履职尽责行为起到了促进和强化的作用,其外在表现就是对职业的赞美,并尽其所能、尽善尽美,诱导个人不断激发本能,散发个人潜能,以良好的态度、稳定的情绪和坚定的意志,努力实现客体职业与主体生命的完美结合。

(2)消极的职业情感(negative occupational emotion)。从业者只把自己的工作当作谋生的手段,更多地考虑个人得失和物质待遇,流露出对职业的不满,对工作怀有消极的感情,缺乏强烈的职业责任感。消极的职业情感无疑会对职业行为产生消极影响,起到减力的作用。集中表现为因缺乏冲劲和拼劲,稍有阻力就会停步不前,患得患失,得过且过。消极的职业情感使人与职业产生离心力,使人从情感上厌恶和抗拒职业。同时,这种消极情绪容易"污染"健康的职业环境,影响职业专业人员的情绪,从而大大降低工作效率[46]。

同时,从性质上来分,职业情感可以分为五个方面:

(1)职业认同感(professional self-identity/career identity/vocational identity)。职业认同是由自我认同(ego identity)发展而来的概念。埃里克森(Erikson)首先提出"同一性"的概念,他认为在青年时期,个体在生理、心理和社会角色上都面临着巨大的变化,自我认同的建立成为个体发展的中心任务。在身份形成的过程中,一个人逐渐认识到自己在社会中的基本特征、地位和角色,而且明确一个人在职业世界中将扮演的角色是青少年自我认同发展的一个重要部分[47]。

后继的学者在借鉴埃里克森观点的基础上发展出职业认同的概念,但是不同的研究者对职业认同持有"结果"和"过程"两种不同倾向的观点。如霍兰德(Holland)认为的职业认同是指个体对自己的职业兴趣、天赋和目标等方面认识的稳定和清晰程度[48];梅耶斯(Meijers)认为职业认同是心理发展过程中逐渐构建和成熟的概念,个体使用这个概念来将自己的兴趣、能力和价值观与可接受的职业目标联系在一起,同时这个概念也会随着不断的社会学习过程而发生改变[49]。

从上述定义中可以发现职业认同的核心可概括为:个体逐渐从成长经验中确认的自己在职业世界中的自我概念,包括个体对于所从事职业的目标、社会价值及其他因素的看法,是个体在职业世界中的定位,这种定位处于不同的发展阶段时,其清晰程度和确定性不同。而且,职业认同往往指向某个特定的具体职业,比如教师、护士、警察等。此时职业认同感更多指的是对某个职业的喜爱和从事某种职业的价值感[50]。具体来说,职业认同感一般是在长期从事某种职业活动程中,对该职业活动的性质、内容、职业社会价值和个人意义,甚至对职业用语、工作方法、职业习惯与职业环境等都极为熟悉和认可的情况下形成的。职业认同感是人们努力做好本职工作,达成组织目标的心理基础。随着职业的发展及对职业研究的深入,职业认同感的概念也愈来愈朝着社会化、多元化、人性化的持续状态发展,而不再仅仅局限于心理角度。

(2) 职业荣誉感(occupational honor sense/professional honor sense)。所谓职业荣誉感,是指某一社会或群体对人们履行社会义务的道德行为的肯定和赞扬,是某一特定的人从某一特定的组织获得的专业化的、定性的积极评价,从事这一职业的人,会意识到这种肯定和赞扬所产生的职业道德情感[51]。正如社会道德与社会荣誉感的关系一样,职业荣誉感作为职业道德情感的一种重要形式,对这种职业道德有着明显的影响——它维系和激励着这种职业道德,并通过职业道德对职业产生影响。

职业荣誉感是对工作的奉献和热爱的具体表现,是从事职业的道德情感。一旦个体受到不同程度的刺激和负面影响,高尚的道德情感就会逐渐被世俗的追求所取代,逐渐失去对职业的荣誉感和兴趣。职业荣誉感的缺失源自社会责任和职业道德的淡化,助长了功利主义和个人主义的膨胀。当人们对其从事的职业不再感到自豪,他们的责任感、义务和对自己工作的热情也会消失。随着时间的推移,势必影响到企业的发展,影响到企业精神文明建设,影响到员工的整体稳定。

(3) 自我效能感(self-efficacy)。自我效能感是由美国著名心理学家班杜拉(Bandura)于20世纪70年代在其著作《思想和行为的社会基础》[52]一书里提出的概念。班杜拉将自我效能定义为"人们对自己能够运用所掌握的技能完成任务的信心程度"。管理者的自我效能感是指"管理者对能否利用自己的能力或技能去完成管理任务的自信程度的评价",因此,自我效能感并非一个人的真实能力,而是这个人对自己行为能力的评估和信心。[53]

班杜拉认为,除了对结果的期望,还有对绩效的期望。结果预期是人们对某种行为会导致某种结果的假设。如果预期某一特定行为将导致特定结果,则该行为可能被激活并被选择。高自我效能感将产生出足以争取成功的努力,成功的结果将会进一步强化自我成功的期望;反之,低自我效能感可能造成提前停止努力,导致失败的结果,并由此削弱对自己胜任力的期望。也就是说,对于先天素质基础相近的人,那些对自己实现特定目标的能力有信心的人往往会取得成功;而那些认为自己不行的人则往往与成功无缘。大量研究证明特定的自我效能感是员工绩效的可靠预测指标,可以解释与工作行为相关的28%的员工问题,并且研究表明在组织情景中对自我效能感进行干预会显著地促进任务绩效。

(4) 职业激情(occupational passion)。一直以来,激情(passion)被认为是达到卓越成就的必要条件,同时也是预防倦怠的有效手段之一。富有激情的个体在面对具体任务时,能够产生更多的积极情绪与主观幸福感。加拿大心理学家瓦勒朗(vallerand)将激情定义为"个体对于自己喜欢的活动的强烈倾向,他们认为这些活动是重要的,为此投入时间和精力,并将其内化为自我身份认同的一部分"。[54]因此,职业激情是职场人生中能够始终以旺盛的精力、持久的热情全身心做好自己本职工作的一种激昂的情绪。但是很多人在拥有了相应的职业经历后,却不再激情澎湃,只是日复一日,年复一年疲劳地应付着手头的工作,职业倦怠和工作倦怠不断地侵袭着他们,工作不再是快乐的事情,职业生涯的发展开始刹车。保持职业激情,保持职业青春,让自己在工作中更有活力,更有利于职业发展。

没有激情就没有积极性,没有积极性就会产生惰性,有了惰性就会落伍,一旦落伍职业生涯发展就会走上下坡路;持久的工作热情会激发出巨大创造能力。没有职业精神就没有职业动力,没有职业动力就没有职业激情,没有职业激情就没有职业活力,没有职业活力就没有职业发展。职业激情是一种掩饰不住的上进动力,是一种不达目的决不罢休的精神,有了它可以面对任何艰难险阻而决不退却,一往无前地走向职业生涯发展的目的地。职业激情犹如人体代谢所需的荷尔蒙,一旦缺乏就不能维持正常的职业素质更新,为职业活动提供能量,就无法确保职业生涯的正常生长、发育及成熟,并加速自己在职场的衰老过程。

> "你要找到你热爱的东西,如果你不感兴趣,没有激情,对于现在做的事情不想做,你不可能取得成功。成功需要承诺,承诺需要专心致志,而做到专心致志,就必须有激情。如果我做一个律师没有激情,那种情况该是多么糟糕。我不能给你建议,但是我所有的生活经历告诉我,你应当找到你热爱的东西,即使要花更长一点的时间。"
> ——惠普董事局主席兼首席执行官卡莉·费奥瑞纳在清华大学演讲时这样回答了一名清华学生关于是否要换专业的咨询。

(5) 自尊(self-esteem)。美国机能主义心理学的先驱詹姆士(W. James)早在1890年就提出了自尊的概念,他用公式"自尊=成功/抱负水平"来表述自尊的含义,这里的自尊被看作是一个整体的情感现象。史密斯(Cooper Smith)通过实证性研究后得出结论,自尊是对个人价值的主观判断与评价,个体对自我持肯定或否定态度。罗森伯格(Rosenberg)等都认为自尊反映的是个体感知到的现实自我与理想自我之间的差距。斯蒂芬哈芬(Steffenhafen)认为自尊是个体对自我知觉(自我概念、自我意象、社会概念)的总和。默克(Murk)以现象学的视角,认为自尊是个人面对生活中的困难与挑战时,能以一种有价值、有意义的方式继续存活下去的生活状态。由此可见,自尊是带有主观色彩的,与个体的自身价值判断有关。

归根到底,自尊是个体对自身存在的意义、重要性及价值感的积极情感体验和感受。自尊即自我尊重,是个体对其社会角色进行自我评价的结果。自尊是通过社会比较形成的,是个体对其社会角色进行自我评价的结果。自尊首先表现为自我尊重和自我爱护。自尊还包含要求他人、集体和社会对自己尊重的期望。

在心理学上,自尊感可以是个体对自我形象的主观感觉,可以是过分的或不合理的。一般来说,心理健康的人自尊感比较高,认为自己是一个有价值的人,并感到自己值得别人尊重,也较能够接受个人不足之处。形成自尊感的要素有安全感、个人感、归属感、使命感、成功感,这些因素都与个体的外在环境有关。是个体由肯定的自我评价引起的自爱、自重、自信及期望受到他人、集体、社会尊重与爱护的心理。

3. 职业态度

职业态度(occupational attitudes/professional attitudes)是指个人对所从事职业的看法及在行为举止方面反应的倾向。一般情况下,态度的选择与确立,与个人对职业的价值认识,即职业观与情感维系程度有关,是构成职业行为倾向的稳定的心理因素。职业态度易受主观方面因素如心境、健康状况,以及客观环境因素如工作条件、人际关系、管理措施等直接影响而发生变化。积极的职业态度,能够促进人们去钻研技术,掌握技能,提高职业活动的忍耐力和工作效率,其形成与发展是人们对有关职业知识的吸收、职业需要的满足、所属群体对他的期待,以及职业实践获得的体验等因素综合的结果。

著名的成功学家拿破仑·希尔指出:"人与人之间只有很小的差异,但这种很小的差异却往往造成巨大的差异。很小的差异就是所具备的心态是积极的还是消极的,巨大的差异就是成功与失败。"成功人士与失败人士的差别就在于成功人士有积极的心态,即 PMA(positive mental attitude)。而失败人士则习惯于用消极的心态去面对人生,即 NMA(negative mental attitude)。积极乐观、自信坚强的人更能得到企业的信任,因为他们不沮丧,永远充满朝气,工作起来劲头十足。

日本的经营之神松下幸之助在战后第一年发表讲话时,看到他的员工情绪高昂,非常高兴,他说:"在这个令人不安的时期,我们能够迅速从混乱走向复苏,因为我们比任何企业都有信心。我认为,在全面开展业务的同时,一定要保持开朗豁达,同时培养乐观向上的氛围,才能把工作做好。"对于现代专业人士来说,工作是一种职业,而不仅仅是谋生。工作是一种生活的享受,工作是一种幸福。没有工作的生活是灰色的。热情是最好的态度。不用强迫也无需监督,积极热情投入是最好心态。

4. 职业价值观

(1) 职业价值观(occupational values/work values)的定义。职业发展理论大师休珀(Super)曾指出,职业价值观是影响个体职业选择与生涯规划的重要因素,其职业价值的目的在于借个人在生活过程中系列判断的结果,确立其具有动力意义的态度或观念,以促进个人选择职业的能力。洛克和亨内(Locke & Henne)认为个人的职业价值观会影响其工作意愿或目标,并进而影响到其努力程度与工作表现,故工作本身是肯定个人自我价值的途径之一。德拉蒙德(Drummond)和斯托达德(Stoddard)认为职业价值观是个人选择职业时的重要因素,若是无法满足个人职业价值观,将会导致工作的不满足。也有学者认为职业价值观是指个体对工作特性所持有的信念与标准,可用以引导个体的工作行为与追求工作目标[55]。

综合来说,职业价值观是指人生目标和人生态度在职业选择方面的具体表现,也就是一个人对职业的认识和态度以及他对职业目标的追求和向往。理想、信念、世界观对于职业的影响,集中体现在职业价值观上。职业价值观决定了人们的职业期望,影响着人们对职业方向和职业目标的选择,决定着人们就业后的工作态度和劳动绩效水平,从而决定了人们的职业发展情况。

(2) 职业价值观的理论。目前,职业价值观领域较为系统、成熟的理论主要有以下五个[56]:

① 霍兰德(Holland)的职业选择理论。美国咨询心理学家霍兰德首先从个体特质维度提出了"职业选择理论",即人格是先天遗传、社会活动和兴趣能力的互动产物,职业价值观是个体人格特质的延伸。1973年,霍兰德将人格分为六种类型:现实型、传统型、事业型、社会型、艺术型和研究型。不同的性格类型决定了一个人感兴趣的职业类型。一般来说,人们愿意追求符合自己个性的环境和氛围,从事能够充分发挥自己能力、功能和价值的职业。

② 洛夫奎斯特和戴维斯(Lofquist & Davis)的工作调整理论。洛夫奎斯特和戴维斯提出了职业调整中的特质因素模型,即无论是个人的生理需求还是心理需求,都可以通过一定的职业行为得到满足,从而得到强化。工作也有类似的"需求",比如选择优秀、合格的人来更好地完成任务,并达到设定的绩效标准;同样,工作模式也要与员工的特点相匹配,才能实现双赢。

③ 休珀(Super)的生涯理论。该理论认为,职业选择和发展是一个前进、动态的过程,价值观随着个体的自我概念的发展而慢慢形成,而自我概念又可通过与之匹配的职业来进行表达。根据年龄,休珀将个体生涯划分为成长阶段(4—13岁)、探索阶段(14—24岁)、确定阶段(25—45岁)、维持阶段(45—65岁)和离职休闲阶段(65—),同时指出青少年时期是职业价值观发展的关键期。个体为了满足在职业中产生的各种需要,所以在选择职业时会有一个内在判断尺度,从而也就逐渐形成了自己的职业价值观。

④ 肖恩(Schein)的职业锚理论。肖恩所说的职业锚是指人们在职业决策过程中所体现出来的一种价值,它由个人的才能、动机、需求、观念、态度和人生观组成。它不断地指导、衡量、限制和影响个人的生活决策。他认为在做出具体的职业选择之前,个体无法完全理解自己的能力和动机是如何相互作用的,也不知道自己是否适合当前的职业,所以个体的职业锚只能在职业生涯开始几年之后才能找到。

⑤格特弗雷德森(Gottfredson)的界限协调理论。界限是指在职业选择过程中,个体排除所有不能接受的职业。协调是个体在面临职业选择时,将自己最初选择的不切实际的职业改选为另一个更容易获得成功的职业。格特弗雷德森的协调理论可以解释职业价值观形成的动态过程,社会自我与心理自我的表达即职业价值观。

5. 职业精神

职业精神(occupational spirits)与人的职业活动密切相关,是一个人在工作中职业道德、理想、态度、责任和技能风格的综合表现。它是在特定的职业实践基础上逐步形成的,是一个人职业生活的积极表现。它始终是明确表达职业的根本利益、职业责任、职业行为对精神的要求[57]。

职业精神不是一般地反映社会精神的要求,而是着重反映一定职业的特殊利益和要求;不是在普遍的社会实践中产生的,而是在特定的职业实践基础上形成的。它鲜明地表现为某一职业特有的精神传统和从业者特定的心理素质。具体表现为:乐观豁达、敏锐主动、开拓创新、追求卓越,这是现代职业人永恒竞争的动力。

在社会主义市场经济条件下,职业精神的实践内涵主要体现在四个层面:第一,敬业精神。敬业精神是职业精神的首要内涵,是从业者对职业的尊重和热爱。它具有强烈的主观需求和明确的价值取向,构成了从业者实践活动的内在尺度,设定了职业实践活动的价值目标,体现了从业者的责任感和事业心。第二,勤业精神。俗话说,"业精于勤,荒于嬉",职业精神必须落实到勤业上,不仅要端正专业态度,加强职业责任,还要努力提高专业能力。第三,创新精神。创新是一个民族的灵魂,是一个国家繁荣昌盛的不竭动力,是经济社会发展的主导力量。职业发展的动力也在于创新,应该善于发现职业道路上的新情况和新问题,有勇气根据客观情况的变化进行创新。第四,立业精神。要成就一番事业,就是要牢记大局、立足自己、脚踏实地、胜任工作、勇于拼搏、敢为人先。

二、职业责任内容

在任何一个历史时期的职业责任中,其内容总是要适应当时的历史条件,才具有现实性和合理性。因此,历史的发展、社会的进步和社会经济结构的转变必然导致新旧职业类型的更替,从而改变职业责任原则。为了适应不断变化的历史条件,人们总是要调整或丰富自己原有的职业责任和规范。因此,随着社会生产力和科学技术的快速发展,社会职业不断涌现,职业责任的内容也在不断变化。

职业责任的内容是职业所要求的任务,即充分实现职业功能。职业责任意识和职业责任内容既具有现实性,又具有互动性。责任意识有助于寻找责任内容,责任内容明确,进而促进责任意识的形成。缺乏责任感是我们拖延、争吵、敷衍、官僚作风等工作习惯的很大一部分原因。

职业责任内容包括两个基本的方面——任务以及完成任务的时限。你占有一个职业,你就应当承担相应的任务,在其位,谋其责。不仅如此,完成任务的时限是职业责任内容中不可或缺的方面。不能在规定时限内完成本职工作,完成职业责任,实际上等于没有责任。责任性质与责任时限是紧密联系在一起的,只有这两者的有机结合,才能充分体现职业责任内容。

三、职业责任能力

职业责任能力即完成本职工作所必须具备的知识和技能。任何职业都需要一定的知识和技能,所需知识量的多少,技能复杂程度的高低,是衡量职业重要性的一个尺度。从整个社会来说,造就有能力完成本职工作的人,是一个永恒的课题。显然,知识和技能只有通过学习才能获得,教育乃是其唯一的途径。

现代职业能力是指现代职业人从事某种职业活动必须具备的、影响职业活动效率的个人心理特征。人的职业能力是由多种能力叠加并复合而成的,它是人们从事某项职业必须具备的多种能力的总和,是择业的基本参照和就业的基本条件,也是胜任职业岗位工作的基本要求。具体表现为:合作互助、自控自律、惜时好学、科学高效,这是现代职业人创造成功的工具。

现代企业特别注重团队合作的协作精神,都将之视为公司的文化价值之一。要求员工对企业忠诚,有团队的归属感,有合作精神。Windows产品的研发,微软公司有超过3 000名开发工程师和测试人员参与,写出了5 000万行代码。没有高度统一的团队精神,没有全部参与者的默契与分工合作,这项工程是根本不可能完成的。在许多大企业中,每个人必须各自独立完成分内工作,同时,强调上下级之间要保持及时沟通,并直接表达自己的想法。同事间要互通信息、分享经验、交流心得,所以,对员工不但要求要有良好的沟通能力,而且要有良好的沟通技巧。

没有人会从职业生涯一开始就成为专家,因此,岗位学习对于职业人的发展是尤其重要的。巴西埃索石油公司董事长格尔克说:"专业人才应该像海绵一样,不断努力地从周围发生的事情中吸取营养。他们应该不断学习,不断完善自己,把工作做好。"确实,业务技能精湛是工作科学高效的前提条件,也是适应竞争的需要,无论从事什么职业,都应该精通它,要有螺丝钉一样的钻研精神,让自己成为行业领域的专家。

四、职业责任后果

职业责任的后果包括法律和道德的奖惩。任何责任都必须与奖惩结合起来。奖励是对履行责任的肯定和鼓励,惩罚是对不履行责任的鞭策和督促。奖惩的目的是使履行责任的行为反复出现,使不履行责任的行为尽可能转化为履行责任的行为。在社会规范方面,奖惩可以是法律的、行政的、道德的等。就其手段而言,它可以是物质利益、精神利益和更全面的利益。二者的比例随时间和空间的变化而变化。它包括:

1. 法律后果

职业活动是人一生中最基本的社会活动。职业责任是由社会分工决定的,社会分工是职业活动的中心和特定职业的基础。它们往往由行政甚至法律手段来确定和维持。职业责任往往是法律和纪律强制规定的,违反职业责任往往受到企业规章制度或法律的严厉惩罚。违反职业责任应该承担相应的法律后果。

2. 道德后果

职业道德,是同人们的职业活动紧密联系的符合职业特点所要求的道德准则、道德情操与道德品质的总和,是从事一定职业的人在职业劳动和工作过程中应遵守的与其职业活动相适应的行为规范。职业道德是从业人员在职业活动中应遵守或履行的行为标准和要求,以及应承担的道德责任和义务。如果违反职业道德,就要承担相应的道德后果,会被整个社会从舆论上谴责、唾弃。管理者要把管理道德要求与自己的工作相结合,落实到实际行动中、具体工作中,形成稳定的职业行为。企业应将管理道德建设纳入管理者岗位考核内容之一,加强检查、考核、奖惩,使每一个管理者不断地自我对照准则检查,不断地修正自己的行为方向,使管理者有所为、有所不为,养成良好的管理道德,才能有效地提升企业管理水平,获取更大的效益,实现长效发展。管理伦理的规范化、制度化,将成为管理者的习惯,将在管理工作中发挥巨大的作用,并进而将在企业中形成良好的道德风尚,使企业走上良性发展的轨道。

第五节　职业责任的外在表现

一、职业责任的使命引导

职业使命是个体对于自己的工作所持有的一种观点,认为工作符合自己的总体人生目标,具备内在的意义和价值;职业使命来源于社会的需求、内心的信仰或者内心的真实自我;职业使命体现出一种激励力量,是个体追求生活意义与目标的动力,并成为职业责任不可或缺的张力,职业使命感的强度决定着职业责任的高度。

有职业使命感的人更容易受到内在意义感的驱动去工作,更可能在工作中体验到较高满意度;自身人生意义感与职业使命相一致时,在面对外界环境的多样性和变化时人们更易坚守自己的职业,激发调动自身潜能去适应职场环境、应对职业障碍;有职业使命感的人在工作的多个层面往往拥有更大的进步空间,更容易获得成功。

二、职业责任的标准衡量

1. 法律底线标准

职业责任不仅是人们必须严格遵守的道德底线,而且是法律制度与道德规范内在关系的统一。法律必须有一种"底层线性",因为它规范着人们的普遍行为,它决定着人们的最低行为准则,超过这个限度,就可能受到法律的强制性约束。职业责任不仅是一种政治义务、经济义务和道德义务,而且是一种法律义务。从法律义务的角度看,职业责任设置的最基本的内容几乎接近法律,遵守法律几乎等同于忠于职守。在职业责任问题上,法律底线只是一个基本的东西,只有在这个基础上才能建立起崇高的道德理想。时任总理朱镕基同志在 2001 年 5 月 16 日给上海国家会计学院题写的校训就是:"不做假账"。在现实生活中,无论从事哪个行业、哪个职业,都应该至少履行自己最低的职业责任和义务,遵守最基本的行为准则,做自己应该做的最好的和最容易做的事情。严格遵守最基本的道德规范,履行最低限度的职业责任和职业义务,是当前职业责任建设的出发点,也是其重点。

2. 道德高标准

法律是最低的道德,道德是最高的法律,大量的社会行为和职业行为还需要依靠道德教育和道德约束,这是市场经济发展中提高全社会责任感和使命感的必要条件。同时,也需要在法制化建设中,把职业责任、职业道德的基本要求、重要原则更多地包含、反映和体现到法律中去,以强制效力来保障职业责任道德规范的实现。理性的优秀企业家总是随着环境的变化自觉强化自己的道德素质和道德修养。其中,强烈的事业心、职业责任感、职业义务感和敬业精神是最基本的品质,它构成了职业企业家人力资本的重要内容。缺乏责任心的企业家事业上难有成就,他们的声誉可能一落千丈,甚至被淘汰出经理人市场,所以企业家们兢兢业业,不敢有丝毫懈怠。

原奔驰公司董事长埃查德·罗伊特对年轻经理的忠告是:"最重要的是明确道德原则"。他把责任心和道德提到了首位。还有的外国商界人士甚至认为强烈的责任心、良好的道德,会使整体力量增加两到三倍,生产经营上 80% 的成功率就有了把握(另外 20% 为销售策略与技巧)。市场是需要人去操作的,市场经济的有效运行需要"经济人"遵守共同的道德规范为基础,只有以消费者的利益为最高道德责任,才可能实现利润最大化[⑧]。

3. 职业基本标准

除了上述职业责任的基本衡量边界之外,职业责任还应该主要具备基本的职业责任标准，也可以简称为职业基准。具体包括：

（1）职业资质。职业资质就是从事本职业的基本素质和能力要求，是能够胜任本职业的基本标准，是对职业在必备知识和专业经验方面的基本要求。资质是能力被社会认同的证明。获得一定的资质是具有一定职业标准能力的外在表现和证明。

（2）职业知识。职业知识是工作直接需要的知识，为做好本职工作，一个人必须了解和掌握的有一定深度的知识。在个人职业化道路上，最基本的一点就是以是否具有专业化、专门化的知识作为首要的评判标准[②]。

三、职业责任的能力素质要求

职业能力素质（vocational competencies）是个人根据自身对待职业工作的态度和信念，运用自己所获得的知识，完成具有目的性的职业活动所需的各种能力特性及适应职业变化的能力特性的总和。

1. 职业责任的能力素质基本类型

企业人力资源管理人员都明白，一个特定的职位必须要有适合它的人才，不是所有人都能适合某一个职位的。基于此，企业在招聘人才的时候应该考察应聘者是否具备工作所需的基本能力素质和职业素养，包括专业知识技能、通用技能以及自我管理的能力等能力素质。

所谓专业技能（professional skill）是指员工是否具备特定工作所特需的技能，诸如财务管理中进行财务分析、成本管理的能力，人力资源管理中进行人力资源规划的能力、管理培训的能力，市场营销管理中管理代理商的能力、市场反应的能力等。该项技能着重考察对于该职位最重要的专业技能，即"什么样的技能是必需的"。

所谓通用技能（general skills）是指工作之外得到发展，可以在不同工作之间适用的通用能力。包括考察应聘者是否能够快速熟悉某项业务流程的运作，能否以最快的速度投入到工作中去，并且能够带来新的想法和思路，善于与人沟通和交流等。

所谓自我管理的能力（self-management ability）是指个体对自己本身，对自己的目标、思想、心理和行为等表现进行的管理，自己管理自己，自己约束自己，自己激励自己，最终实现自我奋斗目标的过程能力。自我管理的核心就是自我韧性、自我组织、自我激励、自我监督、自我调控、自我评价、自我意识、自我锻炼、自我反省并使个体科学地、有目的地大步走向自我完善和完美，从而达到自我实现、自我成就和自我超越。自我管理也是有效地发掘和实现自身最大职业价值和责任的一门科学与艺术。

2. 新时代新的职业能力素质要求特征

新的时代具有典型的新特征，"老龄化""智慧时代""全球互联""新媒介生态"等关键词层出不穷。"21世纪需要的人才"除了需要具备以上三类技能之外，还具有

以下六个鲜明的特点:

(1) 融会贯通的能力,需要新思维和适应性思维。如今,仅仅勤奋是远远不够的。因为最好的企业需要的人才不仅要有丰富的知识,而且要有独立思考和解决问题的能力。善于自学和思考,能将所学知识灵活运用到生活和工作实践中,理解工作和生活的原则。

(2) 创新与实践能力。从根本上说,价值来自创新,但创新只有在与实践相结合时才能发挥其最大的作用。"为了创新而创新"的倾向是最不可取的。相反,在实践过程中,我们不要局限于重复性工作,还应始终记住创新,以创新推动实践,以创新引领实践。

(3) 跨领域、跨文化的综合性人才。21世纪是各个学科、行业和国家相互融合和相互促进的世纪。现代社会和现代企业不仅要求我们在特定职业中有深厚的造诣,还要求我们了解甚至精通相关专业、相关知识领域,并结合两个、三个甚至更多领域的技能,综合应用于不同企业、不同行业和不同文化环境的具体问题。

(4) 三商皆高(IQ+EQ+RQ)。一个人能否取得成功,不仅要看他的学习成绩或智商(IQ, intelligence quotient)的高低,而且要看他在智商、情商(EQ, emotional quotient)、责商(RQ, responsibility quotient)这三个方面是否达到了均衡发展。高智商不但代表着聪明才智,也代表着有创意,善于独立思考和解决问题。情商是认识自我、控制情绪、激励自己以及处理人际关系、参与团队合作等相关的个人能力的总称。在高级管理者中,情商的重要性是智商重要性的9倍[①]。高责商代表有正确的价值观和责任担当,能否分辨是非、甄别真伪,那些没有正确价值观指引、无法明辨是非黑白的人,其他方面的能力越强,对他人的危害也就越大。

(5) 沟通与合作。沟通与合作能力是新世纪对人才的基本要求。在21世纪,我们需要的是"高情商的合作者",而不再是孤僻、自傲的"天才"。因为随着全球化、信息化进程的不断发展,几乎没有哪家企业可以在脱离合作伙伴、脱离市场或是脱离产业环境的情况下独自发展。必须与分布在世界各地的相关企业、社团乃至政府机构开展密切的合作,这种全球化合作当然离不开出色的交流和沟通能力。

(6) 善于选择和从事热爱的工作。在全球化的竞争之下,每一个人都要发挥出自己的特长。而发挥特长的最好方法就是根据自己的兴趣、爱好来选择工作——因为只有做自己热爱的工作,才能真心投入,才能在工作的每一天都充满激情和欢笑。这样的人才是最幸福和最快乐的,他们最容易在事业上取得最大的成功。

3. 职业能力素质的重要意义

职业能力是履行职业责任,实现自身价值的基础。每个人通过明确所在职业的知识和技能目标,做好学习规划,可以帮助自身科学合理地制订职业生涯规划,有利于在未来拥有自己理想的职业生涯;提升自身的职业能力,自觉提高自身职业素养,为成为现代职业人打好基础;结合自身的能力素质特点更好地去应聘合适的岗位,提高就业的竞争力和成功率。职业能力还可以帮助大学生顺利地完成从学生向职业人的转变,很好地胜任获得的岗位,实现人生的价值。

职业能力是保障和促进企业发展的前提和条件,关系到企业的核心竞争力。职业能力要求也是企业人力资源开发和管理的重要标准,可以为员工招聘、选拔、晋升、绩效考核和薪酬设计提供依据和标准。只有将职业能力素质要求融入具体的人力资源管理工作中,才能促进企业高效运转和保证长久的竞争优势。

四、职业责任的形象展示

职业形象是你在工作场合给人的印象。它通过你的穿着和举止反映出你的职业态度、职业技术和技能。职业形象包括外在形象和内在修养。所谓外在形象,是指能够在不同场合得体着装的人,这不仅能赢得别人的赞扬,还能提高自信心。所谓内在修养包括职业道德、行业标准、社会道德、人格魅力等。

职业形象将个人形象和组织形象有机地结合起来,个人形象通过职业群体形象的特征表现出来,符合某类特定的职业角色要求,反映出良好的职业风范,从而提升组织和个人的形象,有利于开展工作,具体表现为:尊重他人、举止文明、谈吐得体、优雅大方,这是现代职业人抢先一步的途径。

职业形象包含很多方面,如人的气质、仪表、语言、举止、服饰、礼仪、特定的组织文化背景和职业素养在行为和仪表方面的体现等。职业形象不仅重视个人仪表与礼仪技巧,更重要的是职业形象背后蕴含的内在精神,即职业化精神的体现。良好的教养、健康的身体、阳光的心态、优雅的举止、得体的着装、通顺的表达,从来都是进入现代企业不可缺少的条件,而懒惰散漫、形象邋遢、言语粗鲁、举止不雅等,是完全不能被接受的。

麦当劳的服务员令人印象深刻。他们穿着整齐的制服,热情洋溢,忙忙碌碌,有条不紊。麦当劳以"不招美女"而闻名。如果你仔细观察,你会发现他们的服务员相貌平平,年龄各异。麦当劳学院自称是一所育人的学校。即使是在麦当劳餐厅工作的下岗女性,经过培训后,一旦穿上麦当劳的行头投入工作,也会精神焕发、信心十足、精力充沛。麦当劳的清洁工似乎也与其他地方不同。你会从服务的细节中感受到麦当劳员工的奉献精神。而许多餐馆女服务员,你总是觉得穿在她们身上的漂亮衣服很不舒服,因为她们缺乏专注、投入、自豪和对工作的热情的精神状态。这种现象不仅是外在形象的作用,更重要的是职业形象背后更深层次的专业精神。

曾经有这样一位美国年轻人,大学毕业后到一家汽车公司去应聘,与他同时去应聘的另外三个人都比他学历高。他认为自己没多大希望,最后一个走进面试房间,当他敲门进入房间时,发现门口地上有一张废纸,于是他便弯腰捡起扔进废纸篓里。然后才走到主持面试的董事长面前说:"您好,我是福特,是来应聘的。"那位董事长说:"很好,年轻人,你已经被我们录用了。"他感到非常惊讶,这位董事长解释说:"先生,前面的三位确实学历比你高,而且仪表堂堂,但他们的眼睛只能看见大事,而看不见小事。但你的眼睛能看见小事。我认为能看见小事的人,将来自然能看到大事。一个只能看见大事的人,却忽略了很多小事,他是不会成功的。所以,我才决定录用你。"多年以后,美国有了一个叫福特的公司,缔造了美国的汽车产业,改变了整个美国的经济状况,获得了极大的成功[①]。

五、职业责任的伦理表现

职业伦理是从事某职业的群体或个人的总体性价值要求。作为一种社会现象,职业伦理以道德为基础和纽带,整合社会生活所必需的政治的、经济的和社会的功能,又能够顺应现代社会规模不断扩大、劳动分工日益深化的时代背景。职业伦理是集体情感的体现,职业相同的人彼此之间在观念、感情和利益上都相当一致,能培育和确认彼此之间的团结感和互助感,以及智力和道德方面的同质性。职业伦理是公共精神的载体,职业伦理能遏制个人利己主义的膨胀,培植了劳动者对团结互助的极大热情,防止了工业和商业关系中强权法则的肆意横行,是公共精神得以重新确立的基础和载体。

职业伦理是推动社会进步的强大动力,能挖掘出人的潜在能力,产生最大化的经济效益,促进国家经济的发展,从而带动就业。职业伦理的缺失不仅会使社会处于混沌无序的状态,而且会动摇经济增长的基础,进而影响到职业分工和就业的有序进行,最终形成就业困局的恶性循环。

第六节 职业责任的负面现象

随着新时代下我国改革开放与创新不断地深化,经济转型与经济新常态日益显现,个体价值与多元价值的碰撞与交汇,再加上信息爆炸以及云计算、物联网等"新技术、新产业、新业态、新模式"的兴起,这些时代特征不但培育了当今民众的开放心态与包容意识,而且拓展着人们的眼界与行为的自由空间。与此同时,在新时代,局部社会矛盾与冲突激化,责任意识淡化,各种行为失范,伦理道德困境凸显,也是不争的事实。尤其在各个职业领域中,许多人的职业责任意识淡薄,更有甚者倚仗职权,依靠破坏职业准则来获取财富和利益。当今时代职业责任的典型负面现象可总结为以下三个方面:

一、职业责任缺失

心理学上定义责任缺失(responsibility deficit),是指人们不愿做出选择、过度依赖他人,担心自身选择会带来负性结果,所以将选择权交由他人,让他人代替自己承担选择的后果。责任缺失行为主要表现为"逃避决定""推卸责任"和"责备他人"。当他人为自己做出选择后,如果结果是好的,那也没什么,但如果结果不好,责任缺失者则会一股脑地将责任全推到对方身上。

责任缺失往往伴随着其他表现,如选择恐惧、拖延、过度依赖他人等,但它比这些更严重。如果发展到一定程度,责任缺失会成为"责任缺失障碍"。此时个体对于客观结果的不满也会渗透到他们的生活中,他们可能会想"为什么我的父母没有给我选择一个真正适合我的专业""为什么我总是这么倒霉,为什么我的生活如此混乱"。责任缺失者会偏执地认为,只要他们不做选择,当事情出错时,他们就不必分担责任。

职业责任感的缺失已经成为当今社会年轻一代面临的一个重要问题和现象。对于初入职场的学生来说,认清工作职责是完成工作的基础。正如卡内基所说:"知道自己能做什么,就等于做了一半的工作。"然而,由于父母的过度溺爱和社会责任感的弱化,一些年轻人被娇生惯养,缺乏家庭和社会责任感,甘当家庭的"啃老族"和社会的"寄生虫"。其职业责任缺失问题主要表现在:

1. 职业责任意识模糊

职业责任意识模糊的主要表现是许多员工无法分清"做工"和"工作"。"做工"是指仅仅将工作当成任务做完,这是不成熟、不负责的表现。工作是指把事情做好。对于从事任何一个岗位的员工,工作都意味着责任。没有责任感的员工不可能成为优秀的员工。把简单的工作做到极致就是一种责任,也是一种对他人、对企业、对社会负责任的体现。两种不同的工作责任意识,会将持这两种不同心态的人的职业生涯引向不同的方向:前者的失败注定发生;后者的成功迟早会到来。

2. 集体责任观念淡化

许多学生毕业成为企业员工以后,缺乏企业认同感和归属感,以自我为中心、个人为主体,注重个人发展,协作观念、服务和奉献意识不足,对他人、对社会比较冷漠,自私自利,不积极参与集体活动。他们对企业、对国家和社会的索取大于贡献,缺乏乐于奉献、吃苦耐劳的精神,缺少对他人、对企业、对集体的关爱,更没有与企业共命运、共存亡的集体责任观念。

3. 职业责任意识低下

无论我们从事什么职业,只要承担一份工作,就有了一份责任。参军入伍,平时就要苦练基本功,提高实战能力,战时就要冲锋在前、英勇杀敌,而不能因为怕流血牺牲当逃兵；选择了医生这个职业，就要救死扶伤、善待病患者，而不能在疫情袭来时临阵脱逃；哪怕是一名普通的保洁员，也要把自己负责的区域清扫得干干净净，否则会为他人带来卫生隐患……但是，许多大学生在从一名学生到企业员工的角色转变过程中，却存在着责任意识上的不足。调查数据显示：应届毕业生在用人单位的稳定率只有10%左右，大部分毕业生在企业工作一段时间后就很快流失了，频频毁约跳槽，暴露出毕业生的责任意识淡薄甚至严重缺失的现状[②]。

二、职业责任失范

法国社会学家涂尔干（emile durkheim）提出的"失范"概念，起初所描述的是涂尔干所生活的前资本主义社会快速发展的工业化效应，以及由此而来的劳动分工的社会后果。他认为，人类的需求潜力是没有止境的，而这种需求必须通过社会所定义的道德给予控制。但是，如果社会陷入由于经济崩溃或者极度富裕而导致的不稳定，社会就丧失了它有效疏通、引导人类需求的能力，那么，社会就会出现"集体意识、普遍认同的道德信仰和行为准则全盘衰微的"失范状态。在这种社会状态中，社会规范不再能有效地控制其成员的行为。美国社会学家墨顿（Robert K. Merton）认为"当个人以正当手段去实现正统目标时，个人行为是符合社会要求的。当目标与手段不一致时，失范行为就出现了"。

所谓责任的失范是指在社会生活中，作为存在意义、生活规范以及义务承担的要求缺失，或者缺少有效性，不能对自身义务与社会生活发挥正常的调节作用，从而表现为社会行为的混乱。所谓职业责任的失范是指工作当中既有的行为范式、价值观念被怀疑、否定，或被严重破坏，逐渐失去对组织成员的影响力与约束力，行为缺乏明确的规范约束，在实际生活中表现为公司员工缺少使命感和担当，推诿现象层出不穷。

当今中国社会，伴随社会发展模式的转型以及社会变迁的加速，社会分层现象不但在分化的速度、规模上，而且在分化的强度和复杂程度上都呈现出从没有过的态势。而与阶层分化相伴随的则是贫富分化的加剧、人际矛盾的加深以至社会冲突的愈发严重。伴随改革开放的迅速推进和社会发展模式的多元化，中国的社会阶层发生了巨大的变化，其层次的多样性和复杂性，以及带给个体和社会生活的影响都是前所未有的。但贫富差距的拉大形成了不利于社会稳定的倒金字塔式社会力量结构，并进一步导致社会分配机制的不公平现象，这些现象也导致了职业道德责任失范的问题。比如，一些拥有组织资源与文化资源的管理者，理应为社会公众的生产、生活服务，但借职务便利或技术优势，"吃、拿、卡、要"，索贿受贿，为个人非法谋取私利，个别部门管理混乱，机构重叠、人浮于事、办事效率极低；工作不负责，常常相互推诿，出问题甚至相互包庇、彼此祖护。一些拥有经济资源的私营业主或个体工商户，为了盈利不讲信誉、弄虚作假，损害消费者利益和健康，各种假冒商品不绝于市，假烟酒、假种子、假药、假奶粉、假化肥等。买卖公平、诚信交易本是市场经济的道德行为准则，但他们往往为眼前利益，置法规、道德于不顾，以次充好、以劣代优、任意涨价，不遵守市场竞争规则，在一些旅游景区尤为严重。

三、职业责任的失度

职业责任履行时的"度"非常重要。此处的"度"既指职业责任不能失"度"，不能履行不到位，同时责任履行也不能过"度"。

首先，职业责任履行过程中不能失"度"。这是指个体在履行职责时不能放弃原则、放弃责任，本该自己的管理范围的事务而不进行管理，理应自身的职责所在却推诿搪塞，不解决矛盾、搞形式主义、表面文章。有的失度，影响不大，容易补偿；有的失度，则恶果连连，难以补救。在新冠肺炎疫情中，湖北某些官员一问三不知——"不知道""不清楚""不了解"等就是典型的职业责任失度的表现。

同时，职业责任履行过程中也不能过"度"。职业责任失度也体现在职业角色发生冲突情况下导致的职业责任履行与伦理道德的冲突方面。在任何情况下，职业责任是唯一正确的原则吗？特别是对于律师、记者等特殊行业，如何解决其职业责任与伦理道德之间的冲突，即记者的职业责任与社会伦理之间的冲突，仍然是一个长期悬而未决的问题。

生活在社会中，我们每个人都扮演着不止一个社会角色。"角色之间的权利、义务和行为模式并不完全一致，这可能会导致角色承担者之间的内部冲突。例如，记者的职责就是深入第一线获取第一手信息，带来准确、及时、客观、全面的社会生活报道。然而，在很多情况下，正是"准确、及时、全面、客观"的要求，使得新闻记者无法以普通人的身份参与到许多问题和情况中，甚至在面对痛苦、生命损失等时"冷眼旁观"，也无法提供帮助。面对突发事件，特别是灾难性事件，记者必须迅速做出反应：是坚持难得的拍摄采访机会，还是先履行作为普通人的伦理道德责任？让我们看看下面的例子。

思考案例：青年记者的职业责任和职业伦理

曹爱文是河南电视台都市频道的一位23岁的女记者，在一次采访落水少女的报道现场，曹爱文不是先去采访，而是挺身而出，趴在女孩身上做人工呼吸。尽管经过多次努力，女孩最终却仍然没能醒来，看着女孩的尸体，曹爱文哭了，泪水顺着脸颊滑落。曹爱文的举动经新闻媒体报道后，立刻在新闻界和社会上引起广泛关注。她被称为"最美丽的女记者"。

在性命攸关的时刻，作为记者，是先救人呢，还是抓紧在现场采访、拍摄，拿回最翔实的第一手新闻资料，作为独家报道，完成其新闻职业责任呢？对于这个矛盾，历史上有不少经典的事例，成为各国新闻界研究记者如何处理职业责任和职业伦理的案例。

第一个例子是，美国《俄勒冈报》的摄影记者威廉·墨非。他驾车经过一座大桥时，看到一个站在护栏外要自杀的男人，他按下了快门，发回了图片，但那个人却真的自杀了。墨非的选择引起广泛争议，而他自己也进行了反思，他认为自己没错，认为"我是一名摄影师，我做了职业训练要我做的事情。"

第二个例子是福建《东南快报》记者柳涛。2005年5月10日在该报及新华网发表的一组市民骑自行车在雨中栽倒在路中水坑的照片，引起了读者的争论，不少人指责记者不首先预告行人规避危险反而一旁等待时机进行摄影报道。CCTV《社会记录》栏目为此制作播出了节目《守坑者说》，新闻记者的职业工作和职业伦理之间的问题，被尖锐地提出来。

对于这个观点，有人在《中国经济时报》发表的《首先是人，其次才是记者》一文中提出，一般来讲，只要人们在扮演特定角色，那么他在扮演这种角色的时候所采取的伦理立场，应该是角色伦理优先。比如律师即使明明知道他的当事人是个恶棍、浑蛋，他也得为他辩护，他明明知道他的当事人在说谎，他也不能检举揭发。但是，在特殊时候，角色伦理与普通伦理会发生严重冲突，两者之中必须作出选择而不论选择哪种，都是一种很痛苦的事。这时候传统的伦理思想提供了两种可供选择的标准：一种是道义论的，就是不管如何，你得服从根本的道义，除了服从道义，没有别的余地；而另一种是功利主义的，就是在两种选择中进行得失的比较，哪种选择带来的收益大，就选择哪一种。

在设法救人与报道独家新闻的权衡比较中，无论是从道义论出发，还是从功利主义出发，都应该是首先报警救人。对于记者来说，伦理道德永远高于职业责任，每一个新闻从业者首先是一个人，当其放弃作为一个人的基本道德，不顾一切地追求自己采访或制作的新闻新奇、叫座的时候，这个过程的本身将会是个令人唾弃的过程。而且，事实也往往证明，人们对大多数无视基本伦理的新闻并不买账。

> 曹爱文在得知女孩的生命无法挽回时,哭了,但她感动了我们整个社会。感动是因为曹爱文面对自身职业要求,毅然选择了秉承一个普通人的人性,以自己微薄之力,努力救助一位素不相识的落水女孩。曹爱文的美丽是因为她的举动彰显了人性之大美,是因为她以自己的实际举动,告诉了所有同行这样一个真理:在生命面前,没有什么更重要。
>
> 资料来源:大河网. 2013-02-07, http://jdwt.dahe.cn/2013/02-07/101978428.html。
>
> 【请思考】
> 当职业责任要求和伦理要求相冲突时,我们应该如何权衡、如何取舍?

通过案例我们可以看出,记者也是社会的一员,记者的所作所为不仅仅要对自己的职业负责,更重要的是要对社会的大多数负责。记者的职业责任和社会道德很多时候会面临冲突,然而这种冲突并非是不可调和的。一方面,我们要分辨一些记者的别有用心,对于利用苦难和同情心、利用强烈的视觉和情感冲击来渲染、煽动从而博得关注和眼球的行为予以摒弃;另一方面,在面临这种两难困境的时候把握好两者之间的度,既不能让社会伦理绑架,别让记者想拍而不敢拍——巨大的社会舆论压力让记者如履薄冰谨小慎微,以至于正常的事实记录和新闻报道职能履行都受到阻碍;但也更不能让记者为了拍而丧失一切底线——也就是说不能使职业责任"失度",不能将新闻价值凌驾于公众的利益和生命的尊严之上,更不能片面追求眼球刺激、博取受众关注而刻意追求感官轰动,甚至不惜漠视人的价值和生命的尊严。

【本章小结】

了解责任的基本内涵与分类,通过案例能够准确把握责任的重要性;

认清责任的来源,全面理解和掌握责任的各种来源及其相互之间的关系;

掌握职业责任的内涵和内在逻辑,对于职业责任的概念界定与具体体现了然于胸,明确职业责任的存在形式、层次和内在要求等,理解职业责任内涵的重要性与现实意义;

了解职业责任的构成要素,理解职业责任意识、职业责任内容、职业责任能力和职业责任后果;

分清职业责任的外在表现;

理解和掌握职业责任的负面现象,学会全面分析职业责任。

【案例研究与分析】

做人，就要有责任感

那一年，他前往英国爱丁堡大学附属皇家医院进修。在进行英语培训时，他接到了他的导师——呼吸系主任弗兰里教授写来的信："按照英国法律，你们中国医生的资历是不被承认的。所以，你进修期间不能单独诊病，只允许以观察者的身份查病房或参观实验室……"他像被人当头浇了一盆冷水，他没想到未曾谋面的导师竟给他这样一个忠告。

他怀着惴惴不安的心情去拜见弗兰里教授。教授的第一句话就问："你来干什么？"他恭谨地说明了自己的想法。弗兰里教授却不冷不热地说："你先看看实验室，查查病房，一个月后再考虑做什么吧！"第一次会见不到十分钟，走出教授的办公室后，他心里是说不出的压抑。他情不自禁地问自己：难道中国人真像外国学者心中想得那样无知吗？不！我一定要争这口气！这种复杂的情绪始终伴随着他，直到他真正实现了诺言。

从那以后，他真的从巡查病房做起。有一次，在胸科查房时，遇到一位患肺源性心脏病的亚呼吸衰竭顽固性水肿的病人。医生对他已经使用了一周的利尿剂。但他的水肿仍未见消退，生命也危在旦夕。多数医生主张继续增加利尿剂的剂量，他却提出不同方案，认为病人是代谢性碱中毒，应改用酸性利尿剂治疗。两种意见相持不下，大家都等待着弗兰里教授的裁决。弗兰里教授沉吟半晌，以复杂的目光看着面前这位执拗的中国医生，最终没有同意他的意见。但是他仍旧坚持自己的意见，非要先给病人做血液检测，然后再决定用哪一种药。弗兰里教授只好同意。结果表明，患者的确是代谢性碱中毒。于是，弗兰里教授毫不迟疑地下达指示："按照中国医生的治疗方案办！"

病人连续三天服用了酸性利尿剂后，病情果然有了好转。第四天，中毒症状完全消失，水肿开始消退。这下英国同行们信服了，都向他竖起大拇指，连弗兰里教授也带着歉意和谢意对他说："你是一个负责任的医生，我不如你。你给我上了一课，谢谢！"而他只笑笑说："我只是在尽我的责任而已。"

2003年年初，广东等地爆发不明肺炎；在疫情最严重时，他主动要求"把最危重的病人转来"；在防治"非典"的攻坚战中，66岁的他连续38个小时救治患者；他勇敢否定了卫生部所属中国疾病预防控制中心关于"典型衣原体是非典型肺炎病因"的观点,在全世界率先探索出了一套富有明显疗效的防治方案。

为此,他在全国可以说无人不晓。人出名了,很快有人来找他做广告。只要他说一句"这种药疗效好",他立刻就可以得到 150 万元。但是他立刻拒绝了,并在电视新闻上做出声明,只说了四句短短的话:"他们要给我 150 万元,让我说他们生产的药品疗效好,这件事情被我拒绝了,因为这不符合我做人的原则。"

他就是钟南山。

"我对自己所从事的事业越来越热爱,对提高专业水平的渴望也越来越强烈。这个动力来自对病人求生愿望的理解,来自对解除病人痛苦的责任感……"钟南山如是说。

2020 年初,新冠肺炎疫情再次席卷中国大地。已经 84 岁高龄的钟南山院士再次出征武汉抗疫前线。除夕夜本是一家人一年一度团圆的日子,然而钟南山院士却依旧坚持在工作岗位上。17 年前,一句掷地有声的"将最危重的病人送到我们这里来"给全国人民注入一剂"强心针",17 年后,这位耄耋老人又一次上演英雄远征,身体力行地给恐慌中的人们带来莫大信心。

做人难,做成功的人更难。但只要有一个精神支柱在心中——责任感,那么一切皆在意料之中。不顾歧视,不信权威,一位有着高度责任感的医生给我们上了生动的一课——记住自己的责任,做人的责任,人生定会绽放异彩。

资料来源:臧贤尧编,《承担生命的职责》,青岛出版社 2012 年版,第 200—201 页,本书有所更新。

【请思考】

已经成名的钟老,耄耋之年为什么还要坚持出征武汉新冠肺炎疫情前线?对此你有什么想说?

注释

[1] 章海山:《西方伦理思想史》,辽宁人民出版社 1984 年版,第 124 页。

[2] 聂海洋:《责任内涵的新阐释》,《东北师大学报(哲学社会科学版)》,2009 年第 1 期,第 52—55 页。

[3] 张积家等:《论终极责任及其心理机制》,《华南师范大学学报(社会科学版)》,2011 年第 06 期,第 110—119 页。

④ 赵辉：《企业利益相关者问题研究》，崇文书局 2009 年版，第 115—116 页。
⑤ 周勇：《论责任型组织的构建——德鲁克的企业社会责任思想及其应用》，《湖北大学学报（哲学社会科学版）》，2016 年第 02 期，第 120—125 页。
⑥ 贝蒂：《大师的轨迹：探索德鲁克的世界》，机械工业出版社 2006 年版，第 125 页。
⑦ ［美］彼得·德鲁克著：《管理的实践》，机械工业出版社 2006 年版，第 5 页。
⑧ ［美］彼得·德鲁克著：《社会的管理》，上海财经大学出版社 2003 年版，第 80—86 页。
⑨ ［美］彼得·德鲁克著等：《管理：使命、责任、实务（使命篇）》机械工业出版社 2019 年版，第 411—431 页。
⑩ 杜治平等：《从利益相关者的需求来看企业社会责任》，《经济导刊》，2010 年第 02 期，第 46—47 页。
⑪ 张瑞：《大学生责任教育新编》，山东人民出版社 2014 年版，第 14—15 页。
⑫ 朱贻庭等：《企业伦理论纲》，《华东师范大学学报（哲学社会科学版）》，1996 年第 01 期，第 1—8 页。
⑬ 王玉生等：《德鲁克论组织的社会责任》，《湖南师范大学社会科学学报》，2008 年第 01 期，第 20—22 页。
⑭ 罗宾斯：《罗宾斯管理艺术》，中国人民大学出版社 2015 年版，第 34—35 页。
⑮ Brummer Alex：《The Guardian (London, England)》, 1991(5)：11.
⑯ 曾琳译［美］彼得·德鲁克著：《功能社会：德鲁克自选集》，机械工业出版社 2007 年版，第 1—214 页。
⑰ 张毅：《组织责任影响员工创新行为的实证研究》，中国经济出版社 2016 年版，第 13—14 页。
⑱ 童列春：《商事责任的法理分析》，《理论与改革》，2017 年第 05 期，第 158—168 页。
⑲ Schein, E. H.：Organizational Psychology Englewood Cliffs, Prentice-Hall, 1980：25.
⑳ 王浩等：《心理契约研究综述与展望》，《科技进步与对策》，2009 年第 9 期，第 155—160 页。
㉑ Rousseau, D. M. et al.：I-Deals：Idiosyncratic Terms in Employment Relationships,《Academy of Management Review》, 2006(4)：977-994.
㉒ Guest, D. E. et al.：Is the Psychological Contract Worth Taking Seriously?,《Journal of Organizational Behavior》, 1998(S1)：649-664.
㉓ Bal, P. et al.：Age, the Psychological Contract, and Job Attitudes：A Meta-analysis,《Gedrag Organ》, 2010(1)：44-72.
㉔ Robinson, S. L. et al.：Violating the Psychological Contract：Not the Exception but the Norm,《Journal of Organizational Behavior》, 1994(3)：245.
㉕ Morrison, E. W. et al.：When Employees Feel Betrayed：A Model of How Psychological Contract Violation Develops,《The Academy of Management Review》, 1997(1)：226-256.
㉖ Robinson, S. L. et al.：The Development of Psychological Contract Breach and Violation：A Longitudinal Study,《Journal of Organizational Behavior》, 2000(5)：525-546.
㉗ Baruch, Y. et al.：Integrating Psychological Contracts and Ecosystems in Career Studies and Management,《Academy of Management annals》, 2019(1)：84-111.
㉘ 樊耘等：《员工与组织双重视角下的心理契约比较差异与个性化交易》，《西安交通大学学报（社会科学版）》，2015 年第 6 期，第 38—44 页。
㉙ ROUSSEAU D M：《New hire perceptions of their own and their employer's obligations：A study of psychological contracts》,《Journal of organizational behavior》, 1990(11)：389-400.
㉚ Sandra L. Robinson 等：《Changing obligations and the psychological contract：a longitudinal study. (Research Notes)》,《Academic of Management Journal》, 1994(1)：137.
㉛ Robinson, S. L. et al.：Changing Obligations and the Psychological Contract：A Longitudinal Study.,

1994(1): 137-152.

㉜ Robinson, S. L.: Trust and Breach of the Psychological Contract, 1996(4): 574.

㉝ 陈加洲等:《员工心理契约结构维度的探索与验证》,《科学学与科学技术管理》,2004 年第 3 期,第 94—97 页。

㉞ Denise M. Rousseau: Psychological Contracts in Employment: Cross-national Perspectives, Sage Publications, 2000: 1-324.

㉟ Jackie Coyle Shapiro. et al.: Consequences Of The Psychological Contract For The Employment Relationship: A Large Scale Survey, 2000(7): 903-930.

㊱ 李原等:《组织中的心理契约》,2002 年第 1 期,第 83—90 页。

㊲ 朱晓妹等:《中国背景下知识型员工的心理契约结构研究》,2005 年第 1 期,第 118—122 页。

㊳ 李燚等:《组织心理契约违背对管理者行为的影响》,2006 年第 5 期,第 88—96 页。

㊴ 王浩等:《心理契约研究综述与展望》,《科技进步与对策》,2009 年第 09 期,第 155—160 页。

㊵ 贾江华编著:《领导学教程》,北京邮电大学出版社 2018 年版,第 244 页。

㊶ 方志良:《4R4P 理论起源与管理运用简介》,《科学中国人》,2015 年第 04 期,第 38—48 页。

㊷ 方志良:《责任动力学——颠覆企业传统责任心管理新思维》,北京燕山出版社 2017 年版,第 92—93 页。

㊸ 龚鉴瑛:《关于职业责任的几点思考》,《江西社会科学》,2005 年第 05 期,第 206—209 页。

㊹ 高绪界:《职业道德》,湖南科学技术出版社 1999 年版,第 33—34 页。

㊺ 理查德 · A. 波斯纳:《超越法律》,中国政法大学出版社 2001 年版,第 50 页。

㊻ 持万 HR 人力资源俱乐部:《新编常用人力资源管理词典　超级实用版》,中国法制出版社 2012 年版,第 435—436 页。

㊼ [美] 埃里克 · H. 埃里克森(Erik H. Erikson)著,孙名之译:《同一性: 青少年与危机》浙江教育出版社 1998 年版,第 128—135 页。

㊽ Holland J. L. et al: The Vocational Identity Scale: A Diagnostic and Treatment Tool, 1993(1): 1-12.

㊾ Meijers F.: The Development of a Career Identity, International Journal for the Advancement of Counselling, 1998(3): 191-207.

㊿ 高艳等:《职业认同研究现状与展望》,《北京师范大学学报(社会科学版)》,2011 年第 4 期,第 47—53 页。

(51) 于学武:《着力增强职工职业荣誉感　促进企业精神文明建设》,《东方企业文化》,2015 年第 11 期,第 31 页。

(52) Albert Bandura 等: Self-efficacy: Toward a unifying theory of behavioral change, Psychological Review, 1977(2): 191-215.

(53) 姚凯:《自我效能感研究综述——组织行为学发展的新趋势》,《管理学报》,2008 年第 3 期,第 463—468 页。

(54) Robert J. Vallerand: Les Passions de l'Âme: On Obsessive and Harmonious Passion, Journal of Personality and Social Psychology, 2003(4): 756-767.

(55) 吴茜:《酒店实习生职业价值观及其影响因素研究——以广州市高星级酒店为例》,湖南师范大学硕士论文,2014 年。

(56) 马超颖:《高职生职业价值观与自尊、成就动机的关系研究》,南京师范大学硕士论文,2017 年。

(57) 陆媛:《当代大学生职业精神的培养与塑造》,《继续教育研究》,2011 年第 12 期,第 155—157 页。

(58) 王虎林:《论职业责任》,《青海金融》,2002 年第 4 期,第 58—60 页。

(59) 邹文娜等:《职业化养成理论与实践》,华中科技大学出版社 2009 年版,第 9 页。

⑥⓪ 岑峰著:《李开复职场日志》,浙江大学出版社 2010 年版,第 10 页。
⑥① 霍彧等:《现代职业人 能力素质篇》,苏州大学出版社 2017 年版,第 85—86 页。
⑥② 钱铀等:《企业文化职业素养》,航空工业出版社 2014 年版,第 88 页。

第三章 职业责任的实践与实现机制

【本章要点】

通过对本章内容的学习,应了解和掌握如下内容:

1. 职业责任与领导力的基本内涵是什么?
2. 职业责任与领导力对个人职业发展的重要作用如何体现?
3. 如何理解职业责任与领导力对推动时代发展、完成个人历史使命的重大意义?

【导读案例】

周小燕的音乐人生：追求艺术，满怀责任感

2017年第59届格莱美颁奖礼，在向前一年逝去的音乐大师致敬的环节上，一张张熟悉的欧美脸孔不停地闪过，他们都是全球著名的传奇音乐人，突然荧幕上出现了一张东方面孔：周小燕。她是当年格莱美唯一一位被致敬的中国音乐家，格莱美对她的介绍是：中国第一歌剧夫人（The first lady of Chinese Opera）。

一、为祖国而歌唱

周小燕用行动践行"国家兴亡，匹夫有责"的精神。

有一年，一位得意门生办音乐会，整场都唱外国歌，仅仅在返唱曲目中加了首《长江之歌》。周小燕厉声责问："你是中国歌唱家，为什么不把中国歌曲列入正式曲目？"此后，上海音乐学院声乐系规定，每位学生每学期攻下的10首作品中，必须有4首中国歌曲。要知道，1937年，武汉长江江边，周小燕含泪首唱《长城谣》，打动了多少志士的心，也让她第一次感觉到中国的旋律是那样的美。1946年，周小燕登上巴黎舞台，用中西合璧唱法高歌《紫竹调》《红豆词》，看呆了欧洲观众。周小燕告诫学生，学美声是学习西方人如何用科学的发声技巧，为本民族音乐文化服务。

1947年，周小燕留法9年刚回国。当上海创建新中国第一所音乐学院时，她心甘情愿从一名歌唱家，彻底转型为国家急需的声乐教授。她说："为了祖国，我要把每一天都交给声乐教学。""文革"期间，她冒着被批斗的危险，带学生到家中倾听"幸存"的法国旧唱片，给他们讲课，指导他们演唱，培养出一批批具有国际水准的学生。

二、每一天都交给教学

周小燕的家，是学生们长年累月的课堂。有时晚上加班加点，楼上邻居会敲地板抗议。老伴张骏祥每每看到学生来，便悄悄躲到二道门最里面的房间休息，笑称："家里成天'鬼哭狼嚎'。"现活跃在美国舞台的女高音李秀英，当年在断了经济来源、走投无路时，被周先生接到家里，一住就是两年多。穷孩子廖昌永初到上海，下雨天舍不得穿母亲买的新鞋，打着赤脚从火车站跑到学校。周小燕常把他带到家里，给他加"营养餐"。对慕名而来、登门求教的学生，周小燕从来不取分文。相反，她常常为困难学生掏腰包付学费，好几次一垫就是1万多元。

老伴张骏祥曾说:"小燕除了躺倒在床上睡觉,其余时间全部都给了她的学生。"在她的生活里,没有休息日,只要学生需要,她随时可以上课。她说自己的知识和经验将来带不走,任何时候,只要学生肯学她就愿教。每天早起后,她连续上课五小时,有时连吃饭都顾不上,间隙,啃几片面包充饥。谁要是劝她歇一下,她就跟谁急。平时忙起来,周小燕经常会忘了自己一条腿的腿骨中还打着钢针。她连着三届做上海国际声乐大师班的艺术总监,开班时,哪里有问题,哪里就可以听到她走路的"笃笃"声。

三、学艺术,先学做人

1995年,是抗战胜利50周年。78岁高龄的周小燕站在长城上,身穿黑底红花旗袍,再次含泪唱起了《长城谣》。20岁时她哭了,是因为国恨家仇;78岁时她又哭了,那是因为看到祖国的繁荣昌盛。95岁高龄的周小燕还坚持每周上20节课。她说:"每教出一个学生,就觉得是一个收获,好像农民有好收成一样开心。但他们能成功,功劳不全在我,我只是一个领路人。有人问过我何时才'关门'?我说,既然是终身教授,我就要干终身,干到底!"

周小燕爱学生,想尽力教到100岁,直到教不动的那一天。她用生命实践了自己的承诺。2016年3月4日凌晨,中国第一歌剧夫人、中国近现代声乐教育奠基人之一、上海音乐学院终身教授、被誉为"中国之莺"的周小燕因病告别了这个她深爱的祖国,享年99岁。

资料来源:她是中国人必须要致敬的人!(修改版)
http://www.360doc.com/content/17/0406/22/5254276_643466353.shtml

【请思考】
1. 作为著名的歌唱家和教育家,周小燕先生是如何践行职业责任的?
2. 在教学中,周小燕是如何培养学生的职业责任感的?

第一节 职业和职业教育的历史探究

一、职业和职业教育的定义

职业是指参与社会分工,用专业的技能和知识创造物质或精神财富,获取合理报酬,丰富社会物质或精神生活的一项工作。职业是人们在社会中所从事的作为谋生手段的工作;从社会角度看职业是劳动者获得的社会角色,劳动者为社会承担一定的义务和责任,并获得相应的报酬;从国民经济活动所需要的人力资源角度来看,职业是指不同性质、不同内容、不同形式、不同操作的专门劳动岗位。

职业教育是指为使受教育者获得某种职业技能或职业知识、形成良好的职业道德,从而满足从事一定社会生产劳动的需要而开展的一种教育活动。作为人类教育活动的重要一环,职业教育经由最初父授子承的原始形式,到相对规范的学徒制的出现与发展,及至制度化的学校职业教育的形成、变革与完善,走过了漫长而又曲折的历程。

时至今日,职业教育在教育领域和社会发展中的地位及作用已经得到社会各界的普遍认可,重视和发展职业教育也已成为世界各国的共同选择。职业教育节节进步的发展史积累了丰富而宝贵的历史经验,这些经验不仅照亮了职业教育继续前行的路径,亦为我国职业教育今后的发展提供了极具价值的参考。下面我们从世界范围内历史变迁的角度对职业教育的发展路径加以总结。

1. 政府的支持是职业教育发展的关键

近代以来,随着职业教育推动经济社会发展功能的日益彰显,各国政府对职业教育的重视程度不断提升。来自政府的多方面支持成为职业教育快速发展的关键因素。

随着工业时代的到来,学校职业教育体系渐趋成型。在这一阶段,来自政府的支持对职业教育发展起到了至关重要的作用。17世纪,受重商主义影响,法国政府将培养制造业工人视为当务之急,通过发展职业教育"加强国家的军事和航海力量,提高其生产的质量和产量以占领国内外市场,成为政治家们不变的目标"。由此一批专业技术学校得以建立,为近代法国职业教育的发展奠定了实践基础。德国于18世纪初就通过法令的形式主动强化政府对职业教育的监督职责,积极推动传统学徒制与学校教育的结合,可以说,德国职业教育之所以能走在各国前列,与政府的积极干预和大力扶持是分不开的。此外,17—18世纪美、俄等国职业教育发展也都可以看到政府的身影[①]。

19世纪,借助立法手段,各国政府对职业教育的干预程度进一步加深,职业教育发展由此具有了明确的方向引导和制度保障。1880年法国政府颁布《徒工训练学校法》,规定徒工训练学校属于国立初等学校,职业学校由此在法律上具有了与普通学校同等的地位。1889年德国政府颁布的《工作法典》以法律形式明确了企业学徒培训与学校职业教育相结合的发展方向,极大推动了职业教育双元体制的形成。1889年英国政府颁布的《技术教育法》确立了职业教育的法律地位,正式将职业教育纳入学校教育体系之中,英国职业教育由此开始走上正轨。明治时期,日本通过一系列法令授权成立的大批职业学校毫无疑问也都是政府积极推动的产物[②]。

20世纪以来,以立法等形式鼓励和支持职业教育发展成为各国政府的共识,一系列在历史上具有重要影响的职业教育法案不断涌现。1913年,英国颁布《技术学校条例》,首次以官方名义明确了技术学校的宗旨,对技术学校的办学起到了规范作用。美国联邦政府于1917年颁布的《史密斯-休斯法案》通过由联邦政府提供经费资助的形式极大刺激了美国中等职业教育的发展。1919年,法国颁布《阿斯蒂埃法》,这部被誉为法国"技术教育宪章"的法案对法国职业教育的管理体制、机构设置、办学目的、教育内容等做出了全面规定,确立了法国职业教育的基本框架,明确了国家在职业教育发展中的责任,提出了职业教育的免费和义务性原则,使职业教育成为公共教育的一部分,奠定了法国初等、中等、高等三级职业教育体系的制度基础。二战以后,各国的职业教育立法活动进入新的高潮期。英国的《产业训练法》(1964年)、《就业与训练法》(1973年);法国的《继续职业教育法》(1971年);联邦德国的《手工业条例》(1953年)、《联邦职业教育法》(1969年);美国的《职业教育法》(1963年)、《生计教育法》(1974年)、《卡尔·帕金斯职业教育法》(1984年);日本的《产业教育振兴法》(1951年)、《职业训练法》(1958年)、《职业能力开发促进法》(1985年)等,这些法案均在不同程度上对战后各国职业教育的发展起到了重要的规范和引导作用③。

与一系列立法活动相伴而行的,是各国政府在经费方面为职业教育提供的切实保障。在历史上,英国职业教育的发展长期落后于其他欧洲国家,其原因之一就在于职业教育缺乏政府的经费支持,如1880年时英国职业教育经费仅占GDP的约0.01%。为解决资金问题,英国政府在1889年《技术教育法》和1890年《地方税收法》中先后做出了以税收支持职业教育发展的规定,有效拓展了职业教育的经费来源。美国是西方各国中为职业教育提供经费措施最为得力、效果也最为显著的国家之一。1917年《史密斯-休斯法案》颁布之后,联邦政府对职业教育拨付的经费从当年的170万美元骤增至1921—1922年的420万美元,到1932—1933年又增加到980万美元。1963年美国颁布《职业教育法》,规定1964年联邦政府应为职业教育拨付年度经费6 000万美元,到1967年这一数额应增至2.25亿美元。20世纪80代以来颁布的一系列帕金斯法案(Carl D. Perkins Act)要求联邦政府进一步提高职业教育经费拨付力度,如1984年首部帕金斯法案就规定从1985—1989年政府每年应为各州职业教育提供8亿多美元的资助。来自政府财政的大力支持极大刺激了职业教育的发展,职业教育的繁荣又推动了国家经济实力的增强。借助切实的经费保证,职业教育与国家经济社会发展实现了共赢④。

由于我国行业协会的力量比较薄弱,所以国家、政府对职业教育的支持变得越发重要。虽然我国已经出台了《国务院办公厅关于深化产教融合的若干意见》(国办发〔2017〕95号)和《教育部等六部门关于印发〈职业学校校企合作促进办法〉的通知》(教职成〔2018〕1号)等文件,但遗憾的是现有举措仍停留在"应当"层面,实质推进举措并不明朗,企业参与职业教育的投资回报还难以得到有效保障。因此,我国政府部门应继续加大力度,建立切实可行的人才培养成本分担机制,着力减少企业参与职业教育的成本,同时配套出台具有奖励性质的各项制度规范和政策举措,对充分参与职业教育的企业实施奖励,提高企业参与职业教育的收益⑤。

2. 理论的成熟是职业教育进步的支撑

伴随着职业教育的衍生和演变,职业教育相关的理论探索也一步步趋于完善,渐成体系。职业教育理论的丰富为职业教育的可持续发展指明了方向。

人类对职业教育的思考可以追溯到古文明时期,早在古埃及、古希腊和古罗马时期,就有学者开始关注各行业的学徒培养现象。及至中世纪以后,随着行会学徒制的兴盛,人们对职业教育的认识进一步深入,特别是在文艺复兴与宗教改革时期,众多教育家开始逐步认同职业教育对人的成长所具有的重要意义,这种认同为扭转社会上鄙弃职业教育的传统观念提供了依据。例如西班牙人文主义者维夫斯就曾明确提出"学生应不以到工厂去向手艺人请教为耻"。英国学者莫尔也主张每个人都应至少学习一种手工艺,并呼吁"大家都从小学习农业,部分在学校里接受理论,部分是在城市附近的田地里实习"。类似的理论不仅有助于提高职业教育的地位,同时也为职业教育在近代被纳入正规教育的轨道奠定了理论基础。

近代以来,有关建立与完善学校职业教育体系的理论探讨更为充分,各国学者在推动本国职业教育方面发挥了积极作用。英国学者拉塞尔在上呈维多利亚女王的题为《要对英国人进行系统的技术教育》的报告中,明确提出了以学校职业教育逐步替代旧的学徒制,建立国家职业教育体系的构想;普雷法尔也积极呼吁英国应借鉴德国、法国的经验,大力发展职业教育;塞缪尔森更是将其对职业教育的思考付诸实践,最终促成了1889年《技术教育法》的颁布。在这些学者的努力下,英国职业教育冲破了重重障碍,其长期落后于其他欧洲国家的局面得以改观。日本近代职业教育的勃兴与井上毅、手岛精一、菊池大麓等教育家的推动是分不开的,他们不仅为日本引入了欧美先进的职业教育理念,还围绕职业学校如何有效开办提出了一系列合理主张,这些主张为日本迅速建立起较为完备的学校职业教育体系奠定了坚实基础。

在近现代职业教育史上,一大批教育家的职业教育思想为职业教育的健康发展指明了方向。裴斯泰洛齐的教育与生产劳动相结合思想、凯兴斯泰纳的劳作学校思想、杜威的"做中学"思想等使学校职业教育具备了科学的理论基础,并且在课程设置、教学方法等方面充分体现出了职业教育的自身特征。在推动职业教育与普通教育的融合方面,美国手工教育的先行者伍德沃德充分肯定手工教育本身所具备的普通文化教育价值,强调手工教育可以培养人们的道德、逻辑、勤奋和经济观念。受伍德沃德职业教育思想及其实践的影响,美国普通高中的手工教育活动得到蓬勃发展。20世纪70年代,作为现代职业教育理论重要组成部分的生计教育理念在美国一度盛行,有效推动了普通学校中职业教育的发展,促使职业教育与普通教育、终身教育更加紧密地结合在一起,职业教育的理论内涵也由此进一步拓展。可以说,伟大的教育实践必然催生出丰富的教育理论,而教育理论的充实反过来也必然推动教育实践的科学发展,在此方面,职业教育与教育其他领域有着共同的特征[6]。

3. 民主化进程为职业教育发展提供广阔空间

近代以来,职业教育快速发展的另一个成功经验在于职业教育对教育民主化理念的充分认识和准确把握。借助民主化理念的深入,职业教育为自身发展赢得了广阔空间。

在历史上,正规的学校教育长期以特权形式存在,社会中下层民众的受教育权受到了重重阻碍和限制,而学徒制的出现和发展却为贫寒子弟开启了一扇教育之门,由此职业教育在其源头便深深打上了面向大众的烙印。近代以来,在各国接受教育民主化理念、推动教育下移和普及的过程中,职业教育更是扮演了不可或缺的重要角色。

众所周知,近代欧洲各国普遍形成了教育的双轨学制,其中面向普通民众的一轨即是由小学和初等职业学校及中学和中等职业学校组成的。学校职业教育的出现和发展为民众接受教育提供了较之以往更为广泛的机会,历史上各国出现的一系列带有明显职业教育色彩的学校均主要是以社会中下层民众为招生对象,如英国的工读学校、慈善学校、乞儿学校、技工讲习所、工厂学校、劳作学校,法国的徒工训练学校、专门高级初等学徒学校、工商实科学校,德国的实科学校、普通劳动学校(工业学校)、专门学校,俄国的技术学校(技工学校)、实科中学等。各类职业学校的建立在很大程度上改变了教育仅服务于贵族阶层的传统,极大推动了近代以来教育的民主化进程。直至今日,职业教育仍在确保广大民众的受教育权方面发挥着重要作用,在主要发达国家,绝大部分学生在结束学校教育时都有过接受职业教育的经历,如德国、奥地利、比利时等国职业教育的比例达到70%,美国几乎所有的高中生(96.6%)在毕业前都选修过职业课程,约25%的成年人参加过各类短期职业培训。当然,也正是由于充分发挥了推进教育民主化和教育权利平等的作用,职业教育方得到了各国政府和社会民众的广泛支持,为自身的快速发展铺平了道路[7]。

20世纪以来,各国先后启动了高等教育的大众化进程,这一时期,职业教育特别是高等职业教育的作用得以凸显。借助宽松入学、面向实用、收费低廉、学制灵活等办学优势,高等职业类院校快速崛起,成为各国吸纳高等教育新增入学人口的生力军,在满足急剧增长的高等教育入学需求、顺利推进高等教育大众化的同时,也为其自身的长足发展创造了良好的契机。美国和加拿大的社区学院,日本的高等专科学校、短期大学、专修学校、技术科学大学,法国的短期技术学院(或大学技术学院)、高级技术员文凭训练班,英国的多科技术学院,德国和俄罗斯的高等专科学校,诸如此类主要以职业教育为基础性职能的高等院校,均在各国高等教育大众化进程中扮演了关键性角色。以美国的社区学院为例,早在20世纪上半期,职业教育就已经逐步发展成为社区学院(当时称作初级学院)的核心职能之一,从1917—1940年,开设终结性或职业性课程的社区学院比例由14%骤增至70%,社区学院的职业教育功能基本确立。二战之后,伴随着美国高等教育规模的爆炸性增长,社区学院的在校生数量也迅速攀升,从1945年的不足30万增至1956年的87万,1975年则超过了400万,1985年达到442万,其占高等教育在学人口的比例超过35%。目前,全美有将近50%的大学生选择在社区学院就读,其中超过67%的学生修读的是各类职业教育项目。由此可以明显看出,正是在高等教育大众化的进程中,高等职业教育方得以顺利实现了自身的飞跃,并且有效促成了大众化时代美国高等教育多元格局的形成。可以说,充分借助和准确把握高等教育的大众化发展方向,是现代各国职业教育得以健康、快速发展的一条基本经验[8]。

作为一个复杂的教育领域,职业教育在发展过程中往往受到社会传统观念、政府支持力度、经济和科技发展水平等诸多外部因素的影响,在与上述外部力量的博弈中,职业教育借助持续的变革为自身发展赢得了愈加广阔的生存空间。

二、高等职业教育与普通高等教育的关系

高等职业教育不具备普通高等教育的科研功能,而更加偏重于对学生实际应用技能和操作动手能力的培养和训练。学生从接受高职教育中所获得的收益主要是个人收益,社会收益较小,社会收益和个人收益的比例低于普通高等教育。因此,高职的成本主要由学生个人承担,政府对它提供的资助要少于高等教育。

在我国目前的社会经济条件下,无论从理论分析还是现实的要求来看,高等职业技术教育都是我国经济发展和教育发展的必然选择。从高职教育发展的现实来看,那些能够使毕业生做到专业对口的高等职业技术院校是为我国的现代化培养技术工人的主要阵地。普通高校职业技术学院或大型企业集团主办的高职院校具有较强的竞争优势,但这种发展是不充分的,不少高职院校仍然处于初期创业阶段,与社会经济发展对高职教育的要求尚存差距。

高等职业技术教育是高等教育的重要组成部分,既具有高等教育的特点,又具有职业技术教育的特点。普教与高职是我国高等教育的两个类型,承担着培养不同人才的重任。虽然两者在人才的培养规格、人才培养模式、专业设置和实践能力培养、教学管理等方面有一定的差别,但是高职教育可通过进一步更高层次的学习,与普通高等教育衔接联合起来,形成水乳交融、协调发展的新局面,共同构建高等教育纵横交错而又相互衔接的"立交桥",为高等教育走向大众化、普及化,开辟四通八达的高速通道[9]。

第二节 职业责任培养的典型模式研究

初入职场的青年人要自觉履行职业责任,必须首先培养和强化其职业责任感。职业责任的培养,是职业教育的一个重要任务。下面我们以国内外的三个名校为例,分析职业责任培养的典型模式以获得启发。

一、西点军校的职业责任教育

1. 从校训理解西点精神

美国陆军军官学校(西点军校)全称为"美国军事学院"(USMA),是一所具有悠久历史、独树一帜的文化传统和精神风貌的军官学校。在两百多年的发展历程中,其以独具特色的军事教育闻名于世。"责任、荣誉、国家"的校训集中反映了西点军校独树一帜的职业教育模式,其中"责任"被放在校训的首位,说明倡导责任是西点职业教育的基础。西点军校认为,责任就是培养学员信守职责,具有高度的纪律性,不遗余力地履行职责。责任是对军人首要的要求,军人个人的需要服从于誓词的要求——捍卫宪法、捍卫国家。

1962年6月,麦克阿瑟在西点军校发表演说,清楚地阐述了西点的荣誉责任观:"诸位是西点所培养的伟大将领和军事精英,肩负着战时的全国命运。这一长列穿着灰色制服的军士,从没有辜负国人的期许。倘若你们辜负国人的期许,立刻会有上百万的军魂,穿着黄色、棕色、蓝色、灰色制服的军魂,从白色十字架下翻起身来,对着你齐声高喊'责任、荣誉、国家'。"进入西点军校之后,学员就宣誓要忠诚,并把自己和平民百姓区别开来。学员享有与职务相符的所有特权,也必须承担应尽的义务。摆在学员面前最棘手的标准是极端的"不容忍"条款。这一条款每天都提醒学员记住,要承担起神圣的职责,它远高于个人感情或友情——学员必须有鲜明的集体荣誉感,不能容忍或袖手旁观任何学员中的任何有损荣誉的行为。容忍某一学员的违法违纪行为与学员的标准不符合,也与社会对正直人的要求不符。

2. "不容忍"的荣誉准则

"不容忍"是全体学员如何遵循西点军校校训的具体体现。违反荣誉准则或军校规定,漫不经心,甚至找寻各种借口开脱,是西点军校所不能容忍的。不管是无意地还是有意地违反规定的行为,其他学员见到如果不报告,同样也违反了规定,处罚甚至更重,这就是西点"奇特"的军规。在一定时间内,学员如果未向上级报告与荣誉有关的尚未解决的事情,那么这个学员就是以容忍的方式违背了荣誉准则。合理的时间长度被认定为不超过24小时。每个学员都必须牢记,迅速解决问题对所有涉及的人都有最大益处,否则,他就很有可能受到牵连,一并受到处罚。如果学员确信发生了违反荣誉准则的事情,他可以当面询问有嫌疑的学员,并给他解释其行为的机会。有时常发生一些看来可能是违反荣誉准则的事情,但严肃地查问后,发现只不过是误解。遇到这种情况,学员可放弃干预此事。但如果学员仍怀疑确有违纪发生,那么他有两个责任:一是鼓励涉嫌学员向相关荣誉代表报告此事;二是同时必须向自己的相关荣誉代表报告嫌疑案。或许在别人看来这么做是不近人情,但西点军校认为,唯有"不容忍"违反纪律、玷污荣誉、逃避责任的行为发生,才是一个真正尽职尽责的军人。西点军校的学员就是在这样的氛围中被培养出自身的"责任感",并将这种品质贯彻始终。

在西点军校的教育理念与模式之下,西点军校走出了艾森豪威尔、麦克阿瑟、格兰特、巴顿等创造了美国历史的伟大人物,培养出了二战后世界五百强企业里的1 000多名董事长,2 000多名副董事长,至于总经理、董事级别的高级管理人员则超过了5 000名。看到这些数字,我们简直可以把西点军校划入美国最优秀的"商学院"之中。军火大王亨利·杜邦曾说,"身先士卒,以身作则";可口可乐创始人伍德鲁夫告诉我们,"履行责任是出于发自内心的责任感";美国在线CEO詹姆斯·金姆塞说,"别纵容自己,别找借口"……这些杰出人物都出身于西点军校,他们不约而同地向我们强调:责任重于泰山。借用西点军校教官的话来说:"我们来到这里培养的就是领导人,不是每隔五分钟就哭着往家里打电话的人。我们会很公正,也会很严厉。我们会教会他们承担责任,教会他们解决问题。""我们不仅命令学员去做,并极力调动学员自身的积极性与能力,使其做得更好。"在这种教育下,西点军校学员充分认同,责任是一个崇高的字眼。所做的事情都应尽职尽责;你不能越俎代庖,你也永远不要期盼得过且过。

没有责任感的军官不是合格的军官,没有责任感的经理不是合格的经理,没有责任感的公民不是合格的公民。不管你从事哪种职业,都应该尽心尽力,发挥自己的最大潜力,以求得不断进步。这不仅是工作的原则,也是做人的准则。如果没有职责和理想,人就会失去生存的意义。与其做一个游离于工作之外的边缘人,何不把自己像海绵一样浸在水里和工作完全融合。"在其位不谋其事者,庸也;在其位善尽其事者,勤也。"责任不是只会压弯人脊梁的重担,更不是只会阻碍人前行的负累。承担责任会让人得到锻炼,责任不会压垮人,反而会让人知道如何接受命运给人的考验,让他软弱的肩膀变得坚强起来。当我们尽职尽责时,不管结果如何,我们都赢了。

二、哈佛大学的职业责任教育

1636年,哈佛大学以英国的牛津、剑桥两大学为模范建校。随着美国社会经济的迅猛进步,经过持之以恒的创新变革,哈佛大学在世界高等教育占据了首屈一指的地位,取得了举世瞩目的成就。截至2018年10月,哈佛大学共培养了8位美利坚合众国总统,而哈佛的校友、教授及研究人员中共走出了158位诺贝尔奖得主(世界第一)、18位菲尔兹奖得主(世界第一)、14位图灵奖得主(世界第四),其在文学、医学、法学、商学等多个领域拥有崇高的学术地位及广泛的影响力,被公认为当今世界最顶尖的高等教育机构之一。

如前所述,负责愈多,自我实现也愈大,正如丘吉尔所说:"伟大的代价就是责任。"《哈利·波特》的作者J.K.罗琳在2008年哈佛毕业演讲中引用了一句古罗马名言:"人生犹如故事,关键不在于长短,而在于是否精彩。"怎样精彩?她给出的建议是责任。"你们的智慧,你们应对艰难工作的能力,以及你们受到的教育,都赋予你们独特的责任。"一届届哈佛毕业生携责任走上征程,在各行各业大展宏图,绽放光彩。那么,哈佛大学究竟采取了哪些独特的教学机制和模式培养这些德才兼备的顶尖人才呢?

1. 个性化的教学模式:案例教学

体现实用科学精髓的众所周知的"案例教学法"是由哈佛法学院第一任院长兰代尔建立起来的。在兰代尔之前,法律是按照"德维特方法"(Dwight method)来教育的,它冠以哥伦比亚大学一位法学教授的名字,这是一种讲授、背诵材料和练习相混合的方法。以往法学学生为上课做准备得靠对专题论著的阅读,厚重的教科书只是解释着法律和综述领域内的精华思想,那时的考试就是靠死记硬背。兰代尔的教学方式完全不同,在他的合同法课堂中,他要求学生只阅读原始的资料即案件,并描述他们各自的结论。为有助于学生学习,他收集一批案例并予印刷出版,只附上一两页的导言。兰代尔的教学思路是受当时盛行的经验主义的极大影响。他相信法律专家能像科学家那样依靠对某种原则或原理内核的深入认知来开展工作。接着,这种认知通过法院判决的途径得以最好地发展,在那里法的原则首次成为有形的实在被触知。国家法可能会改变,但是正如法律家所知的那样,法的原则或原理必须在任何地方被不断实践。用兰代尔的话来说就是"精通这些原则或原理,并以一贯的娴熟与确信将它们实际运用于人际事务的一团乱麻,是真正法律家的一种素质构成"。

时至今日,哈佛大学的案例教学法为职业责任这样的道德教育注入了新的生机与活力。它不同于传统的课堂讲授模式,目的不是给学生提供唯一的标准答案或者具体的解决方法,而是以现实情景中发生的真实事件为依托,帮助学生身临其境,切身感受案例中存在的种种矛盾冲突,使学生亲身面临道德问题的分析、抉择和判断,训练学生独立思考和解决问题的能力。

首先,案例教学的目标是实践性。哈佛大学的道德教育不停留于道德理论知识的传授,更侧重于促进道德观念的转变和执行,也就是道德行为的实践。其真正目的并不是让学生重复记住书本上的规范、准则,而是通过培训让学生把这些规范准则内化为自己的道德意念,影响自身的价值观和行为选择,逐步形成同学们未来就业后应该具有的优良气质和职业道德。在德育教学中,哈佛的案例教学重在实践,是对学生综合能力的培养,包括分析问题的能力、与人合作的能力、协调沟通能力、表达能力等。重在理论联系实际,拉近学与用的关系,为学生在道德认知与道德行为、学与用之间搭起桥梁。

其次,案例教学的内容具有实用性。正如兰代尔在《合同法案例》一书中指出:"法律知识由原则和原理构成,这些原则和原理都是从一个个案例中提炼出来的。因此,掌握这些原理最有效的途径就是学习那些包含这些原理的案例。"德育教学中通过活生生的案例为学生们深刻理解书本知识,知行合一提供了途径。哈佛商学院在实施案例教学的同时,由第二任院长多汉姆主持成立了案例开发中心,投入了大量的人力财力,专门雇佣一批学者从事案例开发工作,致力于建立一套完整的集案例搜索、撰写、应用、存储、更新为一体的案例库系统。为确保案例教学的典型性和实时性,哈佛商学院每年大约开发 350 个新案例。

最后,案例教学的形式具有互动性。哈佛大学的案例教学模式是经法学院、医学院、商学院等多个专业的多名教授不断潜心研究、改进而成的。它改变了传统教学模式中教师照本宣科,学生按部就班听讲的古板模式,通过师生对真实案例的情景分析,把书本中抽象的原理知识、概念等具体化、形象化,充分调动学生的学习兴趣,积极地参与案例讨论,以此培养学生的独立性、批判性和选择性。在案例教学的课堂讨论环节,教师只是组织者、引导者与协调者。通过师生互动及生生互动,教师鼓励学生在课堂上针对不同的观点或方案进行讨论,帮助学生发挥道德自主性,积极主动地学习[1]。

2. 科学的管理模式:寄宿制和导师制

哈佛大学实行寄宿制和导师制,这是学习牛津大学和剑桥大学的结果,但并不是对其原封不动地照搬照抄。哈佛大学的寄宿,每所宿舍都设立舍监,通常由一名教授担任。舍监全家都住在宿舍内,负责监管学生的学习生活。每所宿舍都有自己的餐厅、图书馆、活动室、文娱设施和几间教室。各宿舍组织自己的学习和社会活动,这样宿舍就成了学生生活的基本单元和学习的重要场所。与寄宿制相配套,哈佛大学的导师制也独具特色。导师不是一种职务或职称,而是一种工作。担任导师的不但有年轻教师、研究生,而且也有资深教授。导师的职责主要是在其专业领域以谈话和课后辅导的方式进行非正式教学,给学生学业上的专业指导,同时潜移默化地将自己的学习态度、人生观、价值观以及哈佛文化、哈佛精神传递给每一位学子。这样的方式减少了学生正式上课的时间,培养学生主动学习的习惯。

导师对学生进行学业辅导的同时,也对学生的道德、品行负责,使教学与训育合二为一,使学生在知识学习和道德修养上全面受到导师的积极培养。这样的政策有利于因材施教,挖掘学生学习潜能和兴趣,同时导师和舍监可以了解学生的精神状态和思想动态,帮助学生树立正确的三观,这毫无疑问是哈佛道德教育模式的成功之处[11]。

三、西南联大的职业责任教育

国立西南联合大学(The National Southwest Associated University)是中国在抗日战争开始后高校内迁设于昆明的一所综合性大学。1937年11月1日,由国立北京大学、国立清华大学、私立南开大学在长沙组建成立的国立长沙临时大学在长沙开学。由于长沙连遭日机轰炸,1938年2月中旬,经中华民国教育部批准,长沙临时大学分三路西迁昆明。1938年4月,改称国立西南联合大学。

从1937年8月中华民国教育部决定国立长沙临时大学组建开始,到1946年7月31日国立西南联合大学停止办学,西南联大前后共存在了8年零11个月,"内树学术自由之规模,外来民主堡垒之称号",保存了抗战时期的重要科研力量,培养了一大批卓有成就的优秀人才,为中国和世界的发展进步作出了杰出贡献。对很多人来说,西南联大是一个传奇。一个在战争年代临时组建的大学,不到9年的办学时间,8 000在校学生,成绩斐然:23位"两弹一星功勋奖章"获得者,6位是西南联大校友;2000年以来国家最高科技奖的获得者,3位是西南联大毕业生;1949年后的两院院士中,西南联大学生90人;而西南联大学生杨振宁、李政道则是最早获得诺贝尔奖的两位中国人。这所临时组建的大学早已不复存在。抗日战争结束后,北大、清华和南开相继迁回原址,继续书写自己的辉煌。当年留在云南的西南联大师范学院今日已经成为云南师范大学。这所已经没有了实体的学校仍然在被人们纪念。有媒体这样评价西南联大被纪念的原因:七十载风雨过尽,西南联大依然成为"一代之盛事,旷百世而难遇"之标高,并不仅仅因为她为民族存续菁华、奉献人才之功,亦不仅仅在于她关怀国事,时刻牵挂着本民族的命运,而更体现于她是在一个民族最艰难的岁月,建立起了大学精神之卓绝。

1. 为救亡而读书的学生

破衣蔽体,糙米果腹,以茅屋为校舍,以破庙为教室,躲警报,避轰炸,钻山洞……在这样的情形下,西南联大为什么能取得如此骄人的成就?

正如著名学者陈岱孙所指出的:"身处逆境而正义必胜的永不动摇的信念、对国家民族的前途所具有的高度责任感,曾启发和支撑了抗日战争期间西南联大师生对敬业、求知的追求。这精神在任何时代都是可贵的,是特别值得纪念的。"在民族存亡的紧要关头,振兴国家的强烈历史责任感和使命感,使西南联大师生在被日军摧毁的残垣断壁前仍然精神不倒。当年,三校师生从长沙分三路西迁昆明,其中250名学生和11位教师组成的"湘黔滇旅行团"几乎是用双脚横跨了三省。西南联大师生置任何艰难困苦于不顾,教师为国之振兴而教,学生为抗战建国而学,体现了"贫贱不能移"、"威武不能屈"、誓死不当亡国奴的崇高民族气节。

2. 弦歌不辍的教师

西南联大条件的艰苦令今天的我们难以想象——学生们几十人挤在铁皮屋顶(甚至铁皮屋顶最后还因为经济困难换成了茅草屋顶)、土坯墙的教室和宿舍里;1939年入读法律系的西南联大校友夏世铎至今难以忘怀图书馆前排队的人潮,而在暗淡的灯光下,却是一片鸦雀无声的自习景象。名师、教授们的生活同样异常艰辛,闻一多、华罗庚两家一度十几口人共居一室,中间用布帘隔开,形成"布东考古布西算"的奇特格局。在物价飞涨的年月,名教授也不得不卖衣、卖字、卖书、治印维持生计。为躲避轰炸,教授们大多住得很分散,有的住在几十里外的远郊,步行来上课,周培源先生骑自养的马上课,从不迟到。

曾长时间在西南联大主持校务的梅贻琦先生的名言,"所谓大学者,非谓有大楼之谓也,有大师之谓也",现在被许多大学校长引为经典。而在当年的西南联大,已得到最好的体现。西南联大熔北大、清华、南开三校的校风于一炉,集三校学贯中西的著名学者于一堂,可谓大师云集,群星璀璨。据统计,联大的教师队伍常年稳定在350人左右,包括教授、副教授、合聘教授、讲师、专任讲师、教员及助教,而教授副教授就占了教师总数的一半以上。在179名教授副教授中,还有150多名年富力强、朝气蓬勃的曾留学欧美的学者。这些教师虽来自不同的学校,有各自不同的学术风格和学术流派,却有着共同的师道尊严和价值判断,爱国爱生,忠诚教育,治学严谨,不苟且、不浮躁,都有高尚的职业责任和敬业精神。他们教书育人,爱之以德,不厌不倦,自敬其业,不忧不惑,自乐其道,默默耕耘,无私奉献。南开大学教授梁吉生认为,西南联大之所以能够创造中国高等教育的奇迹,关键在于有这样一支值得信赖的教师队伍。"他们的人格魅力和学识魅力,为我们树立了'学为人师、行为世范'的光辉榜样。"而西南联大也真心实意地依靠这支教师队伍,成立"教授会"和几十个专门委员会,建立教师激励机制,实行"教授治校"制度,秉持"殊途而同归、一致而百虑"的教育理念,尊重教师的主体精神,创造了民主和谐的治学环境。

86岁的张瑞蕃老人1939年就读于西南联大物理系,他至今仍难忘联大民主的学风:"老师从不强迫学生学什么。"教师开课都是按自编教材讲授,一般不受干扰。与此同时,相当多的教授主张"通才教育",认为打好"博"的基础才易于求专求精。课时安排上,让学生有充分自学的时间,去独立思考,自觉钻研,鼓励学生勤学勤思,不读死书,不死读书。

林语堂20世纪40年代初路过昆明作演讲时发出这样的惊叹:"联大师生物质上

不得了,精神上了不得!"而数十年后,当那位曾在昆明跑警报的西南联大学生邓稼先在中国第一颗原子弹爆炸命令上郑重签名时,消逝的西南联大再度传出了巨大的历史回响:"千秋耻,终当雪,中兴业,须人杰。"西南联大已成历史,而在许多人心中,联大永存。刘东生院士曾说:"我没有离开过西南联大!"杨振宁先生则写道:"我一生非常幸运的是在西南联大念过书,因为西南联大的教育传统是非常好的,这个传统在我身上发挥了最好的作用。"

"天下兴亡,匹夫有责"的民族责任感和"刚毅坚卓"的顽强精神支撑着联大师生在强敌深入、风雨如晦的日子里激情不减,弦歌不辍。时隔70年,今天的西南联大校友仍然会时时提起"知识报国"、救亡图存的铮铮誓言。

由此可见,西点军校"责任第一"的校训教育,哈佛大学突破创新的教育风格,西南联大师生"知识报国"的顽强信念……都可以视为职业责任教育的榜样。当今的大学也应当继续加强大学生职业责任教育。

第一,明确大学生职业责任教育的目标。大学生职业责任教育的目标是通过系列的职业教育活动使大学生明确职业人在职业活动中应承担的工作和义务,并坚定这种信念,为实现这种信念不断提升和完善自己。高校要把职业责任教育的目标与新时期我国的教育方针紧密结合起来,要引导学生学会分析、思考以及内化可以适应社会主义市场经济的职业责任观念和职业竞争意识,树立个人需要服从社会需要的职业理想,养成良好的职业道德品质和职业行为习惯,能客观地对自己的职业责任进行正确评价,不断提高自身的职业素养。

第二,加强教师自身的职业素养。众所周知,榜样的力量是无穷的,身教重于言教,教师的职业责任、职业态度、职业义务、职业技能、职业纪律、职业良心、职业荣誉和职业作用潜移默化地影响着学生。大学生正面临着人格的重建与完善,在这关键时期,教师作为当代大学生灵魂的重要塑造者对教育起着非常重要的作用,教师的立业、敬业、勤业、创业和乐业精神具有很强的榜样示范作用,会直接提高教育的效果,并在学生中发挥长期的作用。高校可开展教师岗位比赛、评选优秀教师等活动,提升教师技能并扩大教师在学生中的影响。

第三,加强职业责任教育的针对性。"95后"特别是"00后"大学生是思想非常活跃的群体,他们比前辈们更敢想、敢说、敢做,能接受自己认为正确的东西,反感自己思想上还没有认可的事物,他们有时会把社会上部分人没有责任感的行为扩大化,会把这类现象作为自己将来不承担职业责任的理由,甚至拒绝接受职业责任的教育。学校要通过学生社会调查、访谈、座谈、讨论、演讲、报告会等形式,首先让大学生从思想上接受职业责任的理念,然后开展如"加强职业责任从我做起,从现在做起"的签名活动等,逐步在大学生中强化职业责任意识,要特别注意树立大学生身边的师生榜样,用人们熟知的案例教育学生,以提升职业责任教育的效果。

第三节 职业责任的实现机制

一、努力提升职业责任意识

1. 意识与职业责任意识

(1) 意识。人的意识可以分为潜意识和显意识：潜意识(下意识、无意识)是一种没有被主体明确意识到的意识，是一种主体自身不知不觉的内心的意识活动。显意识则是人们自觉地意识到并受到有目的控制的意识，它表现为人们定向的心理、自觉的反映、能动的认识、主动的思虑、有目的的思维以及反思性的观念活动。显意识本身又包含着不同的层次和水平，可区分为经验意识、理性意识和非理性意识。

(2) 职业责任意识。职业责任意识是显意识的一种。职业责任意识要求个体清楚明了地知道自己的职业责任是什么及其对于职业活动的重要意义，并自觉、认真地履行岗位职责和参加职业活动，高效地把职业责任转化为实际行动。联合国教科文组织在1998年首次世界高等教育大会上，明确提出高等教育首先要培养高素质的毕业生和负责的公民，强调了社会责任感应该成为高等教育体系中不可分割的一部分。因此，加强大学生的职业责任教育是加强大学生思想政治工作的重要任务，是培养社会主义合格建设者和可靠接班人的重要内容，是构建社会主义和谐社会的重要途径，也是高等教育科学发展的重要措施。

2. 职业责任意识的现状

(1) 责任意识是社会主义职业道德的基本要求。社会主义职业道德是社会主义社会各行各业的劳动者在职业活动中必须共同遵守的基本行为准则。它是判断人们职业行为优劣的具体标准，也是社会主义道德在职业生活中的反映。集体主义贯穿于社会主义职业道德规范的始终，是正确处理国家、集体、个人关系的最根本的准则，也是衡量个人职业行为和职业品质的基本准则，是社会主义社会的客观要求，是社会主义职业活动获得成功的保证。

《中共中央关于加强社会主义精神文明建设若干重要问题的决议》规定了我们今天各行各业都共同遵守的职业道德的五项基本规范，即"爱岗敬业、诚实守信、办事公道、服务群众、奉献社会"。其中，爱岗敬业是社会主义职业道德最基本、最起码、最普通的要求。"爱岗"就是热爱自己的工作岗位，热爱本职工作，"敬业"就是要用一种恭敬严肃的态度对待自己的工作。爱岗敬业的具体要求是树立理想，强化责任，提高技能。

> ## "五星"司机张晓彬
>
> 张晓彬是成都公交303车队91路驾驶员,在10余年的公交工作中无投诉、无违章、无事故,安全行驶里程32万余公里。他辛勤耕耘,默默付出,不计回报,在公交驾驶员这一平凡的岗位上,用自己的行动践行着一名普通公交人的职业责任。对于乘客,张晓彬是"笑脸人"。他始终面带微笑,运用微笑服务来缩短与乘客之间的距离,并坚持专心、用心、细心、耐心、贴心的"五星"级的工作态度,得到了乘客的高度称赞。对于同事,张晓彬是"热心人"。他对同事关怀备至,不管同事在工作上还是生活中遇到困难和问题,他都会全力相助,哪怕是小小的生活琐事。作为线路班组长,张晓彬又是"贴心人"。每天发车前,他总会和司机简单聊几句,以观察司机当天的精神状态,提醒他们注意行车安全。多年来,他对91路80多名司机的性格、驾驶技能、操作习惯、个人情况都了如指掌。
>
> 资料来源:爱岗就业是共产党人的担当体现
> http://rnt.sohu.com/20170310/n482942766.shtml

张晓彬是一名普通人,但他是爱岗敬业的典范,是公交战线上的服务标兵。他工作普通,但却始终用道德的高标准、严要求,规范着自己的一言一行,得到了领导、同事尤其是乘客的高度称赞,还创造了安全生产的奇迹。作为一名职工,张晓彬让领导放心让乘客满意;作为一名党员,张晓彬全心全意践行着"为人民服务"的群众路线。事实上,因为"革命分工"不同,每一个公民所处的岗位不同,承担的责任也有大小。但只要爱岗敬业,即便是普通人也会为社会主义的事业增光添彩,都是在为国家分担历史责任。是否具有担当精神,是否能够忠诚履责、尽心尽责、勇于担责,是检验每一个公民身上是否真正具有崇高的社会主义职业道德的标准。

(2)责任意识是企业员工的必备素养。"责任重于能力"。"责任"既是最基本的职业精神,又是基本准则;"能力"指专业知识、职业技能。责任心和能力兼备的员工才有可能成为关键员工,才可能逐步成为精英型人才。责任,已经成为个人在职场上的立足之本。如果你做事缺乏责任,团队不会让你加盟,搭档不愿与你共事,朋友不想与你往来,亲人无法给你信任,最终你将被这个社会抛弃。

职场的最高境界,就是能让责任成为一种自觉。个体的职业责任意识可以改变你对工作的态度,态度决定了你工作的业绩。有职业责任意识就是对自己的人生负责。那种事不关己、高高挂起、明哲保身、但求无过的人显然缺乏责任意识。面对责任，我们要勇于承担，不推卸，不逃避。失去负责的机会就意味着失去了解决问题的能力。人们往往并不是不愿意承担责任，而是在趋利避害的心理下逃避责任。

　　面对任务，能否主动进取，积极地融入团队解决问题？面对困难，能否勇于负责，是否挑肥拣瘦、推卸责任，以"不会做""做不好""不属于自己任务范围"等理由推脱，或者遇上问题总是推脱客观和别人的原因，而不找自己原因？面对过程，是否注重细节？一名员工如果对待工作有"责任重于泰山"的态度，就会重视每一个细节，踏踏实实做好每件事。面对目标，是否具有务实高效的工作态度，锁定目标不放手，重视过程更重视结果，以业绩说话？不注重目标的实现过程、只注重结果，就会让投机分子钻空子，出现"做样子、走形式、投机取巧、不做实事"的不良行为。面对执行，能否自觉执行企业的决定和工作要求，把本职工作落到实处？高效执行需要自发，这源自一种对工作的责任感。面对同事，能否很好地与团队协作，相互支持、配合，当需要奉献时不计较个人得失？这些也体现着服从全局的责任感。

　　对待工作，有的人把它当成一项任务来做，导致"做一天和尚撞一天钟"的消极心态，干成什么结果都无所谓；而有责任感的人会把它当自己的事业来做，以执着追求的积极心态，克服艰难险阻，竭尽全力追求理想的结果。这样对待工作才会投入，才会迸发出激情。两种情况所产生的结果之所以差距很大，源自起点，即个人事业成就感与对企业的责任感能否有效结合，从而自我激发出工作的主动性和饱满的工作热情。只有把企业的兴衰成败与自身命运结合的责任感，才能将自己职业生涯和企业愿景有机结合起来，主动把企业的发展重任融入自己的事业中，实现个人与企业的"双赢"。

　　每一个身在职场的人，都必须也不得不把职业责任背在肩上。畏惧困难、害怕挫折、躲避风险，是人的本性。但是一个组织、一个企业要实现目标，一定会要求每一位成员必须担负起自己身上的重任。然而，这里的问题在于企业不可能把所有的工作职责、义务写进条款，也就是不能保证企业的规章制度覆盖工作的所有方面。因此，加强员工责任心、事业心培养，进一步满足员工个人发展，提升员工归属感，提高管理人员管理能力和修养水平，建立积极向上和强责任心的企业文化等等，成为现代企业长远健康发展的关键课题。

　　（3）新生代大学生责任意识存在淡薄倾向。《大学生职业适应状况调查报告》以应届毕业生、工作3年内的职场新人、用人单位人力资源部门负责人为调查对象，对大学生群体的职业适应状况进行了历时一年的调查分析。该调查发现，在进入职场的短短三年内，变动两次以上工作的占57%，其中，变动三次以上的占32%，在受调查者看来，造成工作变动的最主要原因依次为工资待遇、人际环境和工作地点。用人单位受调查者普遍认为，大学生的职业不适应主要表现在责任意识不强、执行能力较差、自我规划不足等职业素养方面的欠缺。2016年大学生就业白皮书显示,在当前严峻的就业形势下,大学生在就读期间就有很强的职业规划意识,在就业选择上以薪酬福利以及个人兴趣为主要导向,但绝大部分学生都以个人和家庭为出发点,对职业责任普遍缺乏认识,尤其是对于所服务的企业的利益相关者和社会公众的责任。一项针对武汉市七所高校本科毕业生的问卷调查显示,有近50%的学生认为自己在工作中只需要对直接领导和所在组织负责,而只有60%的学生认为职业责任意识对自己的职业发展具有重要意义[12]。

据《中国青年报》报道,2017年的795万名应届大学毕业生中,520万人投了10份以上的简历才找到工作。其中80万人的简历,出现在50多家公司的邮箱。和上一代人不同,越来越多的90后年轻人不再将毕业后的工作视作稳定的开始,唯一的归宿。求职更像是"尝试",甚至是"试错"。调查数据显示,62%的2017届应届毕业生认定自己需要"先就业,再择业"。60%以上90后大学生的第一份工作做不满1年。其中,38%的人不到半年就会另谋高就。麦可思研究院在2017年发布的一项研究显示,仅从月收入方面来看,毕业生的月收入与其职业忠诚度大致成正比,大学毕业生跳槽越多收入越低。这容易理解,从事一个行业与投资差不多,有时需要"捂",如果有着走马观花的心态,屁股还没有坐热就又想着下一家,"蚂蚱心态"并不利于职业发展。网上流传那些与马云一起创业的人,最终以其长线思维获得了长线回报,并非没有道理。

大学生作为一个特殊的社会群体,是社会新知识、新观念的主要承载者,是促进社会文明和进步的有生力量。时代赋予了青年大学生重要的历史使命,然而,社会发展中的一些负面思想,比如功利主义、拜金主义等,在一定程度上影响了青年大学生对社会责任的认知与承担,加强大学生的责任感教育已经成为社会、家庭、学校等各方面共同关注的问题。中共中央关于全面深化改革若干重大问题的决定提出的"深化教育领域综合改革"总体目标,明确要求"全面贯彻党的教育方针,坚持立德树人,加强社会主义核心价值体系教育,完善中华优秀传统文化教育,形成爱学习、爱劳动、爱祖国活动的有效形式和长效机制,增强学生社会责任感、创新精神、实践能力",首次明确了责任感教育的重要性与迫切性,教育部也将责任感教育作为近些年工作要点之一。

责任意识是个体对角色职责的自我意识及自觉程度的显现,它包括两方面的内容:人们的行为必须对他人和社会负责;人们对自己的行为必须承担相应的责任。责任意识是指社会成员对自己所应承担的社会职责任务和使命的自觉意识,它要求社会成员除对自身负责外,还必须对他所处的集体及社会负责,正确处理与集体社会、他人的关系。责任意识是在个体社会化过程中逐步形成的,是一个人的世界观、人生观、价值观在社会中的具体体现。著名教育学家陶行知先生曾语重心长地说:

"人生天地间,各自有禀赋,为一大事来,做一大事去。"个人的发展与每个人的责任是密不可分的。因此,责任意识的增强和责任能力的提高是大学生人格健全和成才发展的重要课题,与个体能否成功融入社会,服务社会甚至造福社会息息相关[13]。

3. 职业责任意识的培养

在学生的成长过程中,心理学家不仅强调个体自身的发展,还强调外部环境在个体发展过程中的作用。所以,对大学生职业责任意识的培养需要从学校教育、家庭教育、社会教育三个方面共同开展。

(1)学校教育。学校教育应包含如下六个方面的内容。

第一,充分发挥课堂教学的导向作用。应当以社会主义核心价值体系为导向对大学生进行责任意识教育。少数大学生之所以盲目崇拜西方价值观,一个重要的原因就是他们缺乏正确的思想理论基础,缺乏科学的世界观和方法论的指导。高校应积极发挥课堂的作用,搞好思政课教学,在传授社会主义核心价值观的同时,引导同学们将个人理想融入自我理想、民族理想和社会理想中,勇敢地承担起对个人、社会、国家的责任。

第二,以爱国主义和理想信念教育为重点。强烈的爱国精神和崇高的理想信念是责任意识产生的源泉和动力。高校应当通过系统教育,激发大学生的爱国热情,帮助同学们确立坚定的理想信念和正确的世界观、人生观、价值观,增强其社会责任意识。一方面,可以开设相应的课程和讲座,让当代大学生了解中华民族的悠久历史、灿烂文化和优良的道德传统;另一方面,可以开展各种活动,如学雷锋活动、辩论赛、演讲比赛、组织大学生观看爱国主义影片等,让大学生积极参与各项社会活动,陶冶爱国主义情操,形成其对国家、对人民强烈的责任意识,自觉承担起中华民族伟大复兴的历史重任。

第三,以生命和安全教育为基础。一个对社会、国家负责的人首先能够对自己负责,而对自己负责首要的是对自己的生命负责。高校应当对大学生进行生命和安全教育,使他们形成积极乐观、健康向上的道德情感和人生态度,关注生命,热爱生活。可以开设有关身心健康和安全教育方面的课程,使大学生以正确的态度看待生命,掌握安全知识,增强自我保护意识。引导大学生辩证地看待挫折,正确进行挫折归因,及时调节不良情绪,树立自尊心和自信心,勇敢承担责任。同时,学校应建立相应的监管体系,确保大学生的人身安全。

第四,教师应具有高度的责任意识。教师应该具有深厚的理论功底,认真钻研,勤奋工作,努力做到学识渊博、业务精良;应该具有爱生之心,尊重大学生,信任大学生,严格要求大学生;应该具有敬业精神,有育人的事业心和荣誉感。尤其是在知识经济时代和市场经济发展的新时期,教师更应率先垂范,为人师表。

第五,加强环境伦理教育。在全球一体化的今天,高校应当引导大学生从人类的整体利益出发,正确处理个人发展与世界整体发展之间的关系。如今世界各国的发展都面临着资源、人口、环境等问题,而要解决这些问题,并实现社会的科学、和谐、可持续发展则有赖于当代大学生的努力。因此,高校有必要将环境伦理教育作为德育的重要方面,并通过各种活动来强化大学生对环境的忧患意识、对资源的节约意识以及对其他物种的珍爱意识等。例如,在世界环境日,可以组织大学生野外参观考察,参加校内外的环保宣传活动;引导大学生成立如"绿色行动小组"等社团,传播环境伦理思想。高校本身也要注重"绿色"文化建设,努力营造干净整洁的校园环境,倡导适度消费,建设节约型校园,这些都有助于大学生环境伦理观念的形成,提高其责任意识。

第六,建设校园文化,创建良好的育人环境和氛围。责任意识属于情感的范畴,情感则要依靠主体在一定环境中产生一种主观感受即情感体验才能产生相应的情感态度。如果缺乏这种"感受",情感的形成和发展就无从谈起。一个没有责任"感受"体验的人是不可能形成负责的情感态度的。因此,学校在培养大学生责任意识上,必须从学习到生活、从教育到教学、从管理到服务全方位地营造氛围。马克思说过:环境创造人,人也创造环境。校园文化和环境直接关系到大学生的健康成长。高校作为社会主义精神文明建设的主阵地,应充分发挥环境在责任意识培养中的重要作用,创建优美的校园环境,加强校园文化建设。

(2)家庭教育。家庭是大学生成长的摇篮,家庭教育是大学生生活的重要组成部分。家长要积极保护大学生的自尊心,坚持和孩子进行真诚交流;引导大学生参与家庭管理,重视孩子的建议,给予孩子选择的自由和机会;家长能正确对待大学生的情绪和情感变化,能用冷静的态度来鼓励孩子、引导孩子;家长要注重增强大学生的荣誉感,给他们提供劳动的机会,使他们感到自己的行为对别人的重要性,使他们增强责任意识。

家庭教育应注重感恩教育和关怀教育。如果人与人之间缺乏感恩之心,必然会导致人际关系的冷漠。感恩教育有利于帮助大学生更好地审视自己、认识自己。"滴水之恩当涌泉相报",让他们在长大和独立之后,以恰当的方式回报帮助过他们的人,这种"回报"就是当代大学生应当承担的道德责任。因此,家庭成员要引导他们学会感恩,以感恩之心对待周围的人和事,关爱他人、同情弱者、助人为乐。进行感恩教育,要从不起眼的小事做起。同时,多多引导他们参加社会公益活动,在社会公益活动中培养其奉献精神和服务意识,让他们学会感恩,在潜移默化中培养他们的社会责任意识。

(3)社会教育。社会教育包含如下三方面的内容。

第一,开展社会实践活动,增强大学生的社会责任意识。美国的教育家杜威鼓励大学生积极参与各种活动,认为参与是大学生进行体验的前提。所以,应当鼓励大学生积极参与各种社会实践活动,在活动中激发自己的情感。社会各界可通过不同的方式开展一系列教育活动,如组织大学生观看爱国主义影片,向大学生推荐红色网站等,让当代大学生在各种不同的活动中接受精神洗礼,培养和强化大学生的集体意识和责任意识,培养他们的爱国主义和集体主义精神,从而形成其对国家、对人民强烈的责任意识。

第二,加强对社会媒体的监督管理,充分发挥媒体的积极效应。社会应加强对媒体的监督和管理,减少其负面效应对大学生心理和行为所产生的影响。社会媒体还应当自律,一方面加强对媒体信息的真实性、准确性的鉴别;另一方面,应充分发挥媒体的积极效应,多报道模范人物、榜样人物的事迹。同时,对大学生的行为给予客观评价,并引导当代大学生积极响应国家的号召,发挥榜样在社会中的作用。

第三,在大学生中进行公民意识教育。注重公民意识的教育和培养是世界教育面向 21 世纪的共同课题。对大学生进行公民责任意识教育,符合国际性公民教育理念。不少国家在面向 21 世纪的教育报告中,都把道德品质和公民责任意识的培养提上了议事日程。美国强调的是培养青少年的参与意识、社会责任和必备的道德品质;德国则以法律形式规定学校的德育目标以培养大学生对自己行为的责任意识,包括对涉及他人、社会及自然环境的责任心;韩国侧重于爱国心和公德心的培养,把促进每一个公民完美的品格作为其教育目的。联合国教科文组织早在 1972 年的《学会生存》报告中就提出,教育发展的方向之一就是使每个人承担起包括道德责任在内的一切责任。

综上所述,全社会对大学生责任感的培养理念要渗透到对大学生培养的全过程,从课堂教学到课外活动,从家庭培养到社会实践,从环境影响到自我教育,共建职业责任意识全方位的立体培养体系。

二、改善职业态度

1. 职业态度的误区

职业态度是个体对涉及自身职业的各种外界刺激作出反应的"中介调节器",它往往具有稳定性,一旦形成,便会影响人的职业判断,久而久之会成为一个人的习惯性反应,甚至还会成为人的个性的一部分,从而影响人的职业责任感、职业表现、职业适应力和忍耐力。因此,职业态度是形成职业道德的基础。也就是说,缺乏良好的职业态度,就不可能对自己的职业表现出高度的责任感、极大的热情、全身心的投入和充分的创造性。想要培育良好的职业态度,我们需要识别错误的态度、观念,时刻警告自己不要走入误区。下面我们从宏观角度对误区加以概括。

(1)职业价值观向个人主义偏移。职业价值观体现了个体对于职业的信念、态度和期望。积极的职业价值观建立在个体和社会和谐发展,完善自我和服务社会相统一,个人理想和社会主义理想相统一,个体价值和社会价值相统一的基础上。一个人是否具有良好的职业态度,一定程度上受其自身的职业价值观影响。

在市场经济体制下成长起来的当代大学生,不可避免地留下了以劳动所得衡量个人价值的烙印,职业价值观日益偏重对劳动报酬的追求和认同,追求所谓的环境好、待遇优的"好工作"成为一种在大学生眼里无可厚非的职业价值观,甚至部分教师也有这种倾向性认识。在我国分配制度正处于改革阶段、劳动力供求关系市场调节机制尚不健全的现实下,部分行业、岗位劳动所得偏低,更加剧了学生以劳动所得为标准衡量个人价值的趋势,若直接否定学生的这种职业价值观有失偏颇,而这种局面随着我国分配制度的不断完善和劳动力市场调节机制的不断健全会有所改观。但是,目前学生的职业价值观念若持续向劳动报酬为重心偏移,无论从个体自身发展还是社会发展对人的需求来讲均不可取,公务员录用"国考"热,企业生产"用工荒",大学生就业难,出现这种看似矛盾的局面,固然有分配制度的问题,也是当前大学生职业价值观念向个人主义倾向偏移的直接体现。

(2)职业理想为个人需求服务的狭隘倾向。由于大学生职业价值判断发生偏移,直接造成当前学生职业理想更趋向满足个人需求、实现个人价值,弱化了个人对社会和国家发展发挥作用的主观能动性。一方面,这一层次的职业理想有悖于只有服务社会才能实现个人发展的基本规律,无视个人理想与社会理想的归属关系,忽略了个人理想的多层次性和综合性,具有一定的盲目性和狭隘性;从国家社会角度来看,社会个体若是缺乏对国家社会的奉献意识,国家也缺乏持续发展的动力,反过来势必影响个人的发展。从理想对学习动机的驱动效应来看,如果一个人为国家社会发展做贡献的责任感、使命感弱化,这种理想产生的则是被动适应性的学习动机,让学生失去了自我追求卓越,实现完美人生的动力,不利于未来取得卓越的成就。

而当前的职业道德教育中,对于引导学生树立立足国家、产业、行业发展基础上的职业理想的措施不够。在职业理想选择时,许多人突出个人成就,强调职位、收入,这无疑是狭隘的,无视国家福祉,不符合人与社会和谐发展规律。

(3)技能掌握满足"够用"的惰性思想。中国作为一个新兴的工业化大国,技能应用型人才和面向第三产业的服务型人才将成为职业工作者的主体。无论是普通高校还是职业院校的毕业生,学生的专业技能、技术教育都是职业教育的重要内容。目前,许多学生的目标满足于"够用就行",对于与短期利益无关的技能、知识熟视无睹,得过且过。

从学习态度的角度来看,"够用就行"的思想会使人养成怠懒、消极的行为习惯。如果学生的知识、技能学习只满足于被动接受,而不愿去发现问题、独立思考、深入学习,那么就会逐渐变得随波逐流,丧失批判思考的态度,失去创新、创造能力。从职业成长的角度来看,"够用就行"的思想无法为长远的职业生涯发展提供有力的支撑。由于科学技术变革的日新月异,大批国际人才、技术的引进,人才的竞争异常激烈。如果你缺乏跨学科、跨领域的知识水平和思维能力,除非你是掌握高、精、尖技术的专家,否则"够用"的职业态度只会让你在职场竞争中处于劣势,最终被人替代。

心理学家威廉·詹姆斯说过:"我这一生最伟大的发现就是——通过改变态度,可以改变人生。"每个人都有潜力去改善、提升自己的个人生活与职业生涯的质量。然而,我们必须首先愿意去学习和掌握相关技能,才能达到自我实现之境地,并认识到积极态度的力量。

2. 职业态度的影响因素

(1)自我因素。自我因素包括个人的兴趣、能力、抱负、价值观、自我期望等。职业态度的自我因素与职业发展过程有相当密切的关系,因为个人因素的形成多与其成长背景相关,个人价值观是在成长过程中一点一滴慢慢形成的。个人若能对自我的各项因素有深入的了解,将能了解何种职业较适合自己,就能作出明确的职业选择。个人在选择职业时所表现出来的态度,也是个人兴趣、能力、抱负、价值观、自我期望的一种反映。但若只是依照自我因素来选择职业,有时难免会产生与社会格格不入的感觉,因此,在选择职业时仍必须考虑其他相关因素。

(2)职业因素。包括职业市场的需求、职业的薪水待遇、工作环境、发展机会等。就理想而言,兴趣、期望、抱负,应该是个人选择职业的主要依据,但是,事实上,却必须同时兼顾自我能力,以及外在的社会环境、职业市场动态等。对职业世界有越深的认识,就越能够掌握准确的职业讯息,也可以获得比较切合实际的职业选择。相反地,对职业认知有限的人,甚至连何处有适合自己需求的工作机会都不清楚,更何况要作出明确的职业选择。因此,个人对职业的认知会影响到个人的职业态度。

(3)家庭因素。包括家庭的社会经济地位、父母期望、家庭背景等因素。虽然国内外相关研究表明,家庭教育对个人发展影响的数据并不显著,但是,不论父母的学历高低、社会经济地位如何,大多数的父母都希望自己的子女能拥有比自己高的学历,从事比自己更有发展前景的工作。因此,在做职业选择时,家人的意见通常会影响个人的职业态度。

(4)社会因素。包括同侪关系、社会地位、社会期望等因素。在职业发展的过程中,个人的最终目标是在其职业上能有所表现,有更多的人希望自己能成为社会中有身份、有地位的人,以目前的社会现象为例,一般人认为医生、律师、艺术家有较高的社会地位,清洁、安保好像就是不入流的工作,虽然这并不是正确的观念,但或多或少也影响了个人的职业态度。

3. 职业态度的重要性

工作是一种态度,不同的态度带来不同的结果。由于人们在职业态度和职业观念上的差别,形成了职业地位和职位价值的差异。工作态度好,努力程度高,积极开拓,敢于创新的人,在职业金字塔上的位置获得了提升,获得了比较好的职位,自主权和自我实现的空间都获得了拓展,向上发展的空间和工作机会越来越多。而那些态度不好,工作不努力,积极性、主动性较差的员工则在优胜劣汰的竞争中处于不利的位置,或在前进的道路上遇到了发展的障碍,而自己又不能突破,在职业发展过程中明显落后于那些有着积极职业观和鲜明态度的员工。

(1) 职业态度与就业竞争力。当代大学生养成符合社会发展和社会职业道德规范的职业态度具有非常重要的意义。良好的职业态度,能够为大学生的顺利就业提供强大的心理和思想支撑。在就业形势日益紧张的今天,保持良好的职业心态能够极大地提升大学生在职场拼搏的耐挫能力,愈挫愈勇、百折不挠。另一方面,良好职业态度的形成同样能够为大学生的择业和创业提供有力支撑。有了良好的职业态度,就会不断开动脑筋寻找择业和创业的捷径,因此,良好职业态度就意味着具备择业和创业的突出技能。采取恰当的方式方法来择业和创业,就能较好提升高职大学生择业和创业的成功率。

根据教育部提供的数据,2018年高校毕业生人数达到820万,超越2017年的795万,高校毕业人数创历史新高,堪称史上更难就业季。根据人社部的毕业生数据,如果加上中职毕业生和2017年尚未就业的学生数量,2018年待就业的加在一起约有惊人的1 500万。就目前的就业市场而言,用人单位在人才选择上更趋理性和务实。现今企业用人理念形成从"学历至上"过渡到"能力优先"最终看中"态度第一"的趋势。"学历"到"能力"最终到"态度"的转变,充分显现出当今社会所需要的人才不仅要具有相关的专业知识和职业技能,更看重他们的职业素养,特别是是否具有良好的职业态度。上海某高校曾对该校2013—2015年三届毕业生进行调查,结果显示企业最看重的三项素质依次是:综合能力、团队协作、敬业精神,选择比例分别是20.4%、19.29%和15.53%。可见,良好的职业态度是毕业生的一项重要竞争力,拥有这样的软实力更能赢得用人单位的青睐。

(2) 职业态度与自我价值实现。2016年3月5日,李克强总理作政府工作报告时首次正式提出"工匠精神",十九大报告中明确提出我国要"建设知识型、技能型、创新型劳动者大军,弘扬劳模精神和工匠精神,营造劳动光荣的社会风尚和精益求精的敬业风气"。古语云,"玉不琢,不成器",工匠们不仅仅把工作当作赚钱养家糊口的工具,而且树立起对职业敬畏、对工作执着、极度注重细节、不断追求完美和极致的精神,打造打动人心的一流产品。从业者把工作当修行,通过工作提高心性、修炼魂魄,当成一生的信仰和追求。而这一切都要从敬业开始,让敬畏和热爱充斥工作的整个始末,立足本职,不慕虚荣,每一份工作都值得珍惜,干一行爱一行,以寻找人生最大的快乐。"敬业乐群""忠于职守",这是中华民族历来的传统,是中国人的传统美德,也是当今社会主义核心价值观的基本要求之一。

以爱岗敬业、艰苦奋斗为核心的职业态度是社会主义职业道德对从业者最基本的要求,也是加强大学生职业道德教育的首要内容。热爱本职工作,勤奋踏实、吃苦耐劳、积极进取的职业态度和工作作风,不仅是推动社会发展的需要,也是促进个人全面发展的需要。人的全面发展指人的智力、能力、思想、道德、心理等方面的和谐发展。在人的全面发展中,智力、能力的提高与思想道德素质的提高是相互促进的。以爱岗敬业、艰苦奋斗为核心的职业态度有助于大学生树立正确的职业观,确立理性的择业观念和职业规划,有助于大学生在未来的职业活动中脚踏实地,干一行爱一行,在自己的岗位上磨砺意志、增长智慧、提高能力,从而实现全面发展,更好地实现自我价值[14]。

4. 职业态度中的错误心态

当代大学生的职业态度存在六大错误心态:

(1) 浮躁心态。"浮"指性情飘浮,不能深入,浮光掠影,不踏实;"躁"指脾气急躁,自以为是,骄傲自满。"非宁静无以致远,非淡泊无以明志。"浮躁心理的存在必然对一个人的职业生涯产生严重的不良后果。急功近利的心态会导致心理紧张、烦恼、易怒,减低注意能力、思维能力;浮而不实使知识与工作技能无法提高,仅局限于表面,以至于业绩平庸或者无法有效地履行职业责任。

(2) 消极抱怨心态。成功人士与失败者的差异是:成功者将挫折、困难归因于个人能力、经验的不完善,他们乐意不断向好的方向改进和发展;而失败者则怪罪于机遇、环境的不公,强调外在、不可控制的因素造就了他们的人生位置,总是抱怨、等待与放弃。消极抱怨不仅导致自己整日生活在灰色的哀怨、萎靡之中,也让身边的团队、身边的人深受其害,他们成了腐蚀美好环境和氛围的瘟疫传播者,所到之处肃杀一片,毫无生机和活力。

(3) 好高骛远心态。拿破仑有句话:"一个不想当元帅的士兵不是一个好士兵。"这句话有一定的道理。士兵有雄心壮志是走向元帅的首要条件。但是在当下,很多人在职业化的道路上,自我期望太高,有的甚至严重偏离实际,于是出现眼高手低,好高骛远的情况。

(4) 投机取巧心态。投机取巧心态,往轻里说,是指不愿意付出艰苦劳动,靠小聪明以取得成功;往重里说,是指用钻空子的办法和狡猾的手段,来获取不正当的利益。投机取巧的人希望取得卓越的绩效,但不愿意付出相应的努力;希望到达辉煌的巅峰,却不愿意经过艰难的道路;他们渴望取得胜利,却不愿意作出牺牲。经济学家郎咸平曾说:"由于依靠投机取巧所获得的成功是小概率事件,因而风险极大。如果一个人有了投机取巧的心态和习惯,不会永远取得真正的成功;如果一个企业有了投机取巧的做法,这个企业永远只能做产业链里附加值最低的制造环节,而无法脚踏实地地走向产业链价值更高的其他环节;如果一个民族存在投机取巧的文化,那么这个民族就很难屹立于世界之巅。"

(5) 打工心态。打工心态的心理起点是把自己定位成一个"受害者"角色,把公司和老板当成黄世仁、剥削者,把自己当成杨白劳、受害者。总之,打工心态将造成员工个人、员工家庭、员工所在企业多输的结果。而且,在这种多输的局面中,输得最惨的是"打工者"本人,企业、老板输掉的可能就是一些金钱而已,而"打工者"本人输掉的却是他们本来应该精彩和卓越的人生。

(6) 冷漠麻木心态。这种心态时常表现出一种冷淡、消沉、怠惰、萎靡、不在乎、无所谓等冷漠情绪和消极态度。一些人在社会上或工作中碰了几次钉子以后,便心灰意冷起来,自以为看破了"红尘",看透了人生,热情消失了,兴趣没有了,对一切表现得很漠然。这种冷漠心态对职业发展有着极大的危害。

5. 职业态度的改善和提升

首先,要帮助学生树立正确的职业价值观,正确看待职业差别。职业价值观是职业态度的核心。学生的职业取向易受社会评价的影响,当今社会职业评价的偏差是以薪酬的多少、工作的劳累程度作为评价职业优劣的标准。因此,要使学生树立正确的职业价值观,就必须引导其摒弃传统的"重脑轻体"和"服务行业低人一等"的观念,摒弃拜金主义、实用主义和利己主义的价值标准。向学生宣传职业道德,宣传该职业的社会价值,宣传职业价值在于造福社会,人生价值在于奉献人民的观念,从而使学生正确对待职业差别,热爱自己即将从事的职业。其次,帮助学生树立正确的职业目标观,立足本职岗位建功立业。宣传"三百六十行,行行出状元","只有没出息的思想,没有没出息的工作"的道理,鼓励学生确定自己的职业目标,争取不久的将来在本职岗位上建功立业。最后,帮助学生树立正确的职业角色观,寻找竞争和道德的最佳结合点。要引导学生划清竞争进取、开拓创造与投机取巧、搞歪门邪道的界限,重在追求自身德、才、学、识整体素质的提高,坚决克服为追求个人功名利益而不择手段的极端个人主义,使每个学生都能正确选择并主动进入职业的德才兼备者的角色。

然而,我们需要承认,良好职业态度的形成并非一蹴而就。要使符合社会进步、事业发展和道德规范的职业要求变成学生的职业认识、职业情感和职业意向,必须经过长时间的"服从-同化-内化"的过程。根据职业态度形成的规律和当代大学生的思想特点,社会、学校、家庭应协同起来采取一系列具体措施,帮助学生形成良好的职业态度。

(1) 加大政府完善职业培养体系的动力。"创新是引领发展的第一动力,是建设现代化经济体系的战略支撑。"党的十九大吹响了加快建设创新型国家的强劲号角。科技创新作为提高社会生产力和综合国力的战略支撑,必须将其放在国家发展全局的核心位置,开创人人皆可成才、人人尽展其才的生动局面。而当代大学生是实现"中国梦"的关键一代,党和政府应重视大学生的就业选择,对其加以引导。

从宏观角度出发,各级政府应努力完善和调整经济结构,加强市场建设并规范市场行为。在当前严峻的就业形势下,政府应适时出台相关的就业政策。根据所掌握的资源发挥其社会服务职能,努力清除阻碍学生顺利就业的各种因素,用积极的就业措施和政策来引导和促进大学生形成健康的职业态度和就业观。从微观角度出发,政府不仅要制定各种各样的就业政策,还要加强政策宣传的力度,改进宣传方式,创新宣传途径。比如利用微博、直播等新形式、新方法,加强对广大在校生、毕业生的思想教育工作。各级政府应建立合理的创业就业指导体系,加强对大学生创业就业的岗前培训,引导大学生树立正确的职业价值取向,树立科学的就业观念,培养尽职尽责的职业态度。

（2）推进高校职业课程改革。"两课"是思想政治教育的主渠道,是培育大学生职业态度的重要途径。高校应充分利用思想政治教育理论课这一主阵地,创新方式,为学生进行职业分析和规划,使学生明确职业方向。同时,高校应在开设的形势政策课程中,针对当前的就业形势展开教育,让学生走出校园之前充分了解社会就业现状,冷静分析自身情况,形成实事求是的就业观念,树立正确的职业态度。

职业规划课和大学生创业课程是培养大学生职业素养的重要方式,是大学生职业价值观教育的重要途径。因此,该类课程的授课内容应该强调职业态度培训,通过案例分析等方式帮助学生积累职业技能和就业知识,加强择业技能的训练,培养良好的心态,提高竞争能力。同时,可以通过职业意向测评等方式让学生更加直观地了解自身的就业取向,准确把握自身的优势劣势[⑤]。

（3）强化社会主体的责任意识。用人单位应使追求经济效益与社会责任并存。大学生行动力强,富有创新精神,但尚处于人生的成长阶段,心理上倾向于依赖家庭,对社会规则缺乏深入了解。结合大学生在社会实践和实习求职中遇到的困难和问题,社会各界应形成合力,理解和帮助大学生。具体而言,用人单位应创造机会,为大学生就业、创业提供指导,创造适合大学生训练的机会,从而让大学生在实践中将所学的专业知识和社会实际相结合,进而为企业、为社会做贡献。

（4）激励大学生加强自我学习。教育学家苏霍姆林斯基曾说,真正的教育乃自我教育。大学生应当构建起明确的自我认知及角色定位,明确职业规划。充分发挥自我能动性,加强自身健全人格和积极情感的培养,加深对自我教育意义的认识,使潜在自我、现实自我、理想自我三者协调转化。第一,大学生必须对自己进行准确定位,树立正确的职业态度。准确了解与把握自己,持续提高自我认知能力,逐渐养成成熟的职业规划意识,从而形成正确的职业价值观。第二,应该提高自身创新能力。大学生是实施创新驱动发展战略和推进大众创业、万众创新的生力军。一方面,要有敢为人先,敢于进取的能力;另一方面,要努力夯实基础,对自己的专业内容了然于胸。第三,要树立危机意识。近年来高等教育飞速发展,毕业生人数的增长高于发展的需求,大学生就业市场已经从"卖方市场"转到"买方市场",就业方式也从国家分配转为双向选择。因此,大学生应该具有危机意识和忧患意识,使自己能够应对社会变化,树立积极健康的职业态度。

我们知道,学生职业态度的形成或转变是一个长期、渐进甚至反复的过程。要有效地培养大学生良好的职业态度,必须遵循心理发展规律,注意教育内容的适合性和梯度性,教育途径的开放性和实践性,教育方法的科学性和针对性,培养学生养成良好的职业态度,成为祖国现代化建设的优秀人才。

三、加强职业伦理的规范教育

1893 年,法国社会学家涂尔干在《社会分工论》第二版序言中写道:"现代经济生活存在着法律和道德的失范状态……经济原则的匮乏,不能不影响到经济领域之外的各个领域,同样,公民道德也随之世风日下了。"在涂尔干看来,经济领域的混乱和失序会影响整个社会生活,造成公民道德的衰退。涂尔干并没有简单地从道德的角度评判这种失范状态,而是认为当经济变革带来社会结构的调整,维系社会团结的旧道德就会失去约束力,如果稳定社会的新道德尚未建立,社会失范及随之而来的道德滑坡将不可避免。要从根本上解决这个问题,最好的办法就是重建职业群体的组织方式以及由这种组织方式产生的职业伦理[16]。

职业伦理是指特定职业者基于职业需要和职业逻辑而应当遵循的行为准则。职业伦理即要求名与分的统一,而职业伦理的建设过程,无非是要明确每个行业和岗位上从业者的名与分的统一。名是行业和岗位,分是职责和义务。名分就是要求从业者须恪守其所在职业的行为规范和伦理准则。

职业伦理的特征包括:第一,职业伦理产生并适用于特定群体范围。职业是以群体形式存在的,职业伦理是职业群体的产物,当社会确实形成某个职业时,就会产生或形成属于这个职业的、相应的职业伦理,并借以规范和约束其从业者。第二,职业伦理以职业需要和职业逻辑为根据(内容稳定性)。第三,职业伦理不是全体社会成员共有的伦理,也不同于一般的、流行的社会公众意识,它以独特的职业逻辑而非大众逻辑为根据,以职业特点和需要为基础。职业伦理以群体的力量保证其实施(惩戒),是依赖整个职业共同体的力量来推行的。

1. 职业伦理的现状

改革开放以来,我国经济和社会飞速发展,取得了显著的成就,但是新的经济体制在促进新道德成长,培养新型道德人格的同时,其自发作用也带来许多负面效应。由于信仰缺失和物质主义占据主导地位,加上法律法规等制度的不健全,当前某些行业的职业伦理状况经历了严重滑坡的过程,甚至公然以行业潜规则的形式长期存在。

例如网上订餐外卖在卫生状况极其恶劣的情况下制作,保姆虐待老人,幼师体罚儿童,过度医疗和医生回扣,导游和购物店联手宰客,官员贪腐和公款消费,本应履行媒体监督职责的媒体搜集"黑材料"对企业进行敲诈勒索,学术界频频爆出造假丑闻,惊人的长生生物疫苗问题……此类伦理失范问题屡见报端。

从现实情况来看:一方面,过去我们所提倡的职业规范在当前工业化过程中已经过时,不再符合社会的发展,需要注入新的时代内容。有些在计划体制中所提倡的职业精神在当今注重效率和发展的时代就不能再有效发挥作用了。另一方面,我国处于社会转型期,不可避免地出现了社会伦理、价值观的混乱问题。有些领域职业伦理的真空,正是由于目前职业伦理发展的滞后,从而扰乱了许多行业的管理秩序。具体表现为:极端个人主义、拜金主义的滋长;交换原则的泛化和滥用;道德评价和价值取向的紊乱;"去道德化"盛行;人际关系冷漠,"拔一毛而利天下,不为也"。究其原因,主要归结为以下几个方面:

第一,我国传统文化中落后思想的影响。经过几千年的封建统治,传统农耕社会以家庭为单位自给自足,形成以小农家庭利益为中心的格局。人民对责任的理解倾向于对家庭成员,走出这个中心,就很少确立个人明确的责任。同时,儒学"天下大同"等伦理教化也停留于上流社会和知识分子圈内,并没有成为整个社会统一的价值观念。封建社会高度集权的专制统治使人民被动地为生存而工作,职业伦理缺乏生长的土壤。

第二,中国处于社会转型期的客观事实造成了伦理问题得不到应有的重视。旧伦理、旧制度的"破"到新制度、新伦理的"立"不是一朝一夕可以完成的。社会转型不仅是经济体制的转换,更是社会结构和价值观念的巨大变革。作为上层建筑的职业伦理必然有一个逐渐调适的历程,而人们对于新的规范、准则也有一个长期磨合、适应、接受的过程,因此在这个过渡阶段出现杂乱无序或真空也不足为奇。

第三,我国法规制度建设滞后,理性主义精神教育缺乏。职业伦理是从业者所在职业的行为规范和伦理准则,而这些规范和准则需要内化或落实为从业人员的个人道德体认才能真正发挥作用。要完成这一任务,就必须借助理性主义的法规制度。然而中国社会重"情理"不重"法理"的传统,导致理性主义缺失,这与职业伦理建设的不足有着千丝万缕的联系。

2. 职业伦理的规范教育

职业伦理的规范教育主要由社区职业伦理教育、家庭职业伦理教育、学校职业伦理教育和企业职业伦理教育四个部分组成,它们相互交融,共同承担着整个社会的职业伦理教育使命。

家庭教育是一切教育的基础,父母在孩子成长的全过程中通过言传身教塑造了一个人基本的伦理观念,优良的家风家训更是代代相传,成为职业伦理的重要承载。

社区是根据居住习惯形成的基层社会组织,通过社区治理和文化生活塑造成员的职业伦理观念。社区职业伦理教育和家庭职业伦理教育形成学校职业伦理教育、企业职业伦理教育的环境。

学校职业伦理教育建基于学校办学理念、教师文化、课程文化和管理文化。职业伦理教育课程要使用案例教学法,形成参与式、开放性的课堂,调动和引导学生参与案例讨论,并形成一种开放和包容的课堂氛围。

重塑企业文化则是把企业建设成为一个道德组织和合格社会成员的过程,一个员工职业伦理得以提升,最终实现社会、个人和组织的和谐发展的过程。建构学校职业伦理教育,是职业伦理教育的关键,而重塑企业伦理文化则是职业伦理教育的拓展和深化。

具体就大学生的职业伦理教育而言,需要从以下几个方面入手:

第一,加强人文素质教育,培养学生的人文精神。哲学家冯友兰先生说,高等院校"有两个问题必须区分清楚。一个是关于个人的学问和修养问题,一个是关于个人的工作岗位和职业问题,不可把这两个问题混淆起来"。他又说:"我们培养学生一方面要照顾到他的学问和修养,一方面又要照顾到他将来的职业和工作岗位。"其中,"关于个人的学问和修养问题",是高校思想政治理论课与高校人文素质教育所承担的责任;"关于个人的工作岗位和职业问题",是高校专业理论课与专业技能训练所承担的责任。

对高校而言,专业理论学习和技能训练相对来说是比较受重视的,而人文素质教育则比较淡化,处于边缘化状态。文、史、哲、艺术等人文社会科学,不仅包含知识、逻辑和美的力量,而且融合理想、信念、道德、伦理、价值、情操等于一体,能够在教育教学过程中以理性和人格的双重魅力熏陶、感染学生。因此,人文素质教育,有利于提高大学生的文化修养、艺术修养、伦理道德修养、哲学修养等,即教会学生如何做人。

第二,加强职业道德教育,培养学生的职业伦理。加强职业道德建设,对高校而言就是要加强对学生的职业道德教育,不仅要加强社会主义职业道德规范教育,而且要加强职业理想、职业态度、职业责任、职业纪律、职业作风等社会主义职业道德范畴教育;不仅要加强职业道德修养教育,而且要加强职业道德评价教育。加强职业道德教育,是培养学生职业伦理精神的基本途径。高校一方面要开设专门的"职业道德理论"课程、"职业生涯规划"课程或者"职业道德与就业指导"课程,同时在现行的"思想道德修养和法律基础"课程中加大职业道德教育的内容;另一方面要在专业课讲授与技能训练中融合职业道德内容,以实现德育与智育的内在统一,从理论层面上提升学生的职业道德素养,培育学生的职业伦理精神。

具体地说,在职业道德教育过程中,引导学生学习社会主义职业道德原则、职业道德基本规范、职业道德基本范畴及职业道德修养等理论知识,同时要求学生学习自己所从事行业的专业知识和专业法规以及学习社会进步和职业发展对人的素质、能力、品德等方面的要求,努力增强学生的职业道德意识,培养学生的职业伦理精神,确立学生的职业道德理想,塑造健全人格。

第三,广泛开展实践活动,践行职业伦理。职业伦理与职业活动相结合,具有较强的稳定性和连续性,形成具有导向性的职业心理和职业习惯,在很大程度上改善着从业者在社会和家庭生活中所形成的品行,影响精神风貌。对大学生来说,实践包括两个方面的内容:一是专业实践活动,二是社会实践活动。专业实践是最基本的实践,通过专业实践,学生能够感受和体验本行业、本专业的职业伦理内涵,增强职业伦理意识。社会实践活动是职业人成长的天地,是增强职业伦理意识、锻炼职业道德品质的理想场所。社会宣传活动、青年志愿者活动、暑期大学生"三下乡"实践活动、勤工俭学活动等都是社会实践范畴。我们应该积极鼓励学生参与,在社会实践活动中理解、掌握和运用职业道德规范,践行职业伦理精神。让学生在实践活动中领悟、体验和感受职业道德和职业伦理的内涵,在实践中领悟到良好的职业道德和高尚职业伦理对展示个人形象及自己的生存发展的意义。

四、正确的职业道德指引

道德是社会学意义上的一个基本概念。不同的社会制度,不同的社会阶层都有不同的道德标准。所谓道德,就是由一定社会的经济基础所决定,以善恶为评价标准,以法律为保障并依靠社会舆论和人们内心信念来维系的,调整人与人、人与社会及社会各成员之间关系的行为规范的总和。

职业道德是一般道德在职业行为中的反映,是社会分工的产物。所谓职业道德,就是人们在进行职业活动过程中,一切符合职业要求的心理意识、行为准则和行为规范的总和。它是一种内在的、非强制性的约束机制,是用来调整职业个人、职业主体和社会成员之间关系的行为准则和行为规范。它既是对本职人员在职业活动中的行为标准和要求,同时又是职业对社会所负的道德责任与义务。职业道德是指人们在职业生活中应遵循的基本道德,即一般社会道德在职业生活中的具体体现,是职业品德、职业纪律、专业胜任能力及职业责任等的总称,属于自律范围,它通过公约、守则等对职业生活中的某些方面加以规范。

职业活动是人们由于特定的社会分工而从事的具有专门业务和特定职责,并以此作为主要生活来源的社会活动。它集中地体现着社会关系的三大要素——责、权、利。职业道德是人们在职业实践活动中形成的规范。

西方学者米勒认为,职业道德是"信仰、价值观和原则,它指导个人在其工作环境中理解他们的工作权利和职责,并采取相应行动的方式"。职业道德包含主客观两大方面。一方面为被视为"主观方面"的认知因素、责任感和决策力,主观方面侧重于人的隐性情感,具有指引性价值。另一方面为被视为"客观方面"的生成性学习或实践,职业道德准则,客观方面倾向于物的显性规定,具有约束性作用。毋庸置疑,一个拥有较高职业道德的人一定具有内外兼修、德才兼备的品质。

1. 职业道德的现状

我国社会处于"黄金发展机遇期"和"矛盾凸显期"相叠加的特殊时期,各种社会问题不断涌现。从职业道德的角度看,公务人员职业道德的缺失导致腐败滋生。公共服务事业从业人员的职业道德的缺失加剧了社会矛盾的激化,"医患纠纷""教育失德"等加剧了社会道德滑坡,食品安全、工程质量等诸多问题则一次次拷问"社会的良心"都去哪了。由于新旧体制的交替和新旧矛盾的冲突,加上人们对社会主义市场经济还缺乏全面正确的认识,片面强调物质利益,忽视精神文明建设,在职业道德上存在的突出的问题是:职业道德观念淡化、思想道德建设严重滑坡。其主要表现有:

第一,价值观念发生错位。表现为拜金主义盛行,享乐主义、极端个人主义抬头,见利忘义、唯利是图、损公肥私四处蔓延,吃、拿、卡、要等行业不正之风普遍存在。第二,价值取向比较庸俗。表现为部分人认为市场竞争就是金钱、利益的竞争,特别是少数人认为现在还讲什么道德,"有钱就是一切",将人际关系庸俗化为赤裸裸的金钱关系。第三,道德评判出现偏差。表现为评判是非的标准模糊,对那些靠钻政策空子而一夜暴富的人,一些人将其敬若神明,佩服得五体投地。同时舆论宣传上的推波助澜也导致是非不分。而职业道德评判上的是非不分,造成的另一种现象就是行业和部门占山为王,乱集资、乱摊派、乱罚款、损公肥私、中饱私囊,把职业道德置于脑后。第四,社会道德心理失衡。表现为一些人对主人翁地位出现失落感,认为过去工人阶级领导一切,人民当家作主,现在则是单位领导是"老板","主人"变成了雇工,没了地位少了保障,于是心里想的是趁着自己还在岗,不捞白不捞。在思想观念上,淡化了集体观念,忘记了集体利益,出现了职业道德的倒退。

然而,我们不能从孤立的事件就轻易得出当前职业道德滑坡的结论,应看到整个社会的道德主流是在向积极方向发展的,应该在现实社会的总体上和历史的发展中去认真研究它的本质及演变规律。

2. 职业道德的培养

毋庸置疑,职业道德教育是一项贯穿于高校教育全过程的整体性工作,它的最终旨归即在于培养大学生一种向上的内在驱动力和正能量。为了改善并提高大学生职业素养,现提出以下对策:

第一,推行"产学研社"结合,提升学生服务社会的职业能力。在主体性教育模式的推动下,面对高校管理制度存在的局限性,首要的便是对教务及实践教学等进行改良。因而,创新职业教育的形式,改善教师教学的质量应立足于"产学研社"相结合的模式。这是一种将企业、科研机构、高校及社会整体人文道德素质等结合在一起的教育方式。首先,拉动科研平台建设,开启合作开发模式、共建模式等来实现科研与企业之间的良性循环。其次,积极开展形式各异的项目对接会、展览会、交流会、企业需求座谈会等,使学生在实践中掌握更多的职业发展方向、知识和技能,以更好地促成学生职业情感的产生。再次,推动人才培养的交流合作。这里的交流合作主要指学校教师、企业家和企业科技人员之间的交流合作,该类群体之间的沟通能够为职业道德建设提供坚实的人员保障,为学生树立可示范性的职业榜样。最后,制定切实可行的保障机制。既包含对大学生的教学管理机制,也包含对产学研社各个组成部分的制约监督机制,提升大学生服务社会的职业素质①。

第二,扩宽"交流空间",分享职业理念与体验。高校应该更大限度地发挥其职能,为学生扩宽"交流空间"。加深与国内或国外同类院校专业之间的"交流学习"是重要的。借助于校际合作加深学生之间的联系程度,借此运用同辈群体之间的感染和效仿作用,促进学生互相分享职业理念与体验,强化学生职业道德形成与内化。这种方式能依托榜样示范法、渗透教育法,在整合资源和增强合力的前提下,加深学生的职业认同感。不仅如此,同辈群体之间会用自己独特的方式与特征传递着属于自己的文化和潮流,因而,获取交流的主渠道同样至关重要。"互联网+"背景下,"媒介传播"已成为重要的信息流通渠道。对于高校而言,建立校内职业教育专题网站、同类专业院校沟通网站,以及定期举行教师职业教育交流大会、学生职业技能创新大赛等对于学生分享职业理念与体验都具有重要意义。在此过程中,还应该加强对于网络平台的净化、监管工作。

第三,注重"职业规划指引",明晰职业道德准则。一般而言,参与企业实践是学校组织学生接受职业岗位群知识学习的一个基础环节。在这一环节中,值得注意的是学校及企业单位要给予学生职业引导和帮助,尤其是要注重职业规划指引。首先,邀请相关专家对所属专业进行职业培训,包括职业定位与职业规划,使学生能够客观地分析自我特质,理性地评判自己是否能胜任此工作,并以此来加深自己与所属专业之间的情感联系。其次,定期举行实践教学经验分享会,如职业规划讲座、名人座谈会等,启发大学生的道德决策能力。最后,加强职业技能培训,培养学生对职业内容的应用能力。使学生能够在理论学习与实践锻炼中共同领悟职业内涵及职业道德准则,提升自己的职业素质和竞争力。

第四,坚定职业责任感,获取自我营销能力。讲责、守责、追责,是大学生坚守职业道德最为重要的品质之一。梁启超曾说,"人生于天地间各有责任","自放弃责任,则是自放弃其所以为人之具也……一家之人各放弃其责任,则家必落;一国之人各放弃其责任,则国必亡"。因而,职业责任是一种担当,一种由内而外散发的品格。它蕴含着个体对职业的热爱度与幸福感。拥有较强的职业坚守力,能够有效地规避职业风险,充分挖掘职业潜能等都是职业责任的具体体现。一方面,要培养学生科学的职业决策力,充分考虑到来自职场内和职场外的各方因素,做出正确的选择。与此同时,坚守职业决策的底线,不做出危害他人的言行。另一方面,引导学生制定职业生涯规划,学习意向职业的职业道德准则。这是个体建立职业意识和概念的前提条件,也是学生选择职业实践的重要环节。

第五,培养社会人格,形成明辨、守则的品质。大学生作为社会重要的人力资本,必须具备一定的优良品质,诸如明辨、守则、讲信、敬业、奉公等。这不仅是从业所必备,更是适应和谐社会所需。因而,培养学生社会人格与改善学生职业素养、构建道德高尚的和谐社会是相得益彰的。在认知层面,大学生要注重自我修养,提高学习的自主性。对于职业道德知识的获取,平常应选择性地阅读相关书籍,以丰富自身涵养,指导自己的言行举止。在情感层面,应做到价值理性。无论是在学校还是实习单位都必须以遵守纪律为前提,即便是在充满竞争的环境下也要保持健康的心态,切勿感情用事,行为盲目。在实践层面,要将自我优良品质转化为具体的行动,并形成习惯,最后,依据学校制定的综合测评指标来考核自己,综合评判自我的学习态度与方法、个性特长发展的阶段性特征、人际交往能力、合作探究能力等,有针对性地提升自我。

总之,大学生职业道德的养成是一个动态的、系统的过程,它需要学校内外各行各业主体的共同努力才能实现。大学生职业道德教育要树立正确的价值目标,坚持主体性与引导性共存、理论联系实际、系统性与长期性结合、先进性与广泛性结合、专业教育与职业教育结合、共性与个性兼顾、集体主义和开放性结合的教育原则。

大学生职业道德教育的主要内容包括:以爱岗敬业、艰苦奋斗为基础的职业情感教育,以诚实守信、办事公道为核心的职业道德规范教育,以甘于奉献、服务社会为宗旨的职业精神教育,以遵纪守法、廉洁自律为基本要求的职业纪律教育,以社会主义荣辱观为时代特征的职业操守教育,以加强合作、勇于创新为导向的职业理念教育。

对于学生职业道德情感的产生,应更多地强调回归生活、实践体悟,淡化教育痕迹,融入生活原态。实现与各种生产要素的有效对接,才能使学生真正体验到职业的魅力所在。在此基础上增强学生的职业认同感,提升学生主体服务社会的能力,并在实践中使学生孕育出对职业的热爱和责任。

从当前大学生职业道德教育的实践来看,要进一步培养大学生的职业道德,还需要解放思想,更新职业道德教育观念,确立大学生职业道德教育的目标,构建高校职业道德教育课程体系,探索大学职业道德教育的多种途径,创造良好的职业道德教育的大环境,加强大学生职业道德教育效果的评价,加强高校职业道德教育师资力量。

五、塑造良好的职业形象

如今企业不仅要重视员工的个人能力,还要注重员工的职业形象。员工的精神风貌就是企业的移动名片,旁人可以从公司员工的个人形象推测出整个公司的企业形象。所以,提升个人职业形象有利于在就业时增加竞争筹码,为其在众多竞争者中脱颖而出打下基础。

1. 职业形象与职业发展

职业形象是指一个人在公共大众面前树立的形象,通过衣着打扮、谈吐举止真实地反映出个人的工作态度和行为素质修养。职业形象需要注重区域文化的要求,不同文化背景的公司对员工的职业形象要求也不一样。职业形象主要包含三个方面:

第一,外在着装。一套得体的服装能够给别人留下一个好印象,是成功的第一步。它能够传达给对方专业感和尊重感,能够体现个人的仪表美,更能够增添交际魅力。从礼仪的角度看,着装不能简单地等同于穿衣。它是着装人基于自身的阅历修养、审美情趣、身材特点,根据不同的时间、场合、目的,力所能及地对所穿的服装进行精心的选择、搭配和组合。在各种正式场合,注重个人着装的人能体现仪表美,增加交际魅力,给人留下良好的印象,使人愿意与其深入交往,同时,注意着装也是每个事业成功者的基本素养。作为青年人,我们的穿着要文明大方:在正式场合,忌穿过露、过透、过短、过紧的服装。身体部位的过分暴露不但有失自己身份,而且也失敬于人,使他人感到多有不便。而且要搭配得体:要求着装的各个部分相互呼应,精心搭配,特别是要恪守服装本身及与鞋帽之间约定俗成的搭配,在整体上尽可能做到完美、和谐,展现着装的整体之美。最后要有个性特征:个性特征原则要求着装适应自身形体、年龄、职业的特点,扬长避短,并在此基础上创造和保持自己独有的风格,切勿盲目追随。

第二,外在行为。言谈举止的大方得体也是职业形象的重要组成部分。在留给他人的第一印象中,着装仪表会占据70%,还有20%要依靠语言、肢体动作等来实现。优雅的谈吐会提升个人的气质,使人更具个人魅力。

第三,内在素质。内在的素质就是礼仪、内涵、修养。要提升个人职业形象,也要兼顾到礼仪和修养的培养。中国是礼仪之邦,要体现一个人的修养和内涵,就必须要从平日生活中积累,做到以礼待人,进退有度,还要从根本上纠正自身不良的行为习惯,从细微处体现个人的涵养。

良好的职业形象不仅符合当前社会需求、文化背景,更重要的是与职场成功相关。职业形象就像个人职业生涯乐章上跳跃的音符,和着主旋律会给人创意的惊奇和美好的感觉,脱离主旋律的奇异会打破和谐,给自己的职业发展带来负面影响。

职业形象是个人职业气质的符号:有些人对深色调的一贯喜爱,体现了他沉稳的个性;经常性地身着艳丽颜色或对比强烈的服装,可以展现激情四溢的作风;浅浅的素色的衣着似乎在告诉人们,他善于调节自己的工作模式;一丝不苟的服装款式预示着严谨的态度。我们日常接触到的种种职业形象特点,就像标点符号一样写在每个职业人的身上,是个人职业态度的标志,对事业成功有着重大的意义。

第一,个人的性格特征通过形象表达容易形成令人难忘的第一印象。第一印象在个人求职、社交活动中会起到很关键的作用。特别是许多人力资源部门在招聘时,对应聘者职业形象的关注程度要远远高于我们的估计,甚至许多公司在面试中对职业形象方面关注的比重也很大。因为他们认定,那些职业形象不合格、职业气质差的员工不可能在同事和客户面前获得高度认可,极有可能令工作效果打折扣。

第二,职业形象强烈影响个人业绩。首当其冲的就是业绩型职业人,如果自己的职业形象不能体现专业度,不能给客户带来信赖感,所有的技巧都是徒劳的,特别是对一些进行非物质性产品销售的职业人,这时产品对客户来说是虚拟的,客户更认可的是销售人员本身和其提供的服务。如果在和政府机关、事业单位、合作伙伴打交道过程中,职业形象欠佳,极有可能破坏良好的合作机会。

第三,职业形象会影响个人的晋升机会。获得上司的认可是晋升的核心要素,如果因为在上司面前职业形象问题导致误会、尴尬甚至引发上司厌恶,可能会造成离群、被孤立排斥。

以航空服务人员为例,他们对职业形象认识最深刻的就是:形象就是宣传,形象就是效益,形象就是服务,形象就是生命。有亲和力的气质,职业化的微笑,得体的举止,让人如沐春风的问候,谁做得出色,谁就是职场领域的胜利者。

2. 得体职业形象、商务礼仪的特征

著名形象设计公司英国CMB曾对300名金融公司决策人进行了一次调查,结果显示:成功的职业形象塑造是获得高职位的关键。无独有偶,还有一项调查显示:职业形象是决定收入水平的重要因素之一。商务礼仪专家芭芭拉·帕切特在她的《商务礼仪要素》一书中强调,做好工作并非是全部。个人形象影响着他人对你工作能力的看法,会促进或者是阻碍晋升。恰当的职业形象和商务礼仪能给你在激烈的竞争中加分,如果缺少基本的相关技巧,可能会让你丧失竞争优势。

(1) 建立友好关系。每个人都不是孤岛,需要和他人建立联系,这也是让他人信任并且愿意合作的序幕。当介绍自己时,需要使用全名。当别人率先开始自我介绍时,你要相应地陈述自己的姓氏和名字;如果只是简单地回应一个"你好"会让你显得经验不足并且有点胆怯。每个人都会担心忘记他人的姓名。如果这种事情正巧发生,需要先向对方道歉,然后礼貌地询问姓名后再继续。当不确定如何称呼对方更加合适时,可以询问对方希望被怎样称呼。自身的名片上应该包含你的姓名、职位、公司名称、地址和电话,也应包含你的社交媒体信息,使人们可以在社交网站上与你联系。

(2) 开启谈话。如何开始谈话和与人交往的技巧是可以学习的。首先需要关注相关的社交媒体网站,查询对方的背景和职位。阅读职业出版物,看新闻并保持消息灵通可以更好地与他人进行对话。引导他人围绕善意的主题进行讨论,如天气、旅游和商业新闻。寻找与对方的共同点以建立亲密的关系。保持感兴趣的、向上的和积

极的心态。良好的倾听技巧能够激发真正的联系。你一定要询问开放式问题,例如"你今天是怎样到这里的?"并聚精会神地听取对方的回答。一边倾听一边给予对方回应,如"我知道了"或者"OK",以表示你正在倾听。

(3) 基础礼仪。记住要说"请"和"谢谢"。如今,不论男女,人们都在实践"帮助礼仪",所以男人可以帮助女人开门,除非他确定对方不需要自己的帮助。如果你举办一个晚宴,让你的客人先点菜,并且记得买单。

(4) 像职业人士一样行动。你所做的每一件事以及说的每一句话都会传递一条关于你的信息。掌握言语和非言语技巧可以提升你的职业形象。你的用词反映你的语言能力。非言语交流包括"身体语言、穿着和声音"。保持一个舒展的和友好的面部表情。讲话的习惯会影响他人对你能力的判断。说话太过软弱或总是使用自我贬低的表达会削弱你的职业能力。控制住自己,不要说得太多。

(5) 职业着装。虽然商务休闲装符合很多企业的着装标准,但是你要记住你的穿着会给人留下印象——好印象或不好的印象。要符合企业的着装风格,并且根据你的职业和活动特性选择服装。不要在工作场合着装暴露。女士可以选择能够展示女性魅力的着装,但不要过分暴露乳沟、腿和皮肤。不要穿紧身的衣服。

(6) 餐桌礼仪。掌握基本的用餐礼仪能够帮助你专心于所谈的事务。在用餐时关掉或忽略你的手机,等所有人的菜上齐后再开始用餐。将餐巾放在你的膝盖上。在餐桌上不要整理头发、涂口红或将餐巾当作餐巾纸。不要发表对于食物或者服务的抱怨。和所有人交流,尤其是那些你平时在办公室没有机会接触的人们。不要喝过多的酒或者在社交媒体上上传派对照片或者负面评价。在离开前有礼貌地感谢派对的主人或组织者。

(7) 虚拟条款。关注你的"虚拟数字形象"。采用恰当的电话接听礼仪。例如,不要在与人面对面交谈时接听电话。不要在会议或用餐时发短信。不要在使用蓝牙或免提时高声谈论。把手机调成静音或振动,以免打扰他人。选择一个合适的手机铃声。在针对商务事宜进行短信编辑时,注意你是否错误地传达信息。在发送之前审校你的文字。为了避免人们误读字里行间的隐藏之意,注意你的语气。商务邮件应该展示你的职业性,所以你需要关注细节。包括开头的打招呼和最后的结尾,一定要简明扼要,慎重地使用幽默并且在发送前再次阅读检查。做一个企业里不可或缺的核心员工,从人群中脱颖而出。拥有企业家精神并且足智多谋,关注细节并寻找能够帮助他人的机会。永远使用得体的职业形象和商务礼仪来展现一个好的职业形象。

3. 职业形象的塑造

职业形象并不是一个简单的外表长相和穿着打扮的概念,而是一个人全面素质的展现,是一份秀外慧中的、整体的、动态的形象。良好的职业形象,能够展示出个体的自信、尊严、力量、专业水平和能力,是事业成功的必备素质。社会学和心理学认为,人的能力、性格、气质等内在的品质往往可以通过人的外部特征表现出来,人们在长期的社会活动中,对不同的社会角色形成了相对稳定的判断标准和心理预期,在人际交往过程中就是通过人们表现在外的语言、动作及服饰等外部特征对其作出判断和评价。

所谓职业形象塑造,是指根据职业的要求和客观现状,运用有关的科学知识和方法,系统性、创造性地提出创意,制定出形象塑造的目标和方案,对某个个体和团队的思想、行为和外表这三个方面所含的要素进行调查、定位和规范的过程。塑造良好的职业形象,要考虑到符合自己的职业气质、个人年龄、办公环境、工作特点与行业要求。对待职业形象不可肆意妄为,也不必过分刻板,要在遵循行业标准的基础上,针对不同的场合采用不同的表现方式,做到既尊重他人又展现自我。塑造职业形象需要恪守原则性尺度,不同行业、企业对员工的职业形象有不同的要求,绝对不能我行我素或以不变应万变。重视职业形象不仅体现个人良好的教养,而且可以增强集体凝聚力,展现所在集体的良好形象。对于职业形象塑造我们可以做出以下努力:

第一,积极进行职业形象设计相关能力的养成型训练。人的印象是这样分配的:55%取决于外表,包括服饰、个人面貌、体形、发色等;38%是如何自我表现,包括语气、语调、手势、站姿、动作、坐姿等;只有7%才是所讲的真正内容。因此,当代大学生在求职前应针对性地进行相关能力的训练与提升。比如培养职业形象的感官鉴别能力,提高对自身形象正确认识的能力,训练面试中的社交礼仪,提升语言沟通技巧和面试问题回答技巧等。

第二,开设大学生职业形象设计课程。现在高校普遍都开设有大学生职业生涯规划这一课,但是大学生职业形象方面的课程却没有开设。面对就业形势紧迫的现实情况,普通高等院校更应该开设职业形象的课程,对学生求职予以指导与帮助,让学校培养的学生更受企业的欢迎,提高就业率的同时也是宣传学校的一种最佳方式。

第三,加强心理形象设计。大学生职业形象设计也应该包括大学生心理形象设计。对大学生心理形象的设计应该包含心理素质和良好心态两个部分,这就需要大学生们做到以下几点:首先要保持乐观自信,勇于开拓进取,发挥创新意识,在实践过程中不断完善自我;其次要持续强化自身的社会洞察力,遇到选择时应该果断坚决,坚持己见,不要优柔寡断、踯躅不前;最后要认识自身的不足,调整好自身的心理状态,借以适应社会,实现自我价值。

六、提升职业技能

职业技能是指在职业环境中合理、有效地运用专业知识、职业价值观、道德与态度的各种能力,包括智力技能、技术和功能技能、个人技能、人际和沟通技能、组织和企业管理技能等。职业技能一般可以分为三类:技术技能、人际关系技能和解决问题技能。第一,企业提供的培训主要针对提高员工的技术技能,既包括最基本的技能——阅读、写作和数学计算能力,也包括与特定职务相关的能力。第二,每个员工都从属于一个组织,工作绩效取决于与其同事和老板的有效相处能力。有些员工需要改进其人际关系技能,包括如何同他人沟通自己的思想,如何避免冲突等。第三,员工在工作中需要解决一系列的问题,特别是非常规的、富于变化的工作更是如此。如果员工解决问题的技能不尽如人意,那么可以通过强化逻辑、推理和确定问题的能力,制定解决、分析问题的可行方案来达到目的。

2015年8月,23岁的重庆姑娘聂凤,通过6年的训练,还是一名技工学校学生的她,出征在巴西举行的世界技能大赛,一举夺得美发行业冠军,实现了中国美发行业零的突破。凭此成绩,她不仅享受到了和奥运会冠军同等的待遇,还破格成为副教授,享受国务院特殊津贴。

1. 职业技能的重要性

我国目前是"制造大国",而非"制造强国",其中一大制约因素就是优秀的高级技工人才的稀缺。"劳动光荣,技能宝贵"。技能人才是我国人才队伍的重要组成部分,其中取得高级技工、技师职业资格,能够进行创造性劳动的人员被称为高技能人才,在产业转型升级以及技术技能传承中起着重要的作用。

老百姓常讲,"一技在手、吃穿不愁"。如果掌握了一门技能,劳动者择业时心里就不慌;反之,由于技能不足,一旦有风吹草动,极容易受到冲击。从我国目前情况看,技能人才供不应求的现象普遍存在。一方面,总量偏少。截至2017年底,我国拥有一定职业资格等级的劳动者为1.65亿人,占全国就业人口的比例仅为21.3%。另一方面,结构失衡。在技能人才中,高技能人才只有4791万人,占技能劳动者的比重为29%,明显低于发达国家水平。人社部职业能力司司长张立新表示,加快转变经济发展方式,实施"中国制造2025"计划"都迫切需要一大批适应技术进步、生产方式变革和社会公共服务要求的技能人才"。

(1) 职业技能是制造业的灵魂。近代以来虽然机器化大生产逐步取代了传统的手工作坊,但是手工生产在人类历史上积淀下来的职业素养依然绽放出耀眼的光彩,越来越成为制造业的灵魂。屹立百年的伟大企业,都是将工艺发展到极致的企业。全球寿命超过200年的企业中,日本有3146家,德国有837家,荷兰有222家,法国有196家[⑬]。其长寿秘诀,就是执着于技艺,并与时俱进注入现代科技因子,找到新的实现路径,在专门领域累积强大竞争力,从而引领全球。德国制造业的发达与他们的职业技能密切相关,他们精益求精、求实创新的工作态度让人啧啧称赞。德国经济能够长盛不衰主要归功于追求卓越的职业态度,源于对技术工艺宗教般的狂热追求,远超越了对利润的追逐。日本制造业的发达同样根植于以"荣耀法则"为标志的精益求精的职业精神,技师们将产品的优劣与自身的荣誉挂钩,以产品的优质为荣、以产品的低劣为耻,日本制造成为高品质的代名词。其实,精益求精的职业态度并不是舶来品,中国"如切如磋,如琢如磨","庖丁解牛,技进乎道"的格言警句记录了中华民族对专业技能的不懈追求,体现出的是一种心无旁骛、志如磐石、锲而不舍的技术追求;茶叶、丝绸、瓷器长期风靡世界,中国制造的产品曾长期引领潮流,霸居世界产品质量之巅,透射出一种敢于创新、精益求精、追求卓越的精神品格,充分显示了我国由来已久的对高超技能不懈的追求。民族品牌的创立,制造强国的建立需要精益求精、求实创新的精神支撑。没有最好,只有更好,让追求细节的完善和产品的完美成为一种信仰,始终不渝地追求至善至美的状态,这是我国由制造大国向制造强国转变必须具有的精神。

（2）职业技能是提高品质生活的保障。十九大报告指出,中国特色社会主义进入新时代,我国社会主要矛盾已经转化为人民日益增长的美好生活需要和不平衡不充分的发展之间的矛盾。国民的消费已经由数量型向品质型转变,供给侧必须适应需求侧的新要求。当前供给侧结构性改革,就是从提高供给质量出发,扩大有效供给,优化产品结构、提升产品质量,不断提高人民生活品质。没有一流的技工,就没有一流的产品。因此要把提高供给体系质量作为深化供给侧结构性改革的主攻方向,提高职业技能,推动经济发展新常态下企业从外延再生产向内涵再生产的转变,从旧动能到新动能的转换,通过科技创新与提高人力资本质量来推进结构调整和转型升级、提高企业核心竞争力。产品的质量就是生产者的声誉。今天,我们鼓励企业培育精益求精的工匠精神,利用"互联网+"平台,开展个性化定制、柔性化生产,增品种、提品质、创品牌,体现了对高品质美好生活的向往和追求。

（3）职业技能要求有利于良好社会风尚的形成。当前中国特色社会主义进入新时代,人民对美好生活的需要日益广泛,对物质文化生活提出了更高的要求,我们要在继续推动发展的基础上,着力解决好发展不平衡不充分的问题。目前我国市场经济体制还不够完善,唯利是图的价值观仍然在一定范围内存在,假冒伪劣产品仍不时现身于各种市场,国内外对中国制造的认可度整体还不高。我们不能把工匠精神简单理解为仅仅为手工业者应该具有的精神品质,它是所有技术技能人才都应该具有的,以产品或服务为媒介,用心工作、精益求精、求实创新、追求卓越的精神品质。做好自己的本职工作,专心于提高职业素养和技能,用心服务社会和他人,打造优质产品和服务,有利于树立对中国制造的信心,有利于民族品牌的成长,有利于良好社会风尚的形成。实现从制造业大国向制造业强国转变,意味着追求技术一流、产品极致的职业精神将成为社会时尚。我们要努力营造氛围,完善机制,创造条件,使精益求精的态度成为每个人内化于心、外化于行的自觉追求,成为企业家共同的价值取向,成为我国制造业的发展准则、我国工业文明的核心内涵。

2. 弘扬"工匠精神"的重要性

中华全国总工会党组成员李守镇指出,日本整个产业工人队伍的高级技工占比40%,德国则达到50%。而我国,这一比例仅为5%左右,全国高级技工缺口近1 000万人。数据显示,本科毕业生起薪为3 100元,而技工的平均月薪为3 500元至5 400元,由于普工和技工人才缺乏,蓝领收入在未来3—5年内可能全面超过白领。在供给侧结构改革的背景下,"弘扬大国工匠精神,培育精益求精的工匠精神"已被看作后工业社会中企业差异化竞争的制胜点和关键要素。"工匠精神"的传承创新能够有力促进企业产业转型升级,推动我国由制造大国向制造强国和中国智造的跃升,促进中国经济结构调整转型和中国社会文明发展的进程,也必将引领与工匠精神有着天然共生关系的职业教育的深刻变革。厚植技能人才成长土壤,弘扬和传承创新"工匠精神",提高职业技能,培育"大国工匠",已然成为一个急迫的时代命题。

中央电视台播出的纪录片《大国工匠》,其中令人印象深刻的是八位工匠默默坚守岗位、数十年如一日地追求着职业技能的完美和极致,勤俭奋斗、无私奉献,凭借着传承和钻研、专注和坚守,缔造了一个又一个"中国制造"的神话。这就是"工匠精神"(craftsman's spirit)。有着"工匠精神"的人,不管从事的是何种职业,都会视之为一种信仰,力争做到最好,绝不浅尝辄止,更不会敷衍应付。

李克强总理在2016年初的政府工作报告中提出要"培育精益求精的工匠精神",这也是中国政府首次在国家高度提及有关"工匠精神"的话题。众所周知,德国和日本拥有诸多知名企业,恰恰也都在传承着一种精神——"工匠精神","工匠精神"是德国和日本制造业崛起和成功的钥匙。正是因为对"工匠精神"的尊重和坚守,德国和日本的制造业蜚声海外、誉满全球。崇尚"工匠精神"的国家,一定是一个拥有健康市场环境和深厚人文素养的国家,中国要从制造大国转向制造强国,就需要"工匠精神"。有了"工匠精神","中国制造2025"才有可能实现。

职业院校是培养具有创新意识、良好职业操守和专门技术技能劳动者的主要阵地。国家近几年连续颁布了一系列推动职业教育发展的新政策,对职业教育的重视提高到了前所未有的高度。职业院校需要更加积极主动地配合国家有关职业教育发展的政策,抓住机遇,乘势而上,努力克服困难、突破障碍,推进职业教育改革创新,提升职业教育的质量,改变以往粗鄙的状态,力争把职业教育做"精"、做"细"、做"强",提高办学软实力。政府和社会对"工匠精神"的呼吁和期盼与职业教育做"精"、做"细"、做"强"的办学目标不谋而合。职业院校应将"工匠精神"培育纳入办学指导思想和人才培养等顶层设计中,结合专业建设和校园文化建设,用"工匠精神"认真负责地培育好每一位学生,为企业输送具有"工匠精神"的高质量技能人才,真正创出独具特色的教育品牌,职业教育才能更有竞争力,才能获得社会、企业、家长和学生更多的认可和青睐,才能扭转公众认为职业教育是"次等教育"的偏见[19]。

"金牌工人"许振超

1950年1月,许振超出生在一个贫穷的工人家庭。1974年,只读了一年半初中的他进入青岛港,当上了码头工人。那时的青岛港码头,作业区只有几台吊车,卸货装车都得人抬肩扛,作业时整个码头灰尘飞扬,工友们经常脸贴着脸都认不出人来。随着改革开放的春风吹到青岛港,码头上的作业机械从吊车逐渐增加到叉车、牵引车、装卸机械门机等,作业效率大大提高;泊位小、吃水浅的老码头经过一系列技术改造泊位等级扩大了、吃水深了。

1987年青岛港有了桥吊,许振超当上了桥吊司机。他刻苦钻研怎么能开好这个先进设备,不懂原理就一点点"啃"图纸,操作不熟练就加班加点训练,终于练就了"一钩准""一钩净""无声响操作"等绝活,先是通过青岛市职业劳动技能考核考取了技师资格证,后来又评上了高级技师。当上桥吊队长的许振超,不仅时刻鞭策自己,还带出了一支技术精、作风硬、效率高的优秀团队。2003年"五一"劳动节前夕,在青岛港投产不久的前湾港新码头,许振超和工友连续奋战6个多小时,2 740个标准集装箱成功装卸完毕,最高纪录是每小时装卸339个自然箱,一举打破当时单船每小时装卸336个自然箱的世界纪录。一年半后,许振超和工友又将这一纪录改写为347个。到今天,这一项纪录已在青岛港刷新8次。他曾说:"在全世界港口行业中把集装箱装卸速度干到第一,不仅是我的梦想,也是我们港口所有工友的梦想,正是有这样的魄力和努力才成就了现在的我们。"

为解决集装箱轮胎式龙门吊费油、污染环境难题,许振超经过两年多的摸索,从飞机空中加油技术上得到启发,于2007年成功完成了集装箱轮胎式龙门吊的"油改电"工程,填补国际空白,为国家节约了巨额成本。后来,他在工作中创造出"振超工作法",更是为青岛港提速建设发展提供了宝贵经验。"金牌工人"许振超的事迹激励着青岛港全体员工立足岗位创先争优。截至2017年底,青岛港共有国家序列职务职称获得者3 610人,高级技师、技师、高级工等高技能人才6 440人,涌现出了"全国五一劳动奖章"获得者王加全、国务院政府特殊津贴获得者唐卫等一大批"振超"式德才兼备先进典型。这些专业人才将一个个新想法变成生产中的一项项新技术,青岛港也在一步步迈向世界强港:

> 拥有行业领先的港口设施,拥有包括公路、铁路、水路、管道等完善的集疏运体系,拥有数量领先的集装箱航线,拥有门类齐全的作业货种,涵盖了全球港口作业的所有货种……如今,青岛港的桥吊已经更新到第九代,在全球最先进的全自动化码头,9名远程操控员就能承担传统码头60多人的工作。
>
> 资料来源:《"金牌工人"许振超:中国工人要成为领跑者而不是跟跑者》,2016年6月25日,https://www.sohu.com/a/85984487_381574。

3. 信息化时代的职业技能要求

随着信息技术不断发展,在互联网时代,职业技能包括职业技能培训发生了根本性的变革,就业人员面临诸多新的挑战。信息化时代的六大变革驱动力是:

(1) 老龄化。据世界卫生组织的统计,2019年中国人的平均寿命达到76.7岁,美国人的平均寿命达到77.7岁。另外,根据美国卫生统计研究所预测,到2040年世界上包括中国在内的59个国家人均寿命将超过80岁。人口老龄化将导致人类对年龄的认知发生变化,个体的职业生涯、家庭生活以及教育也要适应这种变化。退休年龄有可能需要推后(65岁以后)才能保证退休后具备足够的资源,兼任多项职业和终身学习也许将成为常态。

(2) 智慧机器和系统崛起。技术将增强并拓展人的能力。但办公、生产及家庭自动化将占据机械可重复的工作份额,机器甚至会成为人类求职最大的竞争对手。届时人类必须思考自己擅长而机器不擅长的东西是什么。

(3) 可计算的世界。传感器的不断增长和处理能力的不断增强令世界成为可编程系统。随着传感器、通信及计算能力渗透到日常物体和环境中,现实世界将逐步数字化,人类将有机会获得海量的数据以及对模式的洞察,人类的决策将越来越多地依赖于对数据的分析,我们对这个世界的思考将会以可计算、可编程、可设计的方式进行。

(4) 新媒介生态。新的沟通工具要求具备的媒体素养不仅仅是文字而已,新的多媒体技术的出现将会导致沟通方式的变革。视频制作、数字动画、游戏、增强现实、媒体编辑的复杂化和泛化将会令人类形成新的沟通语言。媒体形式的丰富化和网络虚拟化不仅要求增强媒体素养,而且对人的注意力和认知也提出了更高的要求。

(5) 超架构组织。社会化技术推动了生产和价值创造新形式的出现,使得组织可以突破传统边界,以超级的可伸缩性(小到个体,大到全球)工作,人类的协作水平和资源整合能力将得到空前提高。

(6) 全球互联的世界。不断提高的全球互联性使得多样性和适应性成为组织运营的中心。

在信息时代的背景下,职业技能相应地出现了新的发展趋势:

(1)职业技能内容更加丰富多变。职业技能内容需要根据产业和岗位的发展趋势与需求进行调整,从输出端解决人才的供需矛盾,从而促进整个社会的发展。以材料成型工艺为例,传统职业技术要求技工能够熟练地使用"车""磨""刨"等技术人工操作机床,能够熟练完成沙箱铸造、人工焊接等生产任务。然而,随着科学技术的进步,人工智能已经可以一定程度上取代人类,完成较为复杂的生产工作,而且人类对该领域的研究正不断取得新的突破。与此同时,我国对于增材制造技术发展和增材制造体系建立的重视程度不断增强,并于2015年发布了相应的推进计划,这就使得这种新技术的快速发展成为可能。相较传统切削加工技术,增材制造技术一方面能大幅缩短产品的生产周期,另一方面能解决许多形状特殊、结构复杂的部件在材料成型时遇到的困难。尽管在多材料打印、成本控制等方面仍存在大量问题需要解决,但这一技术在未来极有可能取代大量目前看似难以被替代的岗位,如精密部件制造等。面对如此的发展前景,可想而知职业技能岗位会受到怎样的冲击。如果不能敏锐地注意到这些新趋势,不从技术能力上提高竞争力,低素质劳动力终将被取代。

(2)岗位需求多元化。伴随着人工智能的快速发展,"机器换人"的时代已悄然来临,大量以往由工人承担的低技术性、高重复性的工作已逐步被机器人取代,许多行业出现了纯机械化、自动化的生产车间,并且这一势头在快速蔓延。近年来,不少发达国家的医药化工、装备制造、电子通信等行业发展迅猛,产值节节攀升,但整体失业率却未见松动,甚至有不降反增的趋势。与传统工业社会因经济倒退导致的失业率居高不下不同,企业用人需求的降低才是问题的根本所在。无论是以通用为代表的传统企业,还是以苹果为代表的现代互联网企业,这样的现象都愈发明显。而在中国,特别是沿海发达地区,尽管"机器换人"的起步稍晚,但势头迅猛。这一改变已经在珠三角、长江经济带沿线等多个地区蔓延,现有的许多员工、岗位乃至生产企业,都受到了强烈的冲击。如下表所示,一线技工已经不再是全国大多数区域最为紧缺的人才,而具备较强专业技能和较高职业素质的高级人才则成为各行业的新宠。

表3-1 2014年国内紧缺人才分布概况

经济区域	紧缺职能	求人倍数	最紧缺岗位	涨薪幅度
珠三角	生产/制造	4.3	一线技工	10.40%
长三角	研发/技术	3.8	技术研发	11.20%
环渤海	研发/技术	4.1	金融产品经理/数据库工程师	13.60%
西部	建筑/房地产	3.1	工程技术	10.90%

（续表）

经济区域	紧缺职能	求人倍数	最紧缺岗位	涨薪幅度
中部	销售	3.2	销售代表	9.00%
东北	销售	3.1	销售代表	8.80%

资料来源：《2016—2022年中国职业教育培训市场运行态势及投资战略研究报告》。

表3-2　2015年国内紧缺人才分布概况

经济区域	紧缺职能	求人倍数	最紧缺岗位	涨薪幅度
珠三角	电子/半导体	3.1	一线技工	10.10%
长三角	金融/投资/证券	4.1	产品总监	12.50%
环渤海	互联网/电商	3.3	电子商务经理	10.30%
西部	房地产开发	2.9	地产开发/策划	8.80%
中部	快速消费品	3.2	产品经理	10.20%
东北	制药/生物工程	3.1	医药技术研发	10.80%

资料来源：《2016—2022年中国职业教育培训市场运行态势及投资战略研究报告》。

面对这样的发展趋势，我们可以看到，在不远的将来，伴随中国智造的崛起，中国的传统制造业正在由劳动密集型向技术密集型转变，企业和社会对高素养、高水平、高技能的人才的需求将大为增加，而传统工厂中的流水线工人则将被机器人迅速取代，这在一定程度上甚至会成为本轮产业变革中，我国跟上世界一线潮流的关键机遇。在"工业4.0"背景下，未来的产品研发中跨领域、综合性的知识对于产品的设计、运营和生产起到十分重要的作用，熟练的工人和拥有多元化综合性技能背景的劳动力才是企业所急需的。在可以预见的未来，自动化设备的普及使得就业市场对具备相关专业知识和操作技能的人员需求旺盛，同时，对从事智能制造有关工作的高端服务型人才的需求量也将大幅提升。在管理层，高新技术和智能制造所具有的学科融合的特性则对相关从业人员的综合素质提出了要求。

由此可见，信息化时代对人才的职业技能提出了新的要求：

（1）意义建构。确定所表达意思的更深含义的能力，驱动力为智能机器，因为智能机器接管了大部分的机械可重复工作，但是人工智能的进步仍然有限，这部分技能是智能机器所不擅长的。

（2）社会智力。以深刻和直接的方式与他人沟通的能力，可感知和刺激反应及想要的互动，驱动力是智能机器和全球化。感觉和感受能力是人类的特长，机器在短时间内是难以企及的。具备社会智力的员工能够迅速评估周围人的情绪，适应其讲话、语调和手势。相对于机器，人类数千年来的群体生活形成的EQ和社会智力是一项至关重要的竞争性优势。

(3) 新思维与适应性思维。善于思考的能力与提出解决方案的能力，能够突破常规做出响应，驱动力是智能机器和全球化。调查发现最近30年技能岗位出现了两头大中间小的趋势。中等技能白领和蓝领工作在减少，高技能要求的技术岗位、管理岗位以及低技能要求的餐饮、个人护理岗位则吃香。这两者一个是抽象工作，一个是简单的手工活，其共同点是都要求有环境适应能力。

(4) 跨文化竞争力。能够在不同的文化环境下作业的能力，驱动力是全球化和超架构组织。在全球化的背景下要求人能够在任何地方工作，因此会对人的语言能力、适应能力提出新的要求。组织的变化也会推进这种能力，因为研究表明不同年龄、技能、专业、工作及思考风格的组合有助于组织的智能和创新性提高。

(5) 计算思维。把大数据转化为抽象概念的能力，以及理解基于数据的推理能力，驱动力是新媒介生态及可计算世界。随着数据量的爆炸性增长，会有越来越多的角色需要计算思维技能来利用这些信息。但同时也要理解这种能力的限制，因为仿真或者模型终究不是现实，同时我们也不应丧失在缺乏数据情况下的思考和决策能力。

(6) 新媒体的读写能力。可利用新媒体强大的说服性沟通的能力制定针对特定群体的宣传方案。UGC（user-generated content，用户生成内容，包括视频、博客、播客等）的爆炸式发展统治了社会生活，未来我们也将在工作场所感受到这一点。

(7) 跨学科能力。能理解跨学科概念，具备各领域的读写能力，驱动力是经济全球化。全球问题的日益复杂化已非单学科能够解决，过去强调的专业分工细化将会被多学科协作所替代。而且这种协作不是简单的多专业组合，而是要求每个人都具备一定的跨专业能力，即一专多能。

(8) 设计理念。为所需结果展示和开发任务和工作流程的能力，驱动力是超架构组织和全球化。神经科学已经发现，环境对我们的认知有着重要影响，环境改变可影响大脑，进而影响行为。可计算世界的传感器、通信工具及处理能力则可令我们以设计的方法来完成工作。我们可以对环境进行规划，令其有利于得到我们最感兴趣的结果。

(9) 认知负荷管理。根据重要性区分和过滤信息的能力，理解如何利用不同工具技术最大发挥认知功能的能力，驱动力是超架构组织、全球化及新媒介生态。数据爆炸令我们处在一个信息过载的世界，组织和个人唯有有效过滤信息，聚焦于重要的数据方能占据竞争优势。

(10) 虚拟协作能力。在虚拟团队中有效工作、推动沟通以及证明存在的能力，驱动力是超架构组织和全球化。连接技术的发展令跨地域的工作、想法分享空前便利。但是虚拟的工作环境也要求不同的能力。虚拟团队的领导需要具备促进互动、激励分散各处的成员的能力（如游戏化机制）。而虚拟团队成员则要有寻找"组织"，形成归属感的能力。

【本章小结】

本章结合当今时代的特征对职业责任与领导力的内涵和重要作用进行分析,使我们进一步明确职业责任与领导力在当今时代的实践与实现机制,同时有助于我们更加深入理解职业责任从理论到实践的形成机理,深刻体会职业责任与领导力是我们完成新时代历史使命的重要武器。

【案例研究与分析】

"布衣院士"卢永根

在2017年"感动中国"颁奖礼上,奖杯赫然镌刻着卢永根的名字。近70年科研生涯,8 809 446.44元,这是一位老人捐给国家毕生的积蓄,更是一位科学巨匠厚重的担当。

卢永根祖籍广东花县(现广州市花都区),祖父辗转至香港谋生致富,父亲则是英国律所的一名高级职员。在丰裕的家境与敦厚的家风中,卢永根接受到良好的教育,却也看到了民生疾苦。1949年,16岁的卢永根加入中共地下党。当新中国的曙光来临时,他谢绝了家人的挽留,毅然北归内地,进入岭南大学农学院学习,师从农业科学家丁颖,并在毕业后留校任教。

此后,卢永根同导师一起,参与了"中国水稻品种光温条件反应研究"等诸多科研项目,积累出我国水稻遗传育种重要的基础性资源。在水稻遗传资源等研究领域,卢永根带领团队屡次实现"零的突破",其水稻"特异亲和基因"的新学术观点,被认为是对栽培稻杂种不育性和亲和性比较完整和系统的新认识。数十年来,他搜集的普通野生水稻种质资源被学界誉为"植物大熊猫",对水稻的遗传育种有着极高的研究价值。

虽然屡次摘得科学桂冠,但卢永根始终坚守着一名科研工作者的本分。改革开放后,家人希望他留在条件优渥的美国,但他依然选择回到国内执教;1987年,中国农科院时任名誉院长金善宝推荐他担任下一任院长,卢永根婉拒邀约,继续坚守三尺讲台;同年,他力排众议,破格提拔8位优秀科研工作者组成"华农八大金刚",成为国内科研、教学等领域的栋梁之材。

对待学术严格苛刻,但学生眼中的卢永根却平易近人。他常和学生一起排队打饭,竭尽全力帮助困难的学生,自己的生活起居却一切从简,被誉为"布衣院士"。他抛弃了太多常人眼中的功名利禄,选择了淡泊名利、潜心科研的人生道路,践行着一生未变的家国情怀。"种得桃李满天下,心唯大我育青禾",这或许是对"卢永根精神"最好的概括。

一、近乎苛刻的节约,毫无保留捐赠

卢永根办公室的设施非常简单,办公桌上的日历恰好翻到了2016年9月6日。卢永根的同事们介绍,在那以后,他生病住院了。

同事们说,在入院治疗前,卢永根几乎每天最早来到办公室,忙碌地回复邮件,拿起放大镜读书、看论文。一到中午,他就拎着一个铁饭盒,叮叮咚咚地走到莘园饭堂,和学生一起排队,打上两份饭。每份饭有一个荤菜、一个素菜和二两饭。在饭堂吃完,卢永根再将剩下的一份饭带回家给老伴徐雪宾。华农师生再次见到卢永根,是在2017年3月。

3月14日下午三点半,87岁高龄的中国科学院院士、作物遗传学家卢永根教授拖着羸弱的病躯在夫人徐雪宾教授的搀扶下缓缓地走入中国建设银行营业厅。卢院士从一个黑色的旧挎包里,掏出一个折叠过的牛皮纸信封,缓缓地取出里面的存折交给银行工作人员。在银行柜台前,每一笔转账都需要他输入密码和亲笔签名,他随身带着尿壶,拖着羸弱的病躯,坚持一个半小时,将存在建设银行的近20笔存款约693万元转入华南农业大学教育发展基金会的账户里。考虑到卢院士的身体状况,他将改天前往中国工商银行继续将剩下的积蓄捐赠给华南农业大学……

卢院士夫妇平时生活非常节俭,对党、对国家、对人民一片忠诚。他们决定将多年积蓄800多万捐给华南农业大学,设立"卢永根·徐雪宾教育基金",用于奖励华南农业大学农学院品学兼优的贫困本科生和研究生、奖励农学院忠诚于教学科研的教师以及资助农学院邀请的农业领域国内外著名科学家来校讲座。这是华农建校108年来,最大的一笔个人捐款。

"很多人不知道,在卢老慷慨捐赠的背后,是近乎苛刻的节约。"卢永根的学生、华农农学院副教授刘桂富说,卢永根厉行节约,家里几乎没有值钱的电器,还在用老式收音机、台灯,"他还在楼顶'耕田'种菜,自给自足,尽量少买菜少花钱"。前几年,他的同事、学生看到卢永根年纪大了,建议请个保姆,有个照应,出门叫上学校配的专车,保障安全。一听这建议,夫妇俩直摇头,继续"我行我素":卢老背个挎包、头戴遮阳帽,缓缓步行到公交站坐公车,一旦遇上大雨,就撩起裤腿,趟着雨水回家;徐雪宾则踩着一辆28寸凤凰单车,车铃叮叮当当,

响彻华农校道。这也成为华农校园的一道靓丽风景。

住院后,卢永根还主动向农学院党委申请成立病房临时党支部,所有党员每月按时足额缴交现金党费、过组织生活。2017年3月,"卢永根院士病房临时党支部"成立,每月支部成员都会把党和国家重要方针政策、华农科研最新动态带到他的病床前。

二、丁颖传人,一生致力水稻研究

在华南农学院里,卢永根认识了原中山大学农学院院长丁颖教授。丁颖早年留学日本学农,回国后在广州从事稻作研究,卓有建树,在20世纪30年代我国的水稻育种领域便有"南丁(颖)北赵(连芳)"之称。丁颖给高年级学生讲授专业补充课,主要内容是中国栽培稻种的起源演变和中国稻作区域划分,这门课程深深吸引了卢永根,也直接促使他日后走上稻作研究之路。

1953年8月,卢永根大学毕业,党组织安排他留校任教。从此他成为作物遗传育种学的助教,不仅从事教学,也承担一定的研究任务。留校工作之后,卢永根和丁颖在工作上有了更多交集,40多岁的年龄差异,并没能阻挡两人互相学习的劲头:在学术上,卢永根不停地向丁颖靠拢;在政治上,丁颖也经常向卢永根请教。1957年,丁颖被任命为中国农业科学院首任院长,调往北京工作。1962年8月,卢永根赴北京中国农业科学院,成为丁颖的科研助手。

这项被称为"中国水稻品种光温条件反应研究"的项目,给年轻的卢永根奠定了一生的研究基础。他亲随丁颖,奔赴内蒙古河套、宁夏、甘肃、新疆以及陕西西部和陕北、河北、山西、山东等地,一方面聆听丁颖先生的教诲,另一方面也考察了各地的水稻品种、性状、栽培方法等。正是因为亲历过这些考察,结合他惊人的记忆力,卢永根对全国各地的水稻品种有了充分的了解,在自己的脑海中建立起了庞大的数据库。对于全国各地的水稻品种和性状,他都如数家珍。调研的同时,卢永根也收集到各地不同的稻种。这些积累,成为我国水稻遗传育种重要的基础性资源。

丁颖去世之后,卢永根回到华南农学院,继续从事水稻遗传育种的教学和研究工作。他带回丁颖院士生前收集的七千多份稻种,成为华南农学院开展水稻育种最宝贵的资源。后来逐渐扩充到一万多份水稻种质资源,是我国水稻种质资源收集、保护、研究和利用的重要宝库之一。

卢永根一生从事作物遗传学特别是水稻遗传学和稻种种质资源研究,并逐步深入扩展到水稻细胞遗传学和分子遗传学。他的学术成就主要有:协助丁颖院士开展"中国水稻品种对光照和温度条件反应特性"的研究,获得1978年全国科学大会奖。对栽培稻和野生稻的亲缘关系进行研究、对水稻矮生性遗传规律进行研究和对水稻雄性不育性的细胞学和遗传基础进行研究。成功地培育出等基因恢复系"珍汕97A",提出水稻"特异亲和基因"的新学术观点,并提出应用"特异亲和基因"以克服籼粳杂种不育性的设想。这些研究成果,对我国的水稻遗传育种研究和实践具有重要意义。

三、教书育人,做好三种角色

改革开放后,卢永根到美国探望病重的母亲,以公派访问学者身份赴美国加利福尼亚大学戴维斯分校留学。在美期间,美国的亲人竭力说服他留下来,但被他坚决地拒绝了。众人百思不得其解,询问他不选择国外优越的工作环境、生活条件的原因,卢永根坚定地说:"因为我是中国人,祖国需要我!"是的,这就是一位农业科学家的赤诚之心、家国情怀。借助国外学习的知识和经验,卢永根发挥"拿来主义",大刀阔斧改革,推动了华农的跨越式发展。

从1983年开始,卢永根担任了13年华农校长。上任之初,在接受《光明日报》记者专访时,他谈到自己的党员、校长、教授三个角色关系时表示,要坚持"先党员,后校长;先校长,后教授"的原则。

华农原校办主任卢吉祥表示,担任校长期间,卢老顶住压力,破格晋升"华农八大金刚",打开了华农人才培养的新格局。1987年华农的人事改革成为全国关注焦点:破格晋升8名中青年学术骨干,其中5人更是直接由助教破格晋升为副教授,以破解人才断层困局,破论资排辈风气。如今,这些当年破格晋升的青年才俊,包括全国政协副主席罗富和、广东省政协副主席温思美、中国工程院院士罗锡文、抗击非典和禽流感战役中的科研英雄辛朝安、华农原校长骆世明、省教育厅原副厅长张泰岭等,分别成长为政界、学界的优秀人才。

"在那些难以被人看见的日日夜夜,他逐步为学校长远发展铺就了道路。"当年被破格晋升的华农原校长骆世明深有感触地说。这些年,即便头上有多个"光环",卢永根依然保持"布衣院士"的赤诚底色,保持科学家的求真求知热情和深沉家国情怀,指导学生读书,看论文,整理著述。华农校长陈晓阳感慨地说,这就是一名优秀共产党员、科学家和教育家应有的品质、责任和担当。

资料来源:卢永根:为国捐出880万毕生积蓄,87岁"布衣院士"诠释大美人生 https://www.sohu.com/a/224854016 426303 2020.07.18

【请思考】
1. 卢院士是如何践行职业责任的?
2. 卢院士的事迹对你的职业发展有哪些启发?

注释

① 付菊等:《影响国际高职教育兴起和发展的社会背景分析》,《世界职业技术教育》,2007年第1期,第5—6页。
② 贺国庆:《外国职业教育发展的历史经验》,《河北大学学报:哲学社会科学版》,2014年第01期,第1—6页。
③ 刘春林:《发达国家职业教育发展的成功经验与启示》,《市场论坛》,2015年第01期,第75—77页。
④ 贺国庆:《外国职业教育发展的历史经验》,《河北大学学报:哲学社会科学版》,2014年第01期,第1—7页。
⑤ 冉云芳:《企业参与职业教育办学的成本收益分析》华东师范大学,2016年。
⑥ 罗伊·W.罗伯茨:《职业教育的起源》,《教育研究通讯》,1983年第17期,第14页。
⑦ 贺国庆等:《外国职业教育通史 下》北京:人民教育出版社2014年版,第381—382页。
⑧ 刘春林:《发达国家职业教育发展的成功经验与启示》,《市场论坛》,2015年第01期,第75—77页。
⑨ 陶亚敏:《从陶行知的职业教育思想探讨我国职业教育的发展现状》,《现代企业教育》,2007年第2期,第19—20页。
⑩ 陈向明:《美国哈佛大学本科课程体系的四次改革浪潮》,《比较教育研究》,1997年第03期,第21—27页。
⑪ 赵长林等:《哈佛大学的课程改革及其启示》,《清华大学教育研究》,2000年第1期,第112—120页。
⑫ 赵兴奎:《大学生职业责任意识问卷调查及发展特点研究》,2013年第12期,第62—64页。
⑬ 郑莉:《大学生自我责任心问卷编制及其发展特点》西南大学2009年版,第1—2页。(学位论文)
⑭ 钱先军:《高校大学生职业道德教育的思考》南京师范大学2008年版,第8—12页。(学位论文)
⑮ 陈万柏,张耀灿:《思想政治教育学原理》华中师范大学出版社2009年版,第158—159页。
⑯ 朱妍洁等:《大学生职业道德教育研究综述》,《兰州教育学院学报》,2011年第3期,第88—90页。
⑰ 桂早芳:《高等职业教育与普通高等教育的差异性研究》,《经济论坛》,2011年第8期,第177—179页。
⑱ 汪中求:《日本"工匠精神":一生专注做一事》,《决策探索》,2016年第三期,第71—72页。
⑲ 张娟娟:《工匠精神在职业教育中的回归与重塑》,《职教论坛》,2016年第35期,第35—39页。

第四章 领导力的本质与理论模型

【本章要点】

通过对本章内容的学习,应了解和掌握如下内容:

1. 领导理论包括哪些主要内容?理论演变的逻辑是什么?
2. 什么是领导者和领导力?如何理解它们的本质?它们有什么不同的类型?
3. 在现代企业发展中,优秀的领导者应该有怎样的特质?
4. 我们该如何应对新时代对于领导力的新要求?

【导读案例】

马斯克：现实版"钢铁侠"的领导力法则

对于埃隆·马斯克（Elon Musk），大部分人都不会陌生。特别是，2019年1月，上海审批通过了有史以来最大的外资制造业项目——特斯拉超级工厂，马斯克所领导的特斯拉更成为第一个在中国独资建厂的外国车企。马斯克的身份可不仅是特斯拉CEO，他也先后创办了多家高新技术企业，被誉为现实版的"钢铁侠"。马斯克在领导力方面的成就可以总结成一句话：将革命性的想法付诸行动，并且带领大家去信服对未来的宏大构想和愿景。

1. 始终追求自己的兴趣，沉迷于现在正在做的事情

马斯克是自我驱动型学习的典型代表。12岁时，他用自己的BASIC语言知识，编写了Blastar（一款自制的电子游戏），后来，他将这款游戏以500美金的价格，卖给了Office Technology。马斯克还修了物理和经济学的双学位。今天，他坐拥145亿的身价，他所经营的各项业务之间似乎没有联系，但其实都是马斯克所感兴趣的领域。

马斯克不仅对自己所做的事充满了激情，甚至可以用"沉迷于此"来形容。工作几乎就是他的氧气，除了睡觉，他几乎每分每秒都在构思和执行自己的想法。他执着于那些即使是最小的细节，并对自己、团队和产品，都有着极高的要求和期望。有些人会认为马斯克不懂妥协，甚至不近人情，因为他会把自己认为不满意的工作成果推倒重来，并从不讳于批评自己身边表现不好的同僚。

2. 始终清楚自己的目标，始终保持乐观，相信失败是一种选择

在他出售PayPal业务和成为我们都喜爱的亿万富翁发明家之前，马斯克决定去尝试读一下研究生。他注册了斯坦福大学的一个博士项目，但仅仅两天就退学了。因为仅两天时间，他就意识到：在学校里，他学不到自己需要的知识。对于大多数人来说，如果有足够的天赋并有幸被斯坦福博士项目录取，可能我们都会去参加。但马斯克不去，因为当他知道自己已经掌握那些课程所教授的知识时，他要做的事，是如何将那些知识转化为产品。他专注于自己的兴趣，清楚自己的目标，并拥有强烈的好奇心、不懈的乐观精神，对失败无所畏惧。

马斯克相信他所做的事对世界很有意义，而且它们正在产生积极的影响。对马斯克正在做和未来想做的事，无数人包括一些业内的专家们，都告诉过他：

"你的想法很荒谬,一定会失败。"然而,马斯克总是想方设法忽略所有这些质疑,并以他想要的方式去做事。当然,他的很多想法还没有真正落实。但是,他已获得很多成功,并屡次让投资方和客户都感到惊艳。在马斯克看来:失败,只是一种选择;如果你没有失败,你就不会有足够的创造力;大部分人都乐于规避,而不是承担风险,而创造力往往都伴随着风险。

3. 像宗教信仰一样热爱自己的品牌,无视泼你冷水的人

马斯克对自己的品牌,有一种狂热,或者说是一种信仰。这种信念,激发了更多人对特斯拉和其他品牌的信任,甚至是崇拜。作为一位领导者,你如何通过自己对品牌的态度,来引导别人认知,并"同你一样"热爱自己的品牌?如果你希望别人喜欢你的品牌,你自己就必须喜欢它。如果你想要品牌植入客户的血液之中,你自己必须对你的品牌绝对忠诚和笃信。有一位粉丝录制了一段名为"Fireflies"的视频,来证明粉丝们对特斯拉品牌的热情。这比任何付费广告都来得有效,因为用户自发生成的内容,带着"爱和忠诚"。马斯克正是通过将自己全身心地投入到工作中,并把自己的愿景展示给更多人,来传播自己的品牌。如果你对自己的品牌和产品也有着同样的信仰,你自然会吸引更多的粉丝。

马斯克从不在意那些质疑之声,尽管有相当多的人对他所做的事持怀疑态度,但他一直在坚持为自己的信念而战,并挑战反对者。正因如此,他吸引了一大波信任并支持他每一步行动的粉丝。以马斯克对特斯拉 Model S 在大火中爆炸的反应为例。马斯克亲自撰写文章,发表在特斯拉的博客上,并详细解释了技术事故的细节,并进一步探讨了汽车的安全措施。马斯克在文章结尾表示:对于装满一油箱易燃燃料的车来说,用电池的新能源车是绝对安全的,自燃的风险可以说是能忽略不计的。通过直面任何危机和质疑,用客观和事实来捍卫你的立场和公司利益,这个比任何营销主张都要有效得多。

4. 尝试将"不可能"变成"可能"来进行变革,成为领域内的稀有品种

用穆罕默德·阿里(Muhammad Ali)的话说,"不可能,只是小人物随便说的一个词;因为对不断探索和改变的人来说,他们永远不会待在自己的舒适区"。马斯克想要不断完成"不可能之事"的雄心,远远超过周围其他人。做不可能的事,首先要有一个看起来有点疯狂的远大目标。很多公司都有自己的愿景和蓝图,但鲜有真正有远见的。缺乏远见的领导者,无法真正激励团队、持续增加业绩或创造真正的价值。模糊、狭隘或根本不存在的愿景,会导致领导者和企业最终走向失败。

马斯克坚信"做产品"就要成为行业的一个"稀有品种",特斯拉正是一家不愿平庸的公司。它利用线上营销,比如交互式的产品体验和视频推荐,向潜在客户进行推广。在这个大部分企业都"主动销售"的行业里,这种营销方式使特斯拉脱颖而出。根据市场调研公司 Pied Piper 最近进行的一项研究表明:在所有领先的汽车品牌中,特斯拉的汽车销售员最"差",因为他们从不以将车卖给客户作为他们的最终目的。马斯克在谈到销售人员时说道:"衡量销售目标及成功与否的唯一标准,就是是否让消费者充分享受到参观的体验,并期待再次光临。"将公司打造成一家与众不同具有强烈品牌主张的公司,让消费者一眼就能将你和市场上其他品牌区分开来,就已经树立了成功的品牌形象。

资料来源:本案例改编自泰普洛领导力学院的《从特斯拉到 SpaceX,关于马斯克的领导力法则》。

【请思考】
1. 什么是领导力?领导力的本质是什么?
2. 领导者需要具备哪些特质,领导者需要如何影响追随者?
3. 马斯克的成功经历对你有哪些启示?

第一节 领导理论的演变

一、领导特质理论:领导者是天生的

领导特质理论可以称为整个领导研究领域的开端。20 世纪初兴起的领导特质理论的起源可以追溯到苏格兰哲学家卡莱尔(Thomas Carlyle)提出的"伟人理论"("Great Man" theory)。1869 年,英国心理学家、社会学家佳尔顿(Francis Galton)认为,领导力是杰出的人们身上特有的品质,而且这些品质与生俱来,不可后天培养[①]。这些思想对后来的研究方向产生了极其深远的影响。20 世纪初,学者们开始运用心理学研究来进一步寻找伟大的领导人身上特有的、与众不同的品质和特质,希望能够通过这些研究来为企业培养或者寻找合适的领导者。

在这一系列的研究中,斯托格蒂尔(Ralph M. Stogdill)教授对这段早期领导力特质的研究做出了系统性总结。第一,领导者和追随者没有本质上的差异;第二,有一些非常重要的特质和成功的领导有一定的关联。斯托格蒂尔教授将这些特质分为五个方面:身份(精力、身高、外貌),能力(智力、敏感性、表达能力、创造力、判断力);成就(学位、知识、学术成就);责任(可靠性、开创力、执着、进取心、自信心、超越的欲望);参与(积极主动、社交、合作、适应性、幽默);地位(社会经济地位、个人声望)[②]。斯托格蒂尔教授在1974年也通过进一步的回顾性研究证实巩固了以上主要结论。

但是接下来,学者们并没有对领导力特质进行更多更深入的研究。原因之一,是大量研究者关注并且认可了上述第一个观点"领导者和追随者没有本质上的差异",而且同一时期的实证研究也表明,某个单独的领导特质或者是一些特定特质的简单组合,对领导效能不能够产生明显的影响。

而且在20世纪中后期,相比起较为抽象而且难以复制的领导特质,大家更加关注是否可以通过后天的学习来培养一个成功的领导者。于是,领导行为理论等研究进入主流视角。通过研究,不同的领导行为和不同情景下的领导风格能够更具体地解释并且解决一些企业发展中的真实的问题。于是这一时期的研究热点也逐渐转向了领导行为理论和情景领导理论。

值得一提的是,其实领导力特质理论并没有完全没落。在20世纪后期到21世纪初,随着管理实践的进一步发展和相关理论的深化研究,特质理论再一次回到学者们的视野当中。后期研究者们采用的领导属性模式法(attribute pattern approach)与传统方法不同,不只是考虑单个或者某些特质对领导力的影响,而是把领导者当成这些特质的有机结合的整体,探索这些特质整合后对于领导力的影响。这些更加科学合理的研究方式和更多的实证研究,也推动了领导特质的研究与时俱进,从而发挥更大的功效。比如班尼斯(1998)认为"以客户为导向,建立全球化视野"就比一些单一的性格特质更加重要;奥戴尔(2009)则在各个特质中加入了公平、温暖与人性等更多元的特质元素。

二、领导行为理论:领导力是可以后天习得的

理论的进步来源于学者们和实践者们不断的反思与批判。领导特质理论着眼于现有领导人才的分析研究,但以"领导是天生的"为前提的上述理论体系,并不能很好地指导企业寻找或培养这样的领导者。而更加具有现实性的问题,往往不在于从现有人才中挑选精英,而在于如何在大范围人群中寻找或培养有潜力的人才,比如如何寻找或者培养企业的高层管理后备干部,公司部门的小领导,甚至初创企业中合适的创始人团队。越来越多的对于领导者特质理论的批判,促使学术界转向对领导者行为的研究,试图找出这些行为和领导效能之间的关系。这个理论流派之所以长期受到学者和企业家的欢迎,是因为该理论流派更加注重领导者现实中的行为风格和效果,其实践效果更好,而且从行为的角度,比"特质"更容易去模拟和实践。

1. 罗夫·怀特和罗纳德·李皮特的三种领导风格

首先,1939年,美国管理学家罗夫·怀特(Ralph K. White)和罗纳德·李皮特

(Ronald Lippett)等学者通过相对比较简单的学生实验,在团队决策、工作反馈和项目管理的工作范围内,观察检测了三种不同领导风格的领导效能[③]。这三种领导风格至今认可度和传播度很广,分别是权威式(authoritarian)、民主式(democratic)及放任式(laissez-faire)。

(1)权威式(独裁式):领导全权负责决策,而且几乎不听取任何团队中人的意见和建议。他们不会主动接触了解员工,主要沟通是发号施令,希望大家按照要求完成工作。这个领导方式比较适合需要快速决策的情景,或者是项目或者工作场景极其棘手。不过,这种风格也很容易引起员工的不满,认为领导控制力太强,自己无法参与决策,无法贡献自己的想法。

(2)民主式(参与式):领导鼓励员工参与集体讨论,听取大家的建议,一般在团队达成共识后(或者大多数人同意后)做决定。这个方式能够促进团队合作和激发员工的创造力,也是最受欢迎的一种领导方式。但是在一些教条严明的组织或者员工意见过于活跃的团队中,民主式领导的作用并不大,后者甚至对领导者的领导能力有较高的要求。

(3)放任式(无为式):领导并不直接参与决策,而是放权给下属们,让他们学习并负责设定目标和决策。这种模式最适合那些训练有成而且自我指导能力很强的员工们,比如严谨的科学实验室或者是成熟公司中经过长期运营和磨合的团队。而在那些员工需要反馈和评估以及专业指导的团队中,这个方式显然就不适用了。

2. 密歇根州立大学和俄亥俄州立大学的领导行为理论

1945年,密歇根州立大学和俄亥俄州立大学对领导行为进行了更深度的研究。其中俄亥俄研究组主要识别了两个代表性的行为:结构维度(initiating structure)和关怀维度(consideration)。结构维度是指领导者通过各种行为来组织和界定群体中的关系,包括对下属角色、地位和工作方式的安排,分派具体的任务并确定需要达成的工作目标,明确需要遵循的规章制度和工作程序以及明确对团队成员的要求。关怀维度是指领导者对团队和下属个人的友善、信任和支持程度,并和团队成员关系密切。高关怀的领导者会采取多种不同的行为表现对下属的友善和支持,如代表下属的利益说话、关心其个人情况、表现出对下属工作的赞赏。由这两种维度可以构成一个领导行为坐标系,从而去预测领导行为的效能[④],如图4-1所示。

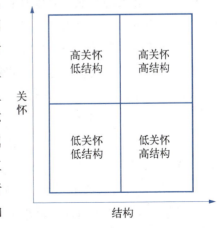

图4-1 结构维度和关怀维度的组合

而在密歇根大学的研究中,将领导行为分为两类:以员工为导向或者以任务为导向。研究表明,以员工为导向,多加关怀的领导方式,使员工生产效率更高⑤。这些早期实验,虽然没有大量实证的支持,但是其研究模式和方法对后期的研究十分有启发。

3. 领导方格理论

而后期比较有代表性的研究之一,是罗伯特·布莱克(Robert R. Blake)和简·莫顿(Jane S. Mouton)在1964年提出的管理方格模型(management grid model)。和以往各种理论中"非此即彼"式的绝对化观点(要么以生产为中心,要么以人为中心)不同的是,管理方格模型认为,对生产关心和对人关心的两种领导方式,可以进行不同程度的互相结合(如图4-2所示)⑥。

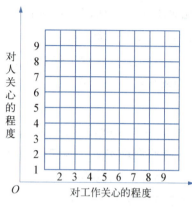

图4-2 领导方格图

资料来源:Robert R. Blake and Anne Adams McCanse, Leadership Dilemmas-Grid Solutions. (Houston: Gulf Publishing, 1991), p. 29. Copyright 1991. Reprinted with permission of Grid International.

其中比较典型的几类组合产生的领导风格有:

(1)放任型管理(坐标1.1):领导不关心任务或者员工,只求保住工作,熬资历,避免惹麻烦。

(2)维稳型管理(坐标5.5):领导对员工和任务都给予适度关心,但实际上没法真正开发员工潜能或者提高生产力,只能取得平凡的业绩,维持现状。

(3)团队型管理(坐标9.9):领导对员工和任务都高度重视,促使员工理解生产目标,开发他们的潜力,使他们认为自己是公司重要的一部分并且愿意为之努力奋斗,提高团队合作能力和归属感。

(4)俱乐部型管理(坐标1.9):领导十分关心员工,但是不太注重任务的完成,期望对员工的关心和照顾可以让他们在舒适的环境下提高自己的效率,但是往往对生产效率的效果并不显著。

(5)任务型管理(坐标9.1):领导们不关心员工,只关心任务是否高效完成,他们期待员工拿了工资就要尽全力做事,甚至有时会通过设定规定和惩罚来促进员工完成任务。这种方式比较适合危机管理。

4. 道格拉斯·麦格雷戈的X理论和Y理论

及至20世纪五六十年代,道格拉斯·麦格雷戈(Douglas McGregor)提出的X理论和Y理论⑦同样受到很大的关注。X理论认为有些员工是被动的,需要外部给予激励,去促使他们为实现组织的目标而工作;然而Y理论认为有些内动力很强的员工,只要合适的工作条件就能很好地完成工作。这两个理论被大量应用在后期的实证论证中,并且启发管理者们理解员工的工作动机,运用不同方式激励不同类的员工,从而提升员工的工作效率。

关于领导是否天生,抑或是能够后天培养这个话题,学者们的探索从未停歇,不过学界一直都没有得到明确的结论。新加坡国立大学教授理查德·亚维(Richard Arvey)在2005年和他曾在明尼苏达大学卡尔森商学院的同事做过一项研究。他们通过研究1961年到1964年出生并一起长大的325对同卵或异卵男性双胞胎,探索了基因和先天的性格因素对领导力的影响。双胞胎在成长过程中同时受到先天基因和后天成长环境的影响,而这个实验则希望能够量化个人基因和环境因素对领导力的影响。

这个实验的前提是,如果领导力是会被基因遗传影响的,那么询问实验对象相同的问题时,他们的回答将会出奇一致。实验问题包括是否倾向于去影响他人,希望获得公众注意,是否在别人放弃时还会坚持等。研究结果表明,大约30%的领导力由基因决定,而70%取决于环境因素[8]。正如亚维所说,性格特质很大程度由基因决定,而性格又往往决定了我们对于自身的期待和想要成为的人的样子。这也证明了基因和领导力之间有密不可分的关系。

也许有人会认为30%仍然是一个不够大的数字,但是这个统计意义十分深远,它说明了领导者既不是"天生王者",也不完全靠后天修炼;而且研究结果还显示,在管理岗位的个体化差异中,有超过四分之一的差异其实来源于基因差异,而四分之三的差异是外部环境(比如工作经验、培训教育等)导致的。这对后期的研究来说是很好的开端,一定程度避免了两极化的研究。

领导行为理论有助于人们去了解领导者对于下属工作效率的影响,以及有助于判断在一些固定情况下可以尝试的领导风格,但是和领导特质理论一样,这一系列理论仍然没有考虑到情景和下属特质的多变性,从而对于实践的指导性不强。为了迎接不同情景的挑战,领导者们将如何适应环境的变化,调整自己的领导风格呢?情景领导理论将对此进一步地说明。

三、情景领导理论:领导力产生在不同的情景中

领导理论发展的下一个重要阶段是情景领导理论。它的产生其实也与当时对领导特质理论的批判有关。我们可以看到,领导行为理论已经从领导特质延伸到领导行为,以及领导与下属的关系。但事实上,在一个完整的工作环境中,能够影响领导力效能的因素还有很多,比如工作任务的类型,领导和下属的社会地位,这两者的职位权力对比,下属的个性偏好,以及内部和外部的工作环境和条件等。而情景理论关注的重点,就在于寻找出合适的情景"调节变量",来帮助领导者找到合适的领导风格和领导情景。而在此基础上又进一步产生了与之紧密相关的权变领导理论,权变领

导理论认为,在特定的情况下要考虑情景变量来选择最适合的领导风格。

这一系列的理论认为"一个人能够成功地展现出他的领导力,很大程度是取决于他所处的'情景'"。在这个理论框架内,以下五个理论模型得到了最广泛的关注和认可。

1. 费德勒的权变模型

弗莱德·费德勒(Fred Fiedler)教授被认为是早期情景理论研究的倡导与发展者。他认为一个人的领导风格是在他的学习和生活经历中产生形成的,很难再被改变[①]。所以,这个理论模型最重要的意义在于,帮助人们理解自己的领导风格是什么样的,并且认识到自己的领导风格最适合什么样的场景,从而发挥最大的领导力效能。

为了帮助人们了解自己的领导风格,20世纪70年代,费德勒建立了最难共事者模型(the least-preferred coworker scale, LPC)。测试者们需要回忆所有共事过的员工,并且用双极测量量表(从最差到最好有1—8个等级)描述他们最难共事的人的特质,比如最(不)友好,最(不)合作,怀有敌意/支持赞扬等。

有趣的是,这个测试最终不是为了测出一个最难共事的员工形象,而是为了测试这个参与者的情感偏向和领导风格。研究表明,那些以人际关系为导向的人,在评价最难共事员工时,态度会更加积极,分数也会整体偏高;而那些以任务为导向的人,评价的态度会更加消极,分数也会整体偏低。所以,获得高LPC分数的人主要以人际关系(与下属的关系)为导向,重视员工的意见和工作满意度,避免冲突与紧张情绪,营造良好的工作环境,而低LPC分数的人则以任务为导向,重视任务是否完成,以及完成的效率和质量,只有工作任务达到他们的要求,才会再去考虑与下属的关系如何。

费德勒认为,领导只有明确自己对情景的掌控力,才能够确定下属们是否能够认真执行任务。该模型根据领导者所在的情景,将情景控制分为三个要素("领导情景三因素")。

(1)领导者与被领导者的关系,即领导者与被领导者之间相互信任的程度。

(2)任务框架,即领导下达的任务是否结构内容清晰明确。如果内容框架很模糊,那么员工自然很难去理解工作任务,从而不能够达到预期目标。

(3)领导者职位权力,即领导者所处的职位本身赋有的权力。职位权力越高,则领导越能够充分调配资源(给予奖励和惩罚)。

显然,领导者与被领导者关系很好,任务框架清晰,而且领导者职位权力比较高就可以构成一个较为理想的领导情景。回到上文的LPC模型,费德勒发现,那些任务导向型的领导(低LPC分数)在情景处于极端有利和极端不利的情况下,获得的领导效能最高。

具体来说,第一,当情况极端有利,即上文的理想状态时,领导的确只需要关心最终的工作目标,即任务是否按时保质完成;第二,当情况极端不利时,比如上下级之间缺乏信任与尊重,团队任务不清晰,团队领导地位不明确,受到成员质疑和抵触(甚至处于无监管状态),那么这种情况很可能是团队遇到某种危机或者是整体组织正在变革中,领导者在这时去调整团队人际关系,显然花费的时间和精力成本太大,成效颇微,只能专注完成任务,以结果为导向,否则团队的基础指标都有可能无法完成。

相反的是,非极端情况下,也就是通常大部分情况下,作者认为以人际关系为导向的领导者效能更好。毕竟当领导者注重关系维护后,团队所处的人际环境会更加友好,领导者下达指令后,良好的沟通可以帮助任务结构更清晰,领导者的奖罚决策也会更得到尊重,领导者的效能自然也会更高,成效更明显。

不过,虽然这个模型结构简明清晰,但是仍然有很多地方受到质疑,值得商榷。

(1)一个人的性格特质是有可能被环境改变的,人也会能动地根据情景进行灵活的变化。这个模型没有考虑到领导者有可能会根据情景调节自身的行为和管理策略,这在现代人力资本变幻莫测的时代,不够灵活有效。

(2)后期研究表明,有些领导者天生在某些情景下比别人的领导力更强,但是这并不能说明他们一定属于这一类的领导者,可能他们在其他情景下的领导力也不差。

(3)该模型认为当领导者与这个情景不匹配或者不能适应时,他应该去改变情景来与之匹配,如若不行就应该被替换;但这样的人力资本成本太大,会引发很多连锁问题。

(4)现实生活中,有些人的性格偏好与测试结果不一定完全一致,这可能会影响他们与情景的匹配结果。

(5)从实践角度来说,该理论还没有提供可操作的领导培训的指导,去提升领导者面对不同情景的应对和管理能力。

2. 路径-目标理论

在上述理论的基础上,1974年罗伯特·豪斯(Robert House)进行了进一步的研究,创立并发展了路径-目标理论(the path-goal model)[①]。他在1971年对该理论加以拓展,并在1997年再次调整改进。该理论的重点相对来说并不在领导者和其所匹配的外部情景上,而是在指出了之前理论的局限性后,认为领导者的行为是会根据下属的满意度、动机和工作表现而有所不同,即可以自发调整。

所有的领导理论都认为,领导要指导带领员工去完成组织的目标,路径-目标理论模型也不例外。该理论拓展的内容是,领导者要根据不同情景的特质和要求,去探索调整自己的行为;指导帮助员工寻找到合适的发展路径,提供适当的帮助(扫除障碍)来保证他们的目标和组织的目标一致,使工作更加有效。

路径-目标理论提出,领导风格会受到下属和环境两方面因素的影响。

(1)下属特质。这指的是员工表现出的能力、经验和自己能够掌控和接受工作结果的程度(locus of control)。下属的特质会决定他们如何解读领导风格和外界因素的影响。比如,员工经验是否丰富,是否有信心把控和实现目标,以及如何看待领导者的领导方式和风格(希望如何被领导)等,例如,在考虑追随者控制点的情况下,就会发现一种权变的关系。内控点的追随者相信其取得的成果是自己决策的结果,这些人对参与型领导行为的满意程度将高于指令型领导者行为。相反,外控点的追随者对指令型领导行为要比对参与型领导行为更加满意(米切尔、斯密色和韦德,1975)。

(2)环境因素。环境因素是指在工作任务框架、领导权力范围和工作团队之外的因素。在员工因素以外,环境因素也将会决定领导的管理风格。环境因素主要包括三种情景因素:任务、正式的权威制度和主要工作群体。具体来说,如任务内容是重复琐碎,枯燥乏味,按部就班的,还是需要随机应变,灵活创新的;领导的权力和权威是否被尊重和认可;团队合作精神很高或是很低等。这三种因素既可能单独影响领导情景,也可能交互影响或共同影响领导情景。

在此理论中,高效的领导会怎么做呢?他们会帮助员工认清自己的前进路径,减少"路障"和"陷阱",让他们投入地、有效率地完成公司所预期的目标。根据以上前提、影响因素和研究结果,豪斯划分了四种领导行为风格,如表4-1所示。

表4-1 四种领导行为风格

领导风格	环境因素	员工特质	备注
指导型(directive)领导 领导为员工设定工作目标和执行方法	• 工作任务不清晰,但有趣 • 明确正式授权 • 团队合作好	• 员工经验不足 • 他们认为自己没有能力和权力 • 期待领导给予指导	该风格效果最好的情况是员工角色和任务要求模糊,但是工作内容实质很有趣、令人满意
支持型(supportive)领导 领导关心员工的福利和需求(物质和心理)	• 任务简单可预测 • 授权较弱,不明确 • 团队合作较差	• 员工有经验而自信 • 相信自己有能力 • 拒绝被严格掌控	在任务或者人际关系使人身心俱疲时,该风格最有用
参与型(participative)领导 领导在决策前与下属一起讨论,寻求建议	• 任务模糊而且复杂 • 授权明确或不明 • 团队合作好或差	• 员工有经验而自信 • 相信自己有能力 • 拒绝被严格掌控,想自我把控自己的工作	当下属们都各自高度投入在自己的工作中时,该风格最有效
成就导向型(achievement oriented)领导 领导设定高要求高目标,对员工有信心,希望他们尽全力表现	• 任务模糊,复杂,而且难以预测 • 明确正式授权 • 团队合作好或差	• 员工有经验而自信 • 认为自己缺乏某种能力 • 接受领导为他们设定的目标并且尊重领导	该风格最显著的职业是技术性工作,销售人员,科学家和企业家

当然，这个理论也没有考虑周全。根据最新研究显示，除了领导风格依旧较少、无法匹配很多其他情景，以及实证支持不足之外，该理论未能解释为什么领导行为和员工的动机有关，以及忽视了员工也会影响领导的变化的可能性，比如忽略了领导与下属之间可能产生的情感因素及其对后续行为的影响。

3. 情景领导模型

上述领导理论涉及的权变方法考虑了任务、领导者的权力和下属的特性，权变领导的另一个重要的解释在于强调团队成员的特性（Andrew J. DuBin，2006）。20世纪70年代末和80年代初，保罗·赫塞（Paul Hersey）和管理学家肯尼思·布兰查德（Kenneth Blanchard）提出了新的权变理论即情景领导模型（situational leadership model）理论，该理论解释了如何把领导风格与团队成员的准备程度（发展成熟度）相匹配。实际上这个理论的前身是二人共同提出的领导生命周期理论；在接下来的二十多年中，随着实证和理论研究的不断深入，两位学者直到2007年还在推出该理论模型的修订成果①，这也从另一个角度说明这个理论经得起时间的推敲，而且领导力理论是与时俱进的。

该理论模型认为，世上没有任何一种领导方式是最好的，最成功的领导能够根据下属的能力、信心和工作承诺（也称为员工成长水平或者成熟度）来调整自己的领导方式；成功的领导方式不仅考虑到组织和其中的人，也关注任务或者工作的属性。根据这个理论，对成熟度低的员工，领导对他的关心程度要相对少一些，但是要给他更明确的工作框架和对应的指导；随着员工成熟度的提升，领导要逐渐减少对他工作的参与和指导，但是要更关心这个员工的福利，以此作为他提高成熟度的一种"奖励"。

根据下属的成熟度的不同，领导风格也被分为四种：告知/命令型，指导/推荐型，参与/支持性，授权型（如图4-3所示）。

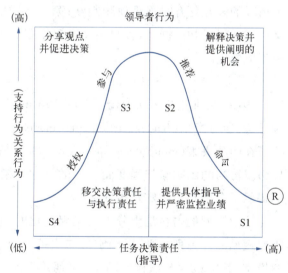

图4-3 情景领导模型

（1）告知/命令型（directing）：员工成熟度低，缺乏经验和自信，不情愿完成任务;领导只能单方面沟通,要给明确工作指导和完成期限,时刻督促工作进度。

(2) 指导/推荐型(coaching):员工能力一般,但有意愿完成任务;领导要适当给予指导,此时两者有双向沟通,领导也可以适度关心员工,促使他更投入工作。

(3) 参与/支持型(supporting):员工成熟度更高,领导可以和他一同分析问题、制定方案,逐渐减少直接的指导,但要更关心员工的工作福利,保持良好关系。

(4) 授权型(delegating):员工有能力和自信,很愿意完成任务;领导此时仍然有决策权,但大部分已经转移到下属团队中,领导主要做好监管工作即可。

相比于之前的理论,本系列的理论经历了长时间和市场的考验,适配于多种情景,而且内容通俗易懂,也能够给领导者培训提供好的指导意见;同时,这个理论额外关注了员工工作的意愿度,并且在实践过程中注意提升员工的技能,更贴合现实,更有实践意义。

不过,它仍然有一些缺憾。这些缺憾主要包括两点:第一点,和路径-目标理论一样,在情景确定的情况下,领导者可以去适应并调整出合适的风格状态,但是实际上情景的多元化有时很难预测判断;第二点,从学术的严谨性来说,员工的成熟度定义还有些粗糙和模糊,学者们还没有确定是否有其他的因素也可以从不同角度影响员工成熟度。

4. 维克多·弗罗姆和菲利普·耶顿的领导者-参与模型

1973年,维克多·弗罗姆(Victor Vroom)和菲利普·耶顿(Phillip Yetton)提出了领导者-参与模型(leader-participation model/narrative decision model)[12]。这个模型是为了在团队决策(group decision-making)的情况下,为领导选择合适的领导行为风格以引发恰当的团队参与程度而产生的。这一模型与上面的模型一样,也是为领导者们提供了合理有效的实践指导。

这个模型的内容是十分工具化规范化的,它为领导者提供了不同的情景类型下需要遵循的一系列规则,以确定参与决策的类型和程度。这个模型建立了一个决策树模型,其中包含8项权变因素(可通过"是"或"否"选项进行判定)和5种可供选择的领导风格,领导者通过回答问题,来最终查看自己适合的领导风格,具体如表4-2所示。后来弗罗姆和亚瑟·加哥(Arthur Jago)又对该模型进行了修订,将权变因素扩展为12个,其中10项按5级量表评定,而5种可供选择的领导风格保持不变。

这最终可选择的五种领导模式是:独裁Ⅰ(AⅠ)、独裁Ⅱ(AⅡ)、磋商Ⅰ(CⅠ)、磋商Ⅱ(CⅡ)和群体决策Ⅱ(GⅡ),具体描述如下:

AⅠ:领导使用现有的信息独立作出决策。

AⅡ:领导从下属那里获得必要的信息,然后独自作出决策。领导可以选择告诉或不告诉下属这个问题或决策。下属的任务只是提供必要信息。

表4-2 选择决策风格的时间驱动模型

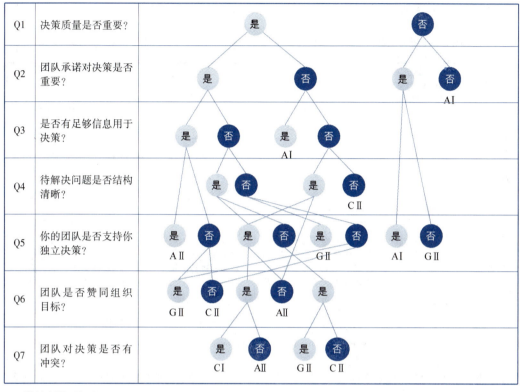

资料来源：The Vroom-Yetton Decision Tree：Adapted from Leadership and Decision Making by Victor H. Vroom and Philip W. Yetton by permission of the University of Pittsburgh Press.

CI：领导与有关的下属单向讨论问题，下属间并没有互动，领导获取他们的意见和建议，然后单独决策。最终决策可能受到或不受下属的影响。

CII：领导与下属们一起集体讨论问题，收集他们的意见和建议，然后作出决策。最终决策可能受到或不受到他们的影响。

GI/II：领导与下属们集体讨论问题，领导接受大家的意见，不强加或者坚持自己的意见，最终一起提出解决方案。

5. 领导行为连续体理论

在上述理论的分析中，我们可以看到一个较为普遍的质疑点，那就是如果现实中，情景不确定或者情景处于动态过程，那么领导的风格该如何进行变化。1958年，坦南鲍姆（R. Tannenbaum）和沃伦·施密特（Warren H. Schmidt）提出了领导行为连续体理论，认为随着情景不断地持续地变化，领导也应该要学会调整自己的领导风格。因为这个理论的广泛影响力和认可度，两位学者在1973年的《哈佛商业评论》（*Harvard Business Review*）上继续阐述了如何根据这个理论来选择合适的领导行为风格[13]。

这个连续体模型提出领导行为有两种极端，一种是极端专制独裁，一种是高度民主自治，如图 4-4 所示。

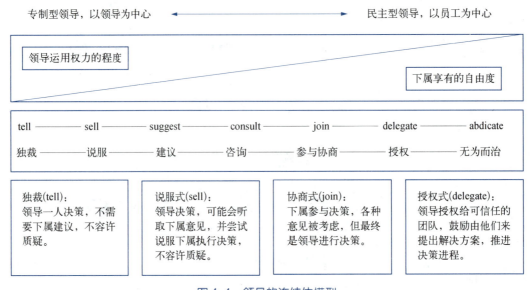

图 4-4 领导的连续体模型

资料来源：Continuum of leadership behaviour (Tannenbaum & Schmidt, 1973, exhibit 1, p.4).

那么在讨论如何选择合适的领导方式之前，作者提出了四个首先要考虑的比较重要的问题：

（1）领导是否可能通过授权完全把职责转交给团队呢？（要注意职责也包括风险，下属的自由度不可以超过领导本身承担的上级给予的自由度）

（2）当领导授权授责之后，他们是否还可以参与决策呢？（在授权之前，就要考虑清楚自己今后的角色定位，是保持距离，给予空间，还是成为团队一员建言献策）

（3）"让团队认识到领导的行为风格"是否是重要的？（十分重要，这可以避免员工自作主张或者不敢参与，清楚地明确自己的行为风格对后续开展工作很有必要）

（4）我们通过下属做出决策的数量，可以说明领导有多么民主吗？（数量不一定是个准确的衡量标准，但是这些决策的重要级别可以作为一个标准）

在想清楚这些问题后，如何选择领导风格就取决于以下三点：领导力量（forces in the manager）、下属力量（forces in the subordinates）和情景力量（forces in the situation）。

（1）领导力量：

　　a. 领导价值体系；

　　b. 对下属的自信；

　　c. 自身的领导偏好/倾向；

d. 在不确定的情景下的安全感。

(2) 下属力量：在以下条件下，领导可以赋予下属更多自由度。

a. 下属需要更多的独立性；

b. 有意愿去预计和承担做决策的责任和风险；

c. 对不明确性的容忍度；

d. 对问题感兴趣而且认为这很重要；

e. 理解并且识别出组织目标；

f. 有必需的知识和经验去处理问题；

g. 已经学到并预期和别人一起决策。

如果以上情况都不存在，那么领导可能要充分利用自己权职，做好"独角戏"的准备了。

(3) 情景力量：

① 组织的类型：

a. 组织的价值观和传统；

b. 工作环境的大小；

c. 组织的地理位置分布；

d. 部门内和部门间的安全感。

② 团队的效能：

a. 已有团队共事的时间和经验；

b. 团队成员背景；

c. 对自己团队的自信。

③ 待解决的问题本身：

a. 影响授权的范围；

b. 需要的知识技能经验。

④ 时间压力。

基于以上条件的考量，领导们不仅可以做出短期相应的决策，而且可以考虑计划长期的领导战略，主动地去调整其中的变量条件，提供更适合的员工培训，提炼出更多关于工作和领导的独特想法。而他们最终选择领导连续体中的哪一种或者哪几种，很大程度上就取决于他们想要达成什么样的目标。

用作者的话来说，成功的领导者既不是那些强势的，也不是被动的，而是能够持续地在不同情景下衡量以上三种力量，来寻求最合适的领导行为。在这个过程中，领导们只要保持洞察力和灵活性，这些问题就不会是困境，而是可以用于实践的机会了。

四、功能领导理论

20世纪中后期,功能领导理论(functional leadership theory)兴起。它的兴起,同样也是为了弥补之前的理论体系(领导特质、行为和权变理论)的缺陷,使理论能够解释更多现实生活中的变化,而且具有更强的指导意义。

情景领导理论主要揭示了不同的情景(主要是人和任务)、领导行为和产生的团队决策效果等因素的关系,而功能领导理论则主要从功能性行为(functional behavior)、社会权利的影响以及领导行为三者之间的关系探讨领导行为的有效性,学者们力图解释清楚这三者之间具体是如何进行交互影响的,同时学者们也想通过这个理论解决之前的理论遗留的问题,即只认为领导行为是团队之间(人员和任务)相互作用的结果,而没能把它作为一种持续进行和变化的过程来看待。

20世纪70年代,功能领导理论的深度研究,进一步明确了功能性领导行为过程涉及的定义和测量方式,而且还将领导行为理解为积极的动态的过程而非固定结果,进行积极探索,这也实现了对之前理论体系的有效补充。

首先,为什么要明确功能性领导行为定义和探索更加有信度和效度的测量方式呢?苏格拉底曾说过,智慧的开端是学会定义事物的能力。精准而明确的定义,可以让人快速了解某件事或物的本质或基本知识,可以让我们在阅读或者沟通的时候相互理解,畅通无阻。在理论的发展和工作的实践中,好的定义能力可以提高研究的效率,推进工作的落实。纵观以往领导力的研究,人们都关注领导行为的过程,但其定义其实并不确定。正因为这种不确定,才使人们只关注领导方式这一结果(比如领导方式是独裁还是民主等),而没有清楚认识到领导行为的过程也有很多不同,也存在动态的积极的变化,值得仔细区分以给予实践更好的指导。

举例来说,曾有学者建议,功能领导行为的定义是有助于达成目标和维持团队的行为。但是该定义太抽象,缺乏可操作性。而更有操作性的定义是,在不同的情景和任务状况下找出相对应的有帮助的领导行为。功能领导理论最初的研究就是以解决问题和做出决策为导向的团队模型开始,再逐步经由实验推理到真实的团队作业,从而科学研究与任务相关的功能领导行为。表4-3中不同的学者通过实验或者实证研究方法,总结出有关功能领导行为的定义和内容[⑬]。

从表4-3可以看出,领导的功能十分广泛,覆盖了从目标设定到确定解决方案的全过程,对员工的关心也从工作到情绪等要素逐一考虑。领导的上述过程也从侧面显示,领导行为和风格在任务处理和工作推进的过程中是十分多样的,当我们在现实情景下考虑到越来越多相关因素的时候,领导可以发挥的功能也就越多。

表4-3 功能领导研究的主要观点

功能领导研究的比较分析						
领导功能/作用	实验性研究			实证研究		
任务相关功能	Kischt, Lodahl and Haire (1959)	Carter et al. (1951)	Borgotta and Bales (1956)	Kahn (1958)	Bowers and Seashore (1966)	Hemphill and Coons (1957)
定位	具体说明问题	诊断问题,解释原因	提供定位			制定目标
促进信息交流	请求更多信息	请求更多信息	寻求意见			
促进评估分析和资源整合	进行信息整合	深入了解并分析情况	提供意见			
策划方案	提出建议	正式提建议	提供建议		提供工作上的帮助	
提出解决方案	提出可行方案					
尝试行动		开始行动				
协调行动		使团队行动协调一致			提供工作上的帮助	
移除障碍/提供资源				促使目标达成	提供工作上的帮助	
激发完成任务的动力				修改目标	强调目标	
满足成员的与任务无关的需求				满足需求	提供支持和援助	
减少或预防冲突	保持共识	希望队员表达情绪	寻求意见			促进团队交流
营造积极的情绪氛围		希望队员表达情绪	寻求意见		促进交流	促进团队交流

根据1977年罗伯特·罗德(Robert Lord)的研究,当已知的任务信息和成员反馈较少,对某个任务或者某种员工了解不多,而且处理信息能力不佳的时候,就倾向于用一种比较简单的甚至刻板印象的思维去做判断。比如领导者仅仅知晓员工能力和积极性状态不佳,而任务又需要马上完成,领导风格就不自觉地以任务为导向,领导行为相对专断,无暇顾及员工个人的工作满意度。渐渐地,当领导者了解到更多的信息,或获取信息的渠道更多,甚至处理信息的能力变强了,领导者就可以根据不同的情景和任务来判断和选择具体需要行使哪些领导职能以完成相应的领导功能。也就是说,随着时间推移和已知信息的增加,领导需要起到的作用或者说扮演的角色,是在动态变化的[15];这也就证明了开篇提到的,领导行为风格其实是一个动态变化的过程,而非固定不变的结果。

同时功能领导理论强调的是，领导力不仅受领导者个人或其某种固定的领导风格的影响，而且和团队中所有人的言行有关；团队中的每个人都有可能参与或者承担领导者的职责。所以这个理论体系更关注一个组织或者某项工作是如何被人领导的过程，而不只是关注那个被正式任命为领导者的人和他的行为风格。

1. 以行动为中心的领导模型

20世纪50—90年代，在众多理论模型中，最出名最具影响力的就是1973年约翰·阿黛尔（John Adair）提出的以行动为中心的领导模型（model of action-centered leadership）[16]。这个模型将任务、团队和个人紧密联系，只有这三者之间达到平衡，领导者才有可能成功达成目标。这个模型之所以有较大的影响力，是因为它为一个很现实的问题提供了解决思路。众所周知，领导者需要平衡多方利益来作出决策，即使在同一个组织内，成员个人的预期和目标也会和整体大方向有所偏差，所以如何协调这个团队的诸多利益取向，带领大家一起走向正确的方向，对于领导者而言至关重要。而这个模型通过任务、团队和个人的三者平衡互动，给领导者们在解决这个问题上提供一些启发和指导。

图 4-5　以行动为中心的领导模型

在这个模型中，三方互相有重合也有独立的部分，如图4-5所示：

（1）任务只能被一个团队的人完成，不能由个人独立完成；

（2）团队只有在人人积极参与的情况下才能成功完成任务，团队遵循"合则共赢，分则必败"的标准来发挥最大功效；

（3）团队中的个人需要完成任务来挑战自我并且获得激励，并且在物质上（工资福利）和精神上（团队认可，成就感，社会地位，互相帮助等）得到支持和满足。

这个模型具体应用的方式就是让领导者充分掌握这三个圆圈中的任务（表4-4）。

表 4-4　具体应用方式

任务	确定任务 制定方案 分配工作和资源 掌控工作质量和工作效率 根据计划检查工作表现 调整计划
团队	遵守规则 建设团队精神 鼓励激励员工，告知工作目的 任命各级领导 确保团队沟通 发展壮大团队

(续表)

个人	关心个人问题 赞扬员工 认可其地位 认可并运用其个人能力 促进个人职业发展

在这个模型中,根据管理模块和内容的不同,领导职能可以大致被分为以下三种:团队领导者、运营领导者和战略领导者(表4-5)。

表4-5 **领导职能表**

领导者模块	领导者角色
团队领导者 (领导5—20人团队)	• 完成任务 • 提升个人 • 建立并维护团队
运营领导者 (各团队领导者向上一级领导汇报)	• 完成部门级任务 • 为下属提供发展计划 • 建立并维护部门内的团队氛围
战略领导者 (设计整个组织的战略发展,负责所有层级的统筹领导)	• 实现公司战略性愿景 • 为公司全员提供发展机遇 • 建立并维护公司文化

在任何层级的领导职能中,领导者都要充分考虑团队、个人和任务三要素,而且需要考量的范围和程度也在逐步加深,这其实也显示着领导的功能性是在组织发展和个人发展中逐步增加的。根据阿黛尔的研究,每一层级的领导的功能性,都能从以下八个维度去展开:① 设立目标;② 严密计划;③ 简明指示;④ 及时监管;⑤ 有效评估;⑥ 多样激励;⑦ 卓越组织;⑧ 设立典范。

这个模型的优点在于,它不受某一种情景和环境的限制,领导可以根据这些要素和条件去有规律地调整领导内容和方向,在未来也可以帮助领导判断何时他们有可能会忽略团队的实际需求。但是它也有为人诟病之处,比如它有很多领导层级,没有考虑到很多企业运用并且卓有成效的"扁平型组织结构";而且它更适用于传统的、内部层级比较固定甚至有些独裁式军事化的环境,而在现代比较灵活、注重授权和创新的企业氛围下,似乎有些过时。不过尽管这个模型在学术研究上不够严谨,更偏向于实践的经验和效果,但因为它的指导简明清晰,整体不受环境和时间的影响,所以很多大学和公司都将阿黛尔的模型列入教学和培训的教材中。20世纪70年代,阿黛尔也将这个模型从最初的军官培训的课堂教学,搬到了企业董事会中,结合实践案例来培养指导人们的领导力。

2. 卓越领导者的五大行为习惯

另一种更有指导性意义的功能领导理论模型是"卓越领导者的五大行为习惯",

由圣塔克拉拉大学(Santa Clara University)教授詹姆斯·库泽斯(James Kouzes)和巴里·波斯纳(Barry Posner)提出。他们设计了一套测评领导力行为的问卷(leadership practices inventory assessments)[17][18]，在1983年投入使用，并在接下来的30多年中持续更新，收集更多的数据，截至2013年已有超过75 000份问卷回复。通过大量的数据统计和案例分析，他们提炼出了五大卓越领导人的行为习惯，分别是：

(1) 以身作则(model the way)：通过明确自己的价值观，使大家认可接受自己；通过亲身实践共同的价值观来树立榜样。

(2) 共启愿景(a shared value)：描绘令人兴奋、鼓舞人心的崇高的目标和愿景，通过感召员工分享各自的价值观和期望抱负，找到共同价值，获得大众的支持。

(3) 挑战现状(challenge the process)：让员工在成长、改变和自我改善的过程中寻找自我挑战的机会，学会创新思维；让员工勇于尝试，承担风险，在多次小成功和试错中汲取经验。

(4) 使众人行(enable others to act)：通过推行共同的目标和互相信任，来促进合作；通过授权来提升员工的能力并且给予支持。

(5) 激励人心(encourage the heart)：认可、赞扬并奖励员工的贡献，通过为团队胜利的庆祝活动来增强集体荣誉感。

在过去的三十多年，两位教授持续地更新问卷和研究方式，并且从学术和实证中证明它的可行性和指导意义。他们认为，领导力是可以习得的，领导行为是可以培养的，而且不只是职场人，大学生们也是领导力培养的重要人选。在学生的社团活动、课堂团队、宿舍、联谊会、社区互动以及学生会中，领导力无处不在。所以，教授们还和多所大学(包括宾夕法尼亚大学、印第安纳大学、阿尔伯塔大学、爱荷华州立大学、圣塔克拉拉大学等)合作，设计本科生、研究生(包括MBA)的领导力课程，力求从学生时代开始，结合书本电影赏析、理论学习、学校实践和个人案例分析，来培养领导力。实践证明，学生们对领导力的学习很感兴趣，而优质的领导力课堂也会对他们的学生生活和后期职场发展有很好的指导作用。

综上所述，从情景学派到功能性学派，领导力理论与实践的结合越来越紧密，研究范围从静态到动态多维度发展。领导力理论在20世纪七八十年代的发展可谓是"百花齐放，百家争鸣"，各个流派之间互为补充，使领导力研究更为完整而科学。接下来我们要详细介绍的就是同一时期另外一派很著名的理论——关系领导理论。这系列理论的关注点不仅仅是再把员工当成工作情景中的一部分，而是重点关注领导与下属之间的关系；在这个意义上，下属和领导其实处于一种相对平等的位置，比如领导如何感知下属的需求，激励与关心下属，下属如何做出回应，这两者从而达成一定的平衡而良好的关系，促进工作效能的提升。

五、关系领导理论

关系领导理论的核心在于领导者如何通过激励和关心下属以与下属建立良好的关系,比如通过良好的沟通去了解他们的需求,通过营造积极融洽的环境,让员工更投入甚至享受工作等。主要的原因在于,关系领导理论认为公司的发展和员工的有效努力是密不可分的,所以与其指导领导根据情景来调整自己的风格和方式,不如学会和员工打交道,让他们的需求得到适当的满足,从而对工作更加负责和投入。下面我们将重点介绍这个体系中最为典型的理论:交易型领导和变革型领导,以及其各自的衍生和发展。

1. 交易型领导

在变革型领导正式提出以前,大部分学者认为交易型领导是有效领导行为的核心。后者的概念其实很容易被理解,即下属接受并执行领导的要求,并换取领导的赞扬、奖励、资源以及获得准许,不去遵循某些纪律规章。伯明翰大学教授本纳德·巴斯(Bernard M. Bass)在1985年的研究中提出,这些奖励和认可是随机的,并不固定,而且只有在员工成功达到领导的目标和要求时才有可能获得。同时,领导也必须明确规范执行工作的标准,以及告诉员工什么样的工作是无用功;当他们执行有误或者工作低效甚至无效时,领导可以采取一定的惩罚措施[19]。这也意味着,交易型领导需要频繁地检查员工是否工作有疏漏,并且员工犯错时要去及时指正。在这种领导方式下,领导有时就等待着去给员工解决问题,有时候不需要采取任何干涉行为(也被称为无为式领导,即前文领导行为理论讲到的第一个理论中就提到的 laissez-faire)。很明显,这样的领导方式很被动,其产出的结果也因员工的差异而有所不同。综上所述,交易型领导的三大重要维度是随机奖励、主动管理和被动管理。

关于交易型领导与员工工作效率、满意度等的研究有很多,比如有研究证明,这种随机的交易性的奖励有可能会提升员工的组织公民行为(organizational citizenship behavior,即主动帮助别人做非自己工作范围内的事情)。相比起那些显性的目标或者契约,当员工得到随机的奖励、精神上的认可或者领导的相关承诺时,如隐性合约(举例来说,上司口头承诺如果员工这个月绩效达到某个标准,就让他在今年或者明年内升职等)的出现,员工会更积极地帮助其他同事。

在该理论体系的发展过程中,1976年由乔治·格里奥(George Graen)等学者提出的领导-成员交换理论(leader-member exchange theory,LMX)[20][21]格外引人注目。如果说交易型理论最初是为了让领导与组织中的所有成员互为支持,以奖惩为媒介,推动员工按标准完成任务,那么领导成员交换理论则更为细致而特殊,它需要领导与下属每一位成员之间建立关系。交易关系仍然是基本内容,但是领导和下属关系的质量会影响下属的工作责任感、决策以及获取资源的途径。那些基于尊重和信任的、情感纽带较强的关系会让员工的工作回报率远超预期。

这里需要说明的是,领导与组织中每一位成员都建立联系,并不是指一个大范围的组织,而是考虑了时间和精力成本后,领导者会选择和一小部分成员形成一个小圈子;领导者与圈内的每一个人都有比较亲密的关系,而和那些大部分圈外的人则保持弱关系。这些圈内人和领导者之间往往是双向的关系,他们可能会得到更多的关心和信任,他们的建言献策也更被重视,成为"智囊团"的一员,当然更有可能得到特权;同时他们也对领导有更多信任和理解,工作积极性和回报率也会更高,相应的,其离职率也更低,更倾向于寻求内部晋升和发展的机会。而那些圈外人员,他们获得的资源和渠道就较少,他们的意见也很少被采纳,工作积极性也相对较弱。这种领导-下属的关系最为常见,研究的学者也比较多。同时领导与单个下属间的关系,还有另外两种关系:领导和一个下属群体之间的关系(领导对同一群体态度一致),以及领导者和两个有区别的下属群体之间的关系(对不同群体态度不一致)。目前后两者在国内外的研究较少。

那么这样的领导-成员交互关系的小圈子是如何形成的呢?一般会经历以下三个阶段。

(1)角色确定:领导和下属互相接触,新的下属会凭借出色的能力和工作效率获得相应的一些机会。

(2)角色指定:下属能够获得好的绩效,除了能力以外,还需要一定的资源和权力,这就需要领导的信任和授权了。于是,随着时间推移,领导和下属会进行多次正式和非正式的沟通;下属用他的忠诚和能力来获得领导的信任,同时也得到相应的授权的机会。在这些锻炼的机会中,如若表现出色,则有可能进入领导的"圈内";如若表现不佳,辜负领导信任,则有可能被划为"圈外人"。当然这个情况下,领导和下属双方的人口特征和个性相似性也会影响两者的关系。

(3)评估阶段:能力强、获得信任和授权的员工,会不断积极进取,取得更好的绩效,在下一个工作流程中和领导的交流沟通也会更多,领导也在这个过程中不断地评估,双方的情感联系也在持续加强。在这些交换互动中,领导逐步确认该下属是否能最终成为"圈内人"。

格里奥等人进一步研究证明,领导和一小部分下属建立了高质量的上下级关系后,如果想要更好地促进团队绩效,领导可以尝试和其他成员加强沟通,升级之前低质量的关系,这样的良好的人际关系可以促使工作氛围更加积极友好,团队成员互相尊重,互帮互助。当这个良好的关系网络拓宽后,领导可以考虑进行更优质的团队建设,因为此时领导和大部分成员之间都能够彼此尊重、关心、信任,员工得到充分授权,工作态度认真,甚至员工之间的沟通和依赖会更加深厚,从而有利于高效的团队建设。目前在实践中上述两个阶段发展过程还没有像之前的三阶段模型一样应用普遍,毕竟在现实生活中,领导的个人圈子会对其他低质量的圈外关系造成一定消极的影响(对圈外人不公平)。如果要提升或者重塑和圈外人员的关系,领导可能面对的问题也不少;另外这样的关系维护的方式也没有系统的训练和指导,在实践中难免会误伤他人。

其实这也是 LMX 理论最大的一个局限性,即它只是一个描述性的理论,它说明可以用这个新的方式去理解领导和下属的关系,以及什么样的关系对组织更高效,但是没有告诉领导以何种具体的行为可以有效促进关系。针对这一点,学者们做出了很多的努力,比如研究实践中其他因素对这种双向二元关系的影响,比如用组织文化、国家文化、团队工作归属感以及工作满意度等宏观或者微观的变量来补充 LMX 理论,以便企业和经理人能够在工作中更好地运用它。

另外一个关于 LMX 的争议在于,这种关系真的只是交易性关系吗? 毕竟我们可以推断,一段良性的领导-成员关系,随着感情联系的增强和工作互动的增多,可能已经不只是简单地以奖惩和绩效作为纽带的交易关系了。在这个动态的过程中,领导也并非一成不变,他们也会被自己欣赏的员工所影响,也会做出相应的改变来激励员工,这样的领导风格在后文会提到,叫作"变革型领导"。事实上,文卡特·克里希南(Venkat R. Krishnan)教授在 2005 年的研究中已经提出,成熟的 LMX 和变革型领导风格之间是正相关的[22]。

2. 变革型领导

变革型领导的概念是在 20 世纪 80 年代,美国政治社会学家詹姆斯·伯恩斯(James Burns)在他的经典著作《领袖论》中提出的,之后伯恩斯等学者对这个理论体系进行了多次的完善和修改。简单来说,变革型领导能够在团队的沟通中,感知员工的需求,通过强大的感召力,来激发员工的潜能和更高层次的需求。

与交易型领导不同的是,变革型领导希望让员工们不只专注于眼前的小利,让他们的眼光更长远,而且支持他们追求更高层次的内在精神需求,使员工们真正去理解并赞成领导的目标,主动和领导并肩作战;而交易型领导只在乎用合适的资源去换取员工相应的回报。在这个程度上,变革型领导认为人们是会选择追随那些有远大目标而且逐步实现的人,因为这样的人更有可能带领员工走向成功;而交易型领导下的员工则主要靠奖惩来驱动,他们只是为了应付领导,很少产生主观的能动性。

纳德·巴斯(Bernard M. Bass)和布鲁斯·沃利奥(Bruce J. Avolio)等学者将变革型领导的特征分为以下四个方面[23]。

(1)理想化影响(idealized influence):领导通过自身言行和感召力,使下属认同和支持领导者的愿景和规划。

(2)鼓舞性激励(inspirational motivation):领导为下属描绘美好蓝图,设定长短期目标,鼓励下属去努力实现目标。

(3) 智力性激发(intellectual stimulation)：领导鼓励员工去创新并且挑战自我。

(4) 个性化关怀(individual consideration)：领导关心下属的需求、能力和个人发展，有针对性地培养和体恤下属。

关于变革型领导的个人特质，艾伦·霍普(Alan Hooper)和约翰·波特(John Potter)也提出了变革型领导应该具备的七大重要特质[24][25]，分别是：设定目标、树立榜样、协调沟通、合理分工、激发下属潜能、授权，以及在危机情况给出明确指导意见。此外，大五人格特质(big five personality assessment)也常被用于衡量变革型领导和交易型领导的特质。

在这个方面，有很多学者提出，人格魅力应该是变革型领导的一个重要特征，更有争议说，魅力型领导是否就是变革型领导的一部分。从学术上来说，这两个理论各自有各自的理论依据，但是互为补充。在实践中，确实有很多成就非凡的领导者拥有着独特而强大的个人魅力，比如政治强人温斯特·丘吉尔、富兰克林·罗斯福，商业领袖史蒂芬·乔布斯、杰克·韦尔奇等。不过《基业长青》《从优秀到卓越》的作者吉姆·柯林斯(Jim Collin)提出的著名的"第五级领导力"中，全球知名大公司的领导者，其实非常谦逊，并没有很强烈的个人风格或者魅力；他们更乐于牺牲自我，而成全更伟大的事业。所以人格魅力对于变革型领导来说，并不是必需品，而是因人而异。

变革型领导是当今成功企业中必不可少的人才，不过结合之前讨论过的情景理论学派，这样的领导类型也要受很多内部和外部因素的影响，并不适用于所有的公司。外部环境包括组织架构、公司文化、国家文化等，都会影响变革型领导的实际效能。同时，员工的个人特质和其对于领导和个人处境的看法也是很重要的变量。如果员工本身有很强的内动力，那么他们并不太需要变革型领导去激励他们；而传统型遵守规则和指令办事的员工，则并不想要被激励或者鼓舞去做不在自己职责范围内的事情，内心里排斥创新，只希望能得到额外的帮助。然而，如果员工积极性一般，而且内心里还没有把领导当成是团队成员而是凌驾于他们之上的指挥者，则变革型领导出现的效果就会十分明显了。

变革型领导理论的研究表明，领导理论的研究越来越重视下属，也就是领导者的追随者，毕竟他们是企业生产发展的主力军。领导对于下属的意义和作用，也从简单的上下级指令和支持，到更加平等的交换互利，并过渡到富有感情基础的职业伙伴。接下来的社会认同理论，将延续对于下属这一群体的关注，从精神层面去理解从而激励他们投入工作并享受工作。

六、社会认同理论

传统观念中，领导者与下属有等级差别，甚至有些天赋领导之才，或后天凭机遇习得许多,在一个组织中常常被认为是聪慧、能干、有影响力的人。他们指挥下属去按计划做事,他们掌控全局,运筹帷幄;他们需要一定的权威和奖惩手段来保证员工们服从他们的指令,或者说,按照他们希望的方向去做事。

但是现代企业的发展已经不满足于传统的领导方式了,新的科技正在改善我们的工作方式,新一代的年轻人带着新的工作理念进入各行各业。领导们也正在逐渐调整自己的领导方式,并且不再简单地将员工看成级别低一层的追随者,而是看成团队一员,看成合作伙伴。我们上文已经讲到,变革型领导会主动倾听和沟通,来了解员工的个性化需求,给予合适的激励,激发他们设立与组织一致的更高远的目标。这其实也就意味着,领导者们在和员工们一同创造愿景,一起努力完成。2007 年,赖歇尔、普拉托夫和汉斯拉姆(Reicher, Platow and Haslam 2007)在其著作《新领导心理学——认同、影响和力量》中提出了上述理论,也就是社会认同理论[26]。

为何领导不仅要员工完成任务,而要花时间花精力去为企业赢得员工的一颗忠心和无限的主观能动性?有人认为,如果只把精力放在技术上,努力提高效率和产能,也能让企业盈利。但是,一个企业想要基业长青,必然需要拥有长远目标和能够持续效力的人才。人才的激励,仅仅是强权压迫,或是奖励惩罚,都是远远不够的;那样的方式换来的只是他们一时的服从甚至敷衍,很难让员工产生组织荣誉感和归属感,感觉永远为他人办事,难免心生怨怼,无法长期有效工作。在作者看来,奖惩和施压,才是领导不力的表现;有能力的领导人应该让员工心甘情愿地参与工作,他们个人的方向与团队的愿景一致,愿意与团队共进退。好的领导不仅能和员工之间维持好的默契,还可以让员工产生情感承诺(组织承诺的一种),不仅对团队也对整个部门甚至公司的目标表示主观的认同和支持。

在这种理念下,其实领导者并不需要拥有以前所说的"领导者特质或品质",他们最需要的品质可以根据下属们或者下属团队的特质而定,领导们只需要在日常工作中善于观察,挑选合适的特质来面对下属就可以了。以往如果只从领导者角度去考虑,那么领导力就成为领导者个人的事情,即"我的事",但在这里,作者强调,高效的管理过程是"我们的事"。领导是团队的一员,我们应该彼此信任和关怀,彼此包容和支持;我们不是谁的小圈子,也不是谁的附属品,而是一个团队中缺一不可的人,是组织中的紧密一环。"我们的事"的概念建立在以下四个规则的基础上:

(1)领导者自身认为自己是团队的一员,领导者并不凌驾于团队之上,而是大家的圈内人;

(2)领导者必须认为工作是"为我们自己所做的",将团队利益放在个人利益之前,鼓舞员工为自己也是为组织而奋斗;

(3)领导者需要为下属营造"归属感",用组织标准、团建活动、团队价值和首要目标等来帮助成员明确"我们是谁"这个问题;

（4）领导要让下属知道"我们很重要"，成功的领导者可以带领大家确认并时刻代入自己的团队身份，将"我们"的概念传播到团队建设的每一个时刻，浸入到团队价值中。

作者在书籍序言中也解释道，成功的领导者不一定需要强大的人格魅力，而是有办法给我们的团队一个"社会身份"；这样一个身份认同，让成员们有可能协同一致去考虑真正与我们相关的事情，愿意为彼此互相调整步伐，为共同的目标而携手共进。

除此之外，领导者还需要考虑团队内的公平问题。以往总有领导喜欢极其大方地给表现最好的员工大量的物质奖励，但这有时会引起一些团队猜忌。好的领导可以尝试一定程度牺牲自己的利益来成全队员，并且不能明显偏袒某些成员。不过领导可以明显向支持自己团队的人示好等。

社会认同理论的发展使学界将探索的重点从领导功能与效能企业逐渐转向"以人为本"的研究，更重视领导者与下属团队的关系，也在启发更多人去拓展关于"追随者"和"追随力"的研究，使领导学说的发展更为全面、更人性化，也更与时俱进。

七、领导力理论的前沿研究

1. 分布式领导力

分布式领导力（distributed leadership，DL）是近年来西方领导理论兴起的分支之一，其开创者之一是来自麻省理工学院的学者彼得·圣吉（Peter Senge）。该理论认为，领导力不是单一的领导个人行为，而是在一个结构复杂的组织内部，人与人之间互相交互而发展出来的。这种领导力不是单一领导对下属做的指派，而可以是一个领导群体在不同的情景下，通过建立不同的关系网络而实现领导价值的过程[27]。

该领导力结构有三种形成方式，分别是：① 自发形成，员工为解决问题而自发组队，产生领导，解决后自动解散；② 本能形成，经过一段时间共事，两人或者更多人形成紧密关系，共同领导团队；③ 制度分配，企业通过正式的制度或者结构调整将领导力分派给一组人，比如大型跨国企业根据地区将首席执行官的职位分派给好几人来共同领导公司。

分布式领导力的要素有领导者角色、领导行为和情景。该理论认为，领导者角色并不是由职位或者组织地位而决定的，而是由具体某个情景下领导行为的需要来确定的。合作伙伴式的领导会自动分配彼此的工作并且互相支持，他们的工作看似独立实则互相承接；更有时候，领导和下属的角色会根据情景互换，这也可以给员工和领导们一个机会去从更多样的角度看待问题。而分布式领导的行为研究很少关注个体的行为，而是基于任务来看领导具体要做哪些工作。情景则分为物质性和社会性的环境，前者比如任务难易程度、组织框架、员工工作流动性等，后者包括社会、文化、政治等等。

该理论的价值在于，首先，现代全球化和企业变革的环境中，团队或者合作领导能够弥补以前单一决策的不够理性和全面的缺陷，单枪匹马的个人主义神话在如今的企业发展中越来越难实现，而分布式领导可以很好地减轻单一领导的压力和困难，人与人之间的互动互助对领导力来说越来越重要。其次，原本分布式领导在教育领域运用较多，现在更多商业组织也意识到了它的重要性。知识型员工对组织和领导有更复杂更多样的期待；根据情景和专业技能的需求来确定领导角色，可以减少知识与领导力不匹配的情况，提升领导力效能。最后，管理学、心理学和社会学对此的理论和实践研究有很多，相关的咨询公司也提供了有力的数据支撑，这些都为该理论的推广打好了坚实的理论基础。

2. 正念领导力

麦肯锡资深专家乔安娜·巴斯（Joanna Barsh）和乔安娜·拉沃伊（Johanne Lavoie）在《麦肯锡正念领导力》中提出了要关注领导力的"心法"，即其内心世界和思维方式[20]。与传统关注领导行为的理论不同的是，这个体系认为领导者若要转变，必须先改变自己的思维模式，正视自己的内心，从而推动整个组织作出积极的改变。领导在面对挑战时的卓越行为仅是他们领导力的"冰山一角"，我们要学会拨开水面，探索他们真正有用的内心世界。这本书中提到了五个帮助领导发现了解自己现有的思维模式的方法，有意识地去选择或者改善一下自己的思维模式，从而改变自己的行为，影响自己的团队。

（1）要学会发掘自己的优点。在很长一段时间内，高管领导们致力于寻找短板，查漏补缺。但是这个模式的思维容易产生一些消极的看法，认为公司内部人才总是有不足之处，或者是没有足够的优秀群体来支持公司的发展。事实上，如果领导们善于挖掘优点，尊重并接纳不同的观点和风格，组织发展可能有另一番景象。而在这之前，领导们要学会看到自己身上的优点，即使是身处高位，领导们自己的优势也会在不断进步甚至转变，是需要一定时间去自我观察和反思来发现的。有了这个自我挖掘和自我肯定的过程，领导者可以尝试对自己的同事和下属进行"优点挖掘"，表示认可与欣赏。这比普通笼统的表扬和日常施压的消极谈话不同，这种真诚的、有内涵的肯定与激励，会让员工更有动力去投入自己的工作。

（2）要学会暂停。在面对各种纷乱的人际关系、一时无法处理的紧急情况以及积压太多的工作量时，人们可能会情绪失控而无法专心解决问题。这个时候，硬着头皮一路向前或者瞬间崩溃只想逃离都是无济于事的。稍微暂停一下自己的脚步，给自己几分钟反思和冷静的时间很重要。当领导者在工作进展不顺的时候，可以回想自己真正的需求是什么，施加压力或者盲目鼓励是否真的达成了自己目的。比如领导者本来是想倾听下属的声音，但是由于自己紧张而严肃的会议模式，员工们不敢言说,毫无贡献。如果能回溯到自己原本的需求,那他就会尝试改变自己的谈话风格,给员工打造良好的沟通和反馈的渠道和氛围。

(3) 锻造信任。互相猜忌的工作氛围是难以促进相互合作的。人与人之间互相的真诚和信任在工作中尤为重要,从领导者的角度,如果能以身作则去信任下属,并且适当地给予支持和鼓励,这样三三两两的"小团体"就很难产生。同时,公司领导如果过于注重竞争或者竞赛的氛围,也会不利于员工之间的坦诚、信任和合作。领导者要学会将"值得信赖的人太少"转变为"信任他人从我开始,并让大家先信任我",才能够在自己的团队中推动这种积极的情绪和氛围。

(4) 智慧发问。领导者想要高效寻求结果的时候,与下属团队的对话不能过于直白而有压迫性。"根本原因是什么,谁该为此负责,为什么还不能解决问题"等提问,虽然简单直接,但是对心理不够强大和思维不够清晰的员工来说,这会让他们更紧张,更有防御心理,从而根本无法将思维专注于解决问题上。所以,领导者需要理解到,寻找问题和寻找解决方案的差别。比如转换一下提问的方式:"你能否想到曾经的解决方案,对我们现在的问题有所帮助?你希望看到什么样的结果?如果要达成这样,我们还需要哪些条件呢……"智慧的提问可以将"我们公司充满问题"的消极状态扭转为"我们的员工有潜力去提供解决方案"的积极状态。

(5) 给自己保留充电的时间。充电不只是不断学习,也包括生理、心理、情感和精神上的休憩和调整。很多企业现在为员工们提供午睡、健身、聊天、解压的场所,并在工作后空闲时间提供好的户外娱乐活动的机会,就是希望员工们能够有一个好的工作状态,而不是永远拖着疲惫的身体和灵魂面对工作。与其将所有时间都投入工作,不如保留一些时间来做定期的休息和状态恢复,这样反而能获得更高的工作效率。

领导者通过正视自己的内心和需求,从自己的思维模式开始改变,才能改善自己的行为,找到改变行为的意义和好处,提升自己的领导力效能。

3. 量子领导力

量子领导力理论是由英国管理大师丹娜·左哈尔(Danah Zohar)提出并发展的。左哈尔先后在麻省理工学院和哈佛大学学习物理和哲学,并且将量子物理学结合心理学、管理学发展形成"量子管理学"[②]。

根据牛顿定律,世界由原子构成,而原子作为最小的单位在时间和空间上独立存在;然而量子理论中,世界是由能量构成,我们所有人和物质以能量的形式存在,并不互相分割,而是互相联系的。人与人之间相处,存在着巨大的能量场,即我们之间存在着巨大的潜在的合作和创造价值的可能。从牛顿的角度,要了解一个问题或者情景,就要把大问题细分,从一个个更小的侧面去了解;而从量子理论的角度,我们要把该问题放到一个整体的相关联的环境下去考虑,考虑它和周围的联系和关系。所以,不同于牛顿的理论,量子理论认为要解决问题,可能有很多种策略和方法。在现代社会充满不确定性的情况下,我们无法保证所有事情都有一个完美的解决方案,我们只是在探索的道路上不断寻找和完善解决思路。

所以,根据丹娜·左哈尔在"2017年中外管理官产学恳谈会"的解释,量子型的领导,他可以通过自己的内在提升,去影响周围,为周围人做好表率。每个部门的工作也都息息相关,保持良好的交流。公司与公司之间也总是有合作的可能,领导者要寻找一些方法,实现共赢[3]。在作者的演讲中,她认为中国的"一带一路"倡议是非常好的能够体现量子思维的典范。"一带一路"倡议为沿线的国家提供发展经济和促进文化交流的机会,让他们从互相交流和联系中受益。此外,量子型公司会对周围所有利益相关者非常关注,关注员工、消费者、集体、地球环境和未来发展。

根据左哈尔的理论,量子领导者有以下几个重要的原则:

(1) 要有自觉的意识;
(2) 要有自己的愿景和价值观,以及服务意识;
(3) 要足够灵活;
(4) 要有多样的解决问题的方法;
(5) 勇于提问,接受不同的声音;
(6) 虚心受教;
(7) 不怕犯错,勇于创新和实践;
(8) 要有同情心和同理心;
(9) 要有自己的信仰。

左哈尔认为在现在和未来,量子世界观和量子思维是值得期待的,但是很多人也要为之付出巨大的努力,调整自己的思维模式和价值体系,来接受并且实践这个理论,为更多人创造价值。

八、领导力理论演变的主要特征

100多年前,先哲智者从"伟人"开始探索领导力的真谛,试图找出他们身上一致的特质,并引以为领导者的特质;然而逐渐地人们发现,领导力也是可以后天习得的,并不一定要生来就有将领的天赋才可以掌控全局,于是领导力的研究走下神坛,走入企业的每一个阶层,不只是观察领导者的特质,更重视总结领导者的行为风格。然而人是能动的,我们所处的情景也总是千变万化,于是领导们开始权变地应对不同的场景,不仅认识到自己的领导风格,也能根据情景来调整自己的言行。另一方面,企业发展不仅需要合适的领导者,更倚仗有能力而高效的追随者们。领导如何处理和下属员工间的关系,如何发挥员工们最大的潜能,激励他们与组织协同一致向前迈进,就成了新的研究话题。显然,随着企业组织形态越来越多样化,互联网、大数据和人工智能等高科技在行业商业运营和管理中逐步渗透,领导力的话题还将继续成为研究的热点。

在系统地回溯和分析领导理论的演变史及其演进逻辑之后,我们可以总结出领导理论在演进过程中呈现出以下几个鲜明的特征:

(1)从关注微观到注重宏观。领导力研究的内容从领导性格特质等微观层面再到组织情景、组织价值和组织文化等过渡,研究范围也从学生小团队的实验拓展到跨国企业、国家机构等大型实体中。

(2)从传统领导力到新时代领导力。传统领导力关注领导本身,领导是否天生等话题,而新时代领导力更关注领导与情景的配合,领导与下属团队的互动从而产生更大的效能。

(3)从关注领导者自身到追随者。领导力研究不再局限于将领导作为单独的影响施加者,而将追随者列入整个理论体系,研究相互之间的关系,使研究更有实践意义。

(4)从关注领导效能到以人为本。早期的领导力研究专注于最后的领导成果,即工作效能是否显著提升,而后期则更注重领导的过程和员工长期的投入和发展,即重视人与人之间的交流互动,关系的产生与维护,最终引致员工自觉高效地工作,并能够做到全情付出。

(5)从静态研究到动态研究。领导和下属作为人均具有主观能动性,同时会随着不同的情景而改变,也会随着彼此的关系改变而调整自身的言行,所以将领导力认为是一个动态的过程才更符合实践情况。

第二节 领导与领导力

一、领导的本质

1. 领导迷思与领导的本质

关于领导的定义,每个人心里可能都有一种自己的定义。当我们在追溯领导理论的起源和发展,包括在尝试自我定义领导时,会产生很多困惑;不同年龄、阅历、教育背景的人们对于领导的理解有很大偏差。斯图尔特·克雷纳(Stewart Crainer)和戴斯·狄洛夫(Des Dearlove)在其著作《领导力的本质》中为我们总结过以下几点迷思[①]:

（1）领导是天生的，还是后天培养的；

（2）领导者大多是普通人还是有超凡能力的人；

（3）领导力仅限于组织的上层人物，还是各个级别都有领导力的存在；

（4）领导力是控制、命令和操纵，还是引导人们将精力用于某一目标；

（5）好领导完全源于常识还是有甄别地使用常识；

（6）社会磨炼是学习领导力的唯一途径，还是通过正规学习来练习领导力。

相信大家在领导力理论的学习后，已经对以上迷思有了基本的判断。从根本上来看，领导的本质在于有效地影响他人去达成目标，而领导的主要目标就是实现企业的使命和目标。正如社会认同理论所指出的，领导可以通过引导激励员工，使其认同支持企业的发展目标，大家一起协作努力。领导的职能就是指导和影响群体或组织成员为实现群体或组织目标而做出努力和贡献。它包含以下四个方面的基本含义：

① 领导一定要与所领导的群体或组织中的其他成员发生联系。

② 权力在领导者和其他成员中的分配是不平等的。

③ 领导者能对被领导者产生各种影响。

④ 领导的目的是影响被领导者为实现组织的目标作出努力和贡献，而不是为了体现领导者个人权威。

2. 领导者与管理者的区别

领导力大师本尼斯指出，面对瞬息万变的当代商业环境，领导的态度往往是征服，而管理者的态度可能是屈服。本尼斯进一步列出了管理者和领导者之间的根本区别，具体如表4-6所示：

表4-6　领导者与管理者的区别

管 理 者	领 导 者
照章管理	创新
复制品	原创品
维持现状	力求发展
关注系统和结构	重视人
依赖控制	激发信任
短期目标	长期目标
总问怎样做和何时做	总问是什么与为什么
盯着盈亏数字	放眼长远发展
忍受现状	挑战现状
典型的好士兵	最好的自己
把事做对	做对的事

图 4-6 领导者和管理者的区别

事实上,领导者和管理者在其作用和应用层次上有明显区别,如图 4-6 所示。

(1) 作用:管理是为组织活动选择方法、建立秩序、维持运转等活动,领导在组织中的作用表现在为组织活动指出方向、设置目标、创造态势、开拓局面等方面。

(2) 层次:领导具有战略性、较强的综合性,贯穿在管理的各个阶段。从整个管理过程来看,如果我们把管理过程划分为计划、执行和控制三个主要的阶段,领导活动处在不同阶段之中,集中起来就表现为独立的职能,即为了实现组织目标,使计划得以实施,使建立起来的组织能够有效运转,组织和配备人员,并对各个过程结果进行监督检查。

3. 领导者的角色

角色(role)是指一套针对有关工作所被期望的活动或行为序列。领导者在不同的组织体系中从事不同立场的活动,扮演着不同的领导角色。经过长期的领导科学研究形成了较为系统的领导者角色理论,为领导者角色的界定提供了参考和依据。

(1) 亨利·明茨伯格(Henry Mintzberg)的管理角色理论。明茨伯格认为在企业中各个层级的管理者都可以运用领导力,在某种程度上扮演着领导者的角色。他在其著作《经理工作的性质》中将经理们的工作分为 10 种角色。这 10 种角色分为三类,即人际关系方面的角色、信息传递方面的角色和决策方面的角色。人际角色归因于管理者的正式权利。管理者所扮演的三种人际角色是代表人角色、领导者角色和联络者角色。在信息角色中,管理者负责确保和其一起工作的人能够得到足够的信息。在决策角色中,管理者处理信息并得出结论。管理者负责做出决策,并分配资源以保证决策方案的实施。

(2) 史蒂芬·R.科维的角色观点。史蒂芬·R.科维在其《新型领导的三种角色》一书中提出,领导者在组织中承担以下角色:① 组织文化的创造者。领导者都应当根据自己所在组织的性质和行业特点,创造出适应企业特点的企业文化和价值体系。② 原则规范示范者。组织领导的成功依赖于企业原则和制度的坚持,领导者应当充当坚持原则和规范的示范者。③ 青年人的培养者。领导者除了承担以身作则的责任,而且应当积极主动地创造环境和机会培养年轻人。

(3) 凯拉·珐仁和贝菲里·卡耶的领导者角色观点。凯拉·珐仁和贝菲里·卡耶在《扮演领导者角色所需的技能》一文中提出,组织中的领导者必须熟练扮演以下五方面的角色:促进者、评估者、预测者、指导者和最终帮助者。

表 4-7 凯拉·珐仁和贝菲里·卡耶的领导者角色观点

角 色	主 要 职 责
促进者	帮助人们明确自己的职业价值、工作兴趣以及技术能力； 帮助人们认识长期工作计划的重要性； 营造一种有助于人们讨论各种工作问题的公开坦诚的气氛； 帮助人们理解并弄清其工作的需要是什么。
评估者	把个人成绩和荣誉真实地反馈给每一名员工； 指出其业绩与工作目标间的关系； 使每个员工清楚评估的标准和期望值； 留心听取别人的想法； 向员工提供提高他们工作业绩的具体建议。
预测者	帮助人们发现并使用有关组织、职业和产业信息； 指出可能影响人们职业前景的变化趋势； 帮助人们理解组织文化现状； 将组织战略传递给每个员工。
指导者	帮助人们区分各种有用的工作目标； 帮助每个人选择符合实际的工作目标； 指出员工在实现工作目标的过程中可能遇到的有利和不利条件； 设法将员工的个人工作目标与组织的战略意图联系起来。
最终帮助者	通过安排组织成员同其他行业或组织的人们进行有益的交流来实现其各自的目标； 帮助员工开发详细的行动计划去实现各自的目标； 同能够提供潜在机遇的人讨论员工的能力和工作目标； 帮助员工同实施工作计划所需资源建立联系。

资料来源：曹晓丽、林枚编，《领导科学基础》，首都经济贸易大学出版社 2016 年版，第 88 页。

二、领导力的主要内涵

1. 领导力的主要内涵

领导力是一种影响力，正如美国艾森豪威尔将军说的，"领导力是一门艺术，就是让别人主动想去做一些你希望能够完成的事情"。领导力就是领导者可以让追随者高效、心甘情愿地完成创新和组织目标的能力。它不只是权力，也包括领导者的魅力。权力及其影响力是领导者指挥下属、引导团队的基础，但仅仅从权力和领导的权威性角度，便会忽略领导与下属团队间的情感交流；所以领导力必然包含着领导的个人魅力，这种影响力不一定是强烈的或者充满鼓舞的，也可能是温和而易于接受的，正如第五级领导力（既谦逊又充满职业奉献精神）理论所指出的，领导者并不依靠完全的魅力，而是通过亲身示范原则和标准来推行组织目标。

2. 领导力的模型（三环模型）

我们理解领导力，需要从和领导力最相关的三个方面来理解，即领导者、追随者和情景。这三环构成了领导力的基本分析模型，如图 4-7 所示。

其中，领导者首先要认清自己的人格特质，拥有的职位权力和已有的管理经验；

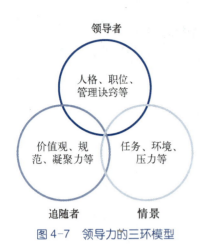

图 4-7 领导力的三环模型

其次,领导会根据不同的工作情景(任务量、任务难度、时间资源压力等),以及追随者的特质(价值观、工作能力、团队凝聚力等)来设定目标、发起讨论并安排任务。工作情景是变化的,所以领导力中很重要的一项能力就是适应能力,根据不同的情况来调整自己的领导风格,根据自己和下属之间的关系而采用不同的沟通与激励方式。

领导力著作《极客与怪杰:领导是怎样炼成的》收录了全世界有名的 50 多位领导者:有 20—35 岁左右的年轻极客,也有 70—90 岁的老年怪杰。这跨越年龄界限的研究也促使了后期领导力发展的模型。研究表明,成功领导者的四项基本能力是[32]:

(1)通过建立共同愿景和意义来吸引人们投入工作;
(2)具备独特的"声音";
(3)正直的品质;
(4)适应能力。

在一个结构成熟的组织内做一个部门领导并算不上是真正的领导者,这其中锻炼的是人的管理能力。因为这份工作有前人的经验,有成熟的规章条例,甚至下属的挑选和培训都有人力资源负责。但所有的负责人的工作也会有新的情景和意外的出现。这些新的挑战会让人们意识到,领导者的任务不仅是完成任务或者想一些所谓有创意的方法来完成本部门的本职工作,而要像一个"小型社会"的领导一样为团队负责,关心下属,适应包括人的因素在内的很多变化。这份领导力是无法从任何教科书上学到的,也无法从别人的侃侃而谈中获得,只有通过自己的亲身经历,依靠逐渐提升眼界和学习能力,并从中总结提炼而得来的。

3. 领导力的能级

领导力著作《基业长青》的作者吉姆·柯林斯(Jim Colins)在研究一些优秀的企业如何成为卓越的企业时,对比了成功和失败的案例后,提出了第五级领导力[33]。在探索第五级领导力之前,首先让我们来看一看优秀企业家的领导力能级。

(1)第一级是能力强的个人,通过才华、知识、技能和良好的习惯作出积极的贡献。
(2)第二级是作出贡献的团队成员,通过个人能力为达到团队目标作出贡献,在团队环境中和他人一起有效地共事。
(3)第三级是有能力的经理人,把人力和资源组织起来,既有效力,又有效率的实现既定目标。

（4）第四级是有效力的领导者，激发人们投入地追求一个清晰和大胆的愿景，激发更高的业绩标准。

（5）第五级领导者的不同之处在于：他们集个人的谦虚和职业的执着于一身，打造持久的伟大。科林斯给出了一个简单的公式：谦卑+执着=第五级领导。在第四级领导者之上，再加上谦卑和执着这两大要素，就是第五级领导者。

一般来说，从第一级到第四级的进步，是领导力从平庸到优秀的过程；而第五级就从优秀到卓越了。那么拥有第五级领导的人是具体如何做的呢？经过学者的长期研究，出类拔萃的领导往往在其从事的行业之外是默默无闻的。正如本尼斯所说，卓越的领导者成功地将那种英雄式的领导魅力转向了非英雄的领导力。在卓越组织的内部，没有人将成功归功于个人或是自己。拥有第五级领导力的人他们不愿抛头露面，但又无所畏惧。他们面对问题，从不推卸责任；获得成功，就立即赞美团队的贡献。他们已经不鼓励通过领导的个人魅力来激励感召下属，而是通过亲身示范原则和标准来推行目标。更重要的是，在为长远的目标筹划时，他们不贪恋权力和地位，而是乐于为组织做好有效的人才培养、承接和交替的工作。

4. 领导力的主要类型

1978年美国PDP项目（professional dyna-metric program/career personality test）中的行为科学家经过100多万的案例分析，根据人的特质将人群分为五种类型，应用到领导力分类中。这五种领导类型分别是老虎型（支配型）、孔雀型（表达型）、猫头鹰型（精准型）、考拉型（耐心型）、变色龙型（整合型）。

（1）老虎型（支配型 dominance）：

• 个性特点：有自信，够权威，决断力高，竞争性强，胸怀大志，喜欢评估。进取心强烈、喜欢冒险、个性积极、竞争力强、有对抗性。

• 优点：善于控制局面并能果断地作出决定；用这一类型工作方式的人成就非凡。

• 缺点：当感到压力时，这类人就会太重视迅速地完成工作，就容易忽视细节，他们可能不顾自己和别人的情感。由于他们要求过高，加之好胜的天性，有时会成为工作狂。

（2）孔雀型（表达型 extroversion）：

• 个性特点：很热心，够乐观，口才流畅，好交朋友，风度翩翩，诚恳热心，热情洋溢，表现欲强。

• 优点：此类型的人生性活泼，能够使人兴奋。他们高效地工作，善于建立同盟或搞好关系来实现目标。他们很适合需要当众表现、引人注目、态度公开的工作。

• 缺点：因其跳跃性的思考模式，常无法顾及细节以及对事情的完成执着度。

（3）考拉型（耐心型 pace/patience）：
- 个性特点：很稳定，够敦厚，温和规律，不好冲突。行事稳健、强调平实，有过人的耐力，温和善良。
- 优点：他们对其他人的感情很敏感，这使他们在集体环境中左右逢源。
- 缺点：很难坚持自己的观点和迅速做出决定。一般说来，他们不喜欢面对与同事意见不合的局面，他们不愿处理争执。

（4）猫头鹰型（精准型 conformity）：
- 个性特点：很传统，注重细节，条理分明，责任感强，重视纪律。保守、分析力强，精准度高，喜欢把细节条例化，个性拘谨含蓄。
- 优点：天生就有爱找出事情真相的习性，因为他们有耐心仔细考察所有的细节并想出合乎逻辑的解决办法。
- 缺点：把事实和精确度置于感情之前，这会被认为是感情冷漠。在压力下，有时为了避免做出结论，他们会过度分析。

（5）变色龙型（整合型 1/2-Sigma）：
- 个性特点：中庸而不极端，凡事不执着，韧性极强，擅于沟通，是天生的谈判家，他们能充分融入各种新环境新文化且适应性良好，在他人眼中他们"没有个性"，故"没有原则就是最高原则"，他们懂得凡事看情况看场合。
- 优点：善于在工作中调整自己的角色去适应环境，具有很好的沟通能力。
- 缺点：从别人眼中看"变色龙"族群，会觉得他们较无个性及原则。

第三节　领导力的逻辑

一、权力与影响力

在大家以往的观念中，权力一词在伦理上是中性的，或者生而危险的？你认为一个领导的真实权力在别人看来是显而易见的吗？

1. 权力和影响力的定义

权力是一种能对他人施加影响的能力，或者是能影响他人的潜在能力，具体由领导者、追随者和实施内容而决定；而影响力是目标行动者的态度、价值观、信念或行为所发生的实际改变的程度，他可以用追随者表现出的行为或者态度加以度量。

2. 权力的来源和表现形式

从权力的来源看，权力就是对资源拥有者的依赖性。其中，资源的重要性、稀缺性、不可替代性，三者共同决定了权力与依赖关系的性质和强度。

权力的来源包括外在赋予的,也包括内生或者内部自带的。外部来源大部分来自某人被组织授予的正式的职位或者被同事团队授予的非正式的角色,包括法定性权力、奖赏性权力以及强制性权力;而内部来源指的是圈子所有者自身的能力和个性,包括专家性权力、参照性权力以及一些信息资源权力等。很多情景性的因素也能印证上述的权力来源,比如家具的摆放,办公室的规模,地位或者功勋等象征物品被显著展出,头衔或者权威的表象,服装的选择,以及一些关键时刻的出场,等等。

3. 权力的分类

美国社会学家弗伦奇(John R. P. French)和雷文(Bertram Raven)提出了社会权力的五项来源或基础,人们由此可以具备影响他人的潜力,分别是:参照性权力、专家性权力、法定性权力、奖赏性权力、强制性权力[31]。

(1) 参照性权力。参照性权力是指由于领导者与追随者之间的关系强度而产生的潜在影响。参照性权力的形成是由于追随者对领导者的崇拜以及希望自己成为那样的人,如果有追随者崇拜并认同领导者,那么领导者就可以对追随者拥有权力,因为追随者想取悦领导者。这种权力的形成通常花费很多时间,但是会迅速失去。当领导者和追随者关系越牢固,他们能向对方施加的影响力也就越大。拥有比同事更多的参照性权力的追随者经常是其所在工作单位的发言人,并且通常拥有偏离工作单位规范的更大空间。

(2) 专家性权力。专家性权力其实是一种知识性权力,指领导者通过自己在特殊领域的技能或专业知识来影响他人。通过专家性权力的显示(比如在某一行业的声誉、资格证书以及一些有效的言行),领导者可以快速获取下属的信任。这种领导者不需要天赋异禀,只需要让下属认为他们是某一方面的专家,就可以获得他们的心理认可和尊重。

专家性权力的影响有积极的也有消极的,积极的方面在于人们可以获得正确而专业的指导;而消极的方面在于如果大家怀疑领导在用专业知识谋取私利但因为专业知识的限制无法干涉,则这种权力和影响力的作用就会大打折扣。

(3) 法定性权力。法定性权力取决于个人在组织中的职位,也就是正式的或官方的权威地位。法定性权力允许通过请求或要求认为适当的角色和地位来施加影响。但是我们要分清楚,担任某一职位与作为领导者不是一回事。有效领导者往往凭直觉会意识到,要想成功不能仅仅拥有法定性权力。同时,追随者也可以用他们的法定权力(比如工作说明书、组织规章或工会政策)来影响领导者。

(4) 奖赏性权力。奖赏性权力的来源是某人因控制着对方重视的资源,而具有影响对方的潜力。奖赏性权力会影响他人的潜力,是领导者、追随者和情景三者共同作用的函数。不过,过分强调工作绩效可能导致员工感到厌恶和被操控,比如那些本身工作积极性较高的员工,可能会产生逆反和消极的情绪,从而影响效率。另一方面,外部奖励(赞扬、报酬)可能无法产生与内在奖赏(支持个人成长、发展)相同的行为效应。

领导者可以基于奖赏性权力来提高他们影响他人的能力,比如让下属决定哪些奖励是可行的,哪些奖励是最有效的;对表现好的人建立公平的始终如一的奖励政策。而追随者也可以运用奖赏性权力来影响领导者,比如控制稀缺资源;基于领导表现来调整其工作努力程度。

(5)强制性权力。强制性权力指的是通过负面处罚或剥夺其利益来影响他人的潜力,它利用人们对惩罚或失去所重视的成果的恐惧来控制他人。依靠这种权力来影响他人是有固有限制的。强制性权力的实施需要下属有效的配合和最大限度的服从,也需要领导者持续性的监督来保证权力的有效性。

最常见的强制形式是上级大发雷霆。它的缺点是不利于营造良好的工作氛围和维持优质的上下级关系,对工作效率很容易有消极影响。当然,追随者也可能运用强制性权力来影响领导者行为。这种行为通常在同事之间有相对较高的参照性权力。

综上所述,领导者在危机时刻能比相对平静的时期运用更多的权力,因为在危机时期,下属可能更渴望从领导那里得到指导和监督。研究也表明,依赖参照性权力和专家性权力会让员工更有动力,满意度更高,缺勤率较低,工作绩效更高。所以有效的领导者会更多运用参照性权力和专家性权力,根据情景灵活运用其他种类权力,与追随者保持高度互动,并且愿意分享权力,主动增加各项权力基础,或者变得更加运用其强制性权力。

4. 领导者的动机与权力应用

领导者的动机一般来源于对权力的需求,拥有高权力需要的个人通过影响他人来获得心理满足。不过,人们在影响或者控制他人的动机上有差异,大家表达权力需要的方式也有所不同。有些表现为个人化权力,比较自私、易冲动、言行不受约束,且自制力较差;而有些是社会化权力,是为他人或组织的更高目标服务的,甚至包括自我牺牲。那些对权力需求很高但是活动抑制力低的领导,可能在短期内成功,但也埋下长期的隐患,比如会使追随者工作十分痛苦。

在工作生活中,并非每个人都希望成为领导者。高权力需要或高管理动机并不能确保领导成功。为了获得长期成功,高权力需要和高度的活动抑制力都必不可少。在正式工作中,我们要考虑到领导者和追随者在权力需要、活动抑制力和管理动机上存在差异,在运用权力的时候的具体表现也会因此不同。

5. 领导者权力与影响策略

领导的影响策略指的是领导通过表现出的外显行为来影响他人。一般来说,拥有较多权力的个人能成功使用的影响策略更为丰富,而追随者常常比领导者能使用更为丰富的影响策略。这是因为在领导情景中,正式的领导者并不常常是拥有最多权力的人,而追随者身处不同规模和性质的组织环境,他们拥有的权力种类和总和会更多。

根据影响行为问卷的分类,影响策略分为以下九种:理性劝服;激发情感;磋商;博取欢心;个人魅力;交换;联盟;施压;合法化㊱。其中,参照性权力的运用过程会较多使用到第二种到第六种策略。

我们可以根据领导使用某种策略,来推断该情景下的相关权力。

(1) 当发生以下情况时:一个影响者占了上风,阻力是可以预料的,当一个人的行为规范了重要的规范,则如施压与合法化策略会被代表性地使用。

(2) 当发生以下情况时:他们处于不利地位或阻力可以预料,尝试成功会带来个人好处,那么如磋商与交换策略会被代表性地使用。

(3) 当发生以下情况时:当事人的权力分配平等,不太会存在抵制,组织和个人共同受益如理性劝服与交换策略会被代表性地使用。

(4) 有高参照性权力的领导者较少使用合法化策略或施压策略。

(5) 只有强制性权力或法定性权力的领导者趋向于使用联盟策略、合法化策略或施压策略。

(6) 使用影响策略是一种社交技巧。

总而言之,领导者可以从意识到自己运用影响策略的类型及与每种策略的效果中获益。他们应该思考为何他们相信某一特殊影响策略是有效的。当领导致力于增进对他人的影响而努力时,比只是想羞辱他人更有可能带来积极的成果。

6. 权力的分享与制约

在领导者行使权力时,不仅要注意自己对权力的需求和抑制力、影响策略,也要注意权力在自身和追随者之间的分享与制约。权力的分享就是正确处理好集权、分权与授权的关系,以及在此基础上对权力的控制。

(1) 集权,指的是权力集中于一人或少数人、一个或少数机构之中。

(2) 分权,指的是将权力进行合理分配,使其分散,发挥权力相互牵制和约束作用,防止某一机关或某一个人的独断专行,以保障领导集团的总体利益和各成员的应有权利。

(3) 授权是分权的一种特殊形式,授权的本领是评价领导能力的决定性标志之一,授权意味着领导者具有最充分有效地发挥下级潜能的本领。

二、领导者魅力与领导力

1. 领导者人格特征

(1) 人格特质的定义与形成原因。在讨论领导者的人格特质之前,让我们先来回顾一下,什么是人格特质。人格的第一种含义是指一个人带给他人的印象(强调社会名声),比如我们形容一个人有进取心、诚实、外向、有冲劲等。第二种含义就是说,一个人所有隐含的、不可见的结构或过程,这一结构或过程可以解释我们的行为方式,比如说明为何每个人在不同的情景下的行为高度相似,但又不同于另一个人的行为。根据人们日常行为模式差异,最常见的人格测试分类方法就是 MBTI 人格测试。

更通俗地讲,所谓的人格就是我们常说的个性或者性格。个性是指一个人在先天素质的基础上,在一定的社会历史条件下,通过社会实践所形成和发展的比较稳定的心理特征的综合。我们在培养领导储备人才,或者提拔挑选领导时,往往需要考察其个性,或者适当进行培养。

那么个性具体是如何形成和发展的呢?首先,第一要素自然是遗传,包括人的生理特质,智力和某些气质等。现有研究发现,50%的人格差异来自遗传,而 30%的娱乐和业余兴趣方面的差异来自遗传。第二要素是环境。人的情商、后期养成的性格和能力等很大程度上是受环境影响的。第三点就是靠后天的学习。除了特定的条件反射学习之外,人们不仅可以通过直接经验进行学习,也可以通过观察或听取发生在他人身上的事情而进行学习。社会学习理论提出,人可以根据自己对客观结果的感知和定义来作出反应,而不是根据客观结果本身作出反应。社会学习理论的核心就是榜样的作用,表现好的人(好榜样)就得到奖励,而表现不好(坏典型)就得到惩罚。明尼苏达大学的实验也表明领导者性格只有小部分(约 30%)是来自遗传,而大约 70%来自环境和后天学习。

(2)人格的综合分类。人格的综合分类有如下几种分类方法。

① 按照工作特点与感情特征,可以分为 A 型人格与 B 型人格。

其中 A 型人格表现为:节奏快,争强好胜,追求同时做好和处理多件事务,无法处理休闲时光,着眼于数字与数量。反之,则为 B 型人格。

② 按照人的认知风格分类,可以分为感情型和思考型。

a. 感觉(感情型):表现为凭感觉办事,讲究实际,重视人与人之间感情因素。

b. 直觉(感情型):思考问题更多地带有理性色彩,富有想象力,希望别出心裁,重视感情因素。

c. 感觉(思考型):讲究实际,重视细节,习惯逻辑推理,循规蹈矩,喜欢与数字打交道。

d. 直觉(思考型):重视抽象,习惯于不带有感情色彩的理性思维,喜欢在不涉及人际关系的部门工作。

③ 按照管理性人格分类,可以分为工匠型、丛林斗士型、企业人型和赛车手型。

a. 工匠型:属于技术专家型,工作细致入微,对人际关系不敏感。

b. 丛林斗士型:又分为狮型斗士和狐型斗士。前者有强烈的领袖欲望和权力需求,有魄力,敢担风险,精力充沛。后者魄力不足,但善于平衡人际关系和运用各种技术。

　　c. 企业人型:忠实可靠,兢兢业业,但魄力不足,循规蹈矩,缺乏强烈的进取心和革新性。

　　d. 赛车手型:渴望成为群体中的优胜者与明星人物,有进取心,但不醉心于势力范围和主宰地位。

　　④ 大五人格模型(five factor model [FFM] of personality)。

　　a. 外向性(extraversion):好交际对不好交际,爱娱乐对严肃,感情丰富对含蓄,表现出热情、社交、果断、活跃、冒险、乐观等特点。

　　b. 神经质(neuroticism):烦恼对平静,不安全感对安全感,自怜对自我满意,包括焦虑、敌对、压抑、自我意识、冲动、脆弱等特质。

　　c. 开放性(openness):富于想象对务实,寻求变化对遵守惯例,自主对顺从,具有想象、审美、情感丰富、求异、创造、智慧等特征。

　　d. 宜人性(agreeableness):热心对无情,信赖对怀疑,乐于助人对不合作,包括信任、利他、直率、谦虚、移情等品质。

　　e. 尽责性(conscientiousness):有序对无序,谨慎细心对粗心大意,自律对意志薄弱,包括胜任、公正、条理、尽职、成就、自律、谨慎、克制等特点。

　　这五种人格在不同的职业中有不同的需求,也能一定程度上预测工作绩效。比如大量元分析发现,尽责性是最稳定而有效的预测因素,但对于需要高度创造性的工作,例如艺术家,高度尽责性则与工作绩效呈负相关。其他四个因素的预测力也局限于特定职业群体。

　　另外,外向性和宜人性对人际作用较多的工作(如管理、营销)有较好预测效度,其中宜人性对服务类工作绩效能较好预测;经验开放性的预测效果会因职业不同而波动较大,目前主要发现它对培训工作绩效和创造性(如艺术类、广告类)的绩效有中等程度的预测作用。

　　除了个人工作绩效,大五人格还可以有效地预测团队绩效。

　　a. 尽责性:团队成员的尽责性平均水平较高时,利于团队绩效的改善。而团队成员尽责性的同质性不高,差异较大,则不大利于团队成员的合作和沟通。

　　b. 宜人性:宜人性的成员关心他人的福利,更愿意合作,因而利于促进团队凝聚力,提升团队绩效。但是,一个宜人性极低的成员也足以摧毁团队的人际关系。而一个宜人性极高的成员也可能起润滑剂作用,促进团队合作。

　　c. 开放性:开放性对于创造性团队和自我管理团队更有利,可以促进其团队绩效。

　　d. 外向性:拥有高外向性水平成员较多的团队,凝聚力较高。但当成员外向性差异程度较小时,如团队中存在的都是领导者而缺少追随者时,关系冲突就会加大。

e. 神经质:神经质水平高的团队,会导致团队凝聚力下降,破坏团队合作。而团队神经质差异程度较大时,会利于成员角色的分配,提升团队绩效。同时,如果团队中有一个神经质非常高的成员,其带来的负面情绪也可能引发团队冲突,从而导致团队难以持续下去。

心理学者认为人格主要与人们选择的职业类型及在该行业中的业绩表现有关系。所以,大五人格测试在求职中也是最常用的工具之一,它可以较为清晰地帮助求职者了解自己的性格和某种职业相匹配,也可也帮助企业了解哪些员工和公司相匹配。

就职业选择而言,考斯特·保罗(Costa T. Paul,1984)研究认为,外向性和开放性是职业与工业心理学的两个重要因素。例如,根据五因素模式,社会和事业方面的兴趣均与外向性有关,外向者较偏好社会和事业方面的职业,且在这类职业中比内向者表现更佳;再如,调查行业、艺术等职业与开放性呈正相关,一般对新经验高度开放者,应比此特质方面低倾向者更偏好于艺术与调查行业,且表现也较好[①]。

(3) 人格的内容分类。人格的内容分类有如下几种分类方法。

第一点是气质。气质指人的高级神经活动特征(速度、强度、指向性)在个体感情与行为中的重要表现。它是人的一种独特而典型稳定的心理特征。我们要合理地选择工作与职业(重视职业和气质的匹配),注重气质与教育训练(重视因人而异的教育方法和手段),并且考虑到气质多样性和群体结构的合理性。根据希波克拉底的观点,气质可分为四种典型的类型。

a. 胆汁质(急躁型):表现为精力充沛,动作迅猛,直率热情,但自制力差,性急而粗心。

b. 多血质(活泼型):表现为机敏灵活,善于交际,兴趣广泛,但注意力易转移,缺乏耐性。

c. 黏液质(怡静型):稳重细心,行为持久,自制力强,但思维反应慢,固执而拘谨。

d. 抑郁质(神经质):表现为内心感情体验丰富,但孤僻胆怯,优柔寡断,具有刻板性,难以承受强烈刺激。

第二点是性格。性格的结构态度特征大致分为四类,分别是态度特征、情绪特征、意志特征和理智特征。

a. 性格的态度特征:对待和处理社会关系的性格特征。主要有四类:对社会、集体和他人;对待劳动、生活、学习;对待劳动产品;对自己的态度。

b. 性格的情绪特征:情绪活动的强度、稳定性、持久性及主导心境等方面的特征。主导心境指一段时间内支配性的主要情绪状态。

c. 性格的意志特征：是否具有明确的目的，能否自觉支配行为向预定目标努力的性格特征。

d. 性格的理智特征：在感知、注意、记忆、思维、想象等认识过程中表现出来的性格特征。

而性格的类型根据不同的研究，主要有以下三种方向：机能类型、向性说、独立-顺从说。

a. 英国心理学家贝恩（Alexander Bain）和法国心理学家里博（Théodule Ribot）认为可以根据理智、情绪和意志三者在性格结构中所占优势的不同来确定性格类型。

- 理智型：以理智来衡量一切，支配自己的行动。
- 情绪型：情绪体验深刻，言谈举止受情绪所左右，处理问题喜欢感情用事。
- 意志型：有较明确的活动目的，行动坚定，具有主动性、积极性和持续性。
- 中间型：如情绪-理智型，意志-理智型等。

b. 精神分析学家荣格（Carl Gustav Jung）以精神分析观点，按照个体心理活动的倾向来划分性格类型，多数人是介于二者之间的中间型。

- 内向型：沉静谨慎，深思熟虑，顾虑多，反应缓慢、适应性差，情感深沉，交往面窄、较孤僻；长处是内在体验深刻，具有自我分析和自我批评精神。
- 外向型：主动活泼、情感外露、喜欢交际、热情开朗、不拘小节、独立性强、关心外部事物；但比较轻率，缺乏自我分析和自我批评精神。

c. 阿德勒（Alfred W. Adler）根据精神分析的观点，按照个体的独立性程度来划分性格类型。

- 独立型：善于独立思考，有个人坚定的信念，有主见，能够独立发挥自己的力量；但喜欢把自己的意志强加于人。
- 顺从型：独立性差、易受暗示，缺少独立见解，容易盲从、随波逐流、屈从权势，遇到重大事件往往惊慌失措，逃避现实。

以上各种性格分类的作用，都是希望能在组织活动中，给企业选人用人提供科学的参考依据。安排任务和人员组合时，我们需要充分考虑成员和领导的性格，比如注重培养良好的职业性格；选人、用人要注意性格适应的合理性；做人的思想工作时，要针对不同性格的人，运用不同的方式才能奏效。

总体而言，气质和性格是互为影响，相辅相成的。气质反映个体的自然属性，性格反映人的社会属性。气质形成多与遗传因素有关，性格更多受到后天因素影响。气质可以影响性格的表现方式，同一性格内容有不同的表现色彩。气质可以影响性格形成的难易和速度，而性格可以在一定程度上抑制气质的消极因素。

除了性格和气质，人格内容分类的第三类是能力。能力指人们能够顺利完成某种活动的心理特征，是影响组织绩效的关键性因素。能力的形成同样也包括天资（遗传因素)和后天学习。天资包括智力天资和体力天资。前者包括对数量(计算能力)、空间(图形)的理解能力,记忆与协调以及控制精度的能力等;后者如反应速度,灵巧性(平衡性、协调性)能力等。后天的学习包括各种技能的培训和社会实践中习得的经验。

(4) 个性影响成功的因素。人的个性中有很多因素会对成功造成影响,其中比较突出的几项是:控制点、自尊、自我监控、冒险性等。

① 控制点(Locus of Control)理论:主要分内控和外控两种,前者指把责任归于个体的一些内在原因(如能力、自我信念、努力程度等),后者则是指把责任或原因归于个体自身以外的因素(如环境因素、运气等)。极端的外控者和内控者只是少数,大多数介于两者之间。

② 自我监控:是指一种根据外部情景来调整自己行为的能力。

③ 冒险性:是指个体根据事情成功的可能概率来决定自己行为的一种个性特征。

④ 自尊:《现代汉语词典》(第七版)中,自尊指看重自己的尊严,不向别人卑躬屈节,也不许别人歧视、侮辱自己。首次提出"自尊"概念的纳撒尼尔·布伦博士(Dr. Nathaniel Branden)认为,自尊是认为自己在经历中有能力对付生活的基本挑战,并有资格享受幸福的一种气质。人人都想有自尊的幸福生活,那么什么样的自尊能够让自己和他人都感到尊重和幸福呢?塑造高自尊者的十大基石分别是:

a. 人生有目标,知道持久的快乐是人生的主要目标。

b. 勇于做自己想做的人,做自己想做的事。能平衡而和谐地选择如何生活和如何使用自己的才华与技能。

c. 喜欢自己,也喜欢别人。不自大。与外界保持联系。知道感激别人。

d. 清楚地认识到做正确的事高于正确地做事。

e. 自信,认为不完满是正常的。不否认和回避自己的不足,敢于承认自己的错误,接受批评,愿意改进。同时,也允许别人不完美。

f. 接纳自己,不为某些客观的事实而感到羞愧。

g. 对己对人的价值评定建立在"是什么样的人"上,而不是在"什么样的职务、权力、金钱及名气"上。

h. 富有创造性。自己愿意,也鼓励别人承担适合的风险。不把时间浪费在对可能的失败的焦虑上。

i. 认为人人均有变化的自由,注重实际行动。

j. 尊重别人的需要,但也不出卖自己的原则。

2. 领导者高情商

1995年,丹尼尔·高尔曼(Daniel Goleman)提出"情商"的概念。情商,又叫情绪商数,或情绪智力商数,是心理学的最新研究成果,是个体的一种思维模式。情商是有助于人们识别其自身情感和对他人感受的一组精神能力,可以帮助人们感知情绪、管理情绪、运用情绪、理解情绪。

高情商的人有以下特点:

(1) 了解与控制自己的情绪。情绪是指个体对本身需要和客观事物之间关系的短暂而强烈的反应。人类的四大基本情绪是快乐、悲哀、愤怒和恐惧。情绪的产生往往与需要有关,包括生理性需要和社会性需要,后者尤为重要。情绪其实无所谓好坏,但是在不同的场合和情景下,情绪就有好坏之分了。一些重要的场合如果无法控制自己的情绪,人们往往会后悔。研究证明,带有情绪冲动的决定与人的后悔情绪是正相关的。但可惜的是,世上本无后悔药,所以学会控制情绪是一门职场必修课。

(2) 了解他人的情绪。了解他人的情绪最重要的是要学会察言观色。在一个场合下,通过观察和简单的交谈,辨别人与人之间关系的亲疏远近,进一步了解对方的需求和可行的话题,言语之间的冲突和冒犯才会更少,人际关系才会更加稳固。

(3) 具有良好的心态,善于自我激励。俗话说"我要做"的力量是"要我做"的 10 倍甚至 100 倍,其实就是指自我激励的效果比被动激励的效果要好得多。自我激励的意义在于自己能够明确目标并且充满动力去完成某件事情,不需要他人来干涉和影响。在人际交往中,主动认识到与人交往的意义并且付诸行动的效果,比旁人劝导的效果更加强有力。

(4) 能有效地建立、运用人际关系网。人际关系是指人们在共同活动中彼此为寻求满足各种需要而建立起来的相互的心理关系。人际关系管理是指使人与人之间的关系和谐的一系列方法。为了保持人际关系网的有效性,与三种人保持长期联系:有能力帮助你的人,有潜力帮助你的人,以及与你能进行情感交流的人。

(5) 为了长远目标,能牺牲眼前利益。想要保持长远的人际关系,就必须要学会牺牲短期的利益。短期的利益只是简单的人际关系的资源互换,同时也在消耗脆弱的人际纽带。长期的人际关系的回报率正如长期利率一样会比短期的更高。

3. 领导者积极心理

积极领导力是从 2003 年开始,综合积极心理学、积极组织行为学和组织发展理论等研究成果而开展的新兴的研究方向。实践案例和理论研究表明,积极的领导力对组织的绩效有积极的影响,比如有助于提升领导决策、解决问题的能力和工作效率,同时也对提高下属员工的工作积极性和效率有所助益。

积极心理学主要研究人们如何从生活的各个方面获取力量。前美国心理学会主席马丁·塞利格曼(Martin Seligman)提出,积极心理学的三大支柱是:第一,积极的体验,主要研究人们以往的幸福感,感受立足当下的幸福和面对未来的积极心态;第二,积极的人格特质,探索那些让人们享受的,由工作、智慧和希望等特质带来的快乐;第三,积极的体制环境,培养鼓励人们从有意义的环境中获取快乐积极的体验[20]。比如很多公司采用的员工分红政策，鼓励员工从自己的劳动中获得合理报酬，可以让员工们感受到自己在成功的企业中做着有意义的事情，从而提升工作的幸福感。

另外，积极心理学学者们提出了以人格优势为本的方法论。塞利格曼认为，幸福的关键在于培育自身的人格优势，这些优势也恰好能为管理者所用。比如林利积极心理学认为，领导者应该辨识并且利用员工的天然优势，让员工做自己擅长的事情，展现自己最佳的一面。基于人格优势的积极心理学需要领导从战略高度来考察识别和运用员工的天然优势，有时候这些特质显而易见，有些时候需要时间和契机去挖掘和发现。

前麦肯锡首席顾问纽曼认为，积极领导力是可以获得的，由以下三因素构成：

（1）智力劳动训练：这可以帮助训练制定计划和科学决策的思维过程。

（2）致力于构造内在优势，而不是改变劣势：这一点和人格优势模型相似，要明确员工和团队的内在优势，制定合理的工作方案。

（3）专业适应性：领导要将所学知识运用到日常工作中。

而在积极组织学的研究中，积极心理资本可以帮助领导很好地建立积极心理，从而调动员工的积极性。积极心理资本主要包括四种：自我效能、希望、韧性和乐观[21]。

（1）自我效能（self-efficacy）：这指的是某人相信自己有能力去调动自己的积极性和资源，并且根据具体情况采取必要行动。

（2）希望（hope）：这是一种积极的跟动机相关的心理状态，主要跟两个因素相关。第一是中介（即因目标驱动产生的做某事的能力和精力）；第二是途径（即为达成目标而做好计划，并且如果遭遇困难和障碍能主动寻求替代方案）。

（3）韧性（resilience）：这指的是某人在面对逆境、矛盾、失败等情况下，可以快速调整恢复的能力，这种能力可以后期培养和发展。

（4）乐观（optimism）：这指的是人们可以将积极的情况归因于个人的、持久的、无处不在的因素，而将消极的情况归因于外部的、暂时的和由情景而定的权变因素。乐观通常也可以让人对未来有更好的期待。

研究证明，拥有积极心理资本的人即使面对充满挑战的任务，也可以自信地投入合适的精力来取得预期的成功。面对困境，他们能够及时恢复并且调整步伐，坚持不懈地向前迈进。在这样的领导下，员工的情绪会更加积极，对领导也会更加信任，领导效能也会更好。

对于领导力而言，积极心理绝不是一个新名词。积极领导力需要领导能够随着时间推移并根据情景来系统地、整合地调动自己的领导特质、选择合适的领导风格，去激励并发展自己、追随者和整个组织来发挥潜力、达成目标。在赫兹伯格双因素需求理论中，保证员工情绪积极虽然不是工作必要的条件，但开心工作有助于提升工作满意度,从而有利于提升绩效。

在全球化趋势不可逆的当代商业世界,积极领导力也发挥着不可小觑的作用。领导需要面对各种距离的阻隔,比如时间和地理空间的距离(包括文化差异),组织架构(由公司集权或者分权导致)的距离,以及心理距离(由社会地位或者权力导致)。面对这些距离,积极领导会选择体验并且尊重不同的文化,识别那些复杂而微妙的文化差异,学会习惯用对方的对话方式来合理表达自己,最终能够自如地在不同文化的对话中切换,促进沟通与合作。当遇到文化障碍时,积极的领导会更深入地了解对方的社会经济和政治情况,主动从法律层面思考解决思路,并且致力于推进事件解决得更合理、更符合职业道德。

三、领导价值观、道德与领导力

1. 领导者价值观定义和分类(终极价值观和工具价值观)

价值观是阐述被个人视为重要的一般行为或状态的构想、概念,只能通过个人行为来判断。社会学家弥尔顿·罗克奇(Milton Rokeach)提出,价值观分为工具价值观和终极价值观。工具价值观指的是人们偏好的行为模式,而终极价值观是最终呈现的状态和结果,是人们一生想要追求达成的目标[①],如表4-8所示。

表4-8 价值观分类

终极价值观	工具价值观
令人兴奋的生活	勇敢
成就感	助人为乐
家庭安全	正直
内在和谐	富于想象
社会认可	符合逻辑
真挚的友谊	尽职尽责

2. 领导者、道德与伦理的关系

道德是一种大众化的价值取向,是人们共同生活及其行为的准则与规范,而价值观是个人对事物的一种认识,以及在这种认识基础上所持有的态度。其联系是它们都是一种对事物的态度,区别在于道德是积极的态度,并且是群体性的,价值观是中性的,是个体性的判断。

领导在团队或者组织中是起到指挥领导和模范作用的核心人物,他的一言一行都会对下属团队和上属更高级别的领导层产生影响。领导应当以身作则,以优良的价值观和道德取向为员工们做好榜样。如果一个领导缺乏职业道德,不能坚守原则

和底线,那么他的员工和团队很有可能无法秉持正直端正的行为作风,进而对组织的工作氛围、道德准则造成很大的负面影响。

领导的道德观主要分为以下几种[40]:

(1)功利主义道德观。其主要观点是能给行为影响所及的大多数人带来最大利益的行为才是善的。功利主义道德观有其合理的一面,企业和员工都以盈利为生,创造最大化利益能够保证企业的发展和员工的投入;但这种道德观也存在两个问题:取得最大利益的手段和利益的分配问题。

如果"功利主义"价值观要移植到企业管理中,那么最理想的情况是将所谓"最大利益"理解成"最大福利",不仅是金钱性的利益,而且要主要以人为本,包括全体成员的福利;并且要注意功利主义的核心是"有用性"。这里的有用性不只是指对象对主体或者财富对个人或社会的有用性,同时还指个人对组织和社会的有用性,这就需要:领导基于足够的道德影响力,让员工发现自己的有用性,并把这种有用性和公司、社会的价值观相统一。

(2)权利至上道德观。其主要观点是,能尊重和保护个人基本权利的行为才是善的。理解权利至上道德观需要注意两个问题:对"权利"概念的理解,以及认识到权利是相互的。

首先,"权利"不是"权力",权利一般是指法律赋予人实现其利益的一种力量。公民基本权利包括平等权、政治权利、宗教信仰自由、人身自由、监督权、社会经济权利、文化权利和其他权利等。与此同时,权利也是相互的,与之息息相关的是"义务"。在社会主义社会,权利与义务是一致的,不可分离,在法律上一方有权利,他方必有相应的义务,或者互为权利义务;任何公民不能只享有权利而不承担义务,也不会只承担义务而享受不到权利。权利至上道德观指导员工和领导互相尊重,保护了个人权利,但是消极的一面是,在组织中强调个人权利时,可能会影响组织的整体利益,并演变为各人自私自利的无组织状态。

(3)公平公正道德观。其主要观点是管理者不能因种族、性别、个性、个人爱好、国籍、户籍等因素对部分员工歧视,而那些按照同工同酬的原则和公平公正的标准向员工支付薪酬的行为是善的。

这里的"公平公正",主要指支付薪酬的依据应当只是员工的技能、经验、绩效或职责等因素,而不是其他各种似是而非的因素。

(4)社会契约道德观。其主要观点是只要按照企业所在地区政府和员工都能接受的社会契约所进行的管理行为就是善的。

契约论的道德观有其深刻的局限性。契约具有很强的情景特征,在很多场合是利益博弈的结果,与合理性无关;契约的对象必须严格限制,如价格、道德、婚姻等是不可以契约的;契约主义泛滥会导致严重的经济与社会后果。

（5）推己及人道德观。其核心观点是"仁"。推己及人道德观是中国儒家道德观的高度概括,在现实中,能体现其思想的有"己所不欲,勿施于人""恭、宽、信、敏、惠""仁、义、礼、智、信""换位思考""将心比心"等。在竞争激烈的社会中,推己及人的道德观却经常被讥讽为"书生气"或"竞争不力"。

3. 领导者道德管理的影响因素

实践中,道德观的使用是根据具体事情和具体情况综合而定,不可能固定不变。客观上看,由于影响道德的因素十分复杂,组织要实行合乎道德的管理并不容易。

道德管理的特质分为以下7点:

（1）不仅把遵守道德规范视作组织获取利益的一种手段,更把其视作组织的一项责任;

（2）不仅从组织自身角度更应从社会整体角度看问题;

（3）尊重所有者以外的利益相关者的利益,善于处理组织与利益相关者的关系,也善于处理管理者与一般员工及一般员工内部的关系;

（4）不仅把人看作手段,更把人看作目的成就;

（5）超越了法律的要求,能让组织取得卓越成效;

（6）具有自律的特征;

（7）以组织的价值观为行为导向。

而现实生活中影响到的管理因素会更多,主要分为以下三大类:道德发展阶段、个人特性和环境。

（1）道德发展阶段。道德发展阶段中涉及的一个重要的概念叫作道德推理。道德推理(moral reasoning)是指领导者做出有关道德或不道德行为决策所使用的程序。在道德推理中,人们会经历一系列的发展阶段,也就是道德发展水平。无论人们标榜的价值观是什么,他们实际采取何种行动,是更重要的一个问题。所以不同的道德发展阶段,人们有不同的行为判断准则[①]。

道德发展的三个阶段分别是:

① 道德成规前期(preconventional level):个人对道德行为的评判标准主要建立在自利的考虑上,如避免惩罚、获得奖励。

② 道德成规期(conventional level):道德行为的评判标准主要是建立在赢得他人的赞同,并采取遵从常规、惯例的行动。

③ 道德自律期(postconventional level):评判标准主要是基于普遍、抽象的原则,这些原则甚至可能凌驾于特定的社会法律之上。

道德发展阶段的经典案例是通过不同阶段的行为来辨析一个男人偷窃一种定价过高的药品来救治他垂死的妻子,在道德上是否正当(表4-9)。

表 4-9 道德发展阶段经典案例

阶 段 描 述	赞成偷药的道德推理	反对偷药的道德推理
道德成规前期 阶段1:"坏"行为是指会受到惩罚的行为 阶段2:"好"行为是指会获得具体奖赏的行为	"如果你听任自己的妻子死去,你会陷于麻烦之中" "如果你碰巧被抓住,把药交回去就是了,不会受到多重的判决"	"如果你偷了药,你就麻烦大了" "即使你被抓住以后没有获得多重判决,你的妻子也可能在你入狱期间死去,这对你没有什么好处"
道德成规期 阶段3:"好"行为是指其他人赞成的行为;"坏"行为指其他人不赞成的行为 阶段4:"好"行为与社会制度所建立的标准保持一致;违规会带来负罪感和耻辱感	"如果你不偷药,你将永远无法正视他人" "如果你还有荣誉感的话,你会尽做丈夫的责任去偷药"	"每个人都会知道你是个贼" "如果你偷了药,不管你有多绝望,你永远都无法再正视自己"
道德自律期 阶段5:"好"行为与经过民主参与程序确立的社会标准保持一致;关注自尊与平等 阶段6:"好"行为与个人的良心有关,良心是建立在个人对道德原则负责地做出选择承诺的基础上	"如果你不偷药,你会失去自尊和他人的尊重" "如果你不偷药,你可能遵守了法律条文,但你没有达到自己的良心准则的要求"	"我们都认为要按公共准则行事,而任何形式的偷窃都会破坏这一协议" "其他人也许会赞同你的行为,但偷药仍然违背了你的良心和诚实的标准"

(2) 个人人格。通常来说,个人人格对道德管理的影响有以下几种:

① 外倾性高的人喜欢追求权力,如果他责任心低,则会滥用权力;

② 过度对他人敏感的人可能在道德上失去判断的方向;

③ 高度自我认知的人会具有自己的是非观;

④ 情绪不稳定或者外控型的人,更可能采用不道德的行为。

(3) 情景。影响道德管理最典型的情景是:高度竞争、缺乏监督的情景下,容易产生不道德行为;高度注重人情的环境可能让人忽视道德;当不道德的行为获得了奖赏或者利益,更多的人会根据这个"规则"而做不道德的事情。

综上所述,要做一个伦理型领导,在人格上要外倾、有责任心、开放,并且保持情绪稳定;在道德水平上要达到道德自律阶段;在不同的情景中,要知道利益相关者是谁。当然,具备了前两者,领导对于情景的适应会更加游刃有余。

4. 领导者有限道德决策的主要影响因素

上文提到,领导的道德观很难自始至终维持某一种类型。因为有太多情景和条件的约束,领导通常做出的道德决策是有限的,即有限道德决策。它受四种主要因素的影响,分别是:

(1) 内隐偏见(implicit prejudice):指在社会认知过程中虽然个体不能回忆某一过去经验,但这一经验对个体的行为和判断依然具有潜在影响的认知现象,比如性别偏见。这种认知是社会性的,是对任何人际关系等的认知;也具有沉淀性,是已有的社会历史事件和生活经验长期积累的结果;它的产生通常是无意识的,而且过去经验和现有的认知结果会影响人们对新的事物的认知。

(2)内群体偏爱(in-group favoritism):每个特定群体的成员(一般是大部分成员),往往会以本群体为中心,肯定自己的优势,而忽视或者不认可其他外群体的优势,如人际圈子中的内外有别。

(3)沽名钓誉(overclaiming credit):在群体工作中,人们倾向于夸大自己对团队的成功的贡献度,这个也可称为自利性归因偏差。

(4)利益冲突(conflicts of interest):不同利益方之间的冲突会影响领导的道德选择和决策,比如法官受贿。

5. 领导者的伦理困境及破解途径

伦理困境是指当事人需要在几个道德选择中做决策,而且必须要选择一项,不能同时选择,如果遵守其中一项,就将违反另一项的情形。无论如何选择,当事人都可能违背某一种道德原则或者价值观。生活中有很多这样的困境,比如,真理与忠诚,如实回答某个问题,可能损害你对他人(真实或默示)的保密承诺;个人与社会,你是否应该包容家里的亲戚,而这个人却是罪犯;短期与长期,与家人相处时间多,那投入事业的时间就少了;公正与仁慈,关于是否原谅一个人的过失,认为其"有情可原",还是坚信他该"从中得到教训",等等。

在伦理困境中,好人也会做坏事。具体原因和行为可以归于以下六类:

(1)委婉命名(euphemistic labeling):使用经过美化的词汇来缓和或掩饰那些与道德相抵触或令人讨厌的行为对他人的冒犯。

(2)责任转移(displacement of responsibility):人们将行为的责任归结为他人,从而违背个人的道德标准。

(3)责任扩散(diffusion of responsibility):当其他大部分人都以同一方式行事时,人们容易去从事并接受那些受到谴责的行为。

(4)漠视或扭曲结果(disregard or distortion of consequences):人们出于私利而要做危害他人利益的事情时,会倾向于尽量降低事情造成的伤害,或者强调他们行为的好处而不是坏处,甚至避免面对这一言行。

(5)去人性化(dehumanization):视受害者为没有情绪、顾虑和希望的"亚人类",忽视其身上人性化的特征,比如放大某人身上的缺点,而把这个人认为是一个需要解决的"问题"而不是一个有缺点的"人"。

(6)谴责归因(attribution of blame):人们在坏结果面前倾向于谴责他人而不从自身找原因。

想要解决伦理困境,针对上述的基本错误,组织应该设计定量化的绩效度量方法和相应的管理方法,以减少犯错者找借口和无辜者被冤枉的概率。同时,有三个原则值得借鉴：第一，基于终极目标的思考，从大多数人的最大利益入手；第二，基于规则的思考，遵循最高原则或责任；第三，基于关爱的思考，即我们常说的，己所不欲，勿施于人。

6. 基于伦理的领导方式

基于伦理的领导方式主要有以下三种：诚信领导、伦理型领导和仆人式领导。

（1）诚信领导。领导力大师罗纳德·海菲茨（Ronald Heifetz）提出领导者的主要角色是帮助追随者面对冲突和发现建设性的方式去处理它。海菲茨特别强调领导者必须运用权力来动员人们去面对棘手的问题，领导者要用信任、培养和移情来营造让追随者感受到支持的环境。在这样的支持性的环境中，追随者在面对难题时才能获得安全感[42]。总之，帮助员工应对变化和个人成长是领导者的职责。

（2）伦理型领导。美国政治领导力先驱詹姆斯·伯恩斯（James M. Burns）的领导伦理观强调领导者应该在关注追随者的需要、价值观和伦理观的基础上，努力把追随者的道德责任推向一个更高的水平；该理论明确宣称领导有道德上的维度，领导的一个主要角色或功能是增加道德意识，帮助人们解决价值冲突[43]。帮助员工在一系列的价值冲突中快速成长是领导者的重要职责，领导者与追随者的联系是提升两者道德水准的关键。

（3）仆人式领导。管理学家罗伯特·格林利夫（Robert K. Greenleaf）提出的"服务式领导"的概念，也称"仆人式领导"。仆人领导思想带有强烈的无私的道德色彩，强调领导者要想下属之所想，关怀下属，实质就是服务。服务于追随者是领导的主要责任和道德领导的本质。领导的服务包括培育、保护和授权部署[44]。

四、追随力与领导力

回溯领导力发展的过程，上下级关系和追随者逐渐进入主流视线，甚至发展出单独的模型和实践指导。追随者是领导方程式中的关键因素，但并非每个人都能意识到追随者的作用。

如果根据等级来界定，追随者是处于从属地位的人，缺少上级所具有的权力、权威和影响力；如果根据行为来界定，追随者遵从他人的意愿。追随者看似处于被支配的地位，但其实追随者是领导在组织中的合作者，他们的回应和配合对领导效能有重大影响。而追随力就是指下级和上级的一种关系（层级），以及下级对上级的回应（行为）。那么追随者具体有哪些类型，如何激励不同的追随者，将追随力发挥到极致呢？

1. 追随者的主要类型

哈佛商学院教授、领导力专家亚伯拉罕·扎莱兹尼克（Abraham Zaleznik）在追随者领域进行了很多深入的研究。他考虑到,追随者要么积极主动,要么消极被动;他们可能顺从所有安排,也可能希望操控或者影响领导的行为。根据这些层次的思考,他将追随者分为以下四种类型⑮:

(1) 冲动型追随者(impulsive followers):他们很积极也有操控欲望,直率叛逆,试图摆脱领导的指挥,按自己想法做事;同时他们不怕冒险,勇敢无畏。这类追随者较少。

(2) 强迫型追随者(compulsive followers):他们比较消极被动但也有一定操控欲,想要管理甚至指挥领导者,但是也会因此想法而内疚。

(3) 受虐型追随者(masochistic followers):他们是积极活跃的顺从者,愿意听从领导的意志和指挥;即使这种方式让他们觉得困难,他们也会尽力去做。

(4) 退让型追随者(withdraw followers):他们很少关心身边之事,很少作为,只做本职工作以内的事情。

2. 追随者行为模型

企业能否顺利发展,站稳脚跟,不仅取决于领导的卓越才能,也依靠追随者的配合和积极互动。卡耐基梅隆大学教授罗伯特·凯利(Robert Kelly)考虑到大部分人把更多时间用于追随而不是领导,他认为追随者行为也值得关注,特别是平凡的追随者和卓越的追随者之间的差距。

凯利说,这两者的区别在于,在追求组织目标时,是否热情独立、充满智慧,是否可以不带明星光环地参与。且不论那些对企业心怀不满的员工,即使是投入相似的员工,由于他们的行为模式不同,他们的工作效果也会有显著差异。基于此发现,凯利构建了追随者的行为模型(二阶矩阵模型),如图4-8所示⑯。

图4-8 追随者行为模型

(1) 异端型追随者。他们可以独立思考,但是愤世嫉俗,容易将负面情绪带到工作中,面对新的变化与挑战,他们总有借口,对现在的事情保持怀疑,对未来缺乏计划。但他们总会为自己正名,认为自己只是特立独行,而且是唯一敢挑战领导者的追随者。

（2）被动型追随者。这类追随者希望上司考虑好一切，安排任务，并只完成分内任务；缺乏主动性，不愿承担责任。他们的争议性相对很少，虽有可塑性，但领导需要另花心思来关照他们。

（3）顺服型追随者。这类追随者总是积极地、毫无怨言地完成任务，但是不能主动思考接下去的任务，需要上级去布置任务。他们很敬业也很顺从。缺乏自信的领导会喜欢这类人，他们不惹麻烦还能完成任务。

（4）榜样型追随者。这类追随者独立自主，有批判性思维，能够积极主动地思考工作计划。他们不一定对领导的意见全盘照收，如意见不同时，他们会提出疑问，进行讨论，并拿出替代方案。他们或许看似一个领导者，但实质是追随者，而且他们也对追随者的身份感到满足。

（5）实用型追随者。这一类型的追随者把工作和人际圈伸向各个阵营，喜欢物竞天择，对许多事情保持冷静旁观的态度。他们永远做有用的事情，同时保证自己的安全。

3. 追随者激励理论

针对追随者的不同需求，研究者们提出了不同的激励模型，其中以下三种模型的应用范围最为广泛。

（1）马斯洛的需求层次理论。1943年，亚伯拉罕·马斯洛（Abraham Maslow）提出，人不仅受外在因素（奖惩措施）的影响，也会受到内在五大需求的影响。人们从最低阶的需求开始，当低一阶的需求获得满足，就会将目光投向更高的需求，逐步往上。通常较低阶层的需求强度是较强的，人们在得到充分满足前，不会考虑更高一阶的需求[47]（如下所示，从①到⑤需求逐步提升）。

① 生理需求：解决温饱问题；
② 安全需求：保证安全，免于遭受威胁和伤害；
③ 社交需求：被他人接纳，有归属感，有固定社交生活；
④ 尊重需求：自我尊重，获得成就和地位，有认可度；
⑤ 自我实现需求：自我成长，自我实现，或者良好的个人发展。

该理论广受推崇，有一定实践指导意义，但是有时领导不一定严格去按照这个规律执行，从而影响激励的效果；再者，有很多类型的员工的内在需求，并不完全按照这个规律，比如极限运动者和一些科技工作者，安全和生理需求有时并不是最重要的，他们会先强调自我实现的需求。所以，领导在采用激励手段时，需要辨别清楚其需求，然后循序渐进。

（2）麦格雷戈X-Y理论。美国社会心理学家道格拉斯·麦格雷戈（Douglas McGregor）提出的X理论，是对比较传统的独裁式管理模式的总结，这一理论认为员工都是延误工作的，他们会偷懒，逃避责任，希望稳定安全，没有长远规划。所以，管理者要严加监管,多加指导,他们才能尽力工作。而 Y 理论是根据马斯洛的观点进行衍生发展的。

马斯洛假设,员工并不都讨厌工作,他们可能有天然的兴趣或者在工作的过程中产生职业兴趣,从而自然地付出努力;大多数人会不仅完成本职工作,还会寻求更多的职责和机会;而且大多数人都有创造性。这也就是麦格雷戈所说的参与式的管理模式,Y 理论。

麦格雷戈认为,如果坚持员工是 X 理论中平庸而怠懒的,那么公司也只会继续平庸;而如果能够相信员工会像 Y 理论一样,有潜力而且愿意投入工作,那么公司也将会大有发展。他还总结出了信奉 Y 理论的领导特质,主要有:

① 坚持自己的信仰;
② 愿意授权,帮助员工成功;
③ 愿意相信他人,并得到他人信任;
④ 坚决支持团队工作;
⑤ 对他人的期许、忧虑和尊严保持尊重和开放的态度;
⑥ 正视事实;
⑦ 鼓励个人与团队成长;
⑧ 保证愉快有偿的工作环境。

相对于马斯洛较为普适的研究,麦格雷戈的理论以实证为基础,从心理学的角度为管理者领导者提供了有效的指导。而接下来赫兹伯格的理论则是对以上两者做了进一步的发展,并且久经考验,历久弥新。

(3) 赫兹伯格双因素理论。1964 年,行为学家、临床心理学家弗雷德里克·赫兹伯格(Fredrick Herzberg)的研究重点在于,辨别并加强让员工满意的因素,并且识别和减少让员工不满意的因素[⑧]。根据调查,他将与工作本身相关的因素称为"激励因素",与积极情绪相关,比如工作成就感,工作本身的魅力,工作责任,职业发展空间等;而将那些与工作本身无关的因素称为"保健因素",与公司政策、技术监督、薪水、工作条件等有关,而且也通常联系着消极的情绪。保健因素本身不会创造更大的价值,但是如果缺少的话就很容易引起员工的不满,使他们无法顺利满足低级需求。

其中,薪资水平是比较特殊的因素。如果将其列入保健因素,那么领导者要注意内部薪酬体系是否公平合理,否则就会引起员工不满;如果薪资被视为激励因素,那么薪资越高,也就意味着人的个人价值和工作能力更被认可。此外,自我实现被赫兹伯格列为五大激励因素之首。他认为员工只有实现自我价值才能提升工作满意度。

与工作条件相关的保健因素,可以让员工正常有序地工作,有效控制他们的消极情绪,而激励因素可以激发员工的积极性,提供他们发挥潜能的契机,从而提升其满意度。与马斯洛相似的是,他们都认可激励因素可以用来让员工更开心更满意地工作,从而提升工作效率。这对于领导的激励手段有很好的指导作用。

4. 追随者心理契约管理

员工对于公司和团队的期待远不止工作合同等书面材料中涉及的各种约定。通过招聘启事的宣传,工作团队和领导的面试,以及正式进入工作的过程,员工们和企业之间逐渐形成并调整对彼此的期待,这种期待会继续延伸发展,对双方未来的合作更有影响力。

艾德佳·沙因(Edgar Schein)在《组织文化与领导》中提出,心理契约一般包括:个人发展,工作动机,组织文化和价值观,员工需要遵守的道德规范,各级各方的关系,以及对支持力度的期待。这些心理契约都是双向的,不只是员工个人的[49]。

员工或追随者与企业之间的期待可能会一致,也很有可能不一致,如何抓住员工的真实期望,进行有效引导和培养,是追随者心理契约管理的关键问题之一。一般来说,员工重视自己是否被公平对待,即在与别人做同样的事情时是否得到相同的回报,或者获得的回报与自己预期的回报是否一致。在员工付出努力时,公平对待员工,不让他们比自己的同事待遇差,会让他们觉得自己的努力得到了认可,这也符合心理契约的十分重要的一个方面。

心理契约分为交易型与关系型。交易型的契约表明,员工的交换意识强,认为公司给报酬是公司的义务,他们会根据报酬多少来调整自己的付出;而相比之下关系型契约对组织和个人都更好,这类追随者希望维持长远的关系,主动性强,认真负责,追求个人成长和自我实现。这些都可以体现在员工的绩效、敬业程度和在职时间等方面。领导者很大程度上需要靠自己的判断来影响个人层面、团队层面和组织层面的心理契约,注重建立与追随者之间强有力而且互惠互利的关系。

此外,组织文化也对心理契约产生重大影响。研究人员主要对比较典型的两种组织文化进行探究,第一种是科层式企业文化,第二种是家族式企业文化。前者通过明确的规则、架构和企业政策管理人员,用严格的审核、评价和控制体系去监管员工;而后者通常强调团队合作,鼓励垂直和横向沟通,重视传统与培养忠诚度。科层式企业文化流行交易型的心理契约,人们在此行政框架内很容易明确该付出多少和得到多少;而家族式企业鼓励关系型契约,希望追随者信任而忠诚于组织,营造良好的团队氛围和归属感。领导者需要在日常工作中将企业文化逐步渗透到组织框架中,让员工加深对企业文化的了解,调整心理预期,确定心理契约的内容。

第四节　领导力的时代要求

一、新时代对领导力的挑战

全球前三的人力资源咨询管理公司光辉合益 2016 年的研究显示,未来 15 年的全球发展趋势将包括：全球化进程加速，气候变化和资源匮乏加剧，人口变化、个性化和价值观多元化，数字化生活方式以及利用技术推送创新。针对以上一系列全球化2.0的变化和急需进行的企业转型现状，领导者面临的挑战也颇为严峻[50]。

首先，领导者的认知能力需要快速提升更新。领导需要具备较强的概念理解和战略思考的能力，对社会经济政治形势、新兴客户和员工阶层以及全球市场的考虑要更加全面深刻；领导要有开放的态度，维持好奇心，鼓励创新与合作；领导者要变得更加灵活，面对跨文化商业合作，增强诠释归纳分析能力。

其次，领导者要拥有出色的情商。领导者需要良好的文化敏感性，诚实并且真诚，以及一颗高度容忍的心，管理好自己的情绪，从容面对变化多端的商业环境。

最后，领导者的行为模式也不能一成不变。领导要培养一种诚实开放的企业文化；重新思考忠诚度的含义，学会理解员工需求，学会授权和因人而异的领导方式；在日益多元化的企业中，领导也要鼓励跨部门、跨公司、跨文化的合作交流，领导并培养团队的合作意识和能力。

回到中国市场，目前中国领导力发展仍有巨大的空间。2016年全球知名人力资源咨询公司韦莱韬悦的员工意见调研显示，受传统文化影响，中国员工更看重工作中与直接主管之间的小环境与和谐关系，对直接主管的满意度会影响他们的关系绩效和敬业程度；虽然对于公司高层战略的关心度较低，但也反映说公司在提升业务和降低管理成本花的时间更多，而较少注重培养未来人才和领导者。员工反馈出的主管领导的主要问题包括：必备管理技能不足；对员工的绩效反馈不足；用于管理人才的时间严重不够。这些问题也是中国领导们面临的最现实的挑战[51]。

二、新时代领导力的发展趋势

对于任何组织而言，没有绝对正确的领导，只有合适的、与时俱进的领导。优秀的领导能够正视时代的变化，迎难而上，适时地调整自己的领导风格。

2018年福布斯新一轮的领导力趋势报告指出，全球领导力发展趋势可以被分为以下14点[52]：

（1）鼓励所有成员成为品牌"代言人"：利用好社交媒体，进行成本最低但更有说服力的品牌营销。

（2）重视人力资源发展的投资：通过对员工工作和生活福利的投资，获得长期回报。

（3）关注"移情式"领导：90后甚至00后员工的加入，使以前传统的领导方式逐渐失去吸引力。领导需要提高自己的敏感度，理解他们的需求，通过倾听和引导来激励员工。

（4）注重员工个体发展：员工多样化和企业对此的包容性的提升，要求领导不只看到整体团队的绩效，也要花时间在员工个人的职业发展上，以更大程度提升他们的潜力。

（5）以身作则领导团队：随着科技发展和工作透明度的提高，领导很难光说不做或者言行不一；通过正确的榜样效应来领导，才是合适的选择。

（6）发展以客户为中心的商业思维：如今客户面临的选择日益增多，品牌形象和忠诚度的维护难度增大；领导需要带领团队更深入细致地思考客户的需求，维持好长期有力的合作关系。

（7）努力维持工作和生活的平衡：帮助员工获得工作和生活的平衡依旧十分重要，这有时甚至会成为留住顶级员工的重要手段。一味高压式、完全结果导向的领导风格可能不再适用了。

（8）将内部可控因素放在首要位置：相比于去了解掌握外界变幻莫测的各种因素，领导更应该关心组织内部可控的因素，比如每天公司内部的变化，人们的期望与目标，大家希望达成怎样的成果，摸清内部的利害关系，从而做出正确的决策，让更多人参与其中。

（9）正视并重视职场性骚扰事件。

（10）学会从社会和政治的角度思考、解决问题。

（11）主动提升或保留女性领导地位。

（12）有效管理自由灵活的员工：新的时代背景下，员工的工作时间、工作地点和出差任务都十分灵活。即使和他们的见面机会较少，领导者也要学会和他们保持高效的沟通，保持良好的上下级关系。

（13）寻找客观的第三方参考人：大部分企业有自己的内训项目，但是时间一长，领导者的判断难免有失偏颇。寻找到合适的、客观的、保证信息安全的第三方参考人（比如教授级别的顾问），能够为领导者提供更全面而客观的决策建议。

（14）推动终身学习：不只是员工，领导者的培训也要贯穿在工作的各个阶段中，包括线下和更多的线上沟通与培训。

领导们只有正视时代发展的潮流和拥有直面挑战的勇气，才能够不被时代淘汰，为自己的职业发展、为企业的基业长青而做出有效的长远的贡献。

【本章小结】

本章主要介绍了领导理论的发展和演变的逻辑，深入探讨领导者和领导力的本质，介绍了其不同的类型，为我们在现代企业发展中理解优秀的领导者应该具有的特质提供了帮助。同时本章探讨了新时代对于领导力的新要求。

【案例研究与分析】

Instagram：伴随不同发展阶段的领导力

Instagram 成立之初只有 13 个雇员，但创始人们希望它能够成为一个长期存在并演进发展的公司，当 Facebook 以 10 亿美元收购了这家公司时，它也赢得了世界的瞩目。Instagram 在被收购之后，仍然作为一家独立公司运营，持续地发挥着自身的价值，并对 Facebook 作出了不可轻视的贡献。Instagram 的领导者实现了成就非凡事业的愿望，并在不同的发展阶段展现出卓越的领导力才能。

一、Instagram 初创阶段的领导力

1. 早期的团队必须满足早期的需求

对于创业公司而言，最需要的基本要素是——勤奋、动力和解决问题的人。有些时候，专业化的工程师通常是不必的，能够解决问题的多面手才是最重要的。Instagram 联合创始人兼 CTO 克里格（Krieger）认为多面手的特质和能力对于将初创公司顺利带进下一个阶段是至关重要的。在打造多面手工程团队时，你需要的是准备好并且愿意随时出击、坚持到最后的人，那些渴望学习的人。同时，对于初创公司而言，时间是至关宝贵的，必须确保自己没有浪费时间，早期的团队的关注点应该是如何合理地利用时间，而不能仅仅关注结果。

2. 早期的团队必须聚焦于行动导向

创业公司要解决的主要、次要和第三重要的任务分别是什么？记录这些东西不需要多么详细，只要有就够了。在 Instagram 早期，克里格和他的团队使用的是谷歌文档，按照主题排列内容。Instagram 的目标之一是成为世界上最快的照片分享应用。对克里格来说，建立早期团队，并利用谷歌文档专注于与公司成功相关的任务，这是至关重要的。如何找到行动导向的人，Krieger 的建议是：讲一个你特别自豪的，在功能完整、团队协同和时间安排之间平衡得非常好的项目。这个没有绝对正确的答案。

3. 为团队招募充满激情且灵活的多面手

克里格回忆了和联合创始人凯文·西斯特罗姆（Kevin Systrom）雇佣的第一位员工谢恩·斯威尼（Shayne Sweeney）的情景，这也是他们寻找成员的经典案例。克里格说道："他没上过大学，是个完全自学成才的程序员……他完美体现了创业精神：我有一个很好的想法，我愿意学习任何东西，只求实现这个想法。"在克里格看来，创业精神一定要具备普遍而强烈的好奇心，在倾听谈话过

程中就能提取到有关对方求知欲的迹象。克里格说："真正让我们兴奋的候选人是那些会说'这周我对围棋很感兴趣,我就建了个原型去学习'的人,而不是说'公司都在用 React,所以我也在用 React'的人。我们不想找一位员工,他在遇到问题时不是自己想办法解决,而是跟我们说'我需要一个服务器端的人来支持一下'。"在 Instagram 看来,只有雇佣能够在不同的技术栈之间灵活切换的工程师,才能保持早期的团队灵活敏捷,同时还能避免很多未知问题。

二、Instagram 扩张阶段的领导力

1. 适应专业化的发展趋势,从多面手到专业化团队

2012 年,由 13 人组成的 Instagram 公司被 Facebook 收购,随着团队对功能和增加的需求逐渐增多,公司也需要引进某些特定领域的专业人才,例如职业的 IOS 和 Android 工程师,他们可以分解产品,把产品打磨得更为优秀。但是,随着越来越多的专业化人才加盟 Instagram 公司,团队发现之前"无所不能"的多面手与专业化人才之间可能会因为行为方式和认知的不同而产生矛盾。

"雇佣专家是有原因的,就应该让专家发挥他们的专业性。我用胶带把需要的基础设施粘在一起,按照我当时的理解水平,我觉得已经做得很好了。但是未来总要在某个时候,你需要专业人士来搭上脚手架,好好地搭建结实的建筑。将现有团队成员纳入日益专业化的体系中,大家自己就会适应的。前面提到的多面手也会喜欢一面胜过另一面。只需要向每个工程师解释,这是成熟组织的需要,并看看你们在哪里更合适。有些人选择 IOS,有些选择基础设施服务。他们每个人的技能都是我们需要的。专业化也不意味着放弃多面手而只留一面,或者为了专业化而专业化。早期的多面手有广泛的认知,这能让他们成为更好的工程师。"克里格说道。

2. 为团队发展引入新的管理者,并帮助团队接受新的管理者

随着团队的不断壮大,领导者的领导力也需要不断提升。在初创期条条框框的管理可能会损害小公司的灵活性,这也是初创公司最宝贵的资产。尽管如此,这并不意味着创始人可以简单地任由团队自我管理。Instagram 公司在创办了两年多,才在合伙人马特·科勒(Matt Cohler)推动下开始公司内部的"一对一谈话"。克里格回忆说:"我记得第一次和大家进行一对一谈话的时候,我震惊地发现,大家在私底下讨论着这么多的问题,而我们根本不知道,幸运的是我们及时掌握到了这些问题并逐步化解了。"

领导行为本身是至关重要的,但它也是一项重要的衡量标准。作为创始人或早期的领导者,你不能满足当下工作中产品和领导的需求时,就应该引入新

的管理者加入董事会。克里格表示:"在 Instagram 和请我做咨询的公司里,我一次又一次地看到,一旦引入新的管理职位——也许你甚至都不确定自己是否准备好了——你就会发现,你之前一直在做的只是所有该做的工作中的前5%。其他的95%你根本没做,因为没人来做这些。对于我们来说,这包括完善招聘流程、策划活动、未来规划等。之前的那种每周花一天时间思考的方式是根本不够用的。"

与此同时,即便你和管理团队能够从容接受新的管理者,你仍然要让团队成员了解到形势正在变化,他们的角色也在调整。首先,在招聘新的管理者的时候,需要让每个人都知道。同时,在引入第一个或者前两个管理者的时候,必须反问自己:这会对团队成员产生怎样的影响?"当我们雇佣第一位管理者时,一位工程师说:'我在上一家公司,两年内换了8个负责人。新来的领导会不会过2个月就走人?'这时候我需要给他们提供信心。我说:'不会的,他是要长期在这里的。这些是我要转交给他的工作。咱们可以每周一对一聊聊有关他的事情。'"

此外,记得提醒早期团队,这些变化对公司和他们个人来说都是积极的。"告诉他们,你们也要向这个人学习,你们也将获得成长。我相信,所有早期工程师都会完全同意他们确实获得了成长。"克里格说。

3. 从个人主义到集体主义,引领团队向平台团队、产品团队逐步转型

随着团队的成熟,公司不仅仅需要重新定位工程师的个人角色,而且还需要打造团队的集体角色。克里格指出,"人们会觉得,过去他们什么都可以做,现在却不行了,现在是团队作战。我会问他,你在做的这个功能是什么样的?一旦产品发布了,你所做的这个功能的用户,可是会比你刚来 Instagram 时我们的所有用户数量都多的"。这不仅仅是口头上的。随着团队规模增长,不仅是公司的产品,而且包括公司的精神文化也都会不断改变,专业化的需求会越来越旺盛,多面手的需求就不那么强烈了,这时就"需要为员工创造明确的上升渠道,而不是毫无章法的随意提拔,否则两年后就会埋下很多技术债。对于 Instagram 来说,这就意味着围绕平台来培养人才。通过围绕平台组织团队,我们可以将团队重点放在质量上。以安卓(Android)为例,从一开始,我们就聚焦于做一款高质量、精美的安卓应用,甚至超出安卓平台的允许范围。聚焦使得工程师们明确了他们应当如何工作以及在为谁工作。我们首先追求的是简单,要力求简单,而不要花哨。要为你的工作结果而自豪,而不是为那些花哨的东西。这些价值观对于 Instagram 的成功是至关重要的"。克里格说道。

"当产品经理和工程经理开始掐架时,我们意识到平台团队也不能满足我们的需求,需要继续转型了。"自此,Instagram 开始从围绕平台建立工程团队,向围绕产品打造平台团队转型。转换之前,产品经理需要去跟每个工程经理要人。克里格说,"现在好了,你需要同时和四个工程经理、四个工程师合作,才能把工作完成。这就要求你必须足够机灵,能够有效调度人员才行。在以前每个人都只知道很少的局部信息,可是都想做出全局的优先级排序。大家局限于自己的岗位分工,不清楚公司的整体目标,各自为战,现在需要大家合力作战才能实现最初的目标导向"。

资料来源:《Instagram 联合创始人兼 CTO:从 0 到 300 人工程团的经验总结》,36 氪 https://36kr.com/p/5100079。

【请思考】

在 Instagram 公司的发展过程领导力的主要特征是什么？在这个过程中,体现出哪些领导力的功能？在 Instagram 公司发展过程体现出哪些领导与管理的区别？

注释

① Carlyle, T. On Heroes, Hero-worship, and the Heroic in History (Vol. 1). University of California Press, 1993.

② Stogdill, R. M. Personal Factors Associated with Leadership: A Survey of the Literature. Journal of Psychology, 1948(25): 35-71.

③ Lewin, K., Lippitt, R., & White, R. K. Patterns of Aggressive Behavior in Experimentally Created "Social Climates". The Journal of Social Psychology, 1939, 10(2): 269-299.

④ Bowers, D. G., & Seashore, S. E. Predicting Organizational Effectiveness with a Four-factor Theory of Leadership. Administrative Science Quarterly, 1966, 238-263.

⑤ Likert, R. From Production-and Employee-centeredness to Systems 1-4. Journal of management, 1979, 5(2), 147-156.

⑥ Blake, R., & Mouton, J. The Managerial Grid: The Key to Leadership Excellence. Houston: Gulf Publishing Co, 1964: 350.

⑦ Bass, B. M. Theory X and Y. Wiley Encyclopedia of Management, 2015.

⑧ Arvey, R. D., Rotundo, M., Johnson, W., Zhang, Z., & McGue, M. The Determinants of Leadership Role Occupancy: Genetic and Personality Factors. The Leadership Quarterly, 2006, 17(1): 1-20.

⑨ Fiedler, Fred E. A Theory of Leadership Effectiveness. McGraw-Hill: Harper and Row Publishers Inc, 1967.

⑩ House, Robert J. Path-goal Theory of Leadership: Lessons, Legacy, and a Reformulated Theory.

Leadership Quarterly. 1996, 7 (3): 323-352.

⑪ Hersey, P., Blanchard, K. H., & Johnson, D. E. Management of Organizational Behavior (Vol. 9). Upper Saddle River, NJ: Prentice Hall, 2007.

⑫ Vroom, Victor, H., Yetton, Phillip, W. Leadership and Decision-Making. Pittsburgh: University of Pittsburgh Press, 1973.

⑬ Tannenbaum, R., & Schmidt, W. H. How to Choose a Leadership Pattern. Harvard Business Review, 1973.

⑭ Lord, R. G. (1977). Functional Leadership Behavior: Measurement and Relation to Social Power and Leadership Perceptions. Administrative Science Quarterly, 114-133.

⑮ Lord, R. G. (1977). Functional leadership behavior: Measurement and relation to social power and leadership perceptions. Administrative science quarterly, 114-133.

⑯ Adair, J. E. Action-centered Leadership. New York: McGraw-Hill, 1973.

⑰ Kouzes, J. M., & Posner, B. Z. The leadership challenge (Vol. 3). John Wiley & Sons, 2006.

⑱ Kouzes, J. M. The Five Practices of Exemplary Leadership-Technology (Vol. 292). John Wiley & Sons, 2014.

⑲ Bass, B. M. Leadership and Performance beyond Expectations. Collier Macmillan, 1985.

⑳ Graen, G. B. Role-making Processes within Complex Organizations. Handbook of Industrial and Organizational Psychology, 1976.

㉑ Graen, G. B., & Uhl-Bien, M. Relationship-based Approach to Leadership: Development of Leader-member Exchange (LMX) Theory of Leadership over 25 Years: Applying a Multi-level Multi-domain Perspective. The leadership quarterly, 1995, 6(2): 219-247.

㉒ Krishnan, V. R. Leader-member Exchange, Transformational Leadership, and Value System. EJBO-Electronic Journal of Business Ethics and Organization Studies, 2005.

㉓ Bass, B. M., Avolio, B. J., Jung, D. I., & Berson, Y. Predicting Unit Performance by Assessing Transformational and Transactional Leadership. Journal of Applied Psychology, 2003, 88(2): 207.

㉔ Potter, J. Creating a Passion for Change — The Art of Intelligent Leadership. Industrial and Commercial Training, 2001, 33(2): 54-59.

㉕ Hooper, A., & Potter, J. Intelligent Leadership. Random House Business, 2011.

㉖ Reicher, S. D., Haslam, S. A., & Platow, M. J. The New Psychology of Leadership. Scientific American Mind, 2007, 18(4): 22-29.

㉗ Gronn, P. Distributed Leadership as a Unit of Analysis. The Leadership Quarterly, 2002, 13(4): 423-451.

㉘ 乔安娜·巴斯、乔安娜·拉沃伊、揣姝茵. 正念领导力: 做最好的自己, https://www.mckinsey.com.cn/正念领导力做最好的自己/, 2015。

㉙ Zohar, D. Rewiring the Corporate Brain: Using the New Science to Rethink How We Structure and Lead Organizations. Berrett-Koehler Publishers, 1997.

㉚ 管理大师左哈尔: 量子型领导力时代已经到来. 新浪财经 http://finance.sina.com.cn/meeting/2017-11-17/doc-ifynwxum2190805.shtml, 2017.

㉛ Crainer, S., & Dearlove, D. Thinkers 50 Leadership: Organizational Success through Leadership. McGraw Hill Professional, 2013.

㉜ Bennis, W. G., & Thomas, R. J. Geeks and Geezers: How Era, Values, and Defining Moments Shape Leaders: How Tough Times Shape Good Leaders, 2002.

㉝ Collins, J. Good to Great — Why Some Companies Make the Leap and Others Don't, Random House Business, 2009.

㉞ Raven, B. H. The Bases of Power: Origins and Recent Developments. Journal of Social Issues, 1993, 49(4): 227-251.

㉟ Hughes, R. L. Leadership: Enhancing the Lessons of Experience. Richard D. Irwin, Inc., 1993.

㊱ Costa, P. T., McCrae, R. R., & Holland, J. L. Personality and Vocational Interests in an Adult Sample. Journal of Applied Psychology, 1984, 69(3): 390.

㊲ Seligman, M. E., & Csikszentmihalyi, M. Positive Psychology: An Introduction. In Flow and the Foundations of Positive Psychology. Springer, Dordrecht, 2014.

㊳ Luthans, F., Avolio, B. J., Avey, J. B., & Norman, S. M. Positive Psychological Capital: Measurement and Relationship with Performance and Satisfaction. Personnel Psychology, 2007, 60(3): 541-572.

㊴ Rokeach, M. The Nature of Human Values. Free Press, 1973.

㊵ Weiss, J. Business Ethics: A Stakeholder and Issues Management Approach. Cengage Learning, 2008.

㊶ Kohlberg, L. Stages of Moral Development. Moral Education, 1971, 1(51): 23-92.

㊷ Heifetz, R. A., Grashow, A., & Linsky, M. The Practice of Adaptive Leadership: Tools and Tactics for Changing Your Organization and the World. Harvard Business Press, 2009.

㊸ Burns, J. M. Transactional and transforming leadership. Leading organizations, 1998, 5(3): 133-134.

㊹ Greenleaf, R. K. Servant Leadership: A Journey into the Nature of Legitimate Power and Greatness. Paulist Press, 2002.

㊺ Zaleznik, A. The Dynamics of Subordinacy. Harvard Business Review, 2002, 43(3): 119-131.

㊻ Kelley, R. E. In Praise of Followers. Harvard Business Review Case Services, 1988: 142-148.

㊼ Maslow, A., & Lewis, K. J. Maslow's Hierarchy of Needs. Salenger Incorporated, 1987(3): 987.

㊽ Herzberg, F. Motivation-hygiene Profiles: Pinpointing What Ails the Organization. Organizational dynamics, 1974.

㊾ Schein, E. H. *Organizational Culture and Leadership*. John Wiley & Sons, 2010.

㊿ 光辉国际：全球化 2.0 时代，中国企业如何逆风而行，https://mp.weixin.qq.com/s/3DY5S69sdD3pydMEdaCviw

㉛ 韦莱韬悦：倾听、关注、指导……做中国好领导，除了专业你还要付出更多，https://mp.weixin.qq.com/s/05YJIcZi3FuVbu-0flwcXw

㊾ Council, F. C. 14 Leadership Trends That Will Shape Organizations In 2018. https://www.forbes.com/sites/forbescoachescouncil/2018/01/30/14-leadership-trends-that-will-shape-organizations-in-2018/#5000be105307.

第五章 领导力实践与开发

【本章要点】

通过对本章内容的学习,应了解和掌握如下内容:

1. 中西方领导力实践与开发理论主要包括哪些内容?其演变的逻辑是什么?
2. 我们如何从传统理论中获得新的力量,应用于现代领导力的培养与发展?
3. 现代人力资源开发与管理体系是如何支持和实现领导力的培养的?
4. 作为大学生,我们如何充分利用自己的课堂和课余时间来开发自己的领导力?

【导读案例】

日本政商领袖的摇篮——松下政经塾

松下政经塾坐落于日本神奈川县茅崎市。1979年,日本著名企业家、松下电器创始人松下幸之助为培养具有前瞻意识与智慧的政治家,解决日本经济高速发展背后潜在的日元贬值、物资匮乏、国民精神衰退、思想混乱等危机而创办。从创办伊始至今的40余年间,松下政经塾总计毕业了282名塾生。这些塾生在日本社会各界崭露头角,对日本社会发展有着重要影响。该机构独到的育人理念与培养模式,对日本乃至世界各国在培养精英方面产生了深远影响。

一、松下政经塾的创立

二战后,日本经济高速发展,但是具有超乎常人的战略思维与危机意识的松下幸之助却察觉到,日本要进一步发展,只靠经济增长是不行的,必须培养政治人才,做好国家管理。松下认为,培养国民的良知,谋求人们的安定和发展,投身政治最为直接。松下幸之助怀着强烈的爱国之心,在耄耋之年斥70亿日元巨资创设了松下政经塾,并亲自担任第一任塾长。松下认为,一个国家和民族无论当时如何繁荣,都会不可避免地面临一些问题。如果缺乏洞悉未来的智者、勇于为此奉献拼搏的斗士、慷慨解囊的企业家、高瞻远瞩的政治人物,这个国家就会不可避免地走向下滑之路。基于此,松下政经塾将其设立的宗旨明确为:使日本达到更美好的地步,谋求国家的百年安泰,探求21世纪实现理想日本的理念、对策和培养有崇高志向和热情的人才。松下政经塾成立至今已有41年历史,每期的报名者都不下数百人。而松下政经塾的招收人数则由创立时的每期20人左右发展到现今的每期三五人。极小的招生数目使得40多年来松下政经塾的毕业生还不足300,但毕业生在各行业的长足发展则有力地实证了政经塾小而精培养模式的卓有成效。如活跃在政界的111名毕业生中,担任过地方政府市长以及中央政府政务官以上职务的塾生累计达77人。日本前任首相野田佳彦就是松下政经塾的学员。目前的日本国会中,就有33名松下政经塾毕业的议员,其中众议员24人、参议员9人。

二、松下政经塾领导力开发理念与培养模式

在育人理念方面,如政经塾是(塾规或校训)中所言,"真正热爱国家与国民,基于新的人生观探求政治经营的理念,为人类的繁荣幸福和世界和平做出贡献"。松下幸之助创立政经塾的初衷是为国家培养具有"国家观"的政治人

才。基于这一理念,政经塾招收的是具有潜质与培养价值的年轻一代,并且通过严格管理与教育,使塾生能够吃苦,自我修炼到悟道层次,最终走向社会为国家服务。政经塾的培养目标要求塾生在学习知识的基础上兼具实践经验与吃苦精神。这一目标催生了政经塾不同于一般学校的精英培养方式。

在培养模式方面,政经塾采取全封闭的培养模式。其学制最初为五年,现在为两年或四年。培养目标包括两个方面:其一锻炼塾生制定国家发展战略的能力,其二培养塾生成为有力量的实践者。针对第一个培养目标,开设理念研究教学,研究松下幸之助的创塾理念,用政经塾的宇宙观、人生观涵养塾生;开设基础研究教学,通过以历史、哲学为中心的系列课程提升塾生的人文素养;开设政治、企业经营研究教学,聘请社会各界贤达与塾生交流讨论。针对第二个目标,政经塾为学生提供各类中央、地方的政治组织、民营企业或是社会机构的研修机会,运用丰富的资源提供多层次的岗位培养。这其中值得一提的是,政经塾采用的是近乎军事化的培养方式。塾生每天需要六点起床进行清扫与晨操,身着正装沿海岸进行3 000米长跑时高呼塾是与塾训,并且在长跑结束后直接进行剑道训练。此外,政经塾还会在每学年进行24小时行军,塾生需要在一天内跑100公里以上。政经塾在重视塾生体能、毅力锻炼之外,也很注重中国古典智慧对学生的教化,要求塾生每天朗读《论语》《孟子》《易经》等中国儒家经典,直至熟读成诵。

政经塾的人才培养模式是其培养理念的外化。塾是、塾训当中,最核心的培养理念可概括为三点:自修自得、现场主义、德知体三位一体。就像松下幸之助"无依则生"的创业之路一样,政经塾最强调的是自修自得的精神。如日本宫本武藏没有老师却成为一代剑圣。政经塾认为未来的领导人必须具备自我探索、自我开拓的能力,因而政经塾没有常设的老师,学生的自我修行是第一位。同时,政经塾认为,不置身于现场无法解决问题,未来的领导人必须具备现场主义的精神,所以政经塾的塾生培养过程非常重视现场与实证,促使塾生通过接触、体验来形成认识与判断。最后,在政经塾的核心理念中,时代的领导者必须具备丰富的人文情怀、广泛的知识与支撑其践行理念的强健体魄。所以政经塾将德知体三位一体作为研修的核心内容。

资料来源:徐皇冠、蒋福东,日本政商领袖的摇篮——松下政经塾,中国领导科学,2020.1:119-121.

【请思考】
1. 领导力的开发与实践包括哪些基本素质与能力?
2. 松下政经塾的培养模式对你有哪些启示?

第一节 领导力实践与开发的理论

一、西方领导力实践与开发的理论演变

1. 以行动为中心的领导力

约翰·阿黛尔(John Adair)提出了功能型领导力并确定了领导力的关键职能,它们分别是:计划(planning)、发起(initiating)、控制(controlling)、支持(supporting)、沟通(informing)和评估(evaluating)。1973年阿黛尔提出了著名的以行动为中心的领导模型(Model of Action-Centered Leadership)。在阿黛尔看来,领导力是通过行动锻炼出来的——将领导者嵌入到具体的工作情景中,并让他们自己去体验如何实施有效的领导。该模型将任务、团队和个人紧密联系,只有这三者之间达到平衡,领导者才有可能成功达成目标。阿黛尔指出,领导者有责任帮助一个组织完成任务,建立团队,并发展和激励每个成员。

阿黛尔认为领导力的技巧来自实践,相信几乎所有人都可以通过学习获得领导力技巧。在20世纪70年代,阿黛尔将模型从军官培训的课堂教学搬到了企业界的董事会,并将完成任务、建设团队和个人发展三者相互重叠的领导力职责浓缩为维恩图发给许多高层管理者和中层管理者。在商业环境中,注重行动的领导力培训主要目标是将经理人员从管理者转化成领导者。

相比于第四章中介绍的各领导理论,该理论模型与企业实践的结合更加紧密,并给予领导者一些具体的行动方向的指南。不过尽管这个模型给了初步的行动框架,但是对于现实商业世界和跨国企业运作的问题,这仍然十分抽象。而且在现代人力资源的实践中,团队和个人的目标和前进方向不统一仍旧是需要解决的重大问题之一,如何有效激励员工,如何将他们的目标融入集体的目标,或者说,将两者和谐地统一起来,也越来越成为国内外各层级领导者的重要目标之一。所以,如果要按照这个模型去完美实践,首先就需要达成上述的个人与团队目标协调一致的目标;而要达成这个目标,就需要领导者努力消化关于员工激励、团队激励、职场文化和目标等各种知识与技能,并通过实践在不同情景下总结经验。

图5-1 以行动为中心的领导模型

2. 引爆点领导力(Tipping Point Leadership)

2005年,欧洲管理学院(INSEAD)、达沃斯世界经济论坛研究员金伟灿教授与芮

妮·莫伯尼教授(Renée Mauborgne)正式出版《蓝海战略》一书。他们通过对跨度长达100多年、涉及30多个产业的企业战略行动的研究，提出企业的成功不能局限于与对手竞争，更要学会自己开拓重建市场边界、注重全局发展、超越现有需求，并且合理制定战略。这本书还提出了与领导力息息相关的新理论——引爆点领导力。

引爆点理论的起源是流行病学。它的理论依据是，在任何组织中，只要有达到临界数量(critical mass)的人被激发出信念和能量，大家就会纷纷开始接纳新观念，这种情形像流行病散播开来一样，很快就会引发质变。根据这个理论，这种风潮必须由鼓吹者带动，鼓吹者提出令人难忘而且无法辩驳的变革呼吁，将资源集中在真正重要的事情上，并动员组织中的关键人物共同努力，还要说服安抚那些反对者，才能释出那样的动力。

作者们从20世纪90年代布拉顿警长整顿纽约警局、降低犯罪率的案例中得到启发，结合以上理论进行研究认为，警长面临各种阻碍但却成功领导警局进行变革的做法和以上提及的行动是一致的，而且是可以在其他情景下学习运用的。作者们总结归纳了案例中的"逆转四大障碍的行动"[①]，也就是我们所说的引爆点领导力，如图5-2所示。

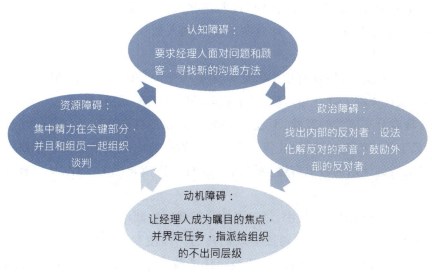

图 5-2　引爆点领导力模型

首先，领导们要学会跨越认知障碍。领导不能仅凭数据去突破组织的认知障碍。因为表现不错的单位，会认为这些数据没有暴露自己的问题从而不重视潜在的危机；而表现欠佳的经理人会认为自己遇到麻烦，心存幽怨，甚至容易萌生退出的消极意愿。领导者应该在运用数据的同时，要求身居要职的经理人直面问题，不要试图逃避搁置，让他们亲身去前线了解衰退差劲的绩效和现实存在的问题，从而让"绩效急需改善"的信息深入人心。

对外,经理人和其他工作人员要保持与客户和用户之间良好的对接,面对面接触才能让经理人更好地了解真实的问题和严峻的情势,接受需要变革的事实;对内,要注意语音讯息传达通畅有效,充分利用线上交流、公告栏、新闻等各种信息传递方式。

其次,要学会处理资源短缺的情况。在变革过程中,多数情况下资源都是有限的。领导者应该将资源集中到最需要改变,以及可能的回报率最大的地方。如果领导者将时间精力花在去外部融资、寻找开拓资源上,难免会分散注意力,无法专注在根本问题上。同时,领导也需要更敏锐仔细地观察事实,判断关键政策是否需要更多调整,来减低对资源的需求。

在这一行动中,为了集中资源做关键事情,提高办事效率而不浪费资源,领导者需要将繁文缛节等冗杂的办事程序降到最低;并且领导者要擅长将不需要的资源去交换需要的资源,不要害怕承认有过剩的资源,而应该积极利用这些资源,发挥最大功效。

再次,也是我们常说的,有效激励员工。在变革中,员工是主力军,他们不仅需要知道做什么,也必须主动想要去做些什么。高效的引爆点激励方式是,寻找内外部的不同组织中的关键人物。这些人通常和该组织关系紧密、有强大的说服力和影响力,或者掌握重要资源。如果能够"击中"说服这些人来积极参与变革,那么其他人就会受他们的影响,逐渐加入阵营。而这些关键人物人数较少,关切问题相仿,更容易定位而且全力"突击"。

而面对所有员工,领导要让大家觉得这是一个公平的工作机会和流程。比如公开讨论成效,让关键人物参与过程,设定明确的绩效期望,解释要设定一些策略,让下属团队管理者分享成败的经验,不过分吹嘘成功,也不打击失败,而是尽力吸取经验。另外,为员工界定行动的范围,让每个人有能力做好分内的事情也是很重要的。这样可以让员工看到计划的可执行性,愿意承担责任去完成自己的工作,从而有效缓解领导者的压力。

最后,在公共组织的决策中,领导者往往需要解决政治掣肘。不论是什么样的组织中,都存在不同力量的相互角逐与政治角力。即使变革会成功,已经推动到引爆点,反对者的声音也依旧会很强烈,甚至会让变革功亏一篑。解决的方式比较多样,比如以身作则,严于律己,让人无刺可挑;安插受人尊敬的资深内部人去进行实情调查和调解;联合其他中立或较小势力一起,孤立反对派,进行利益掣肘,等等。

在很多高校商学院的工商管理硕士课程中,引爆点理论都会在小组讨论或者案例中被引用。特别是变革管理(change management)的课上,教授们会以此作为经典案例和决策模型来分析领导者如何成功地推进组织变革。我们可以看到,因为这个理论发源于真实的事件,所以从中提炼出来的解决方法和思路都很具有针对性,比如如何理解某些具体的问题和环境,如何让不容易变通的人们意识到变革的重要性,如何在反对者和沉默者中找到突破口,等等。相比于上文第一个以行动为中心的模型,引爆点领导力在一个更具体的话题下提出了更有执行性的指导,为领导力理论实践的发展提供了新的思路。

3. 领导者的熔炉理论

领导力之父、组织发展领域专家沃伦·本尼斯(Warren Bennis)提出的领导者"熔炉"理论一直备受推崇[②]。他认为,"熔炉,顾名思义,就是一种转型的经历,这种转型使人们改变了对自己的认同感,或者达到一种新的境界。"对本尼斯而言,他在二战期间做步兵军官的经历就是他的"熔炉"。经历过熔炉的人们能够应对重大的事件和变故,不管是战争、灾难还是人生中其他重要的事情。正如《领导力的本质》书中所说,不论结局好坏,经过熔炉历练的领导者都学会他们该如何处理这些挑战,如何从中汲取经验,最后成为更加出色的领导者。

在1985年,本尼斯与南加州大学教授伯特·纳努斯(Burt Nanus)合作出版《领导者》(*Leaders: The Strategies for Taking Charge*)。他们采访研究了美国90名最知名的领导者的生活,人物包括商界、政界、体育界、艺术界的领导人等。虽然这些人物经历各有各的不同,但他们都能掌控自身的困境。从他们身上,作者们确定了领导者的四大共同策略[③]。

(1) 注意力管理,通过愿景唤起关注;
(2) 意义管理,通过沟通赋予意义;
(3) 信任管理,通过定位赢得信任;
(4) 自我管理,通过自重和沃伦达因素实现自我成长。

本尼斯的沃伦达因素是指,专注于积极的目标的能力,把精力倾注在任务上的能力,而非向后看、为过去的事件寻找借口。

该理论和上文所介绍的引爆点理论有一些一脉相承之处,两者都和领导者需要经历或者领导的"变革"或者"重大变化"相关。而相比于处理变革管理中的个例实践,熔炉理论更注重于领导者对于自身经历的认知和总结,并且吸取这些重大事件和变革中的经验,培养自己对团队和组织的发展有更宏观而长远的认识。更重要的是,熔炉理论中的自我管理战略明确提出了沃伦达因素,即积极正确认识自己,不为过去找借口。这其实要求领导者克服一些心理学的偏见,不为自己的失败找外部借口,也不过分夸耀自己在整体的成功中的重要性,踏踏实实回忆和确认自己的优缺点和成长的要素。只有清晰地认识到自己的能力和目标,才能够清楚定位自己在一个组织以及各个层级中的角色;更进一步,领导者才能够清晰地告诉自己的团队,"什么是我们的愿景"以及"我们能够从中获取什么",从而有自信去带领、信任自己的团队。

4. 逐渐转型理论

1992年哈佛商学院教授琳达·希尔(Linda A. Hill)初版著作《上任第一年》

(*Becoming a Leader*),并在2003年更新并修订了第二版本《成为经理人:新任经理如何处理领导力挑战》。她通过20年间对首次进入管理层而且很有才华与潜能的人们进行追踪研究,注意到对许多人来说,第一次担任领导时面对的困难与挑战越来越棘手。希尔的逐渐转型理论认为,人们很难从员工转型成领导的其中一个原因是他们对领导的职务有一些错误的想法[④]。

(1)新领导原本以为他们会有很多威信与权力,而且可以任意行使。但事实上,他的行动常常受到各种关系与其他事物的限制。他们得先以领导身份处理好新环境下和各方较为复杂的关系,才能稍微顺利地开展工作。

(2)领导权威是根深蒂固的,下属只是听命做事而已。现代企业中,领导更需要展示自己的能力与性格,前者显示自己胜任这个职位,后者可能在处理上下级关系中比较有效,比如显示自己亲和力强,有愿意倾听与交流想法的意愿。

(3)新领导一上任就要向团队展示"谁是老板"。相比于官方下达命令去获得服从,分享权力与影响力可以获得更为长久的有效的团队合作。新领导需要营造一种有团队精神的合作、愉快的氛围,鼓励成员施展自己的才华,为员工的成功创造条件。领导的任务应该是支持团队,保障并维护团队的利益。

另外,希尔与肯特·莱恩巴克(Kent Lineback)在进一步研究探讨后得出结论,很多领导者没能发挥全部效能是因为没有继续开发自己的潜能。他们身处高位后,便没有再继续反省自我,提升自我[⑤]。为了帮助领导者实现潜能,两位学者提出了"领导必做的三件事":

① 领导要提倡合作,管理好关系;
② 领导要不断自我学习,并推动组织学习;
③ 领导要尊听则明,学会综合各方意见来决策。

领导要获得追随者的信任,让他们听从指挥,并且发挥其潜能,展示自己是有实力并可以信任的,并且善于用自己的影响力去促进组织内部的合作,从而提升效率和创造力。有效的领导者也懂得去经营自己的人脉网络,不要畏惧组织内复杂的关系甚至斗争,而是要结交正确的组织人脉,尤其要善于建立组织内部非正式的人际网络,包括建立不同级别之间的联系,比如和上司之间的联系,并参与组织政治以确保自己拥有完成任务的资源和权力。同时,有效的领导也懂得通过不断的探索性学习和自我提升,学习最新的知识和技术,把握学习的方向和进度,以有效推动组织学习并产出更优的学习成果。最后正如两位学者所说,有效的领导者不仅要去建立与维护关系,也要学会记录自己在这三样必做事情上的表现,来回顾反思,提升自我,并积极听取别人的想法和方案,取其精华,在此基础上完成综合性决策。

该理论也提及是"转型"这个要素,但是与之前的理论不同的是,这里的"转型"指的更多的是如何从普通员工转型为一个领导者,以及如何从一个初级领导者转型为能够发挥全部效能的领导者。这其中很多谈及的是"心态"和"观念"的转变和一些自我修炼的基本点。后者,即上面谈到的"领导必做的三件事",和熔炉理论的一些策略有异曲同工之妙。他们都注重领导自身的认知和管理,循序渐进再去科学看待自己的位置和自己的团队。而前者,正确认识员工(独立贡献者)与领导(团队领头和负责人)之间不同的"心态"和"观念",在现代职场十分重要。作为员工,我们顶多为自己的"一亩三分地"负责;而作为领导,我们需要意识到"权力"越大,"责任"越大。如何正确地度过这个转型,还有很多学问需要学习。

5. "未来—鼓动—践行"理论

欧洲著名领导力开发顾问史蒂夫·拉德克里夫(Steve Radcliffe)在过去20年来一直致力于推动企业以及政府部门等大型机构的领导力的发展,他的目标是让人们相信领导力并不是难事。无论是跨国大企业的高层领导,还是刚刚踏入职场的新人,大多数人可以通过学习成为有效的领导者。拉德克里夫提出,无论在什么职位上,均有三个根本要素值得注意:未来—鼓动—践行(future — engage — deliver)[6]。

(1)第一,领导要明确对未来的计划和目标。只有领导自己很明确很有激情,才能说服下属一起去为之努力奋斗;

(2)第二,领导要能够带领团队进入对未来的设想与憧憬中。这个成果不是仅仅演讲、传达或者简单的告知能达到的,而需要领导者具备"正直、坦率以及坚定"等品质,来唤起达成团队与领导的共识,大家一起向既定目标出发。

(3)第三,领导要将这些计划付诸实践,并帮助团队全体一致投入实践。

这个要素模型与其说是一个新的要素组合,不如将其看成是以上几个讨论过的理论的一个要素总结和提炼。从上往下我们可以看到,在西方理论和实践逐渐发展的过程中,万变不离其宗的便是目标(个人、团队的目标)、鼓动和激励(参与度和积极性),以及执行力(切实的行动方案和具体实践)。在这些大类下,我们可以发现还有许多的细分的板块和话题值得我们进一步探索,比如上述的变革管理、员工到领导的转型,等等。但正如这个作者提到的,这个要素的总结,或许可以在领导者深陷某些细节或者遇到困难没有思路的时候,给他们一些提醒:无论何时,整体的目标和大方向,以及和你一起工作的人,上述要素总是应该优先考虑的。

6. "魔咒"理论

马歇尔·戈德史密斯(Marshall Goldsmith),世界著名的领导力执行教练,也是《华尔街日报》评出的十大高级管理教育家之一。2010年他关于领导力的新作《魔咒》(Mojo)引起广泛关注。与之前讲述人际关系的著作不同的是,在这本书里,戈德史密斯强调的是人的潜在能力和内心世界[7]。

作者所说的"魔咒",指的是一种积极的精神状态,它发自我们的内心,向外部辐射,指引我们一路向前。魔咒来源于一些特别的时刻;当我们很坚定地、很有力量地并且很积极地做某事并且其他人都认可的时候,魔咒就会出现。当我们十分快乐地去做这件事情,认为这件事很有意义,并且尝试和身边的人交流这件事,魔咒的能量会达到顶峰。

作者为此提出了四个要素:

(1) 身份(identity,你认为你是谁):作者通过自己的记忆(remembered identity)、别人的记忆(reflected identity)、别人营造的未来你可能达成的身份(programmed identity)以及我们自己想要在未来成为的身份(created identity),来帮助人们认识自我,了解自我。

(2) 成就(achievement,你最近达成的成就是什么):作者通过让我们知道"自己认为的成就"和"别人了解的你的成就"之间的差距,来帮助人们更客观全面地看待自己做的事。其中最富挑战的事情就是在我们现在做的事情中寻找快乐和意义,并且接受并面对我们要面临的挑战。

(3) 声誉(reputation,周围的人如何看待你和你的成就):这一点其实综合了以上两点,更好地帮助大家了解自我认知和外部人对你的认知之间的差距,从而做出合适的调整。

(4) 接受度/认可度(acceptance,你可以改变些什么,或者哪些事情你认为不重要):在立下目标后,我们需要明白可以改变哪些事情(自己的言行)和不能改变的事情(别人的言行)。这样的接受度可以让我们更容易感到快乐和积极。

作者设计了"魔咒"平衡记分卡,其中专业性"魔咒"(professional mojo)用于测量我们在一项活动中的输出技能和展现的态度;个人"魔咒"(personal mojo)用于测量某个活动中我们获得的好处。专业性测量中包括动机(motivation)、知识(knowledge)、能力(ability)、自信(confidence)、真实性(authenticity)。个人性测量包括快乐(happiness)、奖励(reward)、意义(meaning)、学习(learning)、感恩(gratitude)。每项计分满分为十分。平衡记分卡的好处是帮助人们用好"魔咒"理论,每一个时间点都能够回顾反省自己的生活,而不只是一味埋头工作。

与上述其他理论模型不同的是,"魔咒"理论的专注点从领导者行为转换到领导者内心世界,但同时也提供了合理的行动和心态改善的方式,这一点十分难得。其实相似的话题,我们在第四章中曾经介绍过。上一章提到的"正念领导力"也是关注领导者的内心世界,即领导者需要及时地反思和改善自己的思维方式和内心世界,从而影响自己的行为和周围的团体的行为。而这里的"魔咒"理念,更强调的是积极心理学及其积极的影响力,希望大家能够快乐工作而不是越做越累。联系到我们的现实生活,"996"的工作时间模式是最近十分热门的话题,大家在高压高强度的工作环境下难免劳累,心生怨言。但是有些辛劳和困苦是我们成功道路上必须要经受的。改变整个大环境往往太异想天开,但是改变我们自己的心态却是实实在在可以做到事情。"魔咒"理论,某种程度上,不只是对领导,对于员工来说,也是一个可以改善心态和思维方式的好方式。

7. 领导力"密码"理论

2008 年出版的《领导力密码:卓越领导者必备的五大核心要素》(*The Leadership Code: Five Rules to Lead By*)一书中为领导者们"解密"了新时代领导者的核心要素。作者们的出发点,并不是想提出一些全新的或者颠覆性的观点,而是试图找出目前所有理论和实践中领导力的共性,以及不同的领导力观点如何和谐统一。如此一来,当人们想要培养自己的领导力或者去挑选领导者时,就会知道自己对于这个问题已经经过十分严密而细致的思考了。他们提出的五大要素如下[⑧]:

(1)领导者都是战略家。领导力要从战略思维出发,了解组织的蓝图,审时度势,对外部世界(包括客户和利益相关者等)要保持沟通交流。同时要注意战略牵引,即需要有一家可以实施该战略的组织。领导者在制定战略时,既要保证能够最大限度发挥组织的效能,又要保证所在的组织能够将其付诸实践。

(2)领导者都是执行者。执行者能够推动短期目标的实现,是领导力起作用的不可或缺的一部分。战略制定上,领导者要有配套的应变计划,以及相应的执行人,并且花费精力去解决团队问题,让每个人尽量齐心协力,推动计划实施。

(3)领导者都是人才管理者。领导者要会与现有员工交流,了解其需求和动机,给予正确的支持和指导。

(4)领导者都是人力资本开发者。人力资本开发就是如何利用好人才,明确如何部署关键人力,他们要从事的关键工作是什么,组织是否能够识别并且启用不同岗位需要的不同人才,等等。

(5)领导都是自我投资者。领导要学会在各种成功和失败中不断学习,汲取经验,提升自己的眼界,明确并更新自己的目标,从而更好的为组织变革做好准备。领导要必备以上五个素质。这一点从领导自身出发,希望领导思考自己的个人能力;也希望追随者能够进入这个思考。因为当追随者真正了解这四个素质时,他就能明白领导想要他们完成的目标是什么。

正如前文所提到的,以上这些要素其实都不再是秘密或者是新发现,而是对于前人经验的大总结。站在更高更宏观的角度,我们可以发现,领导力的修炼虽任重道远,但"战略"和"人才"的探索之路始终是领导者"上下求索"的必经之路。

二、我国领导力实践与开发的理论演变

领导力的思想在我国有着源远流长的发展历史,在过去的十多年中,我国不仅对于西方领导力理论知识进行了深度学习和总结,并且逐渐初步建立起适合中国国情

的领导力建设、培养和监督的模型。

1. 我国源远流长的领导力发展史

在回顾现代中国领导力的发展之前,我们再度回顾中华历史,会发现其实我国在从古至今的东方管理学演进过程中已经进行了很多领导力的反思与总结。自古以来,领导思想在我国各大先贤及其思想流派发展中都占有十分重要的地位。这些思想和探索印证着领导力发展在我国源远流长,对现代领导力的研究有着深远的影响。

首先,在公元前,我国历史上就出现了很多鲜明而又影响力的领导者形象,比如由众人推举、以贤能为标准的尧舜禹,他们生活朴素艰苦,善于开拓创新;而后夏商周时期,我国开始"以礼治国";到春秋战国时,百家争鸣,各家在游学和参政的经历中提出自己对治国和选人的看法,这其实也是最初关于领导国家和选拔贤能的思想碰撞。比如儒家尊崇"仁政",秉承"中庸之道";而道家推行"无为而治";墨家信奉"兼爱""非攻";法家商鞅和韩非坚持变革来改善国家;兵家留下了传世千年的孙子兵法,极大丰富了我国的军事领导思想。在朝廷作为领导者的管仲更是亲自关心民情,提出"以人为本"的管理思想,他的名言至今听来仍令人警醒,比如"言而有信,取信于民","安定民生,恤民疾苦",等等。

自从进入封建社会后,这一阶段的领导者思想既有其积极的一面,也有极其具有历史局限性的一面,在历史上留下了浓墨重彩的印记。三国时期,魏蜀吴人才辈出,虽处"乱世",但是诸葛亮、曹操等领导思想依然有其可为人称道之处。不过后世对这些领导者的解读也是褒贬不一。就以诸葛亮为例,他的军事指挥能力固然是他强大领导力的重要特点之一,但是他在用人与授权方面并没有发挥最大的效能。所谓"鞠躬尽瘁死而后已",一方面能证明他做事勤勉而负责,但是"事必躬亲"并不是在任何情况下都是好的。这会导致下属的能力得不到充分的锻炼,也不利于加深领导与下属之间的了解和信任。三国后期,他并没有选拔到合适的接班人,与他用人授权上的疏漏也有一定关系。贞观之治时期,唐太宗的"安仁宁国""以民为本""唯才是与(同'举')"等用人和治世原则使唐朝愈发兴盛。值得一提的是,唐太宗求贤若渴、虚怀若谷的态度,不避亲疏、只论才华的标准,以及他以身作则、自我表率的带头作用,将他的领导思想很好地传达向下层官吏,也为唐朝招揽到了大量的各界人才。此外,明太祖主张的"民为国本""治人者必先自治"的自我严格要求等思想,也对后世领导力发展产生深远影响。另外,逐渐完善的科举制度等人才选拔体制,为历朝历代输送了大量优秀的人才,也成为古代领导思想和实践重要的一部分。

再到近代社会,从鸦片战争到中华人民共和国成立,中国经历了半殖民地半封建社会时期,这一阶段中国领导思想也经历了重大转变——在对中国传统领导思想革故鼎新之际,更多地融合了西方思想,带有强烈的实践理性色彩。无论是太平天国的"师各邦技艺,与番人并雄"、洋务派的"中学为体,西学为用"的治国理念、还是资产阶级维新派、民主革命派的领导思想都体现出该阶段中西领导文化交融的特点。

当然,以上所提只是中华文明璀璨星河中的沧海一粟,但不管是什么思想,都需要与时俱进,结合不同的时代背景和具体应用情景,才能发挥出更大的效用。接下来,本书将回顾近10年来的领导力发展,我们可以看到我国越发重视对领导力思想的学习和领导力项目的实践,既融会贯通,学习全球优秀思想和案例,也自我探索,努力探索发展中国化领导力道路。

2. 中国民企的领导力探索与实践

(1)我国民企领导力发展思想与实践。首先,国内有很多优秀的民企将西方领导理论、东方管理学以及中国国情融入自己的企业实践中,创立了符合中国民企需求的特有领导力培养和培训体系建设。不过从企业规模上来看,大部分领导力建设成效显著的企业都是各自领域的领先者,有雄厚的财力支持和丰富的人力资本,并且充分认识到了挖掘人力资本和培养领导力的重要性,将人力资源的重要性提升到战略层面,从宏观而非只是微观层面来部署公司人才。北大方正集团有限公司高级副总裁兼首席人才官谢克海,在《干部评价体系与方正实践》的演讲中就强调了领导力在企业发展中的重要作用,并指出人力资源部不仅仅是一个后勤支持部门,更应该是一个战略部门[①]。十多年来,我国民企具体的实业典例,包括:华为总裁任正非设立《华为基本法》,建设有效管理的团队;联想总裁柳传志的理念是"打板子,定战略,带队伍",按照著名的"721"理论(70%的学习来自日常实践,20%的学习来自合作和上下级和同事的指导帮助,10%的学习来自正式的课堂)搭建人才班子;美的总裁何享健坚持不做家族企业,让有能力的人上,并且注重培养继任领导,顺利完成领导人接班工作;万科领导者王石提出"放权"逻辑,允许部下犯错,希望总裁可以从更专业的部下处获得启发,鼓励总裁要从超人变成普通人;中国商用飞机有限责任公司虽然只有不到10年的发展历史,但是已经学会运用系统化思维,分析公司管理者在不同发展时期的角色要求和训练内容,从而明确各个层级的领导力培养的重点。

在这些案例中,除了本书将重点分析的华为,美的也是我国企业在领导力培养上不断进步并且与国际接轨的典范。近年来,美的在人力资源战略发展上,也逐步转型为人力资源三支柱体系,大力搭建属于自己的数据化的线上平台,其中将包含人才招聘到人才发展的各个环节。这一数据化人力资源的举措,帮助公司快速分析自己的各项人力指标以及优劣势,在今后人才发展计划中将发挥不可小觑的作用。此外,和一些著名跨国企业(比如微软与百思买)一样,美的也鼓励员工自主探索和学习,找到合适自己的事业发展道路,并提供线上学习资源,让员工根据自己的职能和需求去学习和提升自我;同时,为了选拔优秀人才、促进不同事业部的人才交流和思维碰撞,美的也会按照不同职级定期举行学习研讨班,为员工了解公司更多的事业和发展方向提供新的渠道和视野。与现代领导理论相承接的是,美的也着重将"培养继任者"添加进管理者的日常绩效考评中,并且给予新生代员工更多的关注,希望能够加速他们融入企业发展的步伐,打造更包容而又有创造力、生产力的人力队伍。

(2) 我国民企领导力发展的国际化探索与创新。人力资源体系三支柱转型和汉化落地实施,正是现如今中国企业转型的一大特点。以国内企业阿里巴巴、腾讯和华为为例,上述三家公司在这方面率先做出了新的尝试,目前正在向更成熟的人力资本管理的方向过渡[⑩]。这些尝试更有利于组织内部发现人才、培养人才,为企业领导力的发展提供新的动力。

人力资源三支柱的概念是由美国密歇根大学教授、人力资源管理大师代维·尤里奇(David Ulrich)首先提出。这个体系包括 COE(专家中心)、HRBP(人力资源业务伙伴)和 SSC(共享服务中心)。和以往按照职能(招聘、薪资等)分化不同,该系统让公司人员治理更加灵活、有效率,也能对公司主业提供更及时有力的支持。比如,共享服务中心(SSC)就处理人力资源比较基础的行政性事务;人力资源内部合作伙伴(HRBP)是人力资源部门和各个具体业务部门的桥梁,他们既要了解业务知识,也要对人力资源各个职能有深入认识,所以他们可以解决各业务部门一些基础 HR(人力资源)问题,同时收集信息识别深层次问题,提交人力资源总部或者专业人力资源咨询团队来解决;而人力资源专家(COE)负责为业务部门提供人力资源的专业咨询,包括人力资源规划、人事测评、绩效管理制度设计、薪酬设计等专业性较强的工作,同时帮助解决上述 HRBP 的问题,并从专业角度协助企业制定和完善人力资源相关的规则政策,并且指导 SSC 开展服务活动。

① 阿里巴巴。阿里巴巴在 2005 年的淘宝和支付宝开拓后,进入迅速的发展扩张阶段,于是同时也加大了对人力资源管理的投入,开始进行三支柱转型和汉化的过程。SSC 涉及的业务包括对员工的服务呼叫中心以及一些日常基础的人事业务(社会保险、公积金等)。COE 包括组织发展部、校园招聘部、社会招聘部、企业文化部、薪酬福利部等。组织发展部分为平台 OD(organizational development,组织发展)和业务 OD。平台 OD 负责公司大体系发展、高管领导力发展和商业教练,业务 OD 则直接驻点在各个事业群,负责事业群相关的组织架构、人才盘点、业务复盘。而 HRBP 通常是有业务线的专业人才转换而来,熟悉业务并且了解人事职能,可以推动各个事业部进行组织变革并支撑他们的日常服务。

阿里巴巴的这个体系的创新之处在于将 HRBP 派驻到业务线,让他们更了解业务从而更有效地支持;其次,HRBP 可以直接对接人力资源和业务需求,省去很多时间和精力,避免中间脱节;同时,业务线往往关注短期目标和业绩任务,而 HRBP 可以帮助协调他们的目标设定,注重长期效益、文化传承和领导培养,有利于企业人才发展。HRBP 的团队的人才需要有敏锐的判断力(发现问题,预测走向,做好预备方案),执行力/运营力,以及专业度。阿里巴巴能够成功实现三支柱转型,是对内部人才的大力支持的结果,也是三个支柱互相支持的成果。

② 腾讯。腾讯的人力资源体系不是在短时间内建立成功的,而是从 2009 年开始,随着互联网的发展,经历了一次次的变革与突破。2010 年 3 月,腾讯正式提出建立 HR 三支柱组织架构,形成了客户价值导向的人力资源管理组织结构。2014 年,为进一步将人力资源服务产品化,为客户、用户提供端到端的交付,腾讯将共享服务中心(SSC)升级为共享交付中心(shared deliver center, SDC)。

至此,腾讯的三大支柱的功能分别为:COE,包括人力资源部、腾讯学院、薪酬福利部、企业文化与员工关系部,主要负责前瞻性业务变革活动;SDC,支撑整个体系,是 HR 产品、服务、系统高效交付的专家。腾讯的 SDC 包括 HR 信息建设中心、HR 系统开发中心、运营服务中心以及四个区域人力资源中心(北京、上海、成都、广州)。HRBP,能够快速诊断业务部门、团队的管理问题。腾讯共有七大事业群和一个职能系统,事业群或职能系统都设有 HR 中心,从而构成了 HRBP。

腾讯的转型过程的特别之处在于,将 SSC 升级为 SDC,实质上是将只处理行政性人事事务的被动平台转变为 COE 和 HRBP 的内部客户,深度挖掘业务部门、管理者和员工等内部用户需求,并且在了解外部需求和供应的情况下,提供稳定、可靠、有准备的 HR 服务。腾讯希望在未来可以在开发 HR 产品和服务时,要先从战略层面,考虑企业的人力资源管理对三支柱的规划的影响,从而促进三支柱协同发展,同时保证企业内部有创新的空间。

③ 华为。在 2009 年,华为开始探索 HR 三支柱的落实;到 2014 年,华为的 HR 三支柱日趋成熟。和过去职能化的人力资源架构不同的是,华为的 HR 三支柱模式进一步强调对客户需求和业务需求的关注,重点支持业务部门。

华为的核心价值观是"以客户为中心,以奋斗者为本,长期艰苦奋斗,坚持自我批判"。以此为基础,三大支柱的功能分别是:HRBP,作为战略伙伴,提供解决方案,并且负责传承核心价值观,针对公司战略和业务需求,提供包括"高绩效组织、领导力、人才供应、激励、企业沟通和全球化支持"六个方面的专业解决方案。高层级的 HRBP 所关注的焦点也会更多地体现在组织变革、领导力层面。华为的 COE 专注于 HR 的核心专业能力,其价值主要体现在不同人力资源政策与制度设计上,具体包括组织有效性、招聘与配置、学习发展与任职管理、整体薪酬、领导力与人才管理、个人绩效管理、员工沟通与关系管理等职能模块。SSC 的工作内容涵盖员工服务受理、SSC 内部运营管理、HR 流程事务处理三个方面。

华为的 HRBP 在贴近业务的同时,还有六大角色,进一步了解各方面的需求,解决问题。这六大角色包括战略伙伴(结合 HR 和业务战略,有效支撑两方工作),HR 解决方案集成者(打破专业模块结界、提供完整解决方案),HR 流程运作者,关系管理者,变革推动者,以及核心价值传承的驱动者。下文将针对华为的领导力开发做更具体的案例分析。

其实不止以上三家大型企业在进行三支柱转型,大量的国内企业也正在将更科学的人力资源管理提上日程。这些变革转型无一不需要有能力的领导者协助完成;同时,如果转型成功,企业的各个层面就有机会去培养领导者和领导者的继任者。而这个过程也表示,未来的企业发展对人力资源人才的专业素质的要求更高,对领导者的人力资本管理的才能的要求也更高。

除了三大支柱的转型,现在更多的企业也认识到,领导力培养不仅是中高层的职责,也可以从源头开始培养。对于大多数优秀的公司而言,领导力的开发实际上是从招聘开始的。针对越来越多公司需要的管理岗预备人才,公司应该采用"选用育留"的思路,开发设计一系列完整的新员工培训计划[11]。这样既有利于员工尽快了解企业文化,融入工作氛围,胜任岗位工作,也可以探索到更多职业发展的可能和可获取的资源,从而将自己的发展融合在公司的发展中。在这种情况下,领导力的开发需要领导者和追随者积极互动,为双方创造更大的价值。当然,领导力的培训还应按照公司的实际情况和规格划分为招聘,内部竞聘,管理轮岗,外派交流等各个部分来因材施教。这个过程也有利于领导者选出合适的继任者并且给予合适的支持。在接任者培养上,我国企业领导者通常存在两个误区:第一,培养继任者是为了能帮助领导者更有效地管理,而不能狭义地将继任者理解成自己未来的威胁者。为了明确和强调这一点,很多企业包括微软等大企业都把继任者培养放进领导者的 KPI 考核指标中,以强化这一点的执行力度。第二,根据研究,中国有 61% 的公司领导者认为,自己缺乏领导力的原因,是没有合适的下属可以培养,从而不能有效提升自己的领导力。针对这个现象,有很多学者参考了各大成功的领导力培养项目,结合不同的领导力实践模型(比如约翰·阿黛尔的三环理论)提出了构建基于领导力开发模型的企业领导力培训体系,包括培训课程设计,讲师队伍培养,培训方法创新以及效果评估和检测[12]。

3. 领导科学中国化与政府干部领导体系建设

与此同时,我国政府也越来越重视对各层干部的领导力体系建设。比如从领导者品质来讲,在 2012 年中国领导人才论坛[13][14]中,北京大学人力资源开发与管理研究中心主任萧鸣政教授从领导干部品德测评的角度探讨如何提升领导力,对领导干部德的测评第一点就是如何选人用人以提高党的执政能力。清华大学的安德鲁·巴克(Andrew Backe)博士认为,作为一个在公共部门任职的人员,应该具备"诚信、公平公正、勇于承担、责任感"等特质,并在日常行为中去展现较高的道德规范和水准。第二点是要通过对官德的测评,让官德带动整个社会道德风尚向前推进。2013 年国家行政学院首届"领导力国际论坛"也从领导情景的角度总结出,领导科学在中国化的进程中,不该互相排斥或者有所偏颇,要和中国文化和实践融合,把握特定阶段、特定历史等特殊性结合中国传统历史文化、结合中国共产党的领导实践、结合当前的难点问题进行研究,并且注重廉政领导力的建设。同年,根据 2013 中国企业家成长与发展专题调查报告[15],大部分企业家意识到经济转型时期的诸多挑战;增强人力资本、培养变革领导力以及提升创新和应变能力才是实现成功转型的关键要素;同时,企业家们期待更完善的市场和法律规定来有效规整行业的恶性竞争问题,创造更诚信更公平的商业环境。

在微观层面,截至 2013 年,约 24%的国资委管理的央企积极构建领导力模型,其中中国航天科技集团公司、中国电信集团公司、中粮集团有限公司、宝钢集团有限公司、华润(集团)有限公司取得了较大的成效。大部分建立模型的公司采用战略演绎法,即通过明确愿景、确定战略和商业发展要素等步骤来推演出需要的领导力要素从而构建模型,超过一半的公司在此过程中引入外部咨询公司。模型主要适用于人员培训领域,也包括一些人才测评和选拔的内容。但是由于模型对于人力资本发展的各个模块的应用是不均衡的,而且高层没有带头示范,推广性较差,并且在推行节奏上把握不当,不够循序渐进[16]。

经过后续几年的战略调整,根据 2017 年《企业管理》杂志的调研[17],国企领导力发展有了更新的变化和趋势。比如企业领导者要善于把握政策,注重市场和国际化导向,培养跨国管理人才;融合党政属性和企业属性;对经典理论进行本土化改造并使用;放宽视野,跨国选配师资;通过个人绩效和企业效能来检验领导力知识资源的成果。2018 年 1 月,"学习贯彻党的十九大精神,锻造新时代的新领导力"理论研讨会暨中国领导科学研究会换届大会,深入学习党的十九大精神,探讨了新时代如何提高党的领导力[18]。中共中央党校教育长罗宗毅在会议中提到,希望"中国领导科学研究会以习近平新时代中国特色社会主义思想为指引,为构建中国特色领导科学体系,加强中国领导力建设做出新的更大贡献"。

4. 领导力研究方法的发展

领导力的发展趋势既需要领导哲学、领导观的指导,也需要研究视角和研究方法的突破和创新。在我国领导力实践不断推进的同时,我国领导力及其有效模型的研究探索方式也在不断完善和创新。研究方式不仅停留在理论学习和文献整理上,而是逐渐认识到科学应用领导力理论以及和实践结合的重要性。比如学者们对领导力培训体系的设计思路更为广阔,比如,中国企业领导力协会的会长周洪峰在 2012 年就与各大著名企业协同开展领导力相关研究,探索领导力建设在国内各行业企业中的实践,分析其优缺点和应用范围,促进不同企业和行业的领导者共同参与,互相交流和学习[19]。另外,2017 年黄芳在《领导方法》中提出[20],强调激励和约束机制的传统管理,不能够完全解决因为员工自利行为带来的效率损失问题,无法让个人利益和组织利益融为一体;而以组织心理学为理论基础的模型,对于合作和互动动机的关联性缺乏合理的解释。所以传统管理方式不能够最大限度促进整体效益。作者认为,可以通过从集权与分权的横向困境和激励与信任的纵向困境入手,设计在不同情况下的领导力提升方案;从而探索中国领导力发展的新思路。

5. 全球化领导力发展和中国领导力发展的对比

近年来随着全球化合作和冲突的不断加深,各大跨国企业和大型组织都更加注重培养全球化、跨文化领导人才。根据2013年国家行政学院首届"领导力国际论坛"的讨论[21],美国对领导力的研究范围不仅包含对领导者个人研究,也涉及领导团队研究,整体实用性很强,而且在该领域的研究人员逐年增长,领导力逐渐成为较为成熟的学科,很多学校都有自己的领导力研究中心,并拥有一套规范而科学的研究方法。英国王晓宇教授(Barbara Wang)提出,"中西方最大的不同点是对领导的理解和应用",中国通常在领导者与管理者的界限上不够清晰,认为领导力与领导职位密切相关;而西方学界认为的领导是通过对追随者的定义来判定的。

在现在这个变革的时代,我国对于领导力的研究也不仅局限于以往的静态研究,而是结合领导情景理论和领导变革理论,更关注领导情景的变化对领导力的影响、现代变革型领导者的素质和培养以及跨文化领导力和沟通力。同时,随着网络社会的到来,网络及移动互联网时代的领导力问题也成为领导力研究的主流趋势之一。

同时,借鉴西方发达国家的经验,领导力平民化、简约化和制度化也成为我国当前的领导力研究热点。从长远来看,我国也正在大力发展符合中国本土特色和文化底蕴的领导力的研究和应用。并且越来越多的学者也希望能够将领导力研究应用于实践,创造出更大的社会价值,所以近年来领导力培训和领导力教练的研究也逐渐成为主流话题之一。而与领导力教练相关的另一个主题,就是领导力的传承,在新的时代,传承型的领导更能够有助于带领企业发展壮大,有助于保持基业长青[22]。

第二节 领导力开发的典型模式研究

一、西点军校对领导力的培养模式

西点军校(The United States Military Academy at West Point)是美国第一所军校,也是美国陆军的军官培养机构,西点军校的校训为"责任、荣誉、国家"。西点军校多年来培养了很多优秀的领导人才,包括美国第34任总统艾森豪威尔、乔治·史密斯·巴顿将军等各界杰出人物。20世纪以来,西点军校的领导力培养项目也因其独特而卓有成效的培养方式而闻名海外。

西点军校的领导力培训的载体是西点军校社区,社区包括所有的学员、教职工、教练、士官及其他工作人员,所有人都致力于创造维护一个积极向上的环境,帮助项目参与学员达成目标,并且督促学员为自己的言行负责。西点军校的领导力培训项目包括军事、学术、身体素质、性格品质等科目,学校希望能够依托西点社区创建、执行、评估并提升各个项目,使参与者能够与时俱进、适应变化,更好地达成培训目标,持续地在各个项目中获得成功,从而最终实现西点军校领导力培养的长远目标。

1. 西点效能模型

西点军校的领导力培训主要的培训方式是采用西点效能模型。西点效能模型(WPLDS effectiveness model)[23]提供阶段性、制度层面的人员和系统测评,预测未来的变化趋势,为西点的战略计划提供参考。该模型的五大要素是计划(plan)、资源(resource)、执行(implement)、测评(assess)以及提升(improve)。

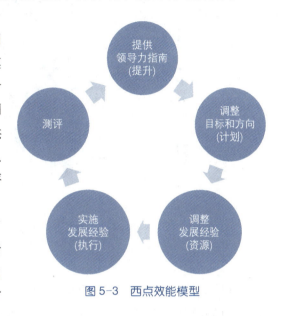

图 5-3　西点效能模型

(1) 提升(improve):该模块提供了各种领导力指南和行动计划,具体包括学术课程中的个人发展经历,军事化内训,校际团队教练的指导,甚至高级军官和领导也会参与进来。

(2) 计划(plan):该模块根据层级和项目内容来设定统一标准的目标和方向。

(3) 资源(resource):该模块运用领导力指导方案来调动从个人到制度层面的各方面所需资源,发掘能力提升的途径。

(4) 执行(implement):各层级的人要确保计划中的各种改进和变化都能够被及时执行。

(5) 测评(assess):每个课程、小组团队和项目都有相应的阶段性的测评需要完成。个人提升计划的指导员(教练、导师等)负责综合运用多种测评手段来完成整体测评工作。测评包括学员表现、自我反馈、自我感知讨论、学员互评、下属长官评价以及其他相关内容。另外,每个层级的人还需要完成对测评过程的测评来提升这个环节的质量。通过持续追踪和仔细审核,最终测评的结果可以帮助西点修改战略规划和执行计划。

2. 西点军校的领导力修炼模型

西点军校的领导力修炼围绕核心的价值理念(责任、荣誉、国家),通过教育、培训、发展和激励,实现个人绩效的提升和组织能量的创造,从而培养出具备德行、德才兼备的领袖。具体来讲,西点军校高度注重能力与领导力的平衡发展,其领导力修炼模型中包含着以下的主要内容:培养智力、军事以及体力的竞争力;学会培养、领导和激励他人;锻炼创造性和批判性思维;决策合理准确并及时有效;高效沟通互动;学会平衡生活与工作,有韧性和坚强进取的精神;追求卓越并精益求精。

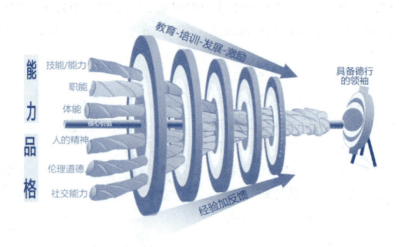

图 5-4 西点领导力修炼模型

3. 西点军校学员准则

除此之外,西点军校为参与培训的学员们设立了以下准则(11 条领导力原则):了解自己并积极寻求自我提升的途径;精通技巧与战略;对自己的行为负责;以身作则,树立榜样;了解下属并为他们的福利着想;始终与下属保持信息通畅;确保大家理解任务内容,关注任务完成进度;培养下属的责任感;培养团队及团队意识;决策合理全面并及时;确保合适的人做合适的事情,不勉强去挑战难题。

二、西南联大对领导力的培养

抗战期间,为了延续文化血脉,培养后备人才,1937 年 11 月 1 日,北大、清华和南开 3 所高校在长沙组成了国立长沙临时大学。此后,全校师生继续西迁,于 1938 年 4 月在昆明更名为国立西南联合大学。西南联大办学时间不到 9 年,但无论是在学术成果还是人才培养上,都取得了丰硕成果,比如诺贝尔奖获得者,如杨振宁、李政道先生,还有国家最高科学技术奖的多位获得者以及多位两弹一星功勋。

根据文献记录和调查,包括西南联大在内,民国时期的校长们在当时物质财富不够充足的情况下,充分发挥了自己的领导力,为学子和老师们提供了坚强的学术后盾。他们高瞻远瞩,对大学发展有坚定的前进目标,在复杂多变的环境下能够制定正确的战略并且努力落实,有强烈而有力的感染力来凝聚学生、教师和家长等各方力量。这份领导力在那个年代十分的可贵,作为大学领导者,校长们不仅是大家学术精神的引领人,更是在艰苦环境下团结向上的主心骨。

李克强总理曾在 2017 年参访西南联大旧址时说过,当年是"物质上得不了,精神上了不得"。希望学生们在这里汲取前辈们的精神养分,传承刚毅坚卓的文化品格,将西南联大的精神发扬光大。西南联大一直以来强调的精神,首先是身处逆境却坚强刚毅,坚持学术;其次各大流派互相尊重,互相切磋,互相激励,协同合作,兼容并收。这样的精神增强了学生们追求学术理想的信念。

三、GE 领导力开发手册

通用电气公司(General Electronic,GE)在 1956 年成立了克劳顿学校(Crotonville Campus[24],在 2001 年改名为杰克·韦尔奇领导力发展中心)来为公司培养全球范围内的领导者。在过去 60 多年中,该项目不仅在美国不断发展,更在全世界各个分公司相继开设,为 GE 甚至整个行业培养了无数领导人才,也被美国《财富》杂志称为"美国企业界的哈佛"。

20 世纪 80 年代中期,时任总裁杰克·韦尔奇(Jack Welch)对该项目进行改进,强调了五点改进意见,至今十分有效。这五点分别是:领导者要能够创造性地变革组织,开发全新化的产品和服务战略,发展战略联盟,协调整合全球资源,以及学会全球化配置人才和开发人才。他重新制定了 GE 领导力的 5 个成长性价值,即专注于外部变化,清晰的思维模式,充满想象力和勇气,有包容性,有强大的专业技能。

GE 的领导力培训的目的是为现在和未来的发展而激励、联系并发展领导型人才。它的培训课程主要关注三点,分别是领导力,专项技能以及商业运用。在韦尔奇的带领下,该学校逐渐形成并完善了 GE 领导力发展层级培训体系。这些培训课程都是建立在对 GE 的主营业务需求的基础上,与 GE 的变革项目紧密结合,得到了各层领导人的支持和配合。

传统的 GE 的领导力培养体系分为 4 个层级。学生们通过校招进入 GE,首先要学习关于企业文化、战略和价值传递的内容,有相应的教练和顾问来负责带领教学。

(1) 新任经理发展项目(new manager development program):通过 360 度测评和反馈,领导者将得到有针对性的领导力提升训练,包括各种技术以及管理技能。

(2) 高级职能项目(senior functional program):高级经理通过自己所属职能的领导力发展课程,来攻克各种实践性的难题。

(3) 高级经理项目(executive program):这个阶段实际上分 3 次在 5—8 年的时间内完成,每次包括一个 4 周的高级经理人项目。这些项目整合了户外领导力挑战体验项目、顾问团队项目和 CEO 项目等。

(4) 执行层研讨(office workshop):这种研讨会会定期召集少量执行管理层,就全球领域内各方面的问题进行讨论和汇总。

目前 GE 的领导力项目仍然从入职的最前端就开始,每个不同的职能领域都有各自一些独特的培养课程和方式。比如全球人力资源领导力项目(HRLP)。新入职员工前两年是轮岗项目,每八个月换一次岗位,共有三轮,工作内容有 HR 专员、劳工关系、薪酬福利、人才配置和组织发展;有两次面对面和一次全球在线的研讨会;有全球工作、跨部门、跨领域的合作机会;一周的克劳顿村领导力学习机会,线上线下全面的学习课程,以及持续的学习反馈;能够多次接触高级管理层和领导人员,可以参与到全球化的员工社区和活动中。

四、宝洁最佳领导力培养模式

宝洁(P&G)在 20 世纪 80 年代就着手创建有竞争力的领导力培养项目。宝洁公司原总裁鲍勃·麦克唐纳(Bob McDonald)认为,面对商业世界的快速变化,员工的核心竞争力在于持续学习,为此,企业需要建立有强烈核心价值的培养体系。宝洁最具传承意义的价值之一就是领导力。领导力的培养建立在清晰明确的目标和一系列与目标一致的做事原则和价值观之上。

(1) 学会树立目标,那比毫无方向的前进更有意义,回报率更高。

(2) 成功的经验是可以传递的,学会建立表现出色的团队是成功的关键。

(3) 成功的领导能够让对的人做对的事。

(4) 领导者要有好的品质,重视"第五级领导力",并且勇于承担责任;即使任重道远,也迎难而上,而不是钻营取巧,寻找捷径。

(5) 注重团队多元化,探索更多创新的机会。

(6) 效率低下的运作体系和企业文化是比人才问题更大的障碍。

(7) 成功的领导要学会找出企业中不适合其岗位的人,帮助他们找到更好的职业途径。

(8) 企业要为员工提供各种培训提升机会来帮助他们不断完善。

(9) 招聘是重中之重。

(10) 领导者最真实的试炼就是当他们不在岗位时或离开后,看企业的绩效如何。

宝洁为了更好提升员工培训价值,在美国总部设立总经理(GM)学院,对各个国家总经理级员工及拟提升为总经理的人进行培训;并在全球各区都设有宝洁职能学院,学员是中级和初级的技术人员,对于高级专业人员的技术和专业培训由全球总部的职能部门组织实施。各级主管、部门经理、总监和高层经理需要参与相对应的领导力课程,包括领导力沟通、团队建设、有效授权、情景领导、组织能力开发、跨文化领导和危机管理等。

宝洁相信领导力最佳的培养模式是从内部发展人才,所以几乎所有课程导师来自有丰富行业经验的内部员工和人力资源部门。宝洁采用内部提升制度和直线经理与教练共同指导的方式,进行员工培训和选拔。除此之外,宝洁将"内部培养"列入绩效考核范围,促使直线经理在自我提升的同时学会培养下属人才。

领导力课程的内容有很多,比如个人领导力,团队建设能力,培养下属的能力等,会根据地区和职位高低各有区分,但以下主要的领导力核心价值培养体 5E 是贯穿始终的。

（1）Envision（高瞻远瞩）：设定清晰合理的目标,描绘激励人心的蓝图。

（2）Engage：（吸引参与）：与参与者分享共同价值和未来的畅想,推动更多的人参与奋斗。

（3）Energize（激励奋斗）：学会用多种方法激励不同人群。

（4）Enable（发展组织能力）：为顺利展开工作而创造良好的工作环境并且移除前进的障碍。

（5）Execution（执行力）：设定合理现实而且高效的执行方案,积极寻求或者提供所需资源,促进项目的推动和发展。

五、华为领导力培养：规范制度和狼性文化

华为技术有限公司是一家生产销售通信设备的民营通信科技公司,总部位于中国广东省深圳市龙岗区坂田华为基地。2016 年,研究机构 Millward Brown 编制的 BrandZ 全球 100 个最具价值品牌排行榜中,华为位列第 50 位。同年 8 月,全国工商联发布"2016 中国民营企业 500 强"榜单,华为以 3 950.09 亿元的年营业收入成为 500 强榜首。在华为不断巩固国内市场地位,拓展海外市场的过程中,华为公司开发出一套极具创新性的领导力培养体系,从而确保为企业的快速发展提供充足的人才储备。

华为自从 1987 年创立以来发展迅速,其发展模式和领导力培养模式在其中扮演了关键角色。经历了 10 年的初创奋斗,华为在第二个 10 年中,与 IBM 合作,建立了自己的管理架构;在 2007 年之后的第三阶段,华为简化管理,有效地减少决策周期,通过更好的激励体制来鼓励员工创新和投入工作。

1998 年,当华为熬过艰苦卓绝的创业期,任正非领导华为设立了《华为基本法》,为公司运营和发展建立坚实的规范制度。《华为基本法》分为宗旨（核心价值观、目标、成长、价值分配）、基本经营政策（经营模式、研发、营销、生产、财务）、基本组织政策（组织方针、组织结构、高层组织）、基本人力资源政策（基本原则、员工权利与义务、考核、管理规范）、基本控制政策（管控方针、质管体系、全面预算、成本控制、流程重整、项目管理、审计、事业部、危机管理）、接班人与基本法修改六个主要方面,采用法律条文的书写方式编写。《华为基本法》是中国民营企业第一次面向未来的系统总结和全面思考,作为中国现代企业里最早、最系统、影响最大的文化大纲之一,成为之

后企业制定类似企业内部文件的典型范本,对中国企业的发展影响深远。

在此基础上,华为大力发展领导力发展项目,具体分为个人领导力与组织领导力的提升。个人领导力绩效评价的主要因素是对上级、部门间、下属和客户需求的理解力,明确目标并落实计划的执行力,勇于承担责任和划分利益的决断力,以及充分的人际沟通和构建能力。

华为的组织领导力借鉴军事管理制度,与各级领导管理体系互相融合;华为采用从上到下与战略一致的内部分工、规划执行、人才选拔和激励体系,最大限度降低主观人为能力差异造成的误差。组织领导力包括明确的层级和角色定位;完善的管理流程;以及面对客户的领导力素质模型。该模型包括发展客户能力(关注客户,建立伙伴关系);发展组织能力(团队领导力,塑造组织能力,跨部门合作);以及发展个人能力(理解他人,组织承诺,战略思维和成就导向)。

在第二阶段与 IBM 合作期间,华为还研发了一套集成领导力开发系统(integrated leadership development)来保持领导者持续投入的动力并有效培养新的领导人。该系统包括继任者计划、90 天领导转身计划,经理人反馈计划,管理者发展计划,高层个人发展计划,个人绩效承诺等。

除了以上规范的领导力发展制度,华为还倡导"狼性"文化,激发员工斗志。华为总裁任正非曾描述过其文化特质。他说:"发展中的企业犹如一只狼。狼有三大特性,一是敏锐的嗅觉,二是不屈不挠、奋不顾身的进攻精神,三是群体奋斗的意识。企业要扩张,必须要具备狼的这三个特性。"具体来说,华为在坚持内部规范原则的同时,也对员工展示充分的信任和帮助,努力提升员工的工作满意度和忠诚度,工作更积极主动和热心奉献。华为鼓励员工创新,鼓励"犯错",并勇于自我批评。他们的内部刊物上经常有员工分享试错经验,为大家提供好的想法和改进的思路。为了提高组织有效性和实现高效激励,华为尝试了员工持股的方式来分配权力;给员工一定的知识创新的自由度;并大力投入研发,接受 50% 的失败率,鼓励员工承担风险,探索未知。通过硬性组织架构和软性文化浸入,华为逐步确保了员工能够在规范的体制下工作,同时又有空间和资源追求创新和卓越。

第三节 领导力开发的系统构建

一、领导力开发的条件

1. 外部支持

领导力开发项目不只需要参与项目建设的人员(比如人力资源部门)的全情投

入,更需要公司多部门的配合,以及外部专业人士的支持。

第一,从组织内部来说,在确定领导力开发项目的框架(包括时间线、内容、参与人员、测评标准、内部及外部的教练等)之前,开发人员需要向高级人力资源主管定期汇报该项目从初始框架到最终实施的进程,确保该项目与公司人力资源战略目标的一致性和协同性,并且得到管理层的支持与认可;

第二,项目开发需要的财务成本也需要与财务部门提前协商,明确成本资金的预算范围、年限和账户等;

第三,开发者需要根据该项目的适用范围来联系各部门或者分公司的负责人,进行统一或者单独的通知和培训;

第四,该领导力开发项目必须符合企业发展的生命周期,培养出的人才必须要能够匹配企业的发展步伐;

第五,参与该项目的各部门的经理需要参与评价标准的设计以及备选人员的选拔,提出自己的意见和建议;

第六,对于自我开发的团队领导力项目,开发者应该酌情考虑是否要为这个类型的团队配置外部管理员或经理人。

这个角色与该团队内部选拔的领导者不一样,是来自公司内部、有相似管理经验的员工;他会负责对该项目的大体方向和目标进行把控,必要时可以参与该团队的决策和危机管理。

此外,对于员工来说,最重要的外部支持来自自己的直属上级。上级为培训和发展活动提供鼓励与支持的程度,也会影响到下属在学习与应用领导技能方面的意愿[33]。以下的情景可能会负向影响员工领导力的培养:

(1)上级领导未能察觉到对于个人辅导与指导的重要意义;

(2)上级领导将主要精力配置于应对眼前危机和实现个人职业晋升需求;

(3)上级领导缺乏安全感,将下属视为潜在竞争者;

(4)当遭遇失败或打击时,上级领导更愿意将其视为个人失败而非一次学习经历;

(5)上级领导无法寻找到提供指导和鼓励下属独立解决问题之间的合适平衡;

(6)上级领导对下属保护欲过强,无法为下属提供足够的挑战或者反馈真实的信息。

为了更好地支持下属学习与应用领导力,上级可以遵循以下的流程和策略(表5-1):

从组织外部来说,在开发领导力开发项目前,开发者需要借鉴并考察与该公司所在行业的其他类似的项目或者是竞争者的项目,确保自己设计的项目是专业的、有针对性的而且有前瞻性的。在这个过程中,人力资源部门有时需要借助外部专业人力资本或者咨询公司的帮助,来了解行情并挖掘自己企业内部的实际需求,设计出符合自己企业现状和发展计划的领导力培养项目。有了这些支持和条件,领导力开发项目才能得以顺利开展。

表5-1 领导力培训中的上级支持行为

培训前上级支持行为	培训后上级支持行为
• 向下属阐述培训的重要性与必要性 • 邀请已受训者分享受训心得与收获 • 向下属说明如何获取受训机会 • 协调培训时间,为下属培训创造条件 • 支持培训的准备安排事项 • 明确要求受训人员报告学习情况	• 与下属交流学习情况及其应用 • 为下属安排需要新掌握技能的工作任务,并鼓励下属参与共同制定具体目标与行动方案,以应用所学 • 定期对下属进行评估,检测学习应用情况 • 正向强化应用技能的行为,并在下属遇到困难时,提供鼓励与支持 • 通过自身示范作用,为受训者提供行为标杆

2. 组织氛围

"组织氛围"是组织中对管理开发的主流态度与价值观,一定程度上影响了组织的管理培训与开发的数量[27]。在一个普遍认同个人培训学习至关重要的组织氛围中,决策者会将更多资源配置到员工的培训与发展,并付出更多的努力推动员工学习的测评与奖励。在这样的组织中,就会有更多的领导力开发项目与效能。与此同时,由于组织对发展活动具有明确的测评与奖励制度,更有利于上级提供更多个人辅导与指导,进一步鼓励成员寻求个人成长并获得技能提升的机会。更进一步来说,支持性的组织氛围和文化也会鼓励受训者将培训与发展过程中学到的技能应用于实践工作中,从而促进了组织绩效的提高。

领导力开发已成为众多国内外企业发展历程中的重要课题。要开发出一个卓有成效而且经得住时间考验的领导力开发计划,首先,需要组织内部自上而下的认可和支持;要达到这一点,就需要人力资源和部门经理进行周密而严谨的人才追踪和反馈,突出领导力开发计划的重要性和迫切性。其次,企业文化也是重要的环节。一个积极向上、有竞争力而且对人才有长远战略计划的企业,会更加主动地认识到该项目的重要性,有利于开发团队获得需要的资源,逐步展开计划;同时,员工也会因此而对自己的职业规划有更明确的目标,认识到该项目对于自己的好处,也对企业的发展更有信心,从而更加配合或参与领导力开发的各个环节。最后,成熟的人力资源部门能够灵活运用并借鉴多种人力资源规划的工具和模型来设计项目,调动企业人员的积极性。

3. 开发任务的评价标准

在组织内部,不同于其他企业经营活动,人才培养计划的成本很高而回报周期相对较长,难以在短期内精确地衡量回报率。为了更好评价开发项目的效果,根据美国人力资源协会(SHRM)在2013年和2015年的人才市场调查,超过82%的受调查公司使用不止一种高级人才测评工具;前三名的测评工具是360度反馈、性格测试以及一对一教练。主要测评项目包括：专业技能（functional skills）、适应力（resilience）、沟通能力（communication）、价值观（values）、领导者气质（executive presence）、认知能力（cognitive skills）、学习能力（learning ability）、个性（personality）、动机（motivation）、自我认知（self-awareness），以及领导力（leadership skills）。

大部分的领导力开发项目在不同的测评项目中会采用不同或者不同组合的测评工具，专注于领导者的竞争力是否提升，并且持续追踪领导的成长。虽然超过半数的项目的参与者都是大型公司的高级人才，中小型的公司依旧可以根据这些项目为自己设计相应的项目。而且这些中小型公司的人员数量较少，领导者和人力资源部门的管理相对集中，所以这样以领导竞争力为核心的培训项目可以对每个参与者投入更多更集中的时间和精力，达成的效果也会更好。

但是单纯的只从某些指标来测评参与者或者参与项目的成效并不总是有效的。领导者们有不同的领导风格和专业技能，有时仅从一些单独的指标去测量他们的成长并不能显示他们整体竞争力的提升。为此，南加州大学的教授 Morgan McCall 设计出了五项领导力需求[20]，来衡量领导力项目是否帮助员工提升竞争力。在参与项目后，员工是否达到以下要求：第一，学会自己设定目标，并且和组织内部相关人员沟通，确保与组织的愿景和使命相一致；第二，快速有效找到在各个层级的自己的支持者以及解决阻碍达成目标的反对者；第三，有能力且有自信去高效处理组织内部的压力以及各种不明确的因素；第四，为自己的职业（作为领导者）和人生设定合理的价值观，并且为之坚持；第五，找到自己的不足并且保持学习的习惯，更加适应多变的商业环境。这五个维度可以帮助公司和组织去测量领导者能力培养的成效，并且及时根据现实情况对项目内容和进度进行调整。

二、领导力开发的具体措施

1. 领导力开发活动

（1）领导力培训开发项目的类型。根据领导力参与人员的层级，以及项目培养的技能内容，领导力项目可以分为以下几类：

① 初级员工：这一类型的项目主要目的在于通过项目领导者的带领，员工们能更好融入工作的团队，对工作内容、方式以及职业道路有更多的了解；同时，该项目希望员工们能够学会转换思维，不只是把自己当作组织内的独立贡献者，而且是团队的重要成员甚至是小组领导者，去思考自己的角色和使命，了解自己的优缺点，并且学会寻找在现阶段发扬长处、弥补短板的方法。更重要的是，作为后备领导者，员工们需要进一步提升自己的沟通能力和团队管理能力，学会激励自己和组员。最终，要扩展自己的视野，学习如何预计和衡量自己和团队的成果，为自己和团队做好长期规

划。在此项目中的优秀成员有机会成为组织内部后备干部人才库的一员。

② 中级员工:这一级别的员工基本已经达到部门经理或相似的级别。这些项目可以通过更专业的360反馈帮助他们进一步确定自己的领导力优势与缺陷。面对更多的变化和挑战,他们将学会如何合理应对,并且形成自己的成熟的问题处理机制。结合自己的实际领导力案例,他们可以与内部或外部教练进行更细致的探讨,逐步从"监管+纠错"过渡为"合理定位+适时支持"的模式;在这个过程中,经理们也要学会挑战常规,对冗余老旧的工作方式和程序提出新的改进思路。最后,他们要对自己带领的团队的进程和结果负责,要有全局意识,保持自己部门的目标和组织的大方向一致。

③ 高级管理层:这一类的项目主要用来帮助高层领导者去审视自己的领导风格,如何面对和领导不同代际的员工;站在公司的角度,如何对自己负责的职能部门进行战略性规划;如何促进企业文化的良性发展;面对外部市场的竞争,如何有效带领自己的团队协同一致面对挑战;以及在全球化的环境下,如何实现高效的跨文化沟通与合作,等等。

以上的项目并不一定是分开执行的。它们可以被整合成为一个周期性的、长期的、可持续的领导力项目。员工们可以逐步通过该计划来自我提升,从初级员工走向职业经理人的位置。另外,根据培训内容和培训者的特征,培训项目还会有以下几个类型:

① 领导继任者培养项目;

② 女性领导力培养计划;

③ 大学生领导力培养计划;

④ 专项领导力培养计划(根据具体职能来分);

⑤ 自我开发领导力项目(一般以团队方式进行)。

其中,女性领导力培养计划在全球范围内都得到了越来越多的重视。比如国内杨静(2013)提出女性领导者和柔性领导力的关系,解释培养开发女性领导力、提拔女性领导干部的重要[29];周丽(2014)的研究也显示[30],现代领导力发展有柔性化趋势,这也凸显了女性领导力在职场的重要性;我们需要认识到并逐渐消除对女性领导者的偏见和误解,构建家庭友好型的组织文化,积极帮助引导女性强化其社会资本。

(2)领导力培训项目的设计。领导力培训项目包括一系列正式与非正式、日常与定期活动形式的课程或实战训练。在这个过程中,人力资源部门需要确定,该项目是否有利于企业业务战略的实现,而不只是单纯的提升个别员工能力;是否有助于企业长期的运营和发展;该项目的发起人和负责团队是否需要业务部门的领导亲自参与等问题。为了设计好这些内容,人力资源部门需要协同其他各部门做好调查和反馈的工作。首先,他们需要通过正式的会议来与高层商议该计划的实施,时时关注公司的发展方向与重要项目进程,从而了解公司对人才的需求和具体要求;第二,财务支持和人力资源也是项目设计的重点之一;第三,项目设计之后,要注意将参与员工的工作绩效考核与领导力开发挂钩,注意不同代际的员工可能需要不同的培养方式;要将继任者培养计划与领导力培养挂钩,为企业持续发展提供充足的人才库;同时也要注意外部竞争者的领导力项目,通过自己的项目留住优秀人才也很重要。

在设计过程中,人力资源部门可能会遇到各种各样的障碍。了解这些阻碍,有利于他们提前做好准备工作和补救工作。从组织角度,可能遇到的困难有:缺少资金和时间;缺少高层支持;项目太个性化,无法在全公司推行;没有针对中层以下员工的领导力培训项目的经验;缺少内部线上学习系统的支持;很难将新员工纳入现有领导力计划;缺少长远眼光;测量工具不够科学或者过于复杂;过于重视该项目的有形产出而忽视它们的真正价值;等等。从个人角度,可能遇到的困难有:在多变的商业环境下,很难将学到的领导力知识应用到实践中;难以持之以恒,坚持完成全部的项目内容;代际的沟通问题;工作太忙而没有时间去自我提升;将高效领导力与有效管理混为一谈,等等。

在项目设计、试行和实施的整个过程中,人力资源部门需要向全公司收集各类数据,来预估和控制该项目的成本,并衡量个人成长和项目成效。这些数据包括:领导力培训的范围和体量,参与者满意度,领导力知识和技能的学习过程、学习成果和实际应用情况,该项目的商业影响,回报率,无形的产出(比如企业文化的改善,工作态度更积极等)。此外,通过这些数据,领导力培训项目可以识别更有潜力的领导者或者领导候选人,更有针对性地培养。

此外,从组织发展的角度来考虑领导力的开发,领导力培训项目的开发不能只是人力资源部门在唱独角戏,要从业务部门的需求出发,寻求业务部门的最大支持,并且和具体情景结合,充分利用网络技术建造可持续的交互式学习的平台;如果公司有人力资源转型的打算或者正在这个过程中,也要考虑领导力项目该如何匹配上公司转型的不同阶段的需求。

(3)模拟与指导。在项目试行期间,或者在初级员工或者是大学生领导力项目中,小型的项目模拟是一种常见的训练方式。除了同队的组员和自我反馈,领导力教练也会在这个过程中给予实时的指导和反馈,帮助学员认识到自己的潜力和问题,并且找到合适的解决方案。

项目模拟的形式和范围有很多。借助于现代网络设备,参与者可以通过线上沟通合作来完成模拟任务。比如哈佛大学根据真实事件而创建的线上团队模拟登上珠峰的训练项目[①]。在这个活动中,每个参与者都有各自不同的角色和不同的信息;大家根据每日的天气和物资来决定是否以及谁可以继续登山;最终的结果会显示是否登顶成功。整个线上模拟用时不超过2个小时。

在这个过程中,队员们锻炼了团队合作、处理纷争、沟通激励等提升领导力需要的各种技能;同时,每一轮的决策后,队员们将对每个队员的表现打分;最终小组也将进行项目总结,来对自己和团队的言行进行反思和建议。如果有多小组同时进行模拟,该项目还支持多组数据对比,并且由培训师或者教练来对数据进行进一步分析汇报。再加上跨组交流,参与者可以更清晰地认识到自己在实践时的优势和不足。

此外,很多大学和企业提供领导力教练。领导力教练可能来自公司内部,比如高级人力资源负责人,来自业务线、行业经验丰富的管理层等;也有可能来自行业外部的第三方专门的人力资源服务或者咨询公司。这些第三方公司往往有着丰富的行业数据以及数据分析和培训教育的能力。根据员工和学生的需求,学生可以和合适的教练相匹配,进行定期的、一对一的对话和交流,来解决实践中遇到的各种问题。教练们会通过专业的测量工具和个性化的沟通方式来辅导员工,培养他们的问题解决能力并补充他们的短板。当然,也有公司会进行逆向教练。比如美国雀巢公司就会邀请下属员工为领导层做"教练",即以下属员工的角度提出合理的建议,让管理层听到不同的声音,对自己的工作有更深刻的认识和反思。

(4)大学生领导力成长项目。大学生领导力成长项目有很多不同的类型。比较常见的是大学内的各类社团活动,以及各大非营利组织或者其他公司(有时与和大学合作)举办大学生领导力训练营。这些项目大多结合学生活动实践,并且穿插领导力知识学习,并且配有专门的老师或者教练参与指导。

以明尼苏达大学双城分校的领导力专业为例。明尼苏达大学的人力资源项目一直处于全美专业排名前三,学校开设的大学生领导力专业和领导力项目一直都受到学生们的欢迎和商科教授们的支持。该专业是选修专业,即国内辅修的二专,任何学科的同学达到一定的学分要求之后可以选修该项目的课程并且在完成后拿到项目证书。该项目包含四门主要课程和修读计划,每个学期参与人数在20—30人[2]。

首先,第一门课是自我领导力挖掘和提升。这门课通过多种形式的量表和学生互动,帮助学生们挖掘自己身上的优秀特质和不擅长的领域;帮助学生们了解文化多样性和全球背景下的领导力发展,以及自己今后可能在其中即将扮演的角色。第二门课是关于社群领导力(leadership and community)。社群或者社区(community)在这里的含义不仅仅指的是学生生活所在区域,而且包含了更加广阔的含义,比如女性群体,少数族裔群体,90后群体,多媒体社交群体等。在这个课程中,他们会以比特·布莱克(Peter Block)教授的领导力书籍和思想(Leading the Way)为基础,探讨在不同社群中与领导力相关的话题,并且以小组为单位完成一个学术研究报告。学生们需要采访选定的社群中的利益相关者,收集数据并且参访社群中的企业,了解他们的领导者如何为所属社群做出贡献。此外,每节课都会有不同的小组为大家设计当堂小测验,测试同学们对于课内课外知识的掌握程度,极大调动了学生的积极性。第三个课程其实是一项社会实践。该项目的老师会和当地的企业合作,为学生提供5个领域的暑期实习的机会,希望大家在实习过程中灵活运用课堂知识,锻炼自己的领导力。在实习过程中,学生们要学会观察,记录工作体验,并且在暑期结束时和全班同学做完整的领导力成长的分享报告。这份报告不仅包括自己在领导力、在职场的故事和看法,也包括在这个过程中自己对于社会百态的新的认识和体悟。最后一个课程是全球领导力学习。在这个课程中,学生们会各自对某个行业进行深入研究,通过各种渠道和网络来联系采访在各个领域的、全球各地的领导者,并且整合自己在前三节领导力课程中的知识和经验,写一篇在某个课题上的研究论文。此外,学生小组也需要就某一个与全球领导力相关的事件或者问题做深入调查,完成研究报告。

而学生们不只是参与上课,学生们还可以申请当助教,来参与课程教学的设计。他们通过自己亲身感受课堂和收集学生的课堂作业以及反馈报告,来测评课程的学术指导性和实用性;同时,他们也有机会向老师提出新的课堂环节或者对现有课堂设计提出修改建议,再综合各方面因素对课程进行修改。这其实也是学生领导力的一个锻炼项目之一。

该领导力专业还会为学生们推荐合适的课外短期领导力培养活动,比如汤姆博内特卓越领导力项目。该项目是为了纪念在美国"9·11"事件中勇敢的博内特先生。为了避免被劫持的飞机摧毁美国城市伤害更多无辜的市民,他作为普通的乘客却毅然挺身而出努力和劫匪周旋,最终飞机坠毁在城外空地,地面上没有另外的伤亡。博内特先生也是明尼苏达大学的校友,为了纪念他的勇气和领导力,学校开设了以他名字冠名的大学生领导力项目。该项目接受全校学生的申请,每期会有15名学员加入项目。每个学生都有专门的导师,他们可能是学校老师或者是校外公司里和非营利组织里的领导者们。每周他们都有固定的研讨会,导师们会和他们对一些领导力相关的话题进行讨论,并给予他们学业上、生活上以及职业发展上的建议。除此之外,在整个项目过程中,学生们也可以有机会去做深入的性格测试,得到相应的职业规划咨询服务,以及领导力技能提升训练。这个项目更适合比较明确自己的方向和希望在领导力方面得到提升的同学,他们或多或少都有一些做学生领导的经验。而针对那些还刚刚上大学、不够自信和经验不足的学生,学校也有专门的项目。各个学院会合作承办一个短期领导力学院,这是一个在冬季假期中只有7天的短期项目。在这个项目中,各个学院的学生会在一起交朋友,通过各种室内和户外的活动与测试了解自己和他人,训练自己的沟通交际能力。他们在老师的辅导下设定合理的目标,并学会对学习的成果进行自我评估和团队评估。有一些学院会邀请校外合作的企业经理人来为学生做演讲和案例分享,鼓励学生们积极参与日常活动,发掘自己的潜力和可能性,为成为一个未来的领导者而做好准备。

综上所述,整个领导力的课程体系通过课堂知识的传授、学生小组的合作、实习经验的整合，帮助学生们了解领导力在各行业的发展和现状，支持学生在这方面的技能的锻炼，同时开阔视野和他们的社交网络，为学生们正式踏入职场做好准备。

2. 领导力开发的系统视角

（1）多种方法间的关系。领导力开发的方式有很多，不仅有各种外部的辅助，也有很多自我开发和学习的途径。在真正的实践中，内外部的开发往往是同步或者是协同进行的。学员们会在每一次的领导力活动中进行自我反思和行为修正，汲取知识的同时也在不断内化不断自我完善。所以，领导力开发的多种关系是相辅相成的。比如，正式培训与经验学习相结合的行动学习项目，就鼓励参与者使用自助活动和同级辅导来获得项目所需的知识。正式培训课程与独立的发展体验都将虚拟现实作为培训中的一个部分。正式领导发展课程将同事提供的针对参与者的行为反馈作为重要依据。

与此同时，组织还可以为从事发展性工作任务的员工安排专业导师，或借助互联网手段获取相关辅导资源，为员工提供发展所需的建议与指导。当然，偶尔也会因为个人经验和背景的多样性，出现个人经历与领导力课程内容不符合的情况。但是正如情景领导理论中所提到的，领导力是依托于情景的，在不同的情况下可能有不同的合适的处理方式；我们要对这些领导力的条件进行深度分析，才能够真正了解其中的关联和差异。

（2）多种开发活动的整合。领导力的开发活动多种多样，比如上文提到的课堂授课（包括传授专业知识和实际案例分析），课外小组模拟训练，领导力教练一对一辅导等。这些方式有可能成为某个领导力项目的一个环节，也可能穿插在工作生活中，成为小型的日常训练。与之相辅相成的就是不同类型的测量工具和量表（比如领导、个人、同事之间的360度测评）。没有这些测评工作，就不能够有效地评价各个领导力开发方式的有效性。这些活动和方法的有机整合，构成了不同形式的领导力项目，服务于不同性质的组织。

但是目前多种开发活动的整合仍旧没有在企业内得到大范围的普及。同时，也较少有组织将领导发展与有关人力资源实践相结合，例如，绩效评价、职业咨询、继任计划等。通常企业在制定培训与发展项目时，会受到行业潮流与业界炒作的影响，未能针对如何提升未来工作任务或职位的基本素质进行科学分析。此外，职位晋升多以过去的绩效为依据进行评估的，容易忽视对被提名者即将承担职位的胜任素质进行分析。正是由于这样低效果的人员甄选制度，导致许多高层管理者最终因某些不足与短板而脱离组织晋升轨道[3]。这也进一步证实了整合活动的重要性和迫切性。

最新研究成果表明，通过整合的方法能够提升领导发展效能，包括系统的需求分析、高度相关的领导发展与继任计划、高层管理者的支持、强调个人发展的文化价值观、使各项发展活动高度协同的项目安排、认可并鼓励个人提升的制度，以及评估发展活动效能的系统等㉛。

（3）组织的领导力开发。组织层面的领导力开发，其实依托于各层级的领导力开发项目。以国内美的和海尔等大型公司为例进行分析。他们除了集团总公司外，还有各个分开的事业部分公司，各个分公司可以被授权进行自己的领导力或者人才培养项目，但是培训目的不能背离集团公司的战略方向。同时，总公司也会有定期的横跨几大事业部的综合性领导力培训项目，从各个事业部选取人才进行培训，培训的内容也根据职级而划分为几个等级，目的是向下为各个岗位特别是管理岗输送合适的备选人才。这个过程也有利于员工们更加了解公司更多方面更多实业的发展情况，以及更加明确自己的职业发展定位。而中小型组织更容易管控，人才的上下沟通更为顺畅，发展空间和机会也会更大，对领导力的学习也更能够在实操中进行运用和创新。

（4）大学生领导力自我开发的行动指南。大学生可以在很多学生活动包括课堂小组、学生活动等中进行领导力自我开发。

首先，在小组形式下，以复旦大学光华公司旗下的学生超市运营活动为例。学生们参与学校超市的物流、销售、财务、人才招聘的各个环节。这样类型的学生活动与学生社团类似。第一，学生可以根据过往经验来制定不同的职能和工作方向，并且为各个职能编写工作内容和指导手册；第二，在日常工作中设立正式或者非正式的导师制度，即有经验的学生帮助新生熟悉流程，答疑解惑；第三，定期进行工作汇总，进行表彰和批评，并鼓励各抒己见来帮助部门解决问题；第四，集体选举小组或者部门领导者，编写学生团体内部人力资源手册（包括轮岗、换岗、晋升以及工作时限等），充分考虑学生的意愿，同时也可以借助辅导老师的建议，合理安排学生工作；第五，鼓励各位学生干部在定期会议中分享自己的工作经验，交流工作感想，互相学习和鼓励；这些经验可以通过演讲、聊天、校刊投稿等方式激励更多人通过学生活动来进行自我领导力开发。

其次，在个人形式下，以明尼苏达大学领导力项目的课程助理工作为例。学生们可以自由申请领导力相关课程的助教，并且参与到课程设计的过程中。他们通过自己在以往课程以及实际工作的体验，为课程的论文课题、讨论方式、小组合作提出各自新的思路；并且在采访班内同学和课内民主投票之后，向老师提出建议，商讨如何运用这些设计来更好地调动学生的积极性，提高大家对领导力课程的兴趣和投入。此外，该项目的学生也会参加很多学校官方支持的外部领导力项目。比如多个院校和多个专业之间会合作举办冬季或者夏季假期的领导力活动，鼓励不同背景的学生们参与进来，让他们分享自己的领导力经验并且在彼此的鼓励下勇敢踏出自己的舒适圈，进行小组领导的第一次尝试。

这些丰富的个人领导力开发的形式和机会，目前在国内外高校很流行，也正在进一步促进学生们走出象牙塔,发掘自己的真正的实力;更重要的是,这些活动可以让大家了解到,领导力的训练并不总是遥不可及,而是可以渗透到生活学习的每一个环节。

【本章小结】

本章通过介绍中西方领导力实践与开发的主要理论,帮助我们理解其演变的内在逻辑。通过介绍中西方领导力实践与开发的主要实践,帮助大家进一步理解应该如何进行现代领导力的培养与发展,帮助高校和企业进一步思考如何支持和实现领导力的培养,进一步启发当代大学生充分利用自己的课堂和课余时间来开发自己的领导力。

【案例研究与分析】

"林荫公益":大学生公益创业,梦想要大也要脚踏实地

2017年暑假,一群毕业于同一所高中的年轻人们聚在了一家烧烤店里,大家都热火朝天地讨论着,各抒己见。这是一群毕业于成都最优秀高中成都七中的学生,他们如今在中国和海外的各大高校继续深造着。"作为大学生,我们到底能为公益教育做些什么?"成了他们这次聚会主要讨论的问题。

早在2014年,"林荫公益"现任理事长钟李隽仁高中毕业的那个暑假,他和监事长康维阳就决定联合这一届毕业的优秀学生,一起联名撰写一本叫《我们从七中起飞》的书籍。这本书里囊括了学习方法、学习心态调整、艺术生艺考等"第一手经验"。自发组成这本书的编辑团队,和为之撰稿、写文章的这批人,就是今天"林荫公益"的创始团队。

这些一直在思考着如何能够从一点一滴小事做起的刚迈入大学的学生们,开始不断利用身边的资源去参与到各种教育公益事业当中,又将自己的经验、人脉和在这些实践中产生的想法和团队里的成员互相分享。在不断地讨论、争论与磨合当中,一个由海内外优秀大学生组成的并获得民政部制牌、成都市民政局直管的社会组织渐渐搭建了起来。

一、缘起"网络班"

"林荫公益"理事长钟李隽仁和监事长康维阳都是成都七中2014届文科网

络直播班的学生。这个班级的课程将通过直播的形式让四川省乃至云南、贵州等省市贫困地区学校班级的同学同步参与到课堂上来。不仅课程会是同步直播的形式,包括考试试卷、教材在内的优质教育资源也同时向远端学生提供。

2013年,一个偶然的机会,钟李隽仁与康维阳在四川乐至县吴仲良中学做了一个暑假交换生。后来钟李谈到,正是这一次交换的经历,让他切身地体会到了西南地区高中教育资源的地域和代际差异。而这仅仅是中国教育资源不均衡分布在四川地区的一个缩影。

随着高考自主招生比重、高中生出国留学比例的上升,得不到优质教育资源的学子们更容易在这场"起跑线"之争中处于劣势。也正是因为这些理由,林荫公益的团队成员们从2014年开始,就组织或参与了北大、清华、复旦、上海交大等国内名校一系列的返乡支教与经验分享志愿服务活动。但这些分散的志愿服务活动并没有解除他们心中对于"教育扶贫"最大的疑惑——这样不成体系的、不连贯的、针对性不明确的教育志愿者活动真的是有用的吗?真的能够帮助到最急切需要帮助的人吗?

在这样的想法下,一个目标明确,野心勃勃地想要以帮助贫困地区高中生作为切入点的公益组织"林荫公益"就这么诞生了。他们的目标十分明确,也十分简单,"我们要做的不多,能做的也不多。我们现在要做的,就是做一个公益组织,去帮扶贫寒高中生,给他们提供优质教育资源、专业的导师甚至未来可能持续发放的奖学金。谁不是从高中生来的嘛,我们了解他们,也知道他们可能需要的是什么,那就先做起来。"钟李隽仁说道。

二、万事开头难

这些有热血、有拼劲的年轻人们说干就干。不多时,一个简单的组织框架就搭了起来。创始团队成员们根据自己所长,分别认领了各自的部门——项目部、品牌公关部、媒体部、学术部……有了部门就开始迅速招兵买马,吆喝过去的老同学、网班的远端同学,一个构架完整、分工明确并且"员工"数量充足的组织就这么建立了起来。同时,理事长钟李隽仁也开始通过带领林荫公益出席各个比赛与活动,希望为组织建立声誉,打开一条路来。

短期来看,随着钟李隽仁代表林荫公益出席联合国青年代表大会并发言、线上课程与导师制度搭建成功、越来越多的学生和家长,甚至社会媒体开始关注林荫公益和林荫公益所帮扶的孩子们的成长。

虽然通过一系列的努力,林荫公益也似乎有了一点小小的名气和成果,但团队成员们知道,仅仅有了一些"知名度"和媒体的报道是远远不够的。

在第一个项目,"林荫未来冬令营"项目的落地当中就遇到了很多问题。"林荫未来"冬令营是林荫公益组织的面向贫困高中生的职业与兴趣导向培训夏令营。想法与远景虽然美好,但成员们在落实项目的过程中却处处碰壁。首先是场地的问题,要在预算有限的情况下,在成都找到一个能够容纳四十多个学生一周,还有上课、办活动的场地是一件多么不容易的事情。项目部成员们纷纷利用手里的资源,联系过去的老师和现在学校的场地,试图找到一个合适上课的场所。

虽然场地的问题解决了,但资金上也遇到了不大不小的困难。组织的账目上已经有了一些来自社会爱心人士的捐赠,但钱到用时方恨少,比起需要用到的资金来说,筹集到的善款仍然是杯水车薪。思前想后,组织成员们决定抓住腾讯旗下乐捐平台公募的机会,与成都市慈善总会合作,面向社会各界,借助社交媒体的力量直接进行公益筹款。

冬令营顺利结束的那天,老师和同学们一起完成了"结业展示"。比如计算机组完成 AI 五子棋项目,社科组完成了对教育的思索与探讨,艺术创作组甚至完成了一个完整的微电影创作……

一个一个项目渐渐开始推动、落地,团队也渐渐开始壮大。2018 年,林荫公益正式开始对外招新,五湖四海内优秀的年轻人汇聚到了一起,团队从原本的二十人扩展到了三十五人,组织架构也更加明确和清晰。

三、理想要大,步伐要稳

随着机构功能与组织架构更加完善,更多项目也开始落实和推进。

2018 年开始,林荫公益成员越来越频繁地出席重量级会议,并成为 APEC(亚太经合组织)大赛中国区公益合作伙伴。2018 年 2 月,林荫公益三名成员再次受邀出席于美国纽约联合国总部召开的两场会议,组织成员在会议上介绍了林荫公益的发展进程,同时呼吁更多人能够将目光投向亚洲、投向发展中国家。2018 年 4 月,理事长钟李隽仁又将团队带到了哥伦比亚大学教育学院举办的未来中国论坛。

在未来中国论坛上,钟李隽仁提到,"我们是一个高效而务实的团队,也拥有很实际的技能。在未来,林荫公益将继续发起、推动、完善教育资源均衡发展的综合体系。在更远的未来,林荫公益将始终为了让孩子们成为中国美好未来而不懈奋斗。"

这样的不懈奋斗显然已经有了一些成果。经过一番积极的筹款,林荫公益为四川省盐边中学提供了免费的全套教学设备,正式建立了第一个全方位在林荫公益支持下诞生的"公益班"。公益班的筹建前前后后耗费了近一年的时间，是整个团队的核心项目与心血之一，谈到这个项目，钟李隽仁说道，"希望这个通过卫星直播的网络教育公益班，在远端和前端双师教育团队的合作下，能够以信息化教育的手段，消弭地域和家庭条件的差异而导致的教育资源不均现状。"

整个林荫公益的团队风气，就像创始人钟李隽仁一样脚踏实地。虽然已经成功举办了线下冬令营，线上讲座前几期效果已然令人瞩目，但他们不急不躁，仍然着眼于眼下的事情，冰冻三尺非一日之寒，公益也永远不是空中楼阁而需要一步一步，一次解决一点问题。

提到日后的愿景与希望达成的目标，正如林荫公益在组织愿景一栏写到的那样，"愿每一个学生未来可期"，距离这个最终目标的实现，整个团队还有很长一段路要走。

【请思考】

大学生创业团队应该具备什么样的领导力？本案例中创业团队领导力的培养路径和主要特点是什么？未来如何优化"林荫公益"领导团队的领导力建设？理事长钟李隽仁在团队领导力形成过程中扮演了何种角色？

注释

① Kim, W. C., & Mauborgne, R. (2003). Tipping Point Leadership. Harvard Business Review, (s 4), 37-47.

② Bennis, W. G., & Thomas, R. J. (2002). Crucibles of Leadership. Harvard Business Review, 80. P4-9.

③ Bennis, W., & Nanus, B. (2012). The Strategies for Taking Charge. Leaders, New York: Harper. Row, P24-77.

④ Hill, L. A. (2003). Becoming a Manager: Mastery of a New Identity (No. 658.4 H647b). Harvard Business School Press, P16-42.

⑤ Hill, L. A., Brandeau, G., Truelove, E., & Lineback, K. (2014). Collective genius: The art and practice of leading innovation. Harvard Business Review Press, P16-21.

⑥ Radcliffe, S. (2008). Future, Engage, Deliver: The Essential Guide to Your Leadership. Troubador Publishing Ltd., P8-12.

⑦ Goldsmith, M. (2010). Mojo: How to Get it, How to Keep It, How to Get it Back if You Lose It. Profile Books, P43-83.

⑧ Ulrich, D., Smallwood, N., & Sweetman, K. (2009). The Leadership Code: Five Rules to Lead by. Harvard Business Press, P12-19.

⑨ 谢克海：《干部考评体系与企业实践》，《中国领导人才的开发与管理——2012中国领导人才论坛暨第三届党政与企业领导人才素质标准与开发战略研讨会论文选集》，第42—45页。

⑩ 北森人才管理:关于 HR 三支柱落地,中国企业都有哪些成功尝试? https://www.beisen.com/res/10038/3850.html.

⑪ 韩萍:《论领导力的开发》,《中小企业管理与科技》,2017 年第 6 期,第 107—108 页。

⑫ 陈蕾:《浅析基于领导力开发模型的企业领导力培训体系构建》,《人才资源开发》,2016 年第 22 期,第 74—75 页。

⑬ 萧鸣政,赵源:《领导人才评价与开发的创新、前瞻与突破——"2012 中国领导人才论坛"会议综述》,《中国人力资源开发》,2013 年第 9 期,第 105—108 页。

⑭ 萧鸣政,张满:《领导人才的品德测评与领导力提升——"2012 中国领导人才论坛"核心观点综述》,《行政论坛》,2013 年第 20 期,第 98—100 页。

⑮ 中国企业家调查系统:《中国企业家成长 20 年:能力、责任与精神——2013·中国企业家队伍成长二十年调查综合报告》,《经济界》,2014 年第 2 期,第 72—96 页。

⑯ 霍颖颖:《中央企业领导力模型的构建与应用——以 H 集团公司为例》,《中国人力资源开发》,2013 年第 17 期,第 93—99 页。

⑰ 王明宇:《国企领导力培训再造》,《企业管理》,2017 年第 11 期,第 14—17 期。

⑱ 刘峰:《学习贯彻党的十九大精神 锻造新时代的新领导力——理论研讨会发言摘登—新时代的领导力和领导科学》,《中国领导科学》,2018 年第 2 期,第 42—44 页。

⑲ 周洪峰:《中国企业领导力现状评估》,《中国领导人才论坛》,2012 年,http://finance.sina.com.cn/hy/20121021/173613429906.shtml.

⑳ 黄芳:《传统管理困境下的博弈分析和领导力提升》,《领导科学》,2017 年第 12 期,第 15—17 页。

㉑ 张国玉,刘峰:《中国特色的领导力和领导科学——2013 年国家行政学院首届"领导力国际论坛"观点综述》,《国家行政学院学报》,2014 年第 1 期,第 123—127 页。

㉒ 李禹磊:《从高管到高管教练——转型、学习与实践之旅 专访高管教练(PCC)张琳》,《中国人力资源开发》,2014 年第 4 期,第 79—86 页。

㉓ West Point Leader Development System Handbook(Rep.). (2015).

㉔ Tichy, N. M. (1989). GE's Crotonville: A staging ground for corporate revolution. Academy of Management Perspectives, 3(2), 99-106.

㉕ Facteau, J. D., Dobbins, G. H., Russell, J. E., Ladd, R. T., & Kudisch, J. D. (1995). The influence of general perceptions of the training environment on pretraining motivation and perceived training transfer. Journal of management, 21(1), 1-25.

㉖ Ford, J. K., Quiñones, M. A., Sego, D. J., & Sorra, J. S. (1992). Factors affecting the opportunity to perform trained tasks on the job. Personnel psychology, 45(3), 511-527.

㉗ Ford, J. K., & Weissbein, D. A. (1997). Transfer of training: An updated review and analysis. Performance improvement quarterly, 10(2), 22-41.

㉘ McCall, M. W. (2010). Recasting leadership development. Industrial and Organizational Psychology, 3(1), 3-19.

㉙ 杨静,王重鸣:《女性创业型领导:多维度结构与多水平影响效应》,《管理世界》,2013 年第 9 期,第 102—117 页。

㉚ 周丽:《基于领导力柔性化趋势的女性领导力开发》,2016 年第一届今日财富论坛论文集。

㉛ 哈佛大学商学院攀登珠峰小组线上模拟项目 http://academic.hbsp.harvard.edu/everestv3.

㉜ 明尼苏达大学双城分校领导力专业介绍 http://lead.umn.edu/minor/.

㉝ McCall, M. W. (1998). High flyers: Developing the next generation of leaders. Harvard Business Press, P13-19.

㉞ Leskiw, S. L., & Singh, P. (2007). Leadership development: Learning from best practices. Leadership & Organization Development Journal, 28(5), 444-464.

第六章 领导与职业责任

【本章要点】

通过对本章内容的学习,应了解和掌握以下内容:

1. 领导者职业责任的表现有哪些?
2. 领导者的角色责任及其表现有哪些?
3. 领导者的能力有哪些分类和区别?领导者的能力责任有什么要求?
4. 职业责任与领导力的关系是什么?如何深刻理解职业责任与领导力之间的关联与作用机理?
5. 如何从个人责任、组织责任和社会责任的角度理解沟通职业责任和领导力之间的四大桥梁?

【导读案例】

"主动担责"的争议主帅高洪波

高洪波,回族,祖籍辽宁,1966年出生于北京市丰台区桥梁厂一个贫困的工人家庭。1976年,被著名教练徐根宝从丰台桥梁厂子弟小学足球队相中,进入原崇文区体校。1981年就读汇文中学期间入选北京青年队。1983年随队获得全国青年联赛冠军,个人获最佳射手。

1985年,高洪波成为中国青年队的主力前锋,在当年亚青赛上,率领中青队历史性夺冠,他个人包办了全队的5粒进球,荣获最佳球员。在随后举行的莫斯科世青赛上,淘汰英格兰队,进入8强,在1/4决赛憾负东道主苏联队。

1987年入选国家二队,在专业队时代多次获得联赛最佳射手。

1995年回归国安,并帮助球队夺得足协杯冠军,联赛亚军。

1999年,高洪波选择退役。

2009年5月,高洪波成为中国国家队第25任主教练,成为"改革开放"30年以来最年轻的国家队主帅。

2010年2月,高洪波率队征战东亚四强赛。3∶0大胜韩国队,终结国足长达32年的"恐韩症",并获得该届杯赛冠军。

2016年10月11日,世界杯预选赛12强赛第四轮比赛,中国男足国家队以0∶2输给乌兹别克斯坦队,主席台上,一脸凝重的蔡振华提前起身离开,比赛结束后,高洪波第一个起身,快速走进了球员通道离开。

在新闻发布会上,面对几十名中国记者,高洪波直截了当说:"昨天晚上协会领导跟我进行了很深入的交流,现在国足面临的问题,主要由主教练来负,我明白这个意思,所以比赛结束了,我也提出离开。"

从临危受命到主动请辞,高洪波在国家队的"下半场"就此终结,但是他的主动请辞让人产生了褒贬不一的意见。然而在场的国足队员大多数对高洪波表示了肯定。

"输球并不是一个人的责任,不是高指导和某个人的责任,我们是一个团队,这个团队都有责任。"冯潇霆透露,当高洪波当众宣布自己辞职的消息时,大家都非常吃惊,因为大家都没有想到这样的结局。"我们中国足球已经15年没打过这样级别的比赛,是高指导在悬崖边上把我们拉上来了,这本身就是一个突破。"

此役重新回到首发的武磊,对高洪波这位恩师感激有加,也为他的辞职决定感到难过,"大家都知道,我们是最后一支进入40强赛的球队,在40强赛最后两场比赛中,当我们几乎失去希望的时候,是高指导站出来,带领我们进入了12强赛,让我们有更好的机会和亚洲一流球队交锋,所以,我们非常感谢高指导。"

在历次球队陷入低谷、饱受质疑的时候,高洪波作为主教练能够主动承担比赛失利的责任,归咎于自己,并鼓励球队调整心态打好后面的比赛,体现了一个中国本土教练的职业精神,这也是他能够专注足球本身,通过卓越的领导力带领球队在困境中不断取得突破的关键。

资料来源:本案例改编自:《高洪波下课是主动揽责 但国足最该请辞的不是他》,东方头条体育频道,http://mini.eastday.com/a/161012192335497.html。

【请思考】
1. 高洪波教练的主动担责为何赢得了大多数国足队员的充分肯定?
2. 高洪波教练的领导行为对你有何启示和借鉴?

第一节 领导者的职业责任表现

管理大师德鲁克曾经说过:"领导力不是头衔、特权、职位和金钱。这是责任。领导就是承担责任,领导的整个过程就是承担责任的过程。如果用一个词来描述管理的本质,那就是'责任';如果你用两个词来形容它,那就是'责任、责任';如果你用三个词来描述它,那就是'责任,责任,责任'。"由此可见,职业责任对于领导是多么的重要,承担职业责任是领导的第一要义,是领导的最根本、最基本的要求。对一个领导者来说,其职业责任意味着什么?他们的职业责任表现是什么?一位领导者怎样才算担负起了职业责任?领导者的职业责任有什么独特之处?

要回答上述问题,首先需要弄清楚一个重要的问题,那就是作为领导者应该对什么负责?应该对谁负责?职业责任从本质上来源于哪里?

如图6-1所示,领导者的职业责任与领导过程相伴相生,领导者的职业责任来源于领导过程,其存在本质上是领导过程和领导效能的内在要求。一方面,领导者的职业责任表现为与领导岗位职责密切相关的角色责任、能力责任和对结果的责任;另一方面,还包括与领导影响力密切相关的对追随者的责任和对所有利益相关者的责任,并最终对整个组织的绩效负责。领导者首先需要具备相应的领导力,才能对领导者角色负责、对追随者及团队负责、对工作结果负责。同时要对企业内部以及企业外部的所有利益相关者承担责任,具体包括对内部追随者的责任、对顾客、社区等其他外部利益相关者负责,领导者同时应该充分重视环境对组织的影响,承担起对整个组织的责任。

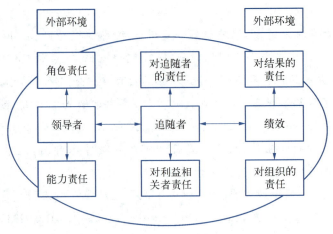

图 6-1 领导者的职业责任表现

一、领导者的角色责任

1. 领导者的角色

一般来说,领导者是指"督促"整个组织或团队工作的人。虽然正式组织或团队之外的领导确实存在,但组织团队内部的领导必须存在。在企业中,领导者可以扮演很多角色,也许有些人没有缜密的思考和准确的定位,通常只是作为一个高层管理者进行直接的指挥。但如果我们把一些优秀的企业和一般的企业进行深入的比较,你就会清楚地发现,领导者在自己的企业中扮演着不同的角色,因为不同的角色定位,企业所表现出来的经营氛围具有不同的特点,就会形成截然不同的生存和发展模式。从某种意义上说,领导者角色的正确定位决定了企业能否稳健、优异地运行,能否优秀、能否卓越。领导者到底要做什么?一个领导者首先需要非常清楚他或她的角色,在此基础上,他或她还需要清楚这个角色需要承担什么样的责任。

管理者的角色(the role of the manager)这一概念,最早是美国管理学家彼得·F·德鲁克(Peter F. Drucker)在 1955 年提出的。所谓管理角色是指管理者特定的行为类型。管理人员在企业中是一个"混合角色"。德鲁克认为,管理是一种无形的力量,这种力量是通过各级管理者体现出来的。所以管理者扮演的角色或者说责任大体上分为以下三类[①]:

(1)管理一个组织(managing a business),求得组织的生存和发展。要做到这一点,管理者必须:首先,确定组织的目标是什么?如何采取积极的步骤来实现该目标?德鲁克认为:领导者的角色是创造组织未来[②]。他认为有效领导的基础是对组织使命进行全面思考,并且清晰、准确地界定和建立组织使命。第二,寻求组织利益最大化;第三,"服务社会"和"创造顾客"。

(2)管理管理者(managing manager)。组织的上层、中层和下层,每个人都是管理者,每个人也都是被管理者。因此,管理者必须做到:第一,确保下属的想法、意图和努力能够朝着共同的目标前进;第二,培养集体合作的精神;第三是培训下属;第四是建立健全的组织结构。德鲁克认为,领导者树立目标、明确重点、确定并保持标准,并在"现实约束条件下做出协调(包括与政治、经济、财务或者人的约束因素)"。同时,他认为领导者是否坚持一些基本标准(并身体力行)或者自己可以违反这些"标准",则决定了这个领导者身边是否拥有忠实的跟随者,或者只有虚伪的趋炎附势者,领导者最重要的任务是"开发人的能力与远见"。

(3)管理工人和工作(managing workers and work)。管理者必须认识到两个假设前提:一是关于工作,其性质是不断急剧变动的,既有体力劳动又有脑力劳动,而且脑力劳动的比例会越来越大;二是关于人,要正确认识到"个体差异、完整的人、行为有因、人的尊严"对于处理各类各级人员相互关系的重要性。

经理角色理论的代表人物是亨利·明茨伯格(Henry Mintzberg)。他在其名著《管理工作的本质》[3]中说:"角色这一概念是行为科学从舞台术语中借用过来的。角色就是属于一定职责或者地位的一套有条理的行为。"根据他自己和别人的研究成果,得出结论说,经理们并没有按照人们通常认为的那样按照职能来工作,而是进行别的很多的工作。明茨伯格将经理们的工作分为10种角色。这10种角色分为3类,即人际关系方面的角色,信息传递方面的角色和决策方面的角色。它们间的关系如下表6-1所示:

表6-1 明茨伯格的经理角色分类

角 色	描 述	特 征 活 动
人际关系方面角色		
1. 挂名首脑	象征性的首脑,必须履行许多法律性的或社会性的例行义务	迎接来访者,签署法律文件
2. 领导者	负责激励和动员下属,负责人员配备、培训和交往的职责	实际上从事所有的有下级参与的活动
3. 联络者	维护自行发展起来的外部接触和联系网络,向人们提供恩惠和信息	发感谢信,从事外部委员会工作,从事其他有外部人员参加的活动
信息传递方面角色		
4. 监听者	寻求和获取各种特定的信息(其中许多是即时的),以便透彻地了解组织与环境	阅读期刊和报告,保持私人接触作为组织内部和外部信息的神经中枢
5. 传播者	将从外部人员和下级那里获得的信息传递给组织的其他成员——有些是关于事实的信息,有些是解释和综合组织的有影响的人物的各种价值观点	举行信息交流会,用打电话的方式传达信息
6. 发言人	向外界发布有关组织的计划、政策、行动结果等信息;作为组织所在产业方面的专家	举行董事会,向媒体发布信息

(续表)

角 色	描 述	特 征 活 动
决策制定方面角色		
7. 企业家	寻求组织和环境中的机会,制定"改进方案"以发起变革,监督这些方案的策划	制定战略,检查会议决策执行情况、开发新项目
8. 混乱驾驭者	当组织面临重大的、意外的动乱时,负责采取补救行动	制定战略,检查陷入混乱和危机的时期
9. 资源分配者	负责分配组织的各种资源——事实上是批准所有重要的组织决策	调度、询问、授权,从事设计预算的各种活动和安排下级的工作
10. 谈判者	在主要的谈判中作为组织的代表	参与工会进行合同谈判

2. 领导者的角色责任

(1) 领导者的个体责任。领导者需要了解自己,然后为自己负责。领导角色和能力的不断提高,自我压力,自我学习和自我成长,对领导的自我责任是至关重要的。如果一个人不能正确认识自己,看不到自己的长处,就会自卑,丧失信心;相反,如果一个人高估自己,他或她会傲慢和盲目乐观,导致工作中的错误。领导者也是如此。因此,领导者正确认识自己,实事求是地评价自己,提高自我认知能力是非常重要的。

首先是需要认识到自我生命的价值。领导者的生活虽然具有个体属性,但更多地体现了社会属性和历史属性。领导者不仅要对自己负责,还要对社会和历史负责。也就是说,如何将有限的生命与无限的事业追求结合起来。因此,在对生命价值的认识上,领导者的生命价值不仅要包括个人的生命,还要将个人的命运与组织、国家、民族的命运结合起来,与其融为一体。

其次是正确认识自我的经济价值。社会心理学研究告诉我们,成功人士的一个重要特征是追求成就超过金钱、精神需求超过物质利益。如果把金钱作为衡量生命价值的尺度,就会落入"金钱至上"的怪圈,不可避免地腐蚀人们的灵魂,成为金钱的奴隶。在金钱的价值方面,领导者应该更加注重精神的无形价值,领导者的自我形象,领导者的精神追求比金钱更有价值。

领导者要学会从多个角度客观地评价自己。有必要进行纵向比较,比较真实的自我和理想的自我,看看自己之间的差距;把现在的自己和过去的自己比较一下,看看你的进步。同时,与那些比你优秀的人、与你相似的人、比你略差的人进行横向比较。综合分析以上方面得到的信息,得到更加客观的评价。

领导者应该在充分了解自己的基础上肯定自我。对自己的需要、抱负、能力、知识和性格都有比较客观和全面的认识,不断培养自信、自立、自强的心理素质,从而发展和更新自己。

领导者还要学会自我激励和自我控制。一个人的成长和进步,只有"他励"是不够的,"他励"只是一种外力,而真正的关键作用应该是"自我激励"。能够自我激励的人通常是自控能力强的人,尤其是能够自我激励的领导者。珍惜自己的人生选择,珍惜自己的成就,珍惜自己的价值追求,珍惜自己宝贵的职业生涯;尊重自己的个性,尊重自己的地位和声誉,在工作中不仅要重感情,还要讲原则,注意说话和行为以及自己的身份。经常反省自己的言行,及时发现和改正缺点和错误,虚心接受别人的批评,赢得下属和群众的支持和信任;时刻警醒自己,提醒自己不要违反政治原则和职业道德,要遵守道德规范,真正提高自我控制力,实现对自己的责任。

(2)领导者的组织责任。美国著名的管理学家切斯特·巴纳德(Chester Irving Barnard,1886—1961)曾经将责任定义为:"领导者能够做但从道德上不能做或者认为不能做而从道德上必须去做的事情给领导者造成强烈不愉快的一种感情条件。"[4]很明显,责任的界定将领导者的组织责任和个人责任分开对待。他认为"组织是有意识地协调两个以上人的活动或力量的一个体系,这是组织的本质特征,正式组织的存在有三个充要条件:共同的目标、协作的意愿和信息的交流。同时为了持续存在下去,它必须有效果和效率"。很多领导者因为对组织的"责任"而不得不放弃自己的个人行为,这是领导者与普通人之间情感或道德差异的重要体现。此外,作为一个领导者,他必须对组织负责,否则他就不能胜任领导;然而,个人或普通成员对组织的责任并不那么强,也没有强制保证他必须对组织负责。一个领导者是否对组织负责,可以通过他的表现很好地体现出来,这样组织的成员就可以监督他。此外,领导者的责任感直接或间接地关系到一个组织的运行,这也可以揭示他对组织的责任。那些随心所欲、依靠个人感受的领导者很少会成功[5]。

具体来说,领导者首先需要明确自己在做什么,而不是让别人来告诉他们。具备优秀的工作总结素质和能力,努力确定如何开展工作并建立工作流程。领导者更可能用他们的头脑而不是手,因为可能无法准确地定义和规定领导者需要做什么。在很多情况下,员工需要一位深思熟虑、经验丰富的领导者来指导他们,因为他们不知道如何完成工作。同时,组织是由不同的部门和人员组成的,每个部门或人员的目标和职责是不同的,这不可避免地会导致工作过程中的冲突。此时,领导者还需要承担任务协调的责任等。领导者的组织责任主要包括:

① 对主要流程的衔接关系负责。企业的经营需要不同职能部门的配合,在部门之间的联系和衔接中也会出现许多重大的问题。因此,解决跨部门工作的衔接问题,使各职能部门在运作中实现无缝配合,是领导者的重要的角色责任。只有处理好部门间的衔接和联动,才能对提高部门经营产出的质量有意义,企业才能建立重要的竞争优势。巴纳德认为:"结构特点的模糊和作用要素的难于掌握,通常会使人把领导作为人的协作中最重要的因素……对目的的共同理解的困难,组织的必要的信息交

流体系的脆弱性,个人的分散倾向,为了树立协调的权威而得到个人同意的必要性,为了使人拥护组织并服从组织要求而进行说服的巨大作用,动机的复杂性和不稳定性,永无休止的决策负担等等"。有目的的协作是由所有做出贡献的人的力量产生的。协作的成果不仅是领导的成果,而且是整个组织的成果。创造的过程是协作而不是领导,但领导是各种协作力量的引爆剂。⑥

管理者和领导者作为各个主要流程连接关系的主要制定者,需要全面定位自己的本职工作,从整个过程的角度来定义部门的工作产出,以改善其他部门的增值能力和改善操作性能为己任,而非根据部门的需要定义自己的工作内容,并避免定义一些相互独立或互相牵制的运作规则。与此同时,领导者需要沟通并承担打破部门壁垒的责任。他们应该尽力培养跨部门的团队精神,并尽一切努力在中层管理团队之间建立友谊和缓和关系。在一些企业中,没有明确提出解决部门联系问题的领导者角色责任。许多企业存在部门冲突、内耗严重的现象。如果领导者没有意识到解决这些问题是他们的首要责任,企业就会进入一个恶性循环。

② 为组织发展而负责。自20世纪20年代以来,高层领导人将大部分时间和精力用于制定和实施企业战略。"从阿尔弗雷德·斯隆(Alfred Sloan)到李·艾柯卡(Lee Iacocca),CEO作为一个博学的战略家的强大而崇高的形象已在商业历史和民间传说中生根,"克里斯托弗·巴特利特(Christopher Bartlett)和苏曼德拉·戈沙尔(Sumantra Goshal)在1994年发表于《哈佛商业评论》(Harvard Business Review)的文章⑦中写道:在过去,传统的高级管理人员"探索业务的协调作用","平衡战略组合","寻求明确的战略意图"。制定长期战略已成为领导的一项关键职能。根据巴特利特、戈沙尔和其他专家的观点,领导者必须超越该做什么的问题,然后创建一个"成员理解,分享自豪,并愿意为之献身"的组织。简言之,高级管理者必须把作为经济实体的契约雇员转换为有明确目标的组织的积极分子。

领导者经常在日常工作和解决问题的同时反思改进机会,并通过反思和创新活动来实践这些改进机会,如寻找更好的做事方式、设计更具挑战性的目标、重建组织结构、规划发展等。每个领导和部门都有责任发现新的增长机会,不要忽视为企业节约成本和创造增长的机会。每一个领导者都应该有一个成熟的发展计划,能够向领导者解释和传达增加收入和绩效的必要性,并在原有业务的基础上不断实现延伸、增长和创新。制定发展规划是领导者独立于提高部门工作产出质量和改进流程衔接之外的重要角色和职责。

因此,从未来管理好现在是企业永恒的话题,也是领导者的重要职责之一,他们应该花一些时间思考企业的未来和规划发展。如果领导者不愿意放松对中层管理的控制,也很少花时间自己去思考,这就是缺乏对未来规划的恶性循环的开始。企业不会自动创造一个更好的未来。有人称之领导责任的"从战略家到愿景家"的转变。

巴纳德说过"组织存续时间的长短最终取决于领导的质量"。作为领导者,你的职位越高,职权越大,那么你肩负的责任也就越重。一个团队或组织的最高领导者往往是该组织目标及责任的最终承担者,一个领导者也只有勇于承担这些责任,才能获得组织成员的尊重和信任。

(3) 领导者的契约责任。领导者的契约责任包括如下内容。

① 劳动契约关系和委托代理关系下的领导者责任。按照现代企业理论,企业是一系列契约的有机组合,其中包括人力资本所有者与非人力资本所有者之间的契约。各级领导者或者管理者,尤其是职业经理人是其中最重要人力资本的所有者。本部分重点介绍组织中高层管理者——职业经理人等的契约责任。

实践中,职业经理人在现代企业中存在双重契约关系[8]。

第一重:劳动合同关系。在现代企业中,职业经理人与企业之间存在劳动合同关系,经理人的雇员地位为各国法律所认可。如在英美法系中,公司官员(Officers)主要就是总裁、副总裁等经理层成员。我国在《实施〈劳动法〉中有关劳动合同问题的解答》的通知(劳部发〔1995〕202号)中也明确指出:厂长、经理是由其上级部门聘任(委任)的,应与聘任(委任)部门签订劳动合同;实行公司制的企业厂长、经理和有关经营管理人员,应根据《中华人民共和国公司法》的有关规定与董事会签订劳动合同。依据这一规定,国企的经理层成员普遍与企业建立了劳动合同关系。相应的各级领导者需要承担劳动契约责任。

第二重:与董事会的委托代理关系。职业经理人在企业的另一个契约关系是管理者和董事会之间的委托代理关系。在现代企业中,股东通过董事会委托经理。董事会实际上是代表公司所有者雇佣经理。董事会是委托人,经理是受托人。经理人是受董事会委托执行董事会决议的代理人,这是职业经理人制度的核心特征。职业经理人与董事会之间的委托代理关系是委托代理关系链中的一个重要环节。在现代企业制度下,资本家与企业家、工人之间传统的单一代理关系已被资本家与管理者、管理者与工人之间的代理链(Agency Chain)所取代[9]。

在我国国有企业中,这种委托代理链更长,包含了全体人民和国有资产监督管理机构之间的委托代理关系、国有股东或者国有资产监管机构及其指定的董事会成员之间的委托代理关系、董事会和职业经理人之间的委托代理关系,相应的职业经理人的契约责任的客体也较为广泛,其承担的契约责任也更广泛。

② 领导者的心理契约责任。

如前所述,心理契约理论自从20世纪60年代引入领导领域,80年代中期人们对它的研究达到鼎盛时期。心理契约理论认为,在领导领域存在着个体与个体或个体与组织之间的一种隐性约定,即被领导者与领导者,或组织成员与组织之间对双方某种责任约定的相互认知、理解和心理上的期望。心理契约是组织领导者与组织成员心理联系的纽带，是人们用以形成承诺、接受依赖和期望的精神模式。心理契约大多是主观的、非正式的，而且是隐含的。组织是一个以心理契约为原则的集体，对心理契约的履行可以提高组织成员对组织承诺的履行。在领导的过程中如果建立了一种稳定、默契的心理契约，在保障领导的有效性的同时，能够产生高效率的组织。

心理契约强调的是个人与组织的关系，人们期望被对待的方式及他们实际被对待的方式，以及对他们的工作行为的影响。组织成员和领导者之间的相互理解和信任是心理契约的基础[⑩]。从这一点出发，我们认为领导者的心理契约责任包括以下两个方面：

第一，领导者要主动维护与组织成员之间的现有心理契约关系。

如果组织已经建立起较良好的心理契约关系，这就要求领导者要非常诚信，说到做到。如果领导者首先失信，不履行对组织成员的承诺，这种失信就会造成组织成员与领导的心理契约被破坏，这种破坏可能对组织影响非常大。领导者必须采取必要的补救措施，以降低心理契约违背的代价，使组织能够顺利运行下去。

这时，领导者有必要进行自我反省，弄清自己的价值。领导者应有能力了解和判断自己的价值，希望得到别人支持时，首先要想自己是否值得支持。对自己的失信行为遭遇到负向的反应，要认真分析，换一个角度想一想，找出其中客观的东西。然后再重新思考如何正确地开展工作。

第二，领导者要通过各种手段，提升自身的领导技能来建立、提升与组织成员之间的心理契约关系。

如果组织尚未建立良好的领导者与组织成员之间的心理契约关系，领导者首先要思考如何打破原有的心理契约关系，并努力建立新的心理契约。建立新的心理契约首先要看领导者能否让组织成员理解和接受对心理契约不履行原因的解释。如果组织成员对领导者所解释的原因产生怀疑，并且心理契约失败的主要责任实际上在领导者身上，那么组织成员对领导者的信任就会破产，导致领导者的失效。如果组织的成员能够基本理解领导者的解释，他们的不满就会减少。因此，领导者必须对不履行心理契约的原因做出合理的解释，从而修复组织成员因挫折而导致的忠诚度下降，降低建立新的心理契约的难度。

要建立新的心理契约还依赖于领导者的领导技能和技巧是否高超。领导过程中经常出现误解和障碍，给组织成员带来巨大的心理冲击和压力，使他们的工作积极性受挫，影响原有心理契约结构的稳定。需要运用新的领导技巧和方法来改变无序的心理契约，努力建立良好的心理契约关系。改善和修复关系，要注意解决矛盾冲突，防止关系破裂。领导者能否快速有效地整合有限的人力资源，提高领导力的有效性，其中一个不可忽视的因素就是如何建立稳定的心理契约机制,并根据心理契约的具体情况和特点,形成新的心理契约责任期望。

由此可见,心理契约责任的履行对领导的有效性起着重要的影响。要提高领导的有效性,组织领导者首先要诚信待人,其次要具备能满足组织成员的心理契约的领导技能,并且能在不同的情况下选择使用各种技能,更多地满足组织成员的期望,满足他们潜在的心理契约期望,才能提高成员对组织的满意度、归属感和忠诚度。

(4)领导者的职业责任。其实,职业责任从本质上是契约责任的一种,它与商务责任紧密相连,是商务责任的具体化,职业责任的兑现能保证商务劳务责任的有效实施。它是从业人员应该完成的本职岗位的工作职责。对一个职业责任承担者而言,其职业生涯的方方面面都有职业责任的体现。上至企业和社会层面,下至每个人每天工作场所接触的人和事,都为职业责任所覆盖。

彼得·德鲁克在其著作《管理:使命、责任、实务》[11]中指出了作为股东代理人的管理人员的职业责任。他认为,管理人员是"对其他人的工作负有责任的人",管理人员应该对为企业的成果做出贡献负有责任,即对他自己的工作负有责任。管理人员有五项基本工作:制定目标;从事组织工作;从事激励和沟通工作;衡量绩效;培养人才(包括自己)(如图6-2所示)。从狭义上讲,领导者首先应该对结果和组织负责。他们应该负责组织管理,包括制定目标,组织生产,激励和沟通,绩效考核和人才培养。在这五项工作中,管理人员要同时兼顾企业整体的

图6-2 领导者的工作职能

绩效和成果、协调当前和长期的要求,将这五项工作综合起来,实现资源整合,使企业成为一个有活力、成长着的有机体。

二、领导者的能力责任

巴纳德认为"经理人员的责任就是领导者的能力。这种能力的直接反映是由领导者决定的态度、理想、希望,它们把人们的意愿结合起来,去实现超越于人们的直接目标和时代的长期目的。"[4]因此,领导者是否具备合格的领导能力就是领导者的能力责任。

1. 领导者的能力

领导者的能力要素结构包括以下三个方面的内容[12]。

(1)技术技能。技术技能(technological skill),又称业务技能,包括方法、程序和

技术等方面。它对于组织中实际创造产品和提供劳务的基层或一线管理人员来说最为重要。我们很容易看到设计工程师、市场研究人员、会计师和计算机程序员的业务能力。其中业务能力是最具体的,也是组织和职业培训项目中最强调的。随着管理者在组织层级中的提升,业务知识的重要性降低,对其他能力的需求开始增加,领导者越来越依赖于下属的业务能力。

(2) 人际技能。人际技能(human skill),也被称为沟通技能,与激励、管理冲突和合作的能力有关。它们涉及领导者和他们交往的人之间的关系。沟通技巧对各级领导都同样重要。领导者必须对人们的态度、感受和需求敏感,并估计人们将如何评价领导者的行为。

(3) 概念技能。概念技能(conceptual skill),又称概念形成技能。其对组织中的高层领导来说是最重要的。领导学理论要求领导者具有长远规划、广泛思考和培育精神关怀的能力。这些能力通常包括分析、逻辑思考、创造性和预测能力。在组织中,并不是所有的管理者最终都能形成概念能力。例如,如果一个成绩突出的销售人员不能将他的商业技能抽象提炼为概念以指导实践的话,他的一生都将只能从事一线销售工作,而不是成为销售部门的领导者。

2. 领导者的能力责任

根据之前的分析,根据能力责任的特点,领导者一方面需要在企业管理中进行责任评价、目标激励管理、改善企业的绩效管理和薪酬体系等等,使其与员工的能力责任匹配;另一方面,在一个组织中,员工期望从其领导那里得到幸福和快乐。俗话说,"哪里有能力,哪里就有责任。"一个合格的领导者应该根据自己的领导能力,带领组织关注和解决员工的个人问题,以及当地和全球的社会和环境问题,并承担自己的责任。同时,应注意防止权利和能力的滥用。此外,我们应该科学地看待我们的能力。领导不是上帝,必须深刻认识到"一个好汉三个帮""众人拾柴火焰高"的道理。此外,领导者的"德性"或者责任感本身就是一种"能力",是一种让人们聚集在一起创造辉煌成就的"能量体"。因此,为了找到合适的位置,领导者不仅要提高对自身能力水平的观察和判断,还要集聚各方的综合能力。他们应该始终走在前列,带领组织前进。

三、领导者对追随者的责任

从公司整体运营的角度来看,追随者与领导者(被追随者)之间有着众多的联系。这些联系中最重要和最直接的就是双方对于彼此的责任[13]。

从员工(追随者)的角度来看,由于员工选择跟随领导者,这意味着他们基本上认可领导者的领导能力,所以他们有责任和义务服从领导者的命令,完成领导者分配和指派的工作。具体来说,员工应努力完成自己的本职工作,达到绩效标准,并执行各级领导交办的其他任务和指示。同时,他们也应该寻找机会提高自我学习和综合能力,从而更好地提高工作绩效,为实现企业的目标服务。在态度上,员工也有责任保持对工作的高度热情,勇于接受挑战,愿意与组织和团队中的其他员工分工合作,主动改善和维护组织和团队内部的人际关系。

同时,从领导者(被追随者)的角度来看,他想要实现组织的目标,希望员工为公司的发展做出努力,所以他就必须对每一个下属员工负责。对追随者的责任可以具体分为两个方面:物质责任和精神责任。在物质方面,领导者不仅要为员工提供适当的物质激励,还要为员工提供更多的自我发展和自我完善的机会。领导者应该为员工创造一个高效、舒适的工作环境,提高员工的工作满意度,从而提高员工的工作和组织绩效。在精神上,领导者应该鼓励员工,帮助解决工作中的困难,引导员工顺利完成工作。与此同时,对他们的工作内容、成果和价值观也需要充分肯定。当然,在适当的时候给予适当的批评,但是要慷慨地给予赞扬并组织活动来加强与员工的沟通。

在双方平等交流、沟通与合作的基础上,追随者与被追随者之间的责任关系是平等和谐的。这种关系越积极向上,就越能促进员工的组织承诺,提高组织绩效。虽然领导职位很高,但是他们可能不像普通员工那样了解公司的具体事务。因此,他们应该虚心接受建议,与员工平等对话。员工自己不应该因为公司的地位差距而感到自卑。相反,他们应该主动与领导沟通,提出自己的要求和建议,这也是履行职责的一个重要方面。

四、领导者对利益相关者及社会的责任

面对日益复杂和动荡的外部环境以及全球化和多样化带来的挑战,领导者需要与组织的所有利益相关者(包括全球员工、客户、供应商、政府、社区等)建立持续的、相互信任的关系。因此,领导者的角色需要从传统的发号施令者演变为关系构建者和协调者。这实际上改变了二元关系的传统领导假设。根据假设,如领导——成员交换,变革型领导的概念往往强调领导和下属二元关系,主要论述了领导下属,下属对领导者的影响服从并遵守,这种假设往往是忽略了新时代背景下,领导者和更广泛的利益相关者的平等关系。在这里,我们强调领导者和利益相关者之间的关系,将领导者和下属之间的传统关系扩展到领导者和不同的利益相关者之间,注重领导者和利益相关者之间的责任。

企业利益相关者是企业与外部环境之间的纽带。一般来说,企业领导人也要对所有利益相关者负责。企业利益相关者不仅包括企业的资金、物流和信息流等,还包

括企业产业链的上下游各个环节,如各级供应商和客户。企业通过与利益相关者的不断沟通,将自己的先进文化传播到自己的生活环境中,从而实现对社会的直接影响,为自己创造良好的经济和社会生活空间。

例如需要对消费者负责,包括迎合消费者需求,不以虚假广告欺骗,保证产品质量等;需要对企业员工负责:维护员工的基本权益,保障员工的合法福利,为员工提供合适的人文关怀等;需要对战略伙伴负责:平等相待,互助互利,恪守信用,公平竞争,反对垄断和不正当竞争等;需要对社会大众负责:提供劳动就业机会,参与社会公益活动,支持公共设施建设,保护生态环境等。

进入 21 世纪以来,经济全球化、组织网络化、员工多元化的趋势日益突出。为了组织的成功,领导者不仅要关注传统的股东回报(利润),还要对组织外部的社会和环境负责。具体来说,企业的社会责任或价值追求可以分为三个层次。第一层从企业的经济目标和经济价值出发,获取最大利润是企业最重要的社会责任之一。首先,企业通过获取利润依法向国家纳税,体现了企业在社会建设和发展中的经济价值和责任。其次,企业通过盈利来保障员工及其家庭的生存和发展,承担着维护社会和谐安宁的基本义务。再次,企业只有追求利润,才能支持公益事业,回报社会。因此,追求利润与企业社会责任并不矛盾。第二层是对利益相关者的责任。第三层是对社会的责任。企业积极参与各种社会活动,积极与企业没有直接经济利益关系的各种社会组织和媒体进行互动,促进社会公共环境的改善和整体环境的繁荣与安宁[14]。

一个成功的企业,一定有着崇高的目标,并将积极实现自己的社会责任作为自己最重要的使命。一个积极履行社会责任的企业,也必然能得到社会的赞赏和支持,从而进入良性发展轨道。

五、领导者对结果的责任

> 一个职业管理者的社会责任(狭义)与历史使命,就是为完成组织目标而奋斗。以组织目标的完成为责任,缩短实现组织目标的时间,节约实现组织目标的资源,就是一个管理者的职业素养与成就。使用权力不是要别人服从您,而是要您告诉他如何干。因此,围绕组织目标的有效实现,个人所处的位置、承担的使命,应如何理解?怎样理解公司的组织目标的实现?我在《华为的红旗到底能打多久》里讲过,在历次很多讲话上都讲过,但大家都听不进去,今天就要考一次,你听不进去也要写。一个职业管理者他的职业就是实现组织目标,

> 因此,实现组织目标不是他的个人成就欲所驱使,而是他的社会责任(狭义)无时不在地给他压力。
>
> 资料来源:摘自华为CEO任正非公开演讲《一个职业管理者的责任和使命》。

在一个"好的"组织结构中,每个人可以用最方便的方式去做他该做的事,而且达到共同的目标。因此,在建立组织结构前,首先必须要确立共同的目标,然后才去讨论,为了达到这个共同的目标,该以适当组织机构去实行。事实上,目标是不变的,而组织机构应该是可变的。为了适应外界环境的改变,组织机构必须常做调整,以达到最终的目标。而这个调整的过程就需要领导者运用领导智慧和能力去实现。因此,从根本上说,创造利润,让公司有所发展,是所有管理者或领导者的最大责任。因为公司的命脉就是利润,没有利润,就不会有其他的一切[15]。

现代领导学要求领导者既关心人,也注重工作,做到关心人与关心事的辩证统一。关心人,才能调动人的积极性;关心工作,才能使每个人都有明确的责任和奋斗目标。领导者是一个组织的象征,其精神面貌、行为方式、工作方式、工作动机、价值观念乃至个人趣味,对本组织的人员都会产生明显的或潜移默化的影响。因此,领导者能够吃苦在前,享受在后,身体力行,身先士卒,本身就是对组织成员要以高昂热情投入工作的无声号召。

第二节 领导力与职业责任的关系

一、职业责任是领导力的基础

1. 职业责任是领导力的基本要求

如前所述,领导力的关键是影响力。领导者通过影响他人来实现他们的目标。领导力的来源有很多,但是一般可以分为权力影响力和非权力影响力两种。不断变化的社会环境、技术进步,以及组织结构的精简都使正式权威的效力大为降低。为了取得高效率,领导者必须抛弃所谓的权威,更多地依靠自己的非权力影响力去重新审视别人,并把事情做好。权力影响力往往与职位和授权相关;非权力影响力虽然与职位有一定的关系,但主要取决于管理者个人的品质、思想、知识、能力和水平;取决于同组织人员思想的共鸣,感情的沟通;取决于相互之间理解、信赖与支持[16]。这种"影响力"一旦形成,各种人才和广大群众都会吸引到管理者周围,心悦诚服地接受管理者的引导和指挥,从而产生巨大的力量。

西方魅力型领导理论认为,领导者的人格魅力是领导力的重要来源之一,也是非常重要的非权力影响力来源。中国传统的领导理论强调领导者要从自身修养出发,树立良好的品德和修养,从而达到"内圣外王"的目标。魅力型领导(charismatic leadership)是指"基于对个人魅力、英雄或模范品质的热爱,以及他所揭示或颁布的规范模式或命令"的权威。例如,活力四射的乔布斯就是一位典型的魅力型领导者。"活着就是为了改变世界","领袖和跟风者的区别就在于创新","用计算机做工具,协助填补科技与艺术、理性与感性之间的鸿沟",他通过强大的人格魅力将这种愿景和理念传递给苹果的全体员工。

在领导者的人格魅力和自我修养中,职业责任是一项最基础的修炼,也是员工对于领导者最基本的期待和要求。职业责任是个体工作出色的前提,是职业素质的核心。职业责任感强,领导者就会时刻保持清醒的头脑,根除工作中的"懒""软""散""混"等突出问题,强化工作责任感、使命感、紧迫感,履行好自己的职责,以优良的工作作风多做"顺气""解结""纳言""化怨"的工作,集中员工的智慧,凝聚员工的力量,推动团队事业的发展。如果领导者缺乏职业责任感,就会影响到其在追随者心中的形象与地位,从而降低了员工对于领导者的认同,以此就会造成领导者的影响力下降,最终导致领导力的下降。在许多组织中都存在着这样一种现象,领导者发号施令,要求追随者按照自己"说"的去做,而非按照自己"做"的去做,常常教导员工或下属要承担责任,而自己却忽略了对自身岗位职责的承担,这也就是为什么在许多关键时刻,领导者会丧失其领导力的原因。因此,领导力的提升须以职业责任为基础,职业责任是领导力的基本要求。

2. 对员工负责是领导力实现的前提

作为领导者,其职业责任中很重要的一个方面就是对员工负责,对员工负责意味着领导者不仅需要在工作任务分配上考虑到员工的不同需求与能力,更需要为执行自己命令的员工的工作结果负责。

只有当领导者同时做到上述两个方面,领导者才能更好地促进员工实现工作绩效。相反,如果领导者不能识别团队成员不同的能力与需求,也不能很好地结合员工个人的特征适当安排工作,而是根据个人的意愿任意对员工分配任务,能力强的员工得不到机会,能力弱的员工又完成不了任务,这将会阻碍员工发挥自己的潜力,磨灭员工工作的积极性,更可能会影响整个工作任务的实现。

与此同时,如果员工未能达到工作要求或出现差错时,领导者不能主动承担责任,而是将全部责任归咎到员工身上,将势必会影响到员工的士气,这将会严重影响到团队乃至整个组织内部的氛围,并造成关系僵化,最终会导致领导者领导效果的下降。

作为一个好的领导者,其责任感的体现,全在于要捏合好一个团队,需要不断地提高自己的领导能力、亲和能力、凝聚能力,这是作为一个领导者必须具备的基本素质。每时每刻关心自己员工的所急所需,尽自己最大的能力给予充分的帮助是各级领导者所应尽的基本义务,也是他所应具备的基本的领导能力。

3. 职业责任是为追随者做出表率的关键所在

领导就是表率,魅力感召下属。领导者只有自身具备职业责任感,才能为员工起到领导示范作用,带动职工职业责任的增强,从而有利于提高领导力的有效性。

领导示范的一个关键作用就是推动"负责任"成为组织文化中的一个关键要素与共同语言,员工自觉地将"负责任"视为必须遵守的个人与组织信仰与价值观,可以大大提高员工的工作自觉性与积极性,从而提高工作绩效,这样又反过来促进领导者领导力水平的提升。

因此,领导者必须身先士卒,提高自身职业责任感,在"负责任"方面为员工树立良好的榜样。反之,将有可能形成一种不负责任的企业文化,阻碍员工积极性的发挥,不仅会影响到领导者在团队与组织中的领导力,甚至会影响组织绩效的实现,并形成恶性循环。

二、领导力是职业责任的升华

1. 领导力是职业责任的延伸

职业责任为领导力的形成创造了基本的条件。从某种意义上来说,具备职业责任的人就具备了成为领导者的潜质。如果一个员工在承担职业责任的基础上,同时具备进取心、事业心等其他素质,那么他将会成为一个对他人具有影响力的领导者。如此看来,领导力可以理解为是职业责任的延伸。

但如果员工在本职岗位上尽职尽责,认真履行自己的每一项职业责任,却在影响力方面有所欠缺,将会成为阻碍其职业发展的重要瓶颈。因为,成为领导者的两个关键因素一是承担职业责任,二是具备领导力,两者缺一不可,因此,员工在完成自身的职业责任的过程的同时,还需要有意识地培养自身的领导力与影响力,这样才能成为一位合格的领导者。

2. 领导力是实现个人职业责任的重要保障

对于领导者而言,由于其所处位置的特殊性,其职业责任就包括了要确保团队或组织目标的实现、充分调动团队成员或组织员工的工作积极性、协调团队或组织内的工作分工与资源配置等,因此,只有当身处该位的领导者具备一定的领导力与影响力时,也才能更有效地履行其职业责任。团队或组织中,领导者需要通过自身的示范作用以及发号施令,带领团队成员积极地完成工作职责,抑或是积极地投身于工作以外的社会活动当中,以承担社会责任的方式来履行自己的职业责任。就某种意义来说,领导力已经成为领导者履行其职业责任的良好平台与重要保障。

在现实工作当中,我们经常会看到这样一类领导者,凡是工作中遇到的事情,无论大小,总是事必躬亲,忙得不可开交。然而,其下属由于没有得到明确的分工、正向的激励、有效的监督等,工作起来总是无所事事。这样一来,领导者不仅未能行使有效的影响力,调动下属的工作的积极性与主动性,同时还可能受到个人时间与精力等方面的限制,难以履行个人的职业责任,最终影响到团队或组织目标的实现。

3. 领导力是影响他人履行职业责任的重要动力

领导力的核心要素就是影响力。具备领导力的人要通过自身的影响力来激励下属,调动他们的积极性与主动性,从而为他们更好地履行自己的职业责任提供强大的动力源泉。

领导者是榜样,他的言谈举止、声音、笑容、愤怒、悲喜直接影响着他的下属和群众。作为一个领导者,即使没有规章制度,人们也可以很自然地遵循或效法他的行为,走正确的道路,做正确的事情。然而,如果领导者自身的行为不正,胡作非为,即使制定严格的法令、法规,人们也不会执行。在台上说得振振有词,还不如身体力行来得有鼓动性,有感召力、有号召力。领导者必须严格地要求自己,起带头表率作用,才能服众。更何况,己欲立而立人,己欲达而达人。只有自己愿意做的事,才能要求别人也去做;只有自己做得好的事,别人才能主动去模仿。

职业责任是组织中每个人都应具备的基本素质,也是个体履行其在组织中的使命的关键要素。但是,仅仅停留在职业责任的履行上还是远远不够的,还需要进一步提高自身的领导力水平。这是因为领导力不仅为职业责任的履行与实现提供了重要的渠道来源与动力保障,更重要的是,领导力推动职业责任上升到一个全新的高度,从而能够确保组织的发展与目标的实现。

三、沟通职业责任与领导力的桥梁

从职业责任上升到领导力,存在多种影响路径,也就是说存在多种机制影响了职业责任上升到领导力。笔者试图从对个人责任、组织责任、社会责任等三个角度分别找出从职业责任到领导力的不同的上升路径,尝试探索沟通职业责任与领导力的桥梁。

1. 从自我责任上升到领导力的路径——自我概念的中介作用

个人往往通过自我责任的修炼,激发了积极的、强大的自我概念,而积极的自我概念不断提升和明晰化又促进了领导力的形成和提升。

(1) 自我概念的含义。自我概念(general self-concept)是指个体对自身的感知和

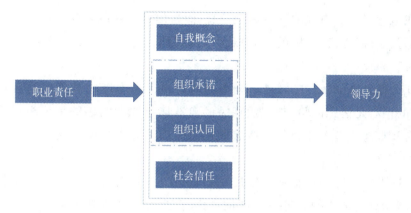

图 6-3 沟通职业责任与领导力的桥梁

评价。即一个人对自己存在的体验,或者说人们从总体上思考自己的方式。它包括通过经验、反思和他人的反馈逐步加深对自己的理解。

自我概念是一种有机的认知机制,通常会有很多成分,往往会由态度、情感、信念和价值观组成,贯穿于整个经历和行动之中,组织着个体的特定习惯、能力、思想和观点。而且很多人在不同情景下拥有不同的自我概念。一个人可能在课堂上骄傲自信,但在工作中谦虚和摇摆不定;另一个人可能在课堂上感到不自信和不自在,但在工作中可能会显得骄傲和自信。以此类推,个体的生活自我概念可能会与职业的自我概念不同。但是实际上,许多人从职业中建立了他们的大部分认同[17]。

自我概念是人格发展的一个重要组成部分,包括一个个体的核心自我感受和自我态度。一般来说,一位成功人士——在工作和个人生活中达到自己目标的个体——通常都有一个积极的自我概念。与此相反,不成功人士通常有一个消极的自我概念。自我概念的作用包括自我引导、自我解释、自我期望和自我归因等。自我概念上的差异会对个体职业发展产生深远的影响。如果你把自己看作是一名成功人士,你会乐于从事那些证明你是正确的活动。与此相似,如果你对自我的认识有限,你也会注意从事那些证明你是正确的活动,比如,你也许会常常寻找取得成功的捷径。如果有足够多的人告诉你是"令人沮丧的",不久你就会具有令人沮丧的个体的自我概念。当人们告诉你对别人、对团队毫无价值,不久你的自我概念就会变为一个没有价值的人的自我概念。我们经常声称"我很好",其实是在宣传一个积极的自我概念,而那些口口声声说自己"我不好"的人士,往往有一个消极的自我概念。

(2)自我概念与自信、自尊、自我效能感的关系。包含如下内容。

① 自我概念与自信。自我概念是个体对自我的知觉,是个人对自己多方面知觉的总和,它把自我作为知觉对象和被觉察者,是一个人的客体自我。自我概念属于自我意识的认知形式,是在自我意识基础上形成的对个体自身的认识、看法和观念。自信不同于自我概念。自信是个体对其自我概念所包含的信息的肯定和相信程度。换

言之,自我概念是有关自我的一些客观信息,而自信是对这些客观信息的态度和主观评价,是那些正确、肯定、积极的自我概念[16],众多研究显示,强大的、积极的自我概念会产生自信[17]。

② 自我概念与自尊。自尊是一个人在对待自己的态度中表现出的自我价值判断。自尊的核心是情感体验,与职业相关的自尊属于职业情感的重要组成部分。如前所述,自我概念是有关自我的一些客观信息。而自尊更多的是对有关自我的情感体验,更加主观一些[19]。

③ 自我概念和自我效能感。自我效能是指个人对自己从事某项工作所具备的能力和可能做到的地步的一种主观评估。详言之,即个体在执行某一行为操作之前对自己能够在什么水平上完成该行为活动所具有的信念、判断或主体自我感受。班杜拉等人的实验证明,自我效能水平高者敢于面对困难,富有自信心,相信通过坚持不懈的努力可以克服困难,进而能够激发较高的自我概念。而自我效能水平低者则在困难面前缺乏自信。两者的区别在于,自我概念是一种综合感觉,比自我效能感更抽象、概括,外延更广,除对自身能力的客观评价之外,还包括对自身价值、气质、品德、性格等诸方面的确信与肯定[18]。

有研究指出,相对于自我效能高的个体,自我效能低的个体更倾向于逃避挑战性的目标,低自我效能妨碍个体以自信的观点看待及处理生活中的各种压力,不能重新建构自我概念,从而降低个体对自我价值、长处和重要性的整体上的评价[20]。

强大的、积极的自我概念是什么原因产生的呢?为什么不同的个体的自我概念差异很大?对这个问题的回答至今也没有定论。但是有一点得到了许多学者的共识,那就是来自他人的态度和期望以及反馈可能会影响积极自我概念的建立。他人的态度与期望主要是指他人对个体的期望水平与信任程度。一般地说,他人对个体期望大,信任程度高,则会加强积极的自我概念,加强自信;反之,他人对个体期望小,信任程度低,则会削弱积极的自我概念,削弱自信。有研究指出,周围人对个体的态度和期望,对儿童和青少年自我概念、自信的影响更大。比如,作为一个青少年,你的父母、兄弟和玩伴不断地对你说很有能力,你也许会发展一个强大的自我概念。研究表明少数民族男孩不太可能从优秀的成绩中获得积极的自我概念,因为其团体对学校成绩的态度不同。同伴对学业成就的影响既可能是正面的,也可能是负面的,这有赖于同伴团体中占主导地位的价值观。重要他人(母亲、父亲、祖父母、哥哥姐姐、特别的朋友、教师或辅导员)的正面态度和支持,可能会对学生的学业自我概念产生重要的影响。感受到别人对自己的学业能力有信心的学生,对自己也会很有信心。如果父母提供了爱和鼓励,青少年的积极的自我概念会提升;如果父母表现出了污蔑或冷漠的态度,青少年会用更低的自尊回应[21]。

(3) 从自我责任到自我概念。在历史上,自我的概念有许多不同的含义,但从不同的学科中,我们都能或多或少地发现责任与自我的一般概念之间的联系。例如,哲学和神学强调自我是道德选择和责任的场所;临床心理学和人本主义心理学强调自我是个体独特性的根源。社会学强调,语言与社会的互动是自我实现和维持的基础。实验社会心理学强调自我是认知组织、印象加工和动机的源泉。

在心理学领域,责任心经常被作为一种重要的人格特质来研究。许多研究表明,责任与个人的学习、工作表现、社会行为等方面有着密切的关系。目前,许多关于责任的应用研究主要集中在儿童、学生和社会管理者三个方面。学者们已经表明,有责任心的学生更有可能接受失败的批评,并有动力努力学习以取得好成绩。李洪玉等发现儿童的责任感水平与他们的认知、语言和操作能力高度相关[22]。研究还发现,责任感强的学生自我评价更积极,更倾向于做出更大的决心来实现预定的目标,他们的成绩往往是突出的[23]。泰勒(Taylor)等进行的一项对400名青少年的调查发现,那些家庭责任感更强的青少年患抑郁症的可能性更小,他们与父母的关系更亲密,自信心也更强[24]。李洁芳等用卡特尔16PF的G因子作为责任感对青少年群体进行调查,发现责任感高的个体自我约束意识更强,成就动机更强,野心更大,毅力更强[25]。研究一直表明,具有高度责任感和自律性的人更倾向于采取主动应对。也有学者认为,个人责任与目标追求和学业成绩密切相关。

对一些人来说,职业选择就是实现自我的一种尝试。高自尊和低自尊的人都认为事业成功是重要的,但是低自尊的人则很少认为自己能够获得成功。他们更可能会说:"我希望事业有成,但是我觉得自己的想法实现不了。"他们不相信自己具备获得成功所应该具备的素质,因此就无法形成积极的自我概念。研究表明,青少年的学业自尊是其最终的职业选择的有力预测因素[26]。

根据分析,与其他五大人格因素相比,责任心是学业成绩最强、最稳定的预测因子,学术自我概念是直接与学业成绩产生关系的变量,一些纵向研究数据显示学术自我概念可以显著预测学业成绩[27]。此外,责任心反映了一个人是否能很好地履行他的职责的主观情感,自我概念,尤其是职业自我概念则代表着个体对自身职业认知的感知和评价,因此,责任心可能会通过自我概念影响其成就。尤其在自我概念形成并巩固的大学阶段,我们可以通过有效地激发和培养大学生的责任心来提高其成就导向提供心理学依据。

(4)从自我概念到领导力。自我概念差的人常常会遭到他人的拒绝。接受他人,被他人接受,包括被熟悉和陌生的人接受都与自我概念有密切的联系,自我概念对自我的接受与接受他人及被他人所接受之间,有正向的、显著的相关[28]。研究显示,低自我概念的青少年在社交场合极少露面,他们很少受到别人的注意,也很少被选为领导,并且他们也常常不参加班级活动、俱乐部活动或社交活动。因其在社交场合常常感到笨拙、不自在,这又使得他们更加难以和他人进行沟通。但是由于他们想讨人喜欢，所以他们更容易受他人的影响和支配，并且他们因为缺乏自信而常常让他人做决定。

反之，越来越多的证据表明，自我概念和学生成绩之间是相关的。成功的学生有更大的自我价值感，自我评价更好，尤其是对亚裔美国青少年而言[29]，而且这些青少年往往学业成绩也很好。一般情况下，学生的平均成绩越高，越可能有高水平的同伴接受。原因之一是有自信的学生有勇气去尝试，实现他们对自己的期望。对自己持消极态度的学生则会给自己的成绩设置限制，他们觉得自己"怎么也做不好"或者自己"不够聪明"。

研究表明，职业期望也会部分地受到自我概念（自我映像）的影响。低自尊和高自尊的青少年所期望的职位是有区别的。一般情况下，低自尊的人会回避自己被迫行使领导权的职位，也回避被别人指挥的职位；他们既不想指挥别人，也不想被别人指挥。逃避领导权或者被别人监督，实际上是在逃避自我评价或批评。

另外，众多研究显示，强大的、积极的自我概念会产生自信，自信对于工作绩效有很重要的实际意义。那些对自己自信的人士在领导和销售职位上会更有效率。自信的员工也更有可能为他们自己设定更高的目标，并且坚持达成目标。研究也显示，自信同样也显著地促进领导能力[17]。

具有高领导能力的个体具备较强的自我意识，一般自我概念在促进个体领导能力发展中的重要性已得到广泛认可。范林登（Van Linden）等人指出，每个青少年和儿童都有领导潜能，可以被发现和培养。当然并非所有的年轻人和儿童都能认识到他们自己的领导潜力，在许多情况下，他们怀疑自己的领导潜力。根据欧文（Owen）对英国中学生领导力认知的调查，当被问及是什么阻碍了领导力的发展时，学生回答说他们"不自信、害羞"。可见，学生总体自我概念水平的高低将直接影响其领导力的发展。已有的实证分析表明，个体的一般自我概念，与领导能力、领导效能、领导地位获得和变革型领导密切相关。

而且，特别有意思的是，人们对自己的看法和评价，一般会高于别人的评价。例如，研究发现，80%的人认为自己的能力高于平均水平。这种高看自己能力的认知偏差，是成功的一个重要因素。而客观准确的自我概念，并不是最好的成功驱动力。从抑郁症式的自卑到极端自恋，是一个连续体。我们发现领导人才，寻找的境界是介于客观自我概念到自恋之间的自信。我们发现，其实很多卓越的企业领袖其自信其实已经达到了自恋的程度。例如，通用电气的杰克·韦尔奇、苹果的斯蒂夫·乔布斯微软的比尔·盖茨。爱自己是人的本性，自恋的人不仅爱自己，而且溺爱自己。自恋的人刚愎自用，偶尔会导致判断失误但对于领导力来说，如果自我意识清晰，自恋则无伤大雅。迈克尔·麦考比（Michael Maccoby）在《哈佛商业评论》发表一篇文章题为《自恋的领导人：难以置信的优点，难以避免的缺点》[30]。他认为"高效的自恋狂可能富有魅力,擅长鼓舞士气。"他们有眼光,敢冒险。他们会利用变革混乱时期的不确定性,采取相应行动。麦考比赞同巴拉克·奥巴马(Barack Obama)雄心勃勃推动美国医疗改革的努力。他称:"只有高效的自恋狂才会尝试如此深远的变革。"

综上可以看出从对自我的责任到领导力之间存在一个明显的中介桥梁——自我概念和自信,其成为沟通两者的第一个中介因素。

2. 从对组织责任上升到领导力的路径——员工的组织承诺的中介作用

(1)组织承诺的含义。组织承诺的概念最早由美国社会学家贝克尔(Howard S. Becker)于1960年首次提出。他将承诺定义为一种倾向,即由于单方投入(side-bet)而保持"活动的一致性"[31]。在一个组织中,这种单向的投资可以意味着任何有价值的东西,比如福利、精力、已经获得的只能在特定组织中使用的技能等。他认为组织承诺是一种心理现象,随着员工在组织中的"单边投资"的增加,员工不得不留在组织中。

此后,组织承诺的概念受到越来越多的关注。1990年,加拿大学者梅耶(John p. Meyer)和阿伦(Natalie J. Allen)将组织承诺定义为"体现员工和组织之间关系的一种心理状态,隐含了员工对于是否继续留在该组织的决定"。并提出著名的三要素承诺模型,分为情感承诺、持续承诺和规范承诺[32]。

情感承诺(affective commitment)指员工对组织的感情依赖、认同和投入,员工对组织所表现出来的忠诚和努力工作,主要是由于对组织有深厚的感情,而非物质利益;表现为对组织目标和价值观的认同和接受,对工作绩效产生正面的影响;

持续承诺(continuance commitment)指员工对离开组织所带来的损失的认知,是员工为了不失去多年投入所换来的待遇而不得不继续留在该组织内的一种承诺;表现为个体随着对组织的投入增加而意识到沉没成本,从而愿意留在组织中;

规范承诺(normative commitment)反映的是员工对继续留在组织的义务感,它是员工由于受到了长期社会影响形成的责任感而留在组织内的承诺。表现为员工认同对待工作的一般道德标准,感到有责任留在组织中。

今天,组织承诺通常被认为是关于个人对其所属组织的目标和价值观的认同和信任,以及由此产生的积极情感体验。它是一个重要的员工态度变量,它对员工的工作绩效有重要的影响。

(2)员工的组织承诺的中介作用。组织承诺是组织成员对组织关系的一种态度和行为。理解组织成员为什么留在组织中以及他们有多忠诚是一个重要的心理和行为现象。除了受合同法的制约和工资福利等经济因素的影响外,它还受到价值观、伦理道德、理想追求、情感因素、个人能力、兴趣爱好和人格特征的影响。有学者认为,情感承诺是组织的一种态度成分,是该概念内涵的一个指标。持续承诺和规范承诺属于行为范畴,能够有效预测员工的行为。尤其是根据规范承诺的定义,如果领导者对组织的责任非常明确,就会影响员工的组织承诺,进而影响员工追随领导者、提高领导力的能力。

这一逻辑可以由"心理契约"理论来阐释。"心理契约"源于对企业组织与个人之间隐性交换关系和相互责任的研究和探索。它是一种主观的、隐性的心理契约,反映了组织和个人应该为彼此承担什么样的义务,应该得到什么样的回报。自20世纪60年代概念提出以来,相关理论研究不断深化和发展,并被广泛应用于企业管理、心理学等领域。心理契约作为主观契约的一种形式,其内容可能涉及正式书面契约所规定的契约条款,也可能涉及书面契约所未涉及的非正式方面。虽然没有明确界定和解释正式合同等组织和个人的权利和义务,赋予正式合同以法律效力,但它与正式合同在组织中共存,在协调组织与员工之间的关系方面发挥着重要作用。正如美国心理学家施恩(E. H. Schein)所指出的:"尽管没有成文,但心理契约是一个组织行为的强大决定因素。"[3]心理契约对员工行为的影响主要体现在心理契约的履行和解除上。当个人感知到与自己有雇佣关系的组织充分履行了义务,尤其是感知到组织的领导者能够妥善履行其责任,能够使组织有序、健康发展,能够满足员工对组织的期望,这就会显著提升与员工之间的心理契约。此时,员工会感到组织的支持,并充满对组织的归属感,会充分信任领导者,他们将更积极地工作,积极履行组织的责任和义务,提高他们追随领导者的能力,组织领导者的领导力从而得到实质提升。

反之,当员工感知到组织或领导者不愿意或难以履行对员工的义务和责任时,就会发生"心理契约破裂"。一旦员工与组织之间的心理契约破裂,员工对组织的信任和满意度就会降低,从而自动减少对领导者的跟随,降低风险。首先,领导者以身作则,率先垂范,带头工作,对自己设定高标准和严格要求。他们自律的工作作风会感染追随者,他们会信任和尊重他们。而追随者也会以领导者为榜样,以积极的态度投入到工作中去,从而提高组织承诺,组织绩效会得到改善。其次,在工作过程中,为组织未来发展负责的领导者需要不断地向下属描述和传达工作的发展前景,让下属觉得未来是值得期待的,是可以通过努力实现的。在实现组织的愿景和目标的过程中,为组织流程负责的领导者会鼓励追随者使用一些新的方法和想法来解决工作中的问题,并鼓励追随者进行更多的创新活动。同时,领导还会关心追随者的工作家庭情况,促使追随者全身心地投入到工作中去。

另外,根据马斯洛需求层次理论,人们的低层次需求主要包括基本需求,如有足够的食物和衣服,不受安全风险的干扰。高层次的需要包括实现个人理想和自我价值,得到他人和社会的尊重。负责任的领导人愿意花一定的时间和精力去探索员工内心的需求,同时满足低层次员工的基本要求,激发高级员工实现自我价值的需求,从信仰、精神、情感等几个方面进一步影响下属,激励下属实现更高的价值。

综上,对组织负责的领导者会通过关心员工的工作和成长,对员工进行充分的授权,并加之领导率先垂范、以德服人的工作作风以及在工作中展现出来的前瞻性眼光和决断力,会引起员工对领导的尊重、敬佩之意。同时,负责任的领导者会在企业中营造良好的工作氛围,与员工建立和谐的关系,关心和帮助员工的工作和生活。在企业目标和愿景的召唤下,员工将努力推动组织目标的实现。在这过程中,员工会对组织形成一种特别的感情,员工会认为为组织的成长和发展贡献自己的力量是自己应尽的责任,是自身应该履行的使命,形成较强的组织承诺和对主管的承诺,从而在实际工作中,员工会全心全意为组织服务,并对领导产生较强的追随力。

3. 从对组织责任上升到领导力的路径——员工的组织认同的中介作用

(1) 组织认同的含义。西方组织理论家对组织认同性的正式研究始于20世纪80年代前后。最早较为完整和准确地提出组织认同概念的是阿尔伯特(S. Albert)和怀特(DA. Whetten),他们把组织认同定义为一个组织的核心的、有特色的和持久的特征,分别对应组织的本质问题、独特特点、跨时间的持久长度[34]。巴尔默(John M. T. Blamer)等人认为,组织认同实际上就是组织的各方面利害相关者群体处理与组织相关事务关系的心理与行为表现与过程,这是有助于使组织存活和发展的重要条件,使组织能够在与之相连的外部环境中获得一种显著的利益。组织认同研究一般采用两个概念进行研究,一个是 organizational identity,另一个是 organizational identification,前者译为组织认同,多指一种较为完整的组织心理现象和过程,而后者译为组织认同感,主要从组织认同主体对组织形成组织认同感受心理的角度理解。

国内关于组织认同的定义,大多采用云南大学社会学教授王彦斌老师的定义,即组织认同一般是指组织成员在行为与观念诸多方面与其所加入的组织具有一致性,觉得自己在组织中既有理性的契约和责任感,也有非理性的归属和依赖感,以及在这种心理基础上表现出的对组织活动尽心尽力的行为结果[35]。

(2) 从对组织的责任到员工的组织认同。领导者应注重修身养性,培养"自我技术"或进行自我教育。研究古希腊和罗马后期道德实践的学者提出"自我技术",指的是"允许个人运用他自己的办法或借他人之帮助对自己的躯体、灵魂、行为、存在方式施加某种影响,改变自我,以达到某种愉悦、纯洁、智慧或永恒状态"。也就是说,一个人通过自我建构或道德伦理成为自己欲望的主体,以获得他人的接受和认可。中国古代的"修身、齐家、治国、平天下"体现的就是自身内在品性的重要性,这与领导者的"内圣外王"之道要求不谋而合。显然,领导者要成为德性领导者则必须重视"自我技术"或自我教化的养成,这样才可能产生有形或无形的更大的领导力,才可能获得下属的更多的接纳与认同,巩固其领导的合法性基础。由此可以看出,领导者通过努力提升自我角色责任和能力责任,进行"自我技术"和"自我教化"的养成,使得其他组织成员觉得自身在行为与观念诸多方面与其所加入的组织和所追随的领导具有一致性,觉得自己在组织中既有理性的契约和责任感,也有非理性的归属和依赖感,形成组织认同,这种组织认同自觉地形成追随力。

领导对组织的责任首先要求其要诚实守信、廉洁奉公。如果领导者是一个不诚实的人,那么他在下属眼中就是不值得信任的,也就无法调动下属来实现组织目标,更不要说赢得下属的支持和爱戴。一个不诚实的领导者很难与员工建立良好的关系,并在决策时获得真实的信息。随着时间的推移,整个组织文化将陷入困境。因此,"诚信是领导者的立身之基和'进德修业之本',是领导者理应具备的基本品质,也是领导者职业责任不可或缺的条件之一。"根据考斯特的观点,诚实的领导必须要做到以下几条:① 永远不要答应你无法完成的要求;② 不歪曲事实;③ 不要文过饰非;④ 不要玩忽职守;⑤ 不推卸责任;⑥ 不要认为适者生存的商业压力排除了我们对他人尊严和人性的尊重。同时,领导者要诚实做人,有自律性,自觉坚守职业道德底线,自觉抵制各种诱惑,保证清正廉洁是领导者以身作则、激励下属认可自己权威的重要基础之一。相反,领导者可能会失去其领导的合法性基础。

除此之外还要求领导者要有合作意识和服务精神。组织是一种分工协作的系统。"有责任使命的领导者只能通过培养他人的领导素质来为这一使命做出贡献。只有各级领导共同努力,这个体系才能呈现出新的面貌。"没有下属的自愿合作,没有下属对权威的自觉认可,没有下属的积极参与,领导者很难实现组织的目标。因此,领导者还应该"鼓励员工和下属之间的合作,以促进人际沟通,减少竞争,培养归属感,并提高相互学习的个人技能。"领导者还要能够进行有效的沟通(正式和非正式的沟通)以化解和消除隔阂,便于组织信息资源的开放和共享,为合作打下坚实的基础。

领导者的服务意识是领导价值的重要体现。服务是利他主义的典范,是领导者实现公共价值和使命的重要形式。一个全身心投入到组织的公共使命中的领导者,不仅有助于巩固他的权威,还能体现他的人生价值。领导者的服务意识要求领导者必须以下属为中心,在工作中把他人的利益放在首位,以各种方式使他人受益。这种服务型领导有助于领导者有意识地获得员工对组织的认可,引导员工和下属在管理活动中以符合责任规范的方式实现组织的使命和各自的价值目标。

领导者要履行其对组织的责任,还要求领导过程的公正与机会均等。所谓公正,又称公平、正义,是一种具有永恒价值的基本理念和基本行为准则,反映出人、社会和组织相互关系的合理状态。领导者的下属要求实现领导过程的公平、正义,既要求领导者能够实现对他人基本权利的尊重与维护,也要求领导者能够实现对各利益人的正当利益的合理分配以及合理安排,以实现各利益人之间以及组织与社会之间能够相互尊重、走向和谐。机会均等也是领导者领导民主性的重要体现,对供应商来说,即是指能够为每一位供应商提供同等的竞争机会,且本着积极合作的精神,积极解决各种摩擦问题,使双方实现共赢发展;对员工而言,则要求能够公平客观地对待每一位下属,不管在个人职业发展、职位晋升还是学习提升等过程中,能够使每个员工都获得与其自身发展相适应的机会及结果。领导者不应该在领导过程中搞一些形式上的甚至是虚假的机会均等,这样势必会影响其领导的民主、公平与正义,也很难实现组织内部均衡发展,难以得到员工的组织认同感,更谈不上提升领导者的追随力。

除此之外,领导有效性的实现要求领导者要转变领导观念,本着对每一位组织成员负责的态度,正确认识领导者与被领导者之间的关系。长期以来,我们的领导者更多地认为自己作为领导者就应该是高高在上的,而被领导者就是消极、被动的,就是接受领导者的摆布和操纵的,这无疑使组织内部产生了人与人之间的对立甚至是对抗,而不能产生合力,进而影响领导的有效性[㉚]。谢尔顿认为"如果领导者善待他人,真正把他们当作'有价值、有尊严的人'来对待,他们就会获得更大的影响力。"

(3) 从员工的组织认同到领导力。赵国祥等学者研究发现,管理者责任心和领导力和工作绩效之间存在一定的关系[㉛]。而且,管理者服务取向和可依赖性对人际促进的预测效果较好;服务取向、个人品德和有计划性对任务绩效的预测效果较好;个人品德、有计划性和成就取向对工作奉献的预测效果较好;管理者责任心对关系绩效的预测高于对任务绩效的预测。在大五模型与职务绩效研究中,不同研究者采用不同方法都证明了大五人格模型中的责任感对工作绩效(任务绩效或周边绩效等)具有很高的预测效度[㉜-㉝]。

领导者对下属的人文关怀首先要在官僚体制中突出人的主体性,肯定人的价值和人的价值作用。领导者需要在真实的"人的意义世界"中进行领导行为;领导者要慎用权力,以德服人,重视道德领导的作用和价值。领导者要成为学习型领导者,自觉提高自己的领导力;领导者应具有"生活世界观"和多系统变革观。

职业责任可以看作一般的道德准则在具体职业领域的体现,一个具有良好的道德操守的人在从事职业活动的时候一般也是一个能够履行职业责任的人。诸多文献表明,负责任的领导与员工对领导者的认同与追随具有正向作用。具有较高职业道德和职业责任水平的领导者可以通过榜样领导的方式提高员工的认同感和承诺水平,进而加强员工的职业责任意识,促进整个团队和组织绩效改善。而且高尚德行和高度责任感本身就是一种影响力与责任体现。不论是领导者还是员工,只要具备较高的责任感,就会对他人产生积极的影响,获得其他人的认同,同时也会主动去履行自己的责任,其中的主要中介机制是对组织或领导的认同。

4. 从对社会责任上升到领导力的路径——社会信任的中介作用

(1) 信任与社会信任。

① 信任与领导力。信任在组织行为研究中起着重要的作用,尤其是在领导—成员交换关系的研究中。这不仅是因为信任本身连接着许多关系,更重要的是,信任促进了不同关系主体之间心理契约关系的形成。这种心理契约有利于建立和维护各种关系,降低潜在的交易成本,从而提高组织的效率和绩效。

首先,领导信任下属是实现领导授权的基础。未来组织将朝着扁平化、网络化的方向发展,领导的管理幅度也逐渐增大,所辖员工人数也较以前有所增加,再加上知识激增与科技发展的影响,工作复杂程度也越来越高。这就要求当今领导要更多地借助有效授权的管理方式,将权力与责任下放给下属员工,从而既能够减轻领导者的管理负担,将注意力集聚到影响团队与组织的关键环节,又能充分调动员工积极性,提高员工的自我管理与自我激励水平。但是,要做到真正的授权与放权,首先需要领导者对下属有充分的信任。这样才能实现领导者与下属之间的良性互动,这本身也是对下级和团队负责任的体现。

其次,下属信任领导是实现职业责任的基础。上级经过严格论证下达了最终决策并要求执行时,下属应当秉持信任的态度,严格按照要求去执行。这对于中层领导来说,尤为重要。中层领导干部在企业战略执行中扮演了重要的角色,他们承担了连接企业高层领导与基层领导的作用,是从战略制定到战略落地的中间环节。中层领导是否信任上级的战略决策并严格执行,对于整个组织的绩效将产生重要的影响。如果下属不信任领导,将严重降低组织运行的效率和执行力,导致组织难以完成既定目标,领导和下属都无法有效履行自己的职业责任。

最后,团队成员互信是进行有效团队合作的基本原则。组织离不开团队协作,不仅包括部门内部团队之间的合作,同时也包括不同部门之间的合作。只有在合作的基础上,才能更有效率地去履行工作中的职责。团队成员之间的协同作业,也是建立在彼此信任的基础之上的。在充分信任队友的前提下分工协作,并积极履行好自己的责任,才能更好地发挥团队的协同效应,创造出更优异的团队绩效。

从上述分析中,我们可以看出,信任是连接不同关系主体的黏合剂,而这些不同关系正是领导力与职业责任的载体与重要表现。信任可以推动关系的建立与改进,尤其是领导与追随者之间的关系,当这种关系得到进一步巩固时,不仅能够充分发挥领导者的影响力,同时也能帮助整个团队或组织成员更好地承担起职业责任,为了团队或组织共同的目标而努力,确保最终目标的实现。

② 社会信任的含义。社会信任是社会和经济界的一个热门话题,但目前没有一个准确、完整的定义。社会信任,又称普遍信任,是陌生人之间的一种示范或预防机制,如法律一样,旨在减少社会交往的复杂性。社会信任不仅可以从制度建设中建

立,还可以从公众所持有的共同信仰、文化和价值观中建立。由于社会信任更多地依赖于理性,特殊信任更多地依赖于情感等非理性因素[40],在经济全球化和今天的陌生人社会中,人们的沟通更多地依赖于社会信任而不是特殊信任。

已有文献从个体选择理论的角度对社会信任进行了界定,认为社会信任是个体在社会中的选择或意愿。我国学者郑也夫教授曾经将信任定义为一种人类的态度,认为自己的行为或行为周围的秩序符合自己的意愿[41]。郑教授指出,所谓信任(trust),通常是指社会信任,它包含三种性质:第一、时间差,即有诺言在先,兑现诺言在后,之间需要有个时间差。而像一手交钱一手交货当场完成的交易等行为,就不存在信任问题。第二、不确定性,即诺言的兑现或行为的发生并不是百分之百的,其间存在一定的风险。确定要发生的行为过程中也不存在信任问题。第三、当事者没有客观的根据可以绝对相信[42]。霍斯默(Hosmer)将信任定义为个体在面对预期损失大于预期收益的意外事件时的非理性选择行为。个体之所以做出这种非理性的选择,是因为它是所有策略中的最佳选择,而选择信任比其他策略更能实现个体效用的最大化[43]。斯普伦格(Sprenger)认为:信任是放弃对他人的监督,因为能预料到他人具有相关的处事能力、高尚的品格和良好的意图[44]。同样的,我国学者董才生根据韦伯社会行动理论将信任理解为,一种以对他人能做出符合社会规范的行为或举止的期待或期望为取向的社会行为[45]。企业领导者不仅可以以信任为基础进行自我反思与调整,还可以从中获得可操作性的启示。

此外,一些文献从社会功能的角度对社会信任进行了界定。卢曼(Luhmann)将社会信任定义为一种降低社会交往复杂性的机制[46]。由于信任比不信任节省更多的能量,信任有利于信任决策后环境的适应和发展。同样,拉·波特(La Porta)等将信任定义为社会中个体倾向于合作并产生社会效率的机制,以避免由于不合作而陷入"囚徒困境"的陷阱[47]。例如,以企业与银行之间的债务契约为例,当双方相互信任时,不需要详细规定双方的权利和义务,也不需要对企业施加过多的限制,这有利于债务合同的订立和履行。但当银行对企业不信任时,则需要缔结尽可能完备的契约,甚至无法缔结契约。

综上可以看出,从社会功能角度界定的社会信任是个体选择理论的延伸。社会信任具有以下特征:第一,社会性。信任这种社会行为是以对他人未来的行为或举止的期待为取向的行为,又是在人与人之间的互动、人与人之间的社会交往过程中培育、产生、扩展的,体现了人与人之间的一种社会交往关系或联系。第二,可理解性。信任这种社会行为在主观意义上是以别人的举止或行为为取向的,具有针对他人的主观意义。第三,合规范性。信任这种社会行为是以他人未来的符合社会规范的行为或举止的期待为取向的,它本身也应该是符合社会规范的。第四,简化性。人与人之间的关系,随着社会的发展呈现出越来越复杂的性质。信任这种社会行为就是为了减少人与人之间互动的复杂性而做出的。因此,它具有简化人际关系复杂性的功能。第五,风险性。信任这种社会行为是以对他人未来行为或举止的期待为取向的,未来的行为或举止与信任这种社会行为之间存在一个时间差、空间差,即所谓的时空缺场。时空缺场加之人类理性的有限而导致的信息不对称,使得信任这种社会行为充满了风险[48]。

(2) 从社会责任上升到领导力——社会信任的中介作用。社会信任是如何产生的? 朱克(Zucker)等曾经提出法律制度是产生社会信任的机制之一,即委托人基于专业资格、官僚机构、中介机构、各种法律制度等社会规则和规章所给予的信任[49]。随着中国的改革开放,市场化程度逐步加深,法律手段是中国人之间产生信任的重要机制[50]。

相同或相似的文化、传统、习俗和道德规范也是社会信任的基础。例如,福山等认为信任源于社会遗留下来的伦理习惯,是社会所遵守的道德规范的产物[51]。杨中芳和彭泗清认为人际信任乃是人际交往中双方对对方能够履行他所被托付之义务及责任的一种保障感[52]。中国历来是礼仪之邦,是儒家文化的发祥地,长期以来一直具有高度的社会信任度。胡安宁等认为,如果认同儒家文化的人具有相同的身份认同,那么中国人就会因为拥有相同的文化或价值观而成为一个共同体,认同儒家文化的人会对自己和他人表现出高度的信任[52]。

除此之外,学者们认为社会信任作为一种非正式的制度,也可以产生自发的、连带的效应。社会学家马克斯·韦伯指出,参加社会团体的人会被打上烙印,相当于获得了一个"社会印章",当团体中的部分人有败德等坏的行为而被惩罚时,团体中的其他人也会受到牵连,这是一种"团体惩罚",相当于一个自发的联合效应[53]。而且人们对个体的信任受个体所属组织的信任的影响,信任的共同作用将使区域内的信任映射到区域内企业的信任[54]。社会信任度高的企业将获得诚实守信的"社会印章",其领导者也将得到更多的社会认可,即社会信任的联合效应。

如果企业领导者特别注重诚信、守信、规范经营和各利益相关者的利益,那么企业的声誉就会通过信息的传递形成,高社会信任基础上的信息传输成本也较低。这种低成本的声誉机制可以为企业赢得更多的客户,为企业获得更多的资源,进而在社会信任的基础上加强了更广泛的领导力和影响力。相反,如果一个企业进行舞弊或欺诈行为,这些负面信息将在市场上迅速蔓延,受到声誉机制甚至法律的严惩。各个利益相关者不仅会声讨企业,企业领导者的声誉也会蒙羞,这也是社会信任的负的联合效应。

(3) 社会责任:青年人领导力发展的作用方向。社会责任是现代人社会存在的基石,是作为一个社会人承担的责任。什么是"社会人"? 它是一个具有社会成员资格、遵守社会运行规律、与其他社会群体共同生活、对集体社会负责的个体。社会责任在现实生活中以社会规范的形式存在,在现实社会中以社会伦理、职业道德、行业标准、传统美德等形式存在,构成了青年个体与他人关系和互动的秩序。从规范的角度来理解社会责任,我们可以认为在青少年个体层面,社会责任影响着最基本的价值取向、思维方式和做事原则。

社会规范最终将内化为个体行为者的行为和道德标准。特别是在青年社会化的重要阶段,社会规范的获取和内部化将成为青年发展的核心问题,社会责任也将决定青年领导力发展的方向。社会责任的培养目标是使青少年通过系统的自我认知和社会责任的履行来培养公民素质。一方面,年轻人应对复杂多变的社会形势的能力得到了提高,另一方面,年轻人能够肩负起引领社会变革的使命。

在从规范的角度理解社会责任的含义之后,我们也可以尝试从社会资本的角度来理解"社会责任"。事实上,社会责任是社会资本的一种形式。社会责任已经成为我们以道德标准、群体压力和社会规范的形式积累社会资本的重要桥梁。一个具有社会责任感的年轻人在其成长和发展阶段必然会积累社会信任,这将成为他积累社会资本的重要途径。承担社会责任将进一步赢得社会声誉,社会声誉将转化为其他形式的社会资本。帕特南曾将社会资本定义为"通过合作行为提高社会效率的社会组织的特征,如信任、规范和网络"⑤。社会信任的建立是社会资本可持续发展的重要环节。社会责任的实践不仅通过规范的实施积累社会资本,更重要的是通过社会责任的履行增强社会信任,扩大人际关系网络,从而巩固社会资本。从这个角度来说,社会责任事实上也是社会资本的一种存在形式,对社会责任的认知与践行将成为青年人积累与整合社会资本、发展青年领导力的重要组成部分,也是青年领导力培养的出发点。

【本章小结】

本章从详细分析领导者的职业责任表现入手,分别介绍了领导者的角色责任及其分类,领导者的能力责任及其表现,领导者对追随者、对其他利益相关者以及整个社会的责任;接着分析了职业责任与领导力的相互关系,认为职业责任是领导力的基础,领导力是职业责任的升华;最后,本章主要详述了沟通职业责任和领导力的桥梁,并且开创性地提出了从职业责任上升到领导力的主要途径,分别是:通过对个人的责任能够激发积极的、强大的自我概念,进而从内源上激发个体努力提升领导力的动力;对组织的责任能够激发组织员工的组织认同和组织承诺,进而增强其对领导的追随力,进而从实践上提升领导力和影响力;对社会的负责能够唤起社会信任,进而增加社会资源和社会资本,从长远的角度提升了更为广泛的影响力和领导力。

【案例研究与分析】

"最后撤离"海难事件中船长的职业责任与领导力

在1997年版的《泰坦尼克号》电影中,由伯纳德·希尔(Bernard Hill)饰演史密斯船长,剧中他拒绝同伴帮助自己离开船只,并且将自己关在驾驶舱中。当海水开始进入驾驶舱,并且在水压下使得窗户破裂时,史密斯也同时命丧于此。其在灾难面前,处变不惊,坚毅果敢,领导全体船员帮助乘客有序逃生的形象给观众留下了深刻的印象。

2014年1月,在我国香港举行"永不沉没的泰坦尼克"新闻发布会,扮演电影《泰坦尼克号》船长的好莱坞演员伯纳德·希尔表示,"我们尽可能找到那场海难还幸存的人们,与他们一起回忆,体会交流。我扮演的角色是船长,更必须从海难中船员、乘客等集体群体的表现中对所呈现的东西进行全面体会与把握。"

"我突然发现,在这场海难中,从始到终,没有一位船员私自提前上救生艇,而是都坚守在自己的岗位上到最后一刻,本来他们是最有机会提前上艇的,最终船员死亡率超过80%,超过历史上任何一次海难的船员死亡率。"

"这艘船几乎集结了当时世界上最著名数量也最多的亿万富翁,但他们都坚持'妇孺优先'原则,绝大部分死于海难。即使三等舱的乘客,大家也绝大多数在最后一刻,把生存的机会让给了别人。当然也存在个别偷生的行为,但这些都是微不足道的极少数。"

希尔说,通过对船长这一角色的筹备,他越发感觉到,泰坦尼克号海难,远远不是一场海难那么简单。"它更告诉了我们什么叫绅士,什么叫责任,才有了后来《泰坦尼克号》电影的成功。而参演《泰坦尼克号》电影,成了我人生的一次重大事件。"

韩国时间2014年4月16日上午8时58分许,韩国一艘载有476人的"世越号"(原译为"岁月号")客轮在全罗南道珍岛郡海域发生浸水事故,之后沉没。该事故已造成295人死亡,142人受伤,另有9人下落不明。

事故发生时,事故客轮上的44个救生筏只有2个自动充气上浮。但是,这样的救生筏却在韩国船级社的定期检查中被认定为合格。

事故客轮上的货物严重超载,原本应固定好的货物并没有被固定好,但负责检查这些工作的韩国海运工会却在这样的情况下同意了客轮出港。

韩国海警展开的海上救援工作也不尽如人意,以至于众多遇难者家属指责海警救援不力。

世越号沉船当天,船体发生倾斜后,船长李某先是和乘务员在驾驶舱中短暂驻留,后自己弃船逃跑,并搭乘最先抵达现场参与救援的海警船离开。现场拍摄的照片显示,沉船时李某由于太过仓皇,没换船员制服,穿着内裤就跑了出来。

随后他在法庭上答非所问,还不断找借口将责任推卸给他人。当法庭质问李某是否纵容下属养成这种不良风气时,李某推脱道,"是另外一位船长让他们这样做的","那个船长才是正式船长,我年纪大了,只是候补船长"。

资料来源:泰坦尼克——永不熄灭的人性之光 http://club.kdnet.net/dispbbs.asp?f=w&ctid=52854&boardid=1&id=7935910&page=1&1=1#7935910

【请思考】在泰坦尼克号海难事件中,为什么船员能够坚守职责,乘客能够有序撤离?而世越号却是截然相反的结果?

【简析】泰坦尼克号海难事件中的史密斯船长以身作则,在巨大的灾难面前坚守船长的工作岗位,直到生命的最后一刻。这种坚守职业责任的品质感染了船上的每一位船员,使他们也能够将个人生死置之度外,尽可能保护乘客安全,甚至感染了船上的乘客,使他们自觉地将生存的希望优先让给妇女和儿童,这就是一个具有职业责任精神的船长在灾难中领导力的体现,也成为人们心中鲜明的银幕形象。然而现实并不总是像电影一样美好,韩国海难中船长李某的行为与史密斯船长形成了鲜明的对比,为我们诠释了职业责任与领导力在船长职位上的融合。

注释

① 张国平:《管理学原理》,清华大学出版社 2017 年版,第 1—403 页。
② 德鲁克:《管理未来》,机械工业出版社 2009 年版,第 56—58 页。
③ 明茨伯格:《管理工作的本质(经典版)》,浙江人民出版社 2017 年版,第 69—70 页。
④ 切斯特·I. 巴纳德:《经理人员的职能》,电子工业出版社 2016 年版,第 216—222 页。
⑤ 盛安之编著:《领导力的 42 个黄金法则》,企业管理出版社 2008 年版,第 1—284 页。
⑥ 郭威:《论领导(上)》,《中国人力资源开发》,2013 年第 22 期,第 79—84 页。
⑦ Christopher A. Bartlett: Changing the role of top management: beyond strategy to purpose. (includes related article on Komatsu Ltd.) (Cover Story), Harvard Business Review, 1994(6): 79.
⑧ 王敏:《在国企建立职业经理人制度的思考:从身份到契约》,《现代管理科学》,2017 年第 10

期,第 39—41 页。

⑨ 张维迎:《企业的企业家:契约理论》,上海人民出版社 2015 年版,第 36—40 页。

⑩ 杨海友:《基于心理契约的领导技能与方法选择研究》,《决策与信息(下旬刊)》,2010 年第 2 期,第 136—138 页。

⑪ 德鲁克:《管理:使命、责任、实务(使命篇)》,机械工业出版社 2009 年版,第 8—14 页。

⑫ 陈明等:《管理技能》,福建人民出版社;海峡出版发行集团 2014 年版,第 13 页。

⑬ 刘建军:《领导学原理:科学与艺术》,复旦大学出版社 2013 年版,第 149—150 页。

⑭ 晓甘主编:《经营方略 宋志平管理精粹》,企业管理出版社 2013 年版,第 1—385 页。

⑮ 容易著:《别让下属炒了你 中层管理者的自我管理》,吉林出版集团有限责任公司 2012 年版,第 345—349 页。

⑯ 宋睿编著:《管理者提升影响力与领导力的艺术》,海潮出版社 2013 年版,第 9—12 页。

⑰ 都布林:《职业心理学:平衡你的工作与生活》中国轻工业出版社 2008 年版,第 2—16 页。

⑱ 黄卫国等:《大学生心理健康教育》,电子科技大学出版社 2014 年版,第 38—54 页。

⑲ Jonathon D. Brown: From the top down: Self-esteem and self-evaluation, 2001(5): 615-631.

⑳ 陈洁等:《自尊、自我效能和自我概念的关系及对抑郁的作用》,《中国临床心理学杂志》,2010 年第 6 期,第 799—801 页。

㉑ Stijn Van Petegem: Does General Parenting Context Modify Adolescents' Appraisals and Coping with a Situation of Parental Regulation? The Case of Autonomy-Supportive Parenting, Journal of Child and Family Studies, 2017(9): 2623-2639.

㉒ 李洪玉等:《中小学生学业成就与非智力因素的相关研究》,《心理科学》,1997 年第 05 期,第 423—427 页。

㉓ Scott A. Hubbartt et al: Attitudes Toward Perpetration of Sexual Abuse Against Children: A Study of Legal and Social Service Oriented Students, North American Journal of Psychology, 2001(2): 243-252.

㉔ Taylor S.: Adolescents' perceptions of family responsibility-taking, Adolescence, 1997(128): 969-976.

㉕ 李洁芳:《青年社会责任感调查报告》,2003 年第 2 期,第 3—6 页。

㉖ Nancy Rumbaugh Whitesell et al: A Longitudinal Study of Self-Esteem, Cultural Identity, and Academic Success Among American Indian Adolescents, 2009(1): 38-50.

㉗ 岳圆嫄:《青少年自我概念发展特点、与学业成绩关系及其跨文化比较》硕士论文,辽宁师范大学,2013 年。

㉘ 雷雳等:《中学生心理学》,浙江教育出版社 2015 年版,第 156—157 页。

㉙ Deborah Rivas-Drake: A Closer Look at Peer Discrimination, Ethnic Identity, and Psychological Well-being Among Urban Chinese American Sixth Graders, A Multidisciplinary Research Publication, 2008(1): 12-21.

㉚ M. Maccoby: Narcissistic leaders — The incredible pros, the inevitable cons, Harvard Business Review, 2000(1): 68.

㉛ Howard S. Becker: Notes on the Concept of Commitment, 1960(1): 32-40.

㉜ Natalie J. Allen et al. The measurement and antecedents of affective, continuance and normative commitment to the organization, 1990(1): 1-18.

㉝ E·H·施恩著《职业的有效管理》,生活·读书·新知三联书店 1992 年版,第 115—126 页。

㉞ Stuart Albert: Organizational Identity and Identification: Charting New Waters and Building New Bridges, 2000(1): 13-17.

㉟ 王彦斌著:《管理中的组织认同:理论建构及对转型期中国国有企业的实证分析》,人民出版社 2004 年版,第 1—320 页。

㊱ 徐金海:《领导转型:校长领导伦理的寻求与建构》,博士论文,南京师范大学,2011年。

㊲ 赵国祥等:《管理者责任心和工作绩效关系的研究》,2004年第5期,第1261—1262页。

㊳ 刘玉凡等:《大五人格与职务绩效的关系》,2000年第3期,第73—80页。

㊴ 钟建安等:《"大五"人格模型及其在工业与组织心理学中的应用》,2004年第4期,第578—583页。

㊵ 马俊峰:《当代中国社会信任问题研究》北京师范大学出版社2012年版,第54—62页。

㊶ 郑也夫:《信任与社会秩序》,《学术界》,2001年第4期,第30—40页。

㊷ 郑也夫:《信任论》,中国广播电视出版社2001年版,第7—20页。

㊸ Larue Tone Hosmer:Trust:The Connecting Link between Organizational Theory and Philosophical Ethics, Academy of Management Review, 1995(2):379-403.

㊹ (德)莱恩哈德·斯普伦格:信任:欧洲首席管理大师谈优化企业管理,当代中国出版社2004年版,第37—43页。

㊺ 董才生:《信任本质与类型的社会学阐释》,2004年第1期,第40—43页。

㊻ 卢曼:《信任:一个社会复杂性的简化机制》上海人民出版社2005年版,第8—10页。

㊼ Rafael La Porta:Trust in large organizations. (Interaction of Economic Institutions and Theory), American Economic Review, 1997(2):333-338.

㊽ ZIER Vivi:《关于信任的文献综述》2019年8月26日, https://www.jianshu.com/p/42d9130e0f5d.

㊾ Lynne G. Zucker:Production of trust institutional sources of economic structure, 1840—1920, Research in Organizational Behavior, 1986(8):53-111.

㊿ 杨中芳等:《中国人人际信任的概念化:一个人关系的观点》,《社会学研究》,1999年第2期,第1—21页。

㉕ 福山等:《〈历史的终结〉:导言》,《国外社会科学文摘》,1998年第2期,第16—20页。

㉒ 胡安宁等:《一般信任模式的跨部门差异及其中介机制——基于2010年中国综合社会调查的研究》,2013年第4期,第60—82页。

㉓ 张维迎等:《信任及其解释_来自中国的跨省调查分析》,《经济研究》第10期,第59—70页。

㉔ 夏成才张兴亮:《社会信任、债务契约履行与会计信息治理效应》,《现代财经(天津财经大学学报)》,2016年第4期,第80—91页。

㉕ 帕特南:《使民主运转起来:现代意大利的公民传统》,中国人民大学出版社2015年版,第216—221页。

第七章 领导力与职业责任的修炼

【本章要点】

通过对本章内容的学习,应了解和掌握如下内容:

1. 个人进行职业责任与领导力修炼有何必要性和重要意义?
2. 职业生涯各阶段的职业责任和领导力的主题与使命是什么?
3. 职业生涯中不同阶段职业责任和领导力修炼需遵循的基本原则和基本方法有哪些?
4. 结合自身实际情况,思考如何将所学的职业生涯中的职业责任和领导力的修炼知识与技能贯彻应用到实际工作和生活中去?

【导读案例】

乔布斯的职业生涯与领导力

2005年,缔造苹果公司的传奇人物史蒂夫·乔布斯在斯坦福大学的毕业典礼上,发表了著名的《好学若饥,谦卑若愚》的演讲,他讲述了自己的切身经历,他说他的成功都是基于过去所做的点点滴滴,从过去到现在,你会发现这些点点滴滴的脉络恰恰构成了乔布斯的职业生涯。

一、乔布斯的职业生涯

乔布斯回忆年轻时辍学的经历,他说那并不是完全的浪漫,但辍学让他有机会不再去学自己不喜欢的必修课,而专心学习自己喜欢的课程。而多年后,当他开始在计算机行业闯荡的时候,他曾学习过的一切都派上了用场。当年,乔布斯在本科时期开始大胆探索和尝试,希望找到自己真正的激情和热爱,并将其变成自己的终身事业。在学习的过程中他大胆对学校安排的必修课程提出质疑,尽可能去选择符合自己兴趣和内心指引的课程,例如艺术字体的设计等,这些在当时看来仅仅出于兴趣爱好,毫不相关的课程,最终成为其打造具有梦幻般体验的全新电子产品的基石。职业生涯早期最重要的使命莫过于明确内心,准确定位,努力探索适合自己的职业发展方向。

在职业生涯发展过程中,他认为挫折在所难免,他说:"苦药利于病。有时生活会当头给你一棒,但不要灰心。我坚信让我一往无前的唯一力量就是热爱我所做的一切。所以,一定得知道自己喜欢什么。""工作将是生活中的一大部分,让自己真正满意的唯一办法,是做自己认为是有意义的工作;做有意义的工作的唯一办法,是热爱自己的工作。"他还告诫年轻人:"你得找出你的最爱,对工作如此,对爱人也是如此……如同伟大的浪漫关系一样,伟大的工作只会在岁月的酝酿中越陈越香。任何一种美妙的东西,历久弥新。所以,在你终有收获之前,不要停下你寻觅的脚步。不要停下。不要半途而废。"

除此之外,乔布斯坚持控制产品的一切,对产品有着完美的疯狂追求,在用户看到和看不到的地方都做到极致的体验,甚至连螺丝也是专门设计的,只是为了不让用户可以打开而破坏产品内部的精美。这种对产品的极致追求的完美主义,在他孩提时代,就已深受他那担任机械工程师的父亲的影响,他的父亲身体力行地教导他：即使客户看不到的地方也要做得很漂亮。其实这就是一种责任感。乔布斯一生中创造出了许多项技术和产品的创新项目，与此同时他在客户服务方面也获得了很多经验，而这也是乔布斯难以被别人彻底超越的优势之一。

乔布斯在 1985 年获得了由里根总统授予的国家级技术勋章。然而，巨大的成功来得太快，过多的荣誉背后是强烈的危机。由于乔布斯经营理念与当时大多数管理人员不同，加上 IBM 公司的竞争，使得 Apple II 之后的产品开发陷入了困境，总经理和董事们便把这一失败归罪于董事长乔布斯，于 1985 年 4 月经由董事会决议撤销了他的经营大权。乔布斯几次想夺回权力均未成功，便在 1985 年 9 月 17 日愤而辞去苹果公司董事长。这件事对乔布斯打击非常大，他说他曾为此事"心灰意冷"。

抖落满心失落，他开始了新的创业，成立 NeXT 电脑公司。这一次，他一人分饰三角，同时承担技术先知沃兹+管理者迈克·马库拉+躁动的公司灵魂乔布斯的角色。当然，学费高昂，NeXT 一败涂地。到 1992 年 12 月，它的所有员工几乎都离开了。

从 1985 年乔布斯离开苹果，到 1995 年他 40 岁这之间的十年，是史蒂夫·乔布斯失去的十年。他在这十年期间少有建树，但是机会终于还是来了。1995 年，他在 1986 年收购的皮克斯动画公司发行了《玩具总动员》获得巨大的成功，第二年苹果收购 NeXT，使他一举重返他当年创建的公司。回到苹果，40 岁的乔布斯开始了反思。在此之前，他执迷于产品的细节，在这之后，他终于清楚，他所销售的并非电脑或消费电子产品，而是一个具有文化认同感的物品。和 20 年前一样，他依然重视科技的未来及产品的品位，但他终于超越了"见山是山"的心智，从一个更宏观的角度理解及使用它们。而那些曾经是他短板的商业技能，也在连续的挫败中被逐一补足。格外重要的是，在经历过数次失败后，皮克斯的上市及日后连绵不绝的成功让这个狂妄却饱受打击的人重新捡回了自信。之前人人怀疑乔布斯不是一个合格的 CEO，但他证明自己恰恰是美国最好的 CEO。他凭借再次返回，使得自己成为我们生活的这个时代创新精神的代表和企业家精神的代名词。

二、乔布斯的领导力

研究者认为，如果用霍兰德兴趣理论来解释，乔布斯的兴趣代码是 RAE，即主导的是实用型、艺术型、企业型，因此他会用一种完美的方式来呈现电子产品，并去说服他人。

此外，乔布斯也是自恋性人格障碍的，这种人格障碍让他不仅拥有疯狂的完美主义，还拥有极强的控制欲，对产品的控制，对他人的控制，推动他人去完成看似不可能的任务。

乔布斯对自认为不懂的是很谦虚的，所以得到了很多人的指导，包括后来交恶的百事公司总裁约翰-斯库莱（John Sculley）。乔布斯曾经说过创造力便是将各种事物从内部关联起来以发挥出惊人的作用。他常说只有富有生活经验的人才能发现常人发现不了的事物，当年 Mac 电脑的问世便是集中了艺术、诗句、历史以及计算机技术等多个领域和人才之力才得以完成。

在其职业生涯中期，他的控制欲和完美主义虽然使他遭受一连串的失败，也让他的领导力得到了锻炼，为后来重新执掌苹果奠定了基础。在皮克斯中，他的控制欲开始得到减弱，他更多只做自己擅长的战略和营销工作，对产品的干预减少，之后当他返回苹果后，皮克斯的员工非常开心，因为乔布斯再也没有那么多时间干预他们了，皮克斯最后与迪斯尼合并，乔布斯成为迪斯尼的最大单一股东。

乔布斯在返回苹果后只是要了 1 美元的年薪，目的是在没有薪酬的情况下，他在许多决策上能够取得感情上的微妙优势，这为他的变革提供了很大的助力，后来他得到的股票期权回报，远大于董事会想给予他的报酬。

乔布斯还有一个非常重要的过人之处是其在个人职业规划和企业经营中具备长远的眼光。他当年将百事公司总裁约翰-斯库莱挖来苹果担任首席执行官之前曾经问过后者这样一个问题："你是愿意一辈子卖这种甜味的汽水还是做些别的事情改变世界？"

同时，好的创意和杰出的表达能力总是相辅相成的。乔布斯堪称全世界"最会讲故事的人"，不同于一般人只是单纯地叙述，乔布斯除了是一位优秀的"推销员"以外，更是"教育家""激励者"和"娱乐明星"。正因为准确抓住了客户们的心思，乔布斯才得以取得如此巨大的成功。想想如何帮助你的客户实现梦想，你便会取得成功。

自乔布斯重新执掌苹果以来，该公司股价已经累计上涨了惊人的 70 倍。但这多数还要归功于苹果稳定、耐心的工作，而并非是创新灵感的突然显现。而在乔布斯去世前，他已经为苹果在未来几年里实现 iPhone 市场份额翻一番甚至翻两番的目标打下了良好的基础。过去的点点滴滴连成了一条线，乔布斯的成功有其必然，他的成功无法复制，但每个人可以通过理解自己，用适合自己的方式，获得属于自己的成功。

> 资料来源：
> 《史蒂夫·乔布斯在斯坦福大学 2005 年毕业典礼上的演讲》，2017/10/26，https：//blog.csdn.net/tzhuwb/article/details/78165443。
> 《乔布斯的职业生涯规划》，2020/2/26，https：//wenku.baidu.com/view/791d7af8c8d376eeaeaa3128.html。
>
> 【请思考】
> 1. 乔布斯在职业生涯不同阶段的成败得失与职业责任和领导力的培养有什么关系？有何借鉴意义？
> 2. 在以大数据和人工智能为代表的新一轮科技革命的浪潮下，如何在职业生涯、不同阶段科学培养职业责任与领导力？

第一节　职业生涯准备期的职业责任与领导力培养

著名奥地利作家茨威格曾经说过："一个人生命中最大的幸运，莫过于在他年富力强的时候，发现了自己生活的使命。"[①]"人生亦有命，安能行叹复坐愁"，船只在海上的航行需要灯塔的指引，生活亦是如此，只有明白自己的人生使命，才不至于迷失方向，而终日碌碌无为，必将茫然失措，一事无成。职业生涯的准备阶段的每个人，总是怀抱着各种理想和幻想，这种宝贵的品质有利于促使职业生涯规划雏形的形成。如小时候科学家的梦想，透过大荧幕渴望成为优秀的足球队员，抑或是身边重要人物的职业影响，等等。但是，不妨试问自己可否为职业生涯雏形的实现而做出恰当的规划，试问自己可否为职业生涯第一步的迈出做好充分准备，试问自己应如何在职业生涯准备期进行职业责任与领导力的培养呢？

一、职业生涯准备期的主题与使命

职业生涯准备期是大学生形成了较为明确的职业意向后，做好从事职业的心理、知识、技能的准备以及对就业机会的等待期间，一般自大学生活开始，至大学毕业结束。大多数人的职业生涯准备期介于 22—23 岁本科毕业之前的这段时间里。每个择业者都有选择一份理想职业的愿望与诉求，尽早规划职业生涯，培养理性的思维和深度的认知，获得广泛体验，可以为大学生毕业之后顺利进入职业，开始自身的职业生涯打下良好基础。

具体而言,职业生涯准备期的主题与使命包括四个方面,分别是:充分认知自我,广泛了解环境;获取职业资料,以作选择参考;依照自身喜好,设计未来职业;积累职业能力,确定最终选择。

1. 充分认知自我、广泛了解环境

认知自我即寻找自己的理想、兴趣、天赋并积极调整自己。对自我有一个充分而全面的认知,是做好任何事情的前提。在大学四年里,我们应逐步找到自己的理想是什么,兴趣是什么,自己在哪方面可以做得更好。如果暂时还不知道兴趣在哪里,就要保持一种好奇的心态,多尝试,多挑战自己,让自己每天都在进步。

许多人对目前的专业没有兴趣,其实大家也可以在寻找兴趣的同时培养兴趣。在一个专业中有很多不同的发展方向,你也许对其中的某个方向感兴趣。而且,你所学的专业可能和你最感兴趣的专业有跨领域融合的机会,这也是培养兴趣的好方法。

当代大学生躬逢盛世,有幸身处中国"数千年未遇之大变局",时代给所有人提供了按照自己的意愿去尝试的机会,这极大地丰富了我们的人生。改革开放四十年来,中国正在崛起、民族正在复兴,这给当代大学生提供了前所未有的历史机遇,当然同时对大学生来说也是不小的挑战。当代大学生所面临的问题可能不再是选择太少,而是选择太多。

为了对自我有个清晰的认知,可以通过与自我对话来实现。哲学家最早关注自我对话的现象[②]。已有研究表明,自我对话是一种认知过程,指个体与自己进行交谈,其目的在于协助思考、控制和引导行为,自我对话在人们的认知、行为、情绪中发挥着重要的调节功能[③]。研究表明,在遭遇日常生活问题或者是学业问题时,问题难度越大,自我对话的使用频率越高。个体主要通过两种机制从自我对话中实现自我认知,一种是通过自我对话传递的自我信息造成了现有自我概念与潜在自我概念之间的差异,而这种差异导致了自我意识的发生;另一种是自我对话促进个体将他人对自己的评价、看法进行内化。总之自我对话能够促进对自身的了解、自我意识[④]。

但是自我对话的认知方法可能会存在主观判断的偏差,这时就可以借助于 PDP (professional dynamitic program)测试、大五人格测试等著名的专业性格测试软件,从而形成对自己较为客观的判断。

这里,我们以 PDP 测试为例。它是由欧美 20 余位专业研究者,结合心理学、组织行为学、统计学等共同研发。依据 2 100 万人以上的累积科研样本和 15 次技术升级,其诊断结果可用于企业管理、人力资源等多个领域。它主要关注的是人的行为风格差异,即一个人天赋中最擅长的做事风格,并且区分了天生本我、工作中的我及他人眼中的我。当代大学生可以将此测试结果作为参考,从中更全面地认识自我,并在未来的工作中忠实于自我,提升自我。如表 7-1 所示。

表 7-1 PDP 测试结果的七类条目

	测 试 指 标
A. 自然本我性格 （10 项指标）	（1）自然本我的综合特质分析　（2）自然本我的各项行为分析　（3）自然本我对人与事的原则　（4）自然本我的学习模式　（5）自然本我的自信指数　（6）自然本我工作领域的能力　（7）自然本我的决策模式　（8）自然本我的敏感度　（9）自然本我的抗压力　（10）自然本我的适应环境
B. 自然本我能力与风险 （8 项指标）	（11）自然本我的沟通模式　（12）自然本我的综合能力　（13）自然本我主要性格提示点　（14）自然本我的风险管理　（15）自然本我的领导风格　（16）自然本我的竞争力　（17）自然本我的压力来源　（18）生涯规划
C. 工作实际表现 （7 项指标）	（19）工作中最关键的行动　（20）工作的动态变化　（21）工作的决策变化　（22）工作的决策与文件工作量　（23）工作的精力变化　（24）工作的管理模式　（25）工作的沟通模式
D. 工作压力与改善 （7 项指标）	（26）工作的目标度　（27）工作的成就度　（28）工作的心情度　（29）工作的满意度　（30）工作的风险管理　（31）工作的压力度　（32）工作的改善计划
E. 外在的行为表现 （10 项指标）	（33）他人看你的综合特质分析　（34）他人看你的各项行为分析　（35）他人看你对人与事的原则　（36）他人看你的学习模式　（37）他人看你的自信指数　（38）他人看你工作领域的能力　（39）他人看你的决策模式　（40）他人看你的敏感度　（41）他人看你的抗压力　（42）他人看你人的适应环境
F. 外在能力与风险 （7 项指标）	（43）他人看你的沟通模式　（44）他人看你的领导风格　（45）他人看你的综合能力　（46）他人看你的竞争力　（47）他人看你主要行为提示点　（48）他人看你的压力来源　（49）他人看你的风险管理
G. 自我管理与控制 （3 项指标）	（50）个人工作的地雷区　（51）工作中的自我激励　（52）我期望的企业文化

在这之后，你需要对周围的环境有一个大体的了解，也正是所谓的知己知彼，百战不殆。想要与自己的职业选择所适应，就要了解隐藏于职业之中的上升空间、发展前景等相关指标，使之与自己的预期相匹配。

2. 获取职业资料、以作选择参考

专业方向并不等同于今后的工作内容。美国前教育部长 Richard Riley 曾经说过，2010 年最迫切需要的十种工作在 2004 年根本就不存在。这表明，学生必须不断更新自己对业界的认识，进行职业探索，不断研究产业发展趋势、工作前景、国际竞争等。大学生有必要深入了解优秀企业，看看真实工作情况。积极主动地收集相关信息，咨询有经验的人，争取参观企业和到企业实习的机会，多听企业宣讲或报告会。要真正了解外面有哪些工作机会，千万不能拍脑袋决定自己的就业方向，也不能道听途说，而是要多咨询，多实践，让自己的规划更加契合实际。

大学生可以通过各种渠道获取自己感兴趣的职业的资料。一般说来，分为间接资料获取和直接工作体验两种方式。间接资料能够提供比较广泛的信息，而直接体验的方式对个人来说会更具体和深刻。间接资料包括：网络、出版物、生涯人物访谈、行业博览会、人才交流会、专业俱乐部、专业协会、从业人员的介绍等；直接资料包括企业参观、实习、兼职，以及角色扮演等。例如，某位同学从智联、领英等几个较为知名的招聘网站上，能够了解到职位的需求，职位的竞争程度，通过对职位、薪资等了解,可以在某种程度上预测出这个职业的发展潜力。此外,也可通过大型公司网站对于相关职业的职位说明书与任职资格的详细研读,进一步准确地把握该职业及相关职位设置的情况。

一般而言,大学前段时期主要是打基础的阶段,专业的学习和知识面的扩展都非常重要,应该将最主要的精力投入到学习中去。大二开始可以在获取职业资料的基础上初步开展职业环境的探索,包括行业、企业和职业三方面,认识不同职业所需要的知识、技能、经验,认识不同行业和职业的发展路径等,并通过有选择地参加学生社团、实习和校外实践活动尝试寻找与自己相适应的职业,通过试错和调整后初步确定自己的职业方向。大三时可以通过兼职途径等开始获取一些工作经验,更直观地为职业生涯的选择做好准备,在此基础上做出适合自己职业定位的职业生涯规划。但是每个人有自己的具体情况及与个人相匹配的职业生涯发展规划路径,并不拘泥于此。

改革开放 40 年职业的变迁

铁路扳道工、弹棉花手艺人……这些职业对于现在的年轻人来说已经陌生;"无人机驾驶员"、程序员……40 年前未曾预料到的职业如今却在走红。改革开放 40 年,改变的不仅是经济体量,也改变着社会分工。40 年来,"工、农、兵、学、商"为主的单一职业体系发生了翻天覆地的变化,新的职业体系在细化与新生中重构。而每一个个体,也在调整适应时代变局中,感受起伏人生。

一、昔日热门职业逐渐消失

安贵涛今年 55 岁,曾在中国铁路北京局集团有限公司北京西车务段门头沟站做了 35 年扳道工。这是个体力活,责任却重于泰山。

伴随生产技术与工艺的革新,铁路上越来越多地使用电动道岔,像安贵涛这样的扳道员日渐减少。与扳道工境遇相似的,还有修钢笔工、补锅匠、寻呼转接员等一批曾经耳熟能详的职业。

2015 年,人力资源和社会保障部等部门颁布了修订后的《中华人民共和国职业分类大典》,减少了 205 个职业。

科技和生产力的提高极大地丰富了人们的日常生活,社会需求结构也随之发生改变。不少过去热门的职业因为不能及时适应这种变化,处于即将被淘汰的境地,但是这种逐渐"消失"的过程,是新事物对旧事物的一种替代,有利于促进职业结构转型。

二、需求升级推动传统职业细分

23岁的蔡叶昭是安徽省芜湖市人,虽然年纪轻,却已是第44届世界技能大赛烘焙项目金牌获得者,现在从事烘焙教练工作。社会的进步,生活水平的提高,让人们物质文化需求日趋多样。老百姓已经不满足于吃饱,更要吃得精细,吃得营养,这一变化导致了厨师职业的细分。中式烹调师、西式烹调师、公共营养师、营养配餐员等职业应运而生。

除此之外,脱胎于理发匠的美容美发等职业也在城市服务行业中占据一席之地。以兽医专业为基础分化出来的宠物医师,也颇受市场欢迎。

改革开放以来,随着技术水平的革新,我国制造业主要工种由传统的车工、铣工、刨插工、磨工、钳工向数控领域再到向机器人应用领域转变,生产制造的精度和效率有了极大提高。

人们对美好生活的追求,反映在职业领域,就是传统的"专业技术人员""社会生产服务和生活服务人员"呈现越来越细化发展的趋势。2015年版《中华人民共和国职业分类大典》中新增了347个职业的描述信息,这有利于让更多从传统职业中分化出来的职业被大众所认同。

三、新科技催生新职业

41岁的辛建英是江西省余江县平定乡洪万村人,除了会做一般的农活外,她还会开"飞机"——通过遥控植保无人机,进行喷洒作业。经过培训和实践,辛建英成了一名合格的"无人机飞手",一年忙几个月收入就有几万元。随着科技化、机械化在农业领域的应用,一批不适应社会化大生产的职业类型逐渐消失,与此同时也催生了诸如无人机飞手、茶叶采摘机操作工等新工种。

所谓新职业,是指尚未被《中华人民共和国职业分类大典》收录,但又具有相对独立成熟稳定的职业技能,且已经存在一定规模的从业人员的职业,一般来说,从业规模应在5 000人以上。它是在经济社会发展中萌发出来的新事物。2019年初,人社部发布公示通告,拟发布15个新职业,包括人工智能、物联网、大数据、云计算的工程技术人员,电子竞技员、电子竞技运营师、无人机驾驶员等、建筑信息模型技术员、数字化管理师、农业经理人、工业机器人系统操作员、工业机器人系统运维员、物联网安装调试员、城市轨道交通线路工、城市轨道交通列车检修工。

而在法律制度的规范下,这些新兴职业最终也会像已经长期存在的其他职业一样,成为社会职业金字塔中的一块基石,为促进社会发展贡献力量。

资料来源:案例改编自《"时髦"新职业是科技进步的展现》《40年职业变迁见证社会发展》

3. 依照自身喜好,设计未来职业

兴趣是最好的老师。只有遵循快乐与职业合二为一的时候,职业才不局限于工作,并演化成为一生乐在其中的事业。

美国学者霍兰德(Holland)提出人格-职业匹配理论,他认为人的人格类型、兴趣与职业密切相关,兴趣是人们活动的巨大动力,凡是具有职业兴趣的职业,都可以提高人们的积极性,促使人们积极地、愉快地从事该职业,而且,职业兴趣与人格之间存在很高的相关性。他把人的人格划分为六种类型:实际型(realistic)、研究型(investigative)、艺术型(artistic)、社会型(social)、企业型(enterprising)和常规型(conventional),简称RIASEC[⑤]。如表7-2所示。每一个人都可以划为一种人格类型,并对应于一种职业兴趣。基于这种理论,霍兰德先后编制了职业偏好量表(Vocational Preference Inventory VPI)和自我导向搜寻表(Self-Directed Search SDS)两种职业兴趣量表。

表7-2 霍兰德职业兴趣量表的结果类目

类 型	共 同 特 征	典 型 职 业
S. 社会型	喜欢与人交往、善言谈、愿意教导别人。关心社会问题、寻求广泛的人际关系,比较看重社会义务和社会道德	喜欢要求与人打交道的工作,从事提供信息、培训、开发或治疗等事务。如:教育工作者,社会工作者
E. 企业型	追求权力、权威和物质财富,具有领导才能。为人务实,习惯以利益得失、权利、地位、金钱等来衡量做事的价值	喜欢具备经营、管理、劝服、监督和领导才能的工作。如项目经理、销售人员、政府官员、企业领导
C. 常规型	喜欢按计划办事,细心、有条理,喜欢关注实际和细节情况,通常较为谨慎和保守,富有自我牺牲精神	喜欢注意细节、精确度、有系统有条理的职业。如:秘书、行政助理、投资分析员
R. 实际型	愿意使用工具从事操作性工作,动手能力强,偏好于具体任务,不善言辞,做事保守,缺乏社交能力	对从事与物件、机器、工具、运动器材相关的职业有兴趣。如:技术性职业、技能性职业
I. 研究型	抽象思维能力强,善思考,不愿动手。喜欢独立的和富有创造性的工作,不善于领导他人。喜欢逻辑分析和推理	喜欢智力的、抽象的、分析的、独立的定向任务。如科学研究员、教师、电脑编程人员、医生
A. 艺术型	有创造力,渴望表现自己的个性,实现自身的价值。做事理想化,不重实际。善于表达、怀旧、心态较为复杂	喜欢的工作要求具备艺术修养、创造力、表达能力和直觉。如艺术方面、音乐方面、文学方面

但是,生活中的大多数人都并非只有一种性向(比如,一个人的性向中很可能是同时包含着社会性向、实际性向和研究性向这三种)。霍兰德认为,这些性向越相似,相容性越强,则一个人在选择职业时所面临的内在冲突和犹豫就会越少。为了帮助描述这种情况,霍兰德建议将这六种性向分别放在一个六角形的每一角,提出了著名的六角形模型,具体如图7-1所示。霍兰德职业兴趣测试一般是适合于高中生以及大一大二的学生,此测试可以让初入职场者确定自己的兴趣爱好,给大学的职业选择、未来的人生规划提供参考。

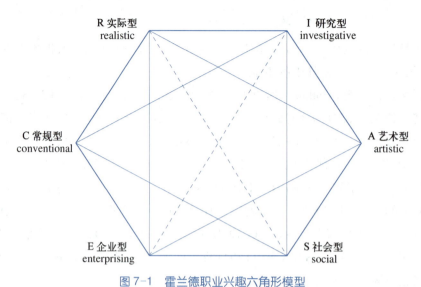

图 7-1　霍兰德职业兴趣六角形模型

（资料来源：仝玲等：《职业生涯与发展规划》，人民军医出版社 2012 年版，第 30 页。）

其次，我们介绍 MBTI（Myers Briggs type indicator，迈尔斯类型指标）职业性格测试。MBTI 人格理论的基础是著名心理学家卡尔·荣格先生关于心理类型的划分，后经一对母女凯瑟琳·布里格斯（Katharine Cook Briggs）与伊莎贝尔·迈尔斯（Isabel Briggs Myers）研究并加以发展。按照荣格对于人的心理类型的基本划分，人群分别属于外向型（E）或内向型（I）：前者倾向于在自我以外的外部世界发现意义，而后者则把相应的心理过程指向自身。接下来就是不同心理功能的划分：两种判断事物的态度（思考 T 和情感 F）、两种认识世界的功能（感觉 S 和直觉 N）以及两种生活态度（判断 J 和知觉 P）。其中两两组合，就可以组合成 16 种人格类型，如图 7-2 所示。

SJ 教条型，护卫者　　　　NF 友善型，理想主义者

ISTJ Inspector 稽查员/检查者	ISFJ Protector 保护者	INFJ Counselor 咨询师/劝告者	INFP Healer/Tutor 治疗师/导师/化解者
ESTJ Supervisor 督导/监督者	ESFJ Provider/Seller 供给者/销售员	ENFJ Teacher 教师/教导者	ENFP Champion/Advocate/Motivator 倡导者/激发者
ISTP Operator/Instrumentor 操作者/演奏者	ISFP Composer/Artist 作曲家/艺术家	INTJ Mastermind/Scientist 智多星/科学家/策划	INTP Architect/Designer 建筑师/设计师
ESTP Promotor 发起者/创业者	ESFP Performer/Demonstrator 表演者/示范者	ENTJ Field Marshall/Mobilizer 统帅/调度者	ENTP Invertor 发明家

SP 探索型，艺术创造者　　　　NT 坚定型，理性者

图 7-2　MBTI 人格类型

这种理论可以帮助解释为什么不同的人对不同的事物感兴趣、擅长不同的工作、并且有时不能互相理解。实践证明,青年人利用它选择职业,组织利用它改善人际关系、团队沟通、组织建设、组织诊断等多个方面。MBTI 职业性格测试作为一种对个性的判断和分析,是一个理论模型,从纷繁复杂的个性特征中,归纳提炼出 4 个关键要素——动力、信息收集、决策方式、生活方式,进行分析判断,从而把不同个性的人区别开来。目前已经成为国际上最为流行的职业人格评估工具。在世界五百强中,有 80% 的企业有 MBTI 的应用经验。中国企业有"宝钢""海尔"等大型公司,主要用于员工的性格确定,以便公司对员工进行有效的发展规划。当然有学者认为此测试不适合高中生主要是因为高中生在性格养成上还未完全确定,尤其我国内目前的被动式教育导致学生的性格被严重压抑。但是大部分学者还是认同该工具,认为该工具可以帮助同学们在职业生涯准备期做好职业规划,从而进一步促进职业责任与领导力的培训。

4. 积累职业能力,确定最终选择

如果说职业兴趣是引导个人择业方向的灯塔,那么职业能力则是决定个人能否具备胜任有兴趣的职业的能力,并是否能在这一领域做出相应的职业贡献。职业能力是每个人为未来职业奠定基础的关键因素,也是推进大学生职业发展的主要能力支撑。具体而言,职业能力是指能够完成某种职业活动并且决定是否高效且顺利实现目标的一种能力。

每个职业都需要不同的具有职业特点的能力。例如,医生要具备肢体协调能力和强大的心理素质;销售人员要有良好的语言表达能力和善于观察的能力;教师要有严谨的逻辑推演能力和较强的理解沟通能力。为了能让每个人在"想要"和"能够"之间架起一座机会的桥梁,就要有针对性、阶段性地去了解、去培养职业生涯所需要具备的职业能力、职业素质,通过日积月累,以便使其在未来走上工作岗位的时候,能够更好更快适应职业的需要。基于这一思考,建议个人在求学期间,尤其是大学期间在课业生活的间隙多去尝试不同的兼职与实习工作。一方面在人际沟通能力方面会得到提升,另一方面,可以巩固课堂或书本上所讲的理论知识,从而使知识真正转化成为自己综合素养的一部分。而且要特别注重在这个过程中去琢磨、去体会职业责任,感悟领导力,这些重要的因素将会对个人今后的行为举止、世界观与价值观等方面形成潜移默化的影响。

二、职业生涯准备期的职业责任培养

风云变幻之中彰显英雄本色。物欲横流之中如何能秉承高尚的价值观,塑造正派的职业形象,培养良好的职业责任素质,是每个人在职业生涯准备期不可忽视的一个步骤。它奠定了未来个人自身的发展脚步,企业的前进轨迹,也影响着社会的道德风尚。正如美国微软公司联合创始人比尔·盖茨曾说:"人可以不伟大,但不可以没有责任心";现代法国小说之父巴尔扎克曾说:"职业尽管不同,但天才的品德并无分别"……古今中外,但凡有大成就、大建树的人,皆有良好的职业道德和职业责任。结合当前时代特征,个人若想成就自己、奉献社会,就要树立"在其位,谋其政,尽其责,成其事"高标准。从职业生涯准备期开始,就要重视职业责任的培养。

责任感可以创造奇迹

美国著名心理学博士艾尔森曾对世界100名各个领域中的杰出人士做了问卷调查,调查的结果让他十分惊讶——其中61名杰出人士承认,他们所从事的职业,并不是他们内心最喜欢做的,至少不是他们心目中最理想的。那么,我们不禁疑问:这些杰出人士竟然在自己并非喜欢的领域里取得了那样辉煌的业绩,除了聪颖和勤奋之外,究竟靠的是什么呢?

纽约证券公司的金领丽人苏珊的经历,为他寻找满意的答案提供了有益的启示。苏珊出身于中国台北的一个音乐世家,她从小就受到了很好的音乐启蒙教育,期望自己的一生能够驰骋在音乐的广阔天地,但她阴差阳错地考进了大学的工商管理系。尽管不喜欢这一专业,可还是学得格外刻苦,毕业时被保送到美国麻省理工学院,后来,她又拿到了经济管理专业的博士学位。时至今日她依然心存遗憾地说:"老实说,我仍不喜欢自己所从事的工作。如果能够让我重新选择,我会毫不犹豫地选择音乐。但我知道那只能是一个美好的'假如'了,我只能把手头的工作做好……"艾尔森博士问她:"既然不喜欢眼下的工作,为何你又做得那么优秀?"苏珊十分明确地回答:"因为我在那个位置上,那里有我应尽的职责,我必须认真对待。"

艾尔森在以后的继续的走访中,发现许多的成功人士之所以能出类拔萃,与苏珊的思考大致相同——因为种种原因,我们常常被安排到自己并不十分喜欢的领域,从事了并不十分理想的工作,一时又无法更改。这时,任何的抱怨、消极、懈怠,都是不足取的。唯有把那份工作当作一种不可推卸的责任担在肩头,全身心地投入其中,才是正确与明智的选择。正是这种高度责任感的驱使下,他们才赢得了令人瞩目的成功。

"热爱是最好的教师","做自己想做的事",这些话已经是耳熟能详的名

> 言。但是,"责任感可以创造奇迹",却容易被人忽视。根据上文案例,我们可以看到,只要有高度的责任感,即使在自己并非最喜欢和最理想的工作岗位上,也可以创造出非凡的奇迹。大学生应该在职业生涯的准备阶段,牢固树立职业责任意识,为将来的职业发展保驾护航。正如哈伯德在其《把信送给阿加西》一书中写道:"年轻人所需要的不只是学习书本知识,也不只是聆听他人的种种指导,而是更需要一种敬业精神,对上级的托付立即采取行动,全心全意去完成任务。"
>
> 资料来源:https://wenku.baidu.com 略有删减改编。

1. 职业责任意识培养的原则

职业责任意识是从业人员必须具备的基本而重要的品质。如果不能履行职业责任,那么一个人即便具备非凡的学识与能力,也不堪大用。职业生涯准备期的职业责任意识培养应遵循以下原则:

(1) 遵循职业道德的指导。"不患无策,只怕无心。"履行职业责任是遵守职业道德规范的基本要求。职业责任意识的培养离不开道德的指引与约束。每个行业要承担的道德责任和义务不同。例如,就教师而言,要以德为先、爱才惜才、以身作则;就会计而言,要实事求是、忠于职守、不向不良风气和非法行政命令低头,等等。职业道德作为一种软约束力,从内心、言行潜移默化地影响着职业责任的养成。因此,在培育职业责任意识的过程中,要着重加强自我品格的修养,培养严格的自律精神,遵循职业道德的指导。

(2) 强化自律意识的修炼。承担基本的职业责任离不开自律意识的培养,增强主体意识的内省化行为,从思想源头把握职业责任。勤勉尽职、严格自律是各项职业最基本的职业道德和职业责任的要求与体现。每个人岗位不尽相同,职责有大有小,但要把工作做完、做好,最不能缺少的就是自律意识。当一个人缺乏自律,就会常常说一些推托或借口之词,这不仅是一种对工作失误的逃避,更反映了工作中的懈怠。自律意识承载着职业责任,一个充满自律意识的人,通常会表现出优秀的品质,如勇于担当、对工作尽职尽责,将集体利益当作个人利益。当代大学生在培育职业责任的过程中,要充分注重自律意识的修炼,从严格管控时间、认真对待学业的点滴做起,秉承一种敬业、负责的精神,实现职业责任的培育。

(3) 注重与社会责任的趋同。社会人不能逾越社会共同秩序,职业责任感的培育应与社会责任保持趋同。履行职业责任是履行社会责任的不可或缺的基础和前提,职业责任感实际上是社会责任感的一种体现。职业责任与社会责任之间的关系是特殊和一般、个性与共性的关系。社会分工是职业产生的根源，社会的发展也决定和制约着职业的发展，职业作为社会关系的重要方面，其分工决定着从事不同职业的人们对社会承担着不同的责任，社会责任的承担需要职业责任的自觉履行。职业责任意识作为职业承担者或职业团队呈现出的道德操守和行为表现，因此具有较强的稳定性和连续性，它不仅调节着从业人员与服务对象之间关系，维护和提升企业、行业的信誉，帮助组织更好地发展，同时也有助于提高全社会的使命感、责任感和道德水平。

（4）讲求培养方法的渗透性。职业责任的培养需要遵循个人的思想和行为等多方面因素渐次发展的规律，这是一个循序渐进的过程，并非是一蹴而就的。培养方法要注重在理论和实践中的渗透，潜移默化地予以熏陶。例如，在日常的学习生活中，一方面应善于观察哪些行为是具有职业责任感的表现，哪些是违反职业道德的，并且有意识地提醒自己"有则改之，无则加勉"，另一方面，要释放"正能量"，即保持积极的、自律的、欣赏的、善学的态度，只有这样才能做到真正的敬业。

2. 责任意识培养的步骤

（1）职业道德的渗透。增强大学生对职业责任的认同感与敬畏感，需要从道德层面灌输爱岗敬业、忠诚守信等基本责任品质。在责任意识地培养中融合社会道德，由正确的道德观、价值观引导大学生有意识地树立正确的职业责任意识，并进一步通过职业素养和道德操守来规范其有效发挥反馈作用，相互渗透、相得益彰。

（2）传统文化的熏陶。有意识的通过优秀传统文化熏陶大学生的传统社会美德，助力理想信念、责任担当的培养与定型。我国五千年的传统文化，造就出无数的道德榜样，通过有意识的传承和引导将对当代大学生的价值取向产生深刻的影响。例如，"生于忧患、死于安乐"的忧患意识、"言必诚信、行必忠正"的诚信意识、"君子喻于义、小人喻于利"的义利意识，等等。

（3）职业兴趣的推动。诺贝尔物理学奖华人获得者丁肇中曾经说过"兴趣比天才重要"。对大学生职业兴趣进行针对性的培养，使其在乐业中勤勉尽责、勤奋不懈是塑造职业责任意识的有力助推器。当一个人能够透过兴趣做工作，其主动性会得到充分发挥，其潜能能够被最大限度地调动起来，即使辛劳也依然如痴如醉。当兴趣与自身的责任感、使命感和理想目标充分结合，便更加有利于职业责任的塑造和职业使命的形成。

（4）职业规范的约束。法国著名的教育学家和社会学家涂尔干说过："纪律是人性本身所需，是人性用来实现自我的方法"[6]。有别于职业道德的软性约束，职业规范是一种强制性的硬性约束，是一种保证职业活动正常进行的基本纪律，通过相应的制度约束和惩处要求人们必须遵守职业规范，履行职业责任。因此，职业责任的培养离不开对相应职业规范的学习和感悟。

（5）实践铸就真知。无论是职业道德潜移默化的熏陶，还是职业规范的外在约束，都需要在社会生活的实践当中形成和体验。在培育职业责任意识的过程中，需要有侧重地加强其工作实践和生活实践，使职业责任培养与集体活动以及社会实践有效结合，从而承担起对他人和社会的责任，并将职业责任内化于内心道德。

三、职业生涯准备期的领导力开发

1. 职业生涯准备期领导力培养现状

领导力是不是天生的？有些人认为领导力是与生俱来的，有些人认为领导力通过后天努力辛勤工作发展得来的。多数研究者认为两者都必须具备，所有人都有潜在的领导能力，同时领导力作为一种技能，可以后天的培养获取或得以提升。例如，科比·布莱恩特和迈克尔·乔丹都是非常杰出的篮球运动员，但是他们并非一出生就如此。先天条件只决定了他们的身高与才能，而成就他们的，却是后天的培养与努力。这说明在科学的教育理念和环境下，结合领导力理论和实践，领导力是可以通过后天培养获取的。大学生职业准备期的领导力开发，主要指的是充分挖掘和发挥大学生在校期间的领导潜力，不断增强大学生领导技能，从而帮助大学生领导力的形成和提升。加强大学生领导力的开发与培养是顺应时代潮流的重要举措，如耶鲁大学采用"渗透式"的教学，鼓励学生在社区、社团活动中培养领导力。尽管世界各国和地区都在逐步重视大学生的领导力开发与培养，但仍然存在着一些亟待突破的瓶颈性因素。

（1）偏向精英、尚未全员普及。领导力作为积极影响追随者以及所在群体达至确定目标的综合能力，日益成为基于社会角色和动态过程的每个人都潜在拥有且可被开发的能力，是每个大学生在校以及步入社会、进入各行各业后所拥有的一种通用能力。在大学阶段，大学生领导力开发的关键要形成坚实的就业能力，也即个体因为拥有能够吸引雇主的知识、技能、态度、性格等而具备的实现就业、维持就业以及有必要时重新就业的能力。同时高校领导力教育要有意识地培养学生参与领导过程，帮助大学生开发成长性思维模式与柔性领导力，发展出胜任力、自信心、人际影响力和积极归因等关键能力。但就目前而言，我国高校真正能够接受大学生领导力教育的学生受益面比较窄，尚未将领导力视为全体学生都应具有的通用能力开展教育培训，以整个大学阶段全过程为周期的阶梯式教育模式比较少见。

（2）侧重理论、缺乏实际操作。领导力伴随实践能力养成，需要理论与实际的高度结合。目前我国大部分高校虽然开设了与领导力教育相关的课程，但是由于领导力教育尚处于起步阶段，缺乏好的师资和优秀的教材，教学方法上总体上还偏向于课堂上的理论灌输，缺乏在实践中的有效沟通和实际操作。因此，当前的大学生领导力教育需要内容创新、形式创新实践应用环节亟待加强。

（3）短时效应、价值观渗透不足。海塞宾指出，"领导就是做人，而不是做事。"然而，当前各高校对于大学生领导力的培养普遍追求速成效应，而忽视了领导力的培养是一个循序渐进的过程。同时，目前高校的领导力教学以传授西方领导力理论为主，但由于中西方文化和价值观存在显著的差异，我国领导力教育一方面既要充分借鉴西方领导力理论中高效、公平、民主的观念，同时也要结合我国国情充分融入中华民族传统文化中的优良传统及社会主义核心价值观。

2. 职业生涯准备期间的个人领导力的培养方式

（1）树立正确价值观念。领导力的培养需要以正确的价值观念作为导向。在我国的集体主义价值观的背景下，大学生的领导力需要从合作能力、决策能力、创新能力等方面着手，并且注重从认知、情感和行为的综合体验过程中内化价值观。此外，也需要通过主题调研、志愿服务等实践环节培养大学生的奉献精神和幸福感。通过这些途径，以帮助大学生在实践领导力的过程中，正确地处理个人与他人、个体与集体之间的关系。大学生领导力的提升，核心动力是正确的、与时俱进的价值观。只有对自身心灵、价值观和精神风貌的不断修炼，才能保证所有的外在努力能够被引导通向正确的方向。

（2）积极参加社会实践。翁文艳通过调查发现，参加社会实践有助于发展大学生如下方面的能力：社交能力（占51.6%）、解决问题的能力（47.7%）、自我认知的能力即更清晰地了解自己的长处与不足的能力（47.3%）、扩大了人脉关系（45.7%）、适应社会的能力（42.2%）、更加自信（41.2%）、团队合作能力（33.0%）、对人对事的态度更加宽容（27.1%）、服务他人与社会的责任感（21.3%）、决策能力（17.1%），这些素质和能力也正是领导力组成的重要方面⑦。

在信息化时代，大学生可以通过多种途径和丰富的手段搜集信息，通过合适的渠道和方式积极参加各类适合自身成长的社会实践活动，例如，长辈和有经验的好友会给我们带来有效讯息，大学生可以聆听老师、家长、同学的推荐；时刻关注有特点、喜好的企业网站，积极争取参加知名企业的"大学生实习计划"；参加社团教育、志愿者活动等兼职的服务机构；也可关注校内合作或校外合作的大学生实践项目。大学生在社会实践中可以通过行动学习增加对国情和社会的认知、提升领导力技能、磨炼意志，培养"知行合一"的心智模式。

（3）参与学生创业活动。参与创新创业活动，是最能够直接提升大学生领导能力的途径之一。它能够使得大学生在社会实践历练、创新精神培养、商业思维训练、协调能力提升等诸多方面带来新的飞跃。领导力的培养离不开创业精神和职业兴趣，敏锐的市场观察能力需要大学生在日常的学习生活中有意识地加以追求和把握。例如，主动设计和参与创业计划竞赛，在创业的学习实践平台上充分感悟理论知识应用的过程，在整个过程中也将提升大学生的创新思维和综合素质，促使优秀的大学生领导人才涌现。

"超级课程表"诞生记

1990年出生于广东潮汕一个普通家庭的余佳文,于2004年,年仅14岁就开始做生意。2007年,在饶平二中读高一的余佳文开始自学编程,开创了一个高中生社交网站。网站2008年盈利,赚得人生的第一个一百万。

读大学后,余佳文轻松了很多,可以自己动手做更多有趣的项目,老师允许他自己给自己出题当作业交,这样反倒使他严格要求自己而不是敷衍了事。在大学期间,他遇见了自己的团队成员,这个一直独自埋首电脑前打代码的男孩瞬间觉得多了一份责任感在身,"我希望能够几个人一起去做一件特别有意义的事。"

2012年8月,余佳文团队研发的"超级课程表"获得第一笔天使投资;

2013年1月,超级课程表拿到了第二笔天使投资;

2013年6月,超级课程表获得千万元级别的A轮投资;

2014年11月,余佳文获得阿里巴巴数千万美元风投。

2014年,在央视《青年中国说》节目里,余佳文公开承诺"明年拿出一亿元给员工分红",并提到"超级课程表"的管理模式中有"员工工资自己开""上下班时间自己掌控"等,一时引发广泛的争议。这充分暴露了余佳文作为年轻的创业者在领导力上尚不够成熟。但也正是创业的经历使余佳文较之于同龄人更早地直面复杂多变的环境和工作本身带来的巨大挑战,领导创业团队面对和解决企业发展中产生的各类实际问题。参与创业的过程同样也是磨炼自身领导力的过程。

资料来源:余佳文 超级课程表创始人

https://product.pconline.com.cn/itbk/people/subitpeop/1503/6231279.html

(4)塑造良好的网络形象。大数据时代背景下,各行各业对于互联网、大数据等技术和工具的使用能力有了更高的要求。这就要求大学生需要具备在短时间吸收和处理数字信息的能力,在此基础上,充分结合所学专业知识,融合网络信息,将领导力实现在每个决策领域。此外,当代大学生要掌握即时通信、视频会议、电子邮件等基本工具,合理有效进行交流,共享愿景。

当前,在虚拟的网络空间中,大V和意见领袖的影响力甚至超过了某些传统的权威人士。大学生如何做到文明自律,用高质量的信息塑造负责任的网络公民形象,并建立自身的公信力和影响力,这是当今大学生面临的重要问题。

在信息网络社会,领导形象主要由民主、亲民、公开和专业四个重要素决定。从领导科学的角度看,网络领导者的价值约等于领导网络的价值。(其中,K 为价值系数,N 为用户数量。)也就是说,网络的有用性(价值)随着用户数量的平方数增加而增加。

$$领导网络魅力 = 梅特卡夫定律(\text{Metcafe's Law})[8]$$

$$V = K * N^2$$

(5)争取担任学生干部。学生干部对于大学生领导力的锻炼能力是不可小觑的。翁文艳的调查发现,通过担任学生干部,可以提高自身的解决问题的能力(63.0%),扩大自己的人脉关系(50%),更加自信(46.1%),提高了团队合作能力(44.2%),对人对事的态度更加宽容(41.6%),提高了承受压力和抵抗挫折的能力(41.6%),有助于更清晰地了解自己的长处与不足(37.7%),提高了决策能力(33.1%),提高了社交能力(31.8%),增进了服务他人与社会的责任感(31.2%)。因而大学生通过担任学生干部可以组织其他同学参加集体互动,协调师生、同学之间的关系,进而可以起到培养领导力的作用。具体而言,通过担任学生干部有助于在下面三个方面实现领导力培养的目标:树立热爱学生工作、乐于助人的心态;注重自我性格修养,积极正面地影响同学;注重认真学习理论课程的同时,展现课外生活和实践活动的丰富多彩。

第二节 职业生涯早期的职业责任与领导力发展

大学生告别了学校,正式进入社会之后,也就意味着开启了个人的职业生涯。这一阶段是整个职业生涯的早期阶段,与职业生涯准备期不同的是,在早期阶段需要我们思考以下问题,这一阶段的职业生涯将会呈现出什么样的总体特征?我们应该在什么样的使命感下去培养相应的职业责任和领导力?而这一阶段应拥有的职业责任和领导力内涵是什么?

一、职业生涯早期的主题与使命

一般而言,我们所指的职业生涯早期是自大学毕业开始进入职场的时候,多数人是在 22—35 岁之间。也就是说,当个人在经过职业生涯准备期之后,便步入了职业生涯的早期。研究显示,职业生涯早期主要包括职场进入和职场发展两个阶段。在职场进入的阶段,着重围绕的核心任务是适应工作、融入团队;在职场发展的阶段,围绕的内容是发展自我、创造价值。

1. 职场进入

对于一个刚走出学校的大学生而言,刚进入职场需要具备以下四个方面的能力,分别包括对于工作环境的适应程度、掌握最为基本的职业所需技能、能够与同事和睦友好的相处,以及得到主管的认可。

(1) 努力适应工作环境。进入职场的第一个考验,也是最为基本的要求,就是能够适应工作环境。学校的环境和工作环境存在明显的不同,所要求的能力和处事态度也不尽相同。大学毕业生进入职场最重要的是要拥有一个良好的职业心态,对自己的职业有一种认同感,从而产生源源不断的工作动力。

(2) 掌握职业所需技能。不同的职业有不同的职业技能要求,例如,营销类需要员工具备强有力的与人沟通的能力,律师类需要员工具备严谨的逻辑和敏锐的思维能力,管理类需要员工具备组织协调和领导能力,等等。新入职的员工需要认真学习相关职业技能,把职业转变为事业,打造自己的核心竞争力,呈现独特的职业价值。

(3) 与同事友好相处。进入职场后需要磨炼的基本能力之一就是与同事友好相处的社交能力。能否有效而合理地处理好工作之中人与人之间的各种关系包括上下级关系、平级同事关系、与内外部顾客的关系等,上述关系处理得好坏将直接影响到新入职的员工工作效率的高低、身心健康的状态,以及能否融入和顺利地被接纳到团队当中。因此,与同事友好相处是职业生涯早期阶段需要具备的能力之一。

(4) 得到主管的认可。在树立专业技能是立身之本的前提下,新进入职场的大学毕业生们需要得到主管的认可。这不仅是一种对自身职业技能的肯定,也无形之间增强了工作的自信心。得到主管的认可,需要从树立良好的职业形象入手,同时采取相关策略予以应对。例如,在积极支持主管工作的同时,能够在适当的场合以适当的方式提出自己的观点;自我绩效优异,同时能够在关键时刻支持主管;除非万不得已不要越级汇报;在取得成绩的时候强调集体和团队的贡献,出现问题时勇于担当,等等。

2. 职场发展

在新人步入职场后,随着环境的逐渐适应,被同事和主管了解并接受后,便步入下一个阶段,即职场发展阶段。在这一阶段,职场新员工的主要目标和使命包括保持良好工作业绩、得到关键人物的支持、对职业生涯前景有了更为清晰的把握等内容。在该阶段,重点是突出自我的"成长与发展"。

(1) 保持良好的工作业绩。作为企业,其直接目的和最终目的是盈利。新入职员工若能够持续保持良好的工作业绩,便能符合雇主所寄予员工的种种期望。从一份好的工作业绩答卷中,雇主能够看到你的工作态度、职业素养、专业技能、团队意识、工作表现等多个方面。这对于接下来个人的职场发展有着重要的作用。

(2) 得到关键人物的支持。在职业发展阶段,如果能获得组织高级人物或是关键人物的关注,将会对未来的工作、晋升、培训等方面起到积极作用。比如,当你可以与上司建立起牢固的关系,你就会得到完成目标所需的相应支持。员工可以通过努力达到上司所看重的目标、提供上司需要的解决方案、及时汇报所了解的事务等方式逐步得到关键人物的青睐。

(3) 对职业生涯前景有更清晰的把握。在适应职场新的环境之后,新进职员已经在某一工作领域积攒了一些经验。马尔科姆·格拉德威尔曾经提出著名的"10 000 小时定律",即"如果一个人在某个领域工作,技能、经验等累积达 10 000 个小时,那么他便可称为这个领域的专家了"。[9]这句话的意思是说,当一个人在确定的职业方向上形成了职业积累,会形成自身的竞争力,对个人的职业做出定位,通过中期和长期的分析,对职业生涯前景有一个更为全面的综合认知,也会有更清晰的把握。

(4) 渴望获得更大的发展空间,要求自主权和独立权。处于职业发展阶段的员工,需要良好的成长和提升机会,对于未来也期待着更大的成长空间,从而更好地实现自我价值。在日常工作中,这一阶段的员工对于新的挑战跃跃欲试、热烈地渴望着新岗位。比起在环境适应阶段完成条条框框内的工作而言,现阶段的职员更想要合理范围内的自主权和独立权,以实现自身求进步、求发展、求良性职业通路。

二、职业生涯早期的职业责任发展

每个人的职业发展,在为企业负责的同时也是在为自己负责。正如俄国批判现实主义作家列夫·托尔斯泰所言,"一个人若是没有热情,他将一事无成,而热情的基点正是责任心。"其实,在日常的生活和工作中,责任心是一切得以正常进行的重要基础。在上一节中,主要指出了在职业生涯准备阶段,职业责任意识培养所应遵循的原则以及培养所需的步骤。那么,在职业生涯的早期阶段,我们应该如何发展职业责任呢?这就需要进行自我职业责任的开发和组织责任的熏陶。

1. 自我职业责任开发

(1) 选择适合自己的职业。职业选择的一个重要理论基础是人职匹配理论。该理论主要代表人物就是美国波士顿大学的帕森斯教授,他被称为"职业指导之父"。帕森斯认为,职业选择是依据自己的兴趣、能力、特点等自身素质,从社会现有的职业中选择一种适合自己的职业的过程。职业选择的三大要素和条件是：应该清楚地了解自己的态度、能力、兴趣、智谋、局限和其他特征；应该清楚地了解职业选择成功的条件、所需知识，在不同职业工作岗位上所占有的优势、不利和补偿、机会和前途；上述两个条件的平衡。美国职业指导专家霍兰德(1959)在帕森斯的基础上提出，职业选择是个人人格在工作世界的表露和延伸，即人们在工作选择和经验中表达个人兴趣和价值。戈特弗里德森(Gottfredson)将心理学观点与社会学观点相结合提出职业发展抱负理论，以性别类型(sex-type)、社会声望(prestige)和职业领域(field of work)作为研究职业选择的三个重要维度。但在整个社会中，人们对职业的印象都是沿着职业的类型和职业的社会声望两个维度对职业进行划分的。职业声望往往是指人们对各种职业所做的主观评价。后来，职业的社会经济地位指数越来越被重视，成为另一种测量人们社会声望地位的指标。美国社会学家奥蒂斯·达德利·邓肯(Duncan 1961)设计了一种方法，用以估计所有职业的声望得分。邓肯基于职业声望测量所获得的各类职业的声望得分，以及相应职业的平均收入和教育水平，建立一个回归方程，求出收入和教育对职业声望的回归系数(即权数)，然后，应用这一回归方程，求出所有职业的声望得分。采用这种方法所求出的声望得分，实际上是根据每一个职业的收入和教育水平估计出来的，因此，它被称为社会经济地位指数(socioeconomic index, SEI)，即收入代表经济地位，教育代表社会地位，SEI 就代表了人们的综合社会地位[⑩]。戈特弗里德森也认为，人们可以沿着职业的类型和职业的社会声望这样两个维度将自我与自己对职业的印象相联系，从而构成了一幅职业的认知地图。一个人通过对不同职业领域的两个方面——社会声望和职业类型与他们自我概念的两个方面——自己希望将来从事职业的社会声望和职业类型的符合程度进行评价，从而确定自己将要选择什么职业[⑪-⑫]。

综上所述，职业的选择和很多因素都密切相关，价值观、性格倾向、职业人格、技术能力等、职业本身声望和职业经济地位等都从不同的角度影响人们对于职业的选择。价值观和性格倾向决定职业行为的方向，而职业人格和技术能力是一个人对工作能否保持长久兴趣的重要保证。个人在确定职业方向时，应综合考虑个人理想、自身条件和企业的实际情况，认真地分析自己所处的位置，做出合理的职业选择。职业的选择也意味着相应职业责任的社会分工和自觉性选择，个人的身份一旦打上职业的标签和烙印，就意味着要承担起相应的职业责任，遵循相关的职业规范，遵守相关的职业道德。

(2) 明确职业生涯目标。职业生涯目标的确立是员工职业生涯良好发展的重要基础。在确立职业生涯目标时，应综合考虑两方面的因素，即自我因素和外部因素。其中自我因素包括：教育背景、技术能力、兴趣爱好、价值取向、职业责任意识等；外部因素包括社会环境、区域经济发展、行业现状及发展前景、企业现状及发展前景等等。在综合考虑自我因素和外部因素的基础上,逐渐廓清和形成个体的职业发展早期的职业定位、制定和实施个体职业发展的短期和中期目标,并初步形成职业发展的未来憧憬和长期愿景。

(3) 尽快适应并融入企业。在这一时期,不仅需要判断自己的能力和价值观是否和最初的职业目标相吻合,主动通过参加各类知识技能培训和干中学等途径加快获取符合职业要求的相关职业知识和技能,熟悉企业规章制度和文化,更应学会与自己的领导及同事和谐相处,建立良好的协作关系。新员工进入企业之初,由于员工和企业之间并没有深入了解,领导交给员工的任务往往会相对简单和单调,在这种情况下,个人应始终保持良好的工作责任心、工作态度和务实的工作作风,才能逐步赢得领导和同事的信任,顺利度过和组织的磨合期。

2. 组织职业责任熏陶

(1) 做好员工的入职导向工作。员工入职导向工作是针对新员工而言的,企业可以通过各种形式表示对新员工的欢迎,向员工介绍企业和工作的情况以及员工自身的发展前途和成功机会,让新员工感受到他们获得了应有的尊重,同时也能迅速了解新的工作环境和职务情况,确定自己的发展方向。

入职导向工作是员工对组织的第一印象,也是员工开始接触并认同组织文化的第一步,在这个过程中将职业责任精神潜移默化地向新员工传递,对培养员工的职业责任具有良好的效果。

(2) 对员工进行科学的培训和岗位配置。为有效增进新员工的职业责任意识和专业技能,充分发挥和利用其人力资源潜能,最大限度地实现其自身价值,企业应对员工设计有针对性的培训方案,从而增强员工个人的核心能力和企业整体的核心竞争力。

在员工的岗位配置方面,应对员工的个人条件和岗位说明书的要求进行对比分析,努力做到员工与岗位高度匹配,实现人才使用和配置的准确化和合理化。

组织可以为新员工提供种种方便,使其易于和各种提供帮助的人来往,鼓励发展多种关系,以帮助新人可以从各种不同途径获得有价值的信息及支持。其中,讨论小组、研讨会、集会、团队建设等都是可用的方法。培训和集体学习的安排一方面为员工履行职业责任提供了必要的职业技能保障,另一方面则是职业责任意识和习惯的言传身教,通过在积极工作中的辅导和反馈,使职业责任成为员工的自发行为。

(3) 增强员工的组织认同感。新员工进入企业后,必然要经历一个与企业相互适应和接纳的过程,而这一过程必须建立在企业和个人相互认同的基础之上,为了增强员工的组织认同感,企业要大力加强对新员工企业文化、公司使命和价值观的培训,在新员工入职后选派一位经验丰富的老员工作为职业导师对其工作给予有效的指导和支持,并加强与员工的职业责任沟通,了解他们在不同时期的需要和想法。

三、职业生涯早期的领导力发展

正如海尔集团前董事长杨绵绵说:"领导力其实就是个人的影响力,来源于领导个人的行为,以此来领导员工,身教重于言传。"在不同的职业生涯阶段,领导力的发展有其特定的内容。领导力发展的基本模式可以通过个人的一系列固定行为以及带来的效率和结果予以判断。它们反映了领导者在组织中所能胜任的不同角色。其中,在职业生涯的早期阶段,要发现自身的个性组成和领导风格,从而实现能力与工作的匹配。

1. 合适的领导力发展模式

领导力发展的基本模式可以通过个人的一系列固定行为以及带来的效率和结果予以判断。它们反映了领导者在组织中所能胜任的不同角色。处于职业生涯早期阶段的职员,要求更大的发展空间和追求独立性和自主性,作为其前提,需要对领导力的基本模式和特征做出准确的把握,以塑型为最适合自己的领导力类型。以下为著名管理学家曼弗雷德·凯茨·德弗里斯对于领导力模式的八种划分,如表7-3所示。

表7-3 八种职业领导力模式及特征

领导力模式	模式特征	具 体 分 析
战略家	领导如棋局	这类人擅于在组织的现有环境中发展。有远见、战略方向和创新性思考能力。
变革者	领导是一场逆袭	这类人钟爱混乱局面。有重整旗鼓和创建新的组织"蓝图"的能力。
交易员	领导就是成交	这些领导者善于搞定交易。在发现和抓住新机遇方面非常有能力,擅长谈判。
沟通者	领导是舞台总监	这类人善于与人打交道,易于搞定交易,也擅长谈判。对周围的环境具有很高的影响力。
建设者	领导是一场创业	这类人有梦想和激情,擅长创造新事物,拥有实现这些梦想的才能和决心。
创新家	领导是提供好创意	这类人擅长提供好的创意,非常关注新生事物。有创新思维解决非常棘手问题的能力。
执行者	领导是有效执行	这类人致力于使组织保持流畅运转,像润滑良好的机器一样。在设立架构完成目标方面,非常高效。
教练员	领导是员工发展	这类人能够与员工打成一片,伴随和指导员工发展,并了解如何让人发挥最大能力。

(资料来源:弗里斯:《领导力与职业生涯反思= Reflections on leadership and career development》,东方出版社2016年版,第1—298页[13]。)

通过这一基本模式的划分,员工得以基于自己的性格特征和兴趣,从而了解和把握自身更趋向于哪一模式的领导力,进而有意识地去挖掘潜力和培养领导力。在了解自己的同时,也可以通过了解团队成员各自所代表的领导力类型,进行匹配与合作,使得团队有效工作。

在此基础上,我们还要列举一些实用的组织领导力发展模式:教练和导师制、轮岗和挑战性的任务安排、绩效评估和反馈等。

(1)教练和导师制。建立导师制度是在职业生涯早期最关键的环节之一,因此找一位导师或支持者也是职业生涯早期发展的一项主要任务。员工一旦拥有导师、教练,能接触到高级管理人员,找到支持者,明确以哪些成功的角色为榜样,就更容易成就自己的事业。与此同时,员工对职业生涯以及组织使命的认同程度更高,更为满意,职业生涯动机更明确,报酬也更高。不过,导师并非只有一个,员工应该建立并培养一系列关系,而这些关系都应反映个人在其职业生涯的各个阶段中的职业需要和心理需要。

(2)轮岗和挑战性的任务安排。当前的工作拥有更多的挑战及职责才能锻炼员工、考验员工是否具备担当将来职位的能力。此外,对于愿意留在原职能领域的员工,组织也应赋予更多的挑战及职责以使其保持能力、动力。因此,组织尤其是员工的直接上司必须充分了解员工,判断他们所能承受挑战的大小,为他们增加额外的挑战和职责——让员工参与目标设计,参与计划和预算控制,增大工作中的自主权,参加特殊任务。此外,工作轮换对处于职业生涯早期的员工,在诸如晋升、加薪以及整个工作表现等方面都有积极影响。

(3)绩效评估和反馈。绩效评估和反馈在职业生涯发展各阶段都至关重要,然而,由于新员工能力的持续增长并获得他人肯定,立业期间对他们做出评价并给予反馈就变得尤为关键。仅布置挑战性的任务是不够的,新人还需要知道自己的任务完成得是好是坏。这种反馈必须经常进行,足以使员工在不断学到最多知识的前提下改正自己的行为。

绩效反馈中需要注意以下问题:反馈意见太严厉,会导致上下级关系对立;若上级过于"和蔼",对下属可能提不出什么有用的反馈;更有甚者会出现上下级之间完全缺乏反馈的现象。因此,很多组织试图改善评价和反馈的过程:建立更加有用的绩效评估方式,采用360度评估;培训主管人员学会如何给予下属反馈;将绩效反馈与薪酬及晋升挂钩。

2. 职业生涯早期的领导力发展问题

职业生涯早期阶段是由职场进入和职场发展两个阶段构成的。这一时期是一个人不断向前奋斗的最佳年龄,也是走向更高平台的上升关键期。在职业生涯的早期阶段,发展领导力主要以更深入的认知自我和自我管理为主要落脚点,正如勒尔·兹加米所说:"在一个令人绝望的世界里要想成为一个领导力天才,你必须从一个最显而易见的地方——你自己开始。"[14]

(1)能否准确了解自己。正如老子在《道德经》所言:"知人者智,自知者明。"管理自我的第一步取决于职员个体能否准确了解自己。首先,要剖析自己,常问自己我的个性是什么,我有什么样的优点,又有什么样的缺点。例如,管理大师彼得·德鲁克在其《管理自己》一书里,指出了认识自己的重要性,特别是运用"回馈分析法",将实际结果与预期结果进行对比,发现自己的优势,了解哪些工作是能创造出丰硕成果的,那才是真正属于你的。

充分认识自我的重要意义

某快消品行业的女性销售总监,在岗七年,管理几百人的团队,很敬业,行业经验也很丰富。在管理上,她风格犀利,不搞平均主义,敢于重奖重罚。2012年之前,她带领的团队一路高歌猛进,始终是公司里的明星部门。她本人因为表现优异,多次获得公司各种奖励。但是,随着经济放缓,市场需求开始下滑,她的团队内部也出现了不稳定迹象,突出表现在多名业务骨干的相继离职。

对此,销售总监颇感意外,开始思考自己的领导力是在哪些地方出现了问题。因为按照常理来说,市场经济下滑,工作并不好找,她所带领的团队成员却严重流失。

资料来源:饶晓谦,《领导,你认识自己吗?》,《世界经理人》,http://www.ceconline.com/leadership/ma/8800080238/01/

在上述案例中,销售总监的领导方式是存在问题的。赏罚分明的同时却缺乏对下属的鼓励和支持,以罚代管现象突出。由于风格严厉,下属在她面前不大敢讲实话,常常报喜不报忧。市场好时的业绩增长掩盖了这些问题,当市场不景气时,她的领导力弱项就暴露无遗。最重要的是,她个人似乎并没有认识到这个问题。她固执己见,坚持认为对下属一视同仁,始终认为严格管理才是带兵之道。由此,我们可以认识到对于领导者而言,准确了解自己是一件基础却重要的事情。

(2)能否把握自己的价值观。价值观具有高度优先性,在它的影响下我们会进行时间、事务、金钱等多种资源的配置和使用优先顺序。同样,每位员工也在价值观的支配下做出每一个决策,采取行动并进而产生与之相应的结果。因此,在职业生涯的早期阶段,深入的自我认知和自我管理需要准确把握自己的价值观。例如,常问自己我在意的是什么?我追求的是什么?企业文化和我的价值观是否共融,等等。

(3) 能否包容不同社会准则。"海纳百川,有容乃大",是否具备领导力或衡量领导力的成熟程度,一项重要的因素是包容性。事实证明,能够包容弱者、尊崇强者、能纳善谏的领导往往具备更高的领导力。在跨文化交流中是否有障碍、能否尊重东西方各国的不同民族文化、能否用一颗包容心去接纳多种差异性是成为一个真正领导者的考量标准。在组织中,不加偏见地看待同级、下属的能力、性格,是一个有真正领导力的人。

(4) 能否高效沟通。是否具备与他人实现高效沟通的能力,同样是衡量领导力的标准之一。在企业中工作,需要不断地与外部人员、与团队内部成员进行信息沟通以及信息传递,在这个过程中,并不是所有的沟通都是高效率的。在职业发展的早期阶段,基于沟通不畅而导致的管理业绩不佳、管理过程中的人际关系紧张,进一步将可能影响到个人的整个职业生涯发展。此外,沟通的质量与数量则会反映出是否具备了领导力所要求的"具备倾听与说话的艺术""在信息交流的基础上是否具有情感层次的沟通",等等。

3. 职业生涯早期的领导力开发实用建议

(1) 借助测试工具了解自己。人的一生是一个不断学习与成熟的过程。大学生自毕业踏入社会后,经历了与新职场环境的磨合,对于工作内容有了新的学习,也接触到了新的同事。在这一过程中,对于自身也会在原先的基础上形成新的认知。因此,在职业生涯早期,我们需要对自身的领导潜力有进一步的了解和定位。这时,可以借助相关量表或者测试,如贝尔宾团队角色表(Belbin team roles)、MLQ 量表等。

其中,剑桥产业培训研究部前主任贝尔宾博士和他的同事经过在澳洲和英国多年的研究与实践,通过对团队成员所表现出来的角色特征进行详细的判分,认为一支结构合理的团队应该由八种人组成,具体如图 7-3 所示。这八种角色分别是协调者 CO(coordinator)、智多星 PL(Plant)、外交家 RI(resource investigator)、推进者 SH(shaper)、监督员 ME(monitor evaluator)、凝聚者 TW(team worker)、实干家 CW(company worker,后来在 1988 年改称为 implementer)、完美主义者 FI(completer finisher),在 1988 年又增加了一种——专家(specialist)[15]。

图 7-3 贝尔宾团队角色

(资料来源:编辑部:《贝尔宾团队角色理论》,《新人力》,2012 年第 11 期。)

贝尔宾团队角色理论的基本思想是:没有完美的个人,只有完美的团队。人无完人,但团队却可以是完美的团队,只要适当地拥有如下各种角色:

① 协调者(CO：coordinator)：该角色成熟、自信、可信赖、能明确目标、能促进决策。但不一定是最聪明的人。

② 智多星(PL：plant)：该角色有创造力、有想象力、善于打破常规、解决困难问题。但是可能不善与普通人交往。

③ 推进者(SH：shaper)：该角色有活力、外向、易激动、爱挑战、爱施压、困难面前寻找各种办法。但是往往容易发脾气。

④ 凝聚者(TW：team worker)：该角色爱社交、温和、善解人意、乐于助人、倾听、营造力、避免不和。但是容易在棘手环境下优柔寡断。

⑤ 完美主义者(FI：completer finisher)：该角色吃苦耐劳、尽职尽责、严肃、善于发现错误、守时。但是有时过度忧虑、不愿授权他人。

⑥ 实干家(CW：company worker/implementer)：该角色守纪律、可信赖、保守、高效、把想法变为行动。但是有时有些固执。

⑦ 外交家(RI：resource investigator)：该角色性格外向、热情、健谈、探索机会。但是一时热情后容易很快失去兴趣。

⑧ 专家(specialist)：该角色诚实、从自我做起、专注、能在急需时带来知识和技能。但是也容易因为专业领域眼界比较狭窄。

⑨ 监督员(ME：monitor evaluator)：该角色冷静、有战略眼光、有判断力、看事情全面、善于做出判断。但是可能会缺乏推动和鼓舞他人的能力。

（2）拟定调整职业生涯的早期发展规划。拥有正确的工作观念，坚定于使命感和责任感，怀揣不忘初心的热情，是保证个人沿着既定的职业生涯规划坚定前行的路灯。但是，变化的环境因素和自身的不断成长，要求职业生涯规划具有适应性。也就是说，我们需要对职业生涯进行修订和完善。一方面，要不断思考，是否在实际工作中存在与职业生涯早期发展规划不吻合或者有冲突的地方，那么在职业生涯的后续发展规划中，我们要做什么，为什么做，以及预期要达到什么效果，这些需明确于心；另一方面，孔子曾经说过："欲得其中，必求其上；欲得其上，必求上上"，选择自身工作领域或行业的标杆性人物，明确与标杆对象的差距后，通过不断学习和对比，发现自己的优点，补足自身的短板。对职业生涯早期发展规划的调整，犹如人生路上的指明灯，不但会为你指引正确的方向，也会为个人的职场生涯创造丰富的资源。

4. 职业生涯早期的领导力开发重点：强调职业责任和能力责任

如前所述，在职业生涯早期阶段，个人年龄正值青年时期，每个人无论从个人生物周期、社会家庭周期还是从生命空间周期来看，任务都较为单纯、简单，这一时期个人的主要任务包括：进入组织，学会工作、学会独立，并寻找职业锚、向成年人过渡。这一时期，突出的员工心理特征表现为进取心强，具有积极向上、争强好胜的心态；职业竞争力不断增强，具有做出一番轰轰烈烈事业的心理准备；开始组建家庭，逐步学习调适家庭关系的能力,承担家庭责任。总的来说,在职业生涯早期阶段,个人尚是职业新手,一切还在学习、探索之中。这一阶段的心智特征将对其职业生涯发展产生重要影响。这一阶段的领导力开发重点包括:

(1) 对职业责任的强调。每个个体接受雇佣进入组织后,开始由一个自由人角色向组织人角色转化。此阶段所有的组织首先要向所有雇员灌输组织及其部门所期望的主要态度、规范、价值观和行为模式,重点是建立起新进员工的职业责任导向,有人称其为个人组织化的过程。

在该过程中组织需要创造条件和氛围,使新雇员学会在该组织中围绕自身的本职工作如何开展工作,如何与他人相处,如何充当好个人在组织中的角色,接受组织文化,并逐渐融入组织。在这一阶段,个人和组织都必须学会相互接纳。两者之间相互关系清晰化、明确化和确定化。相互接纳是一种心理契约,在思想认识、情感上和工作行为上相互承认、认可和接受,更是个人职业责任建立的基础。新雇员努力工作以及安心于组织,便是他向组织发出的认同信号。组织给新雇员的增薪、晋升等,象征着组织对新雇员的接受。个人在这个过程中要积极主动,表现出组织所期望的行为。

(2) 对能力责任的强调。众所周知,目前职场竞争激烈、组织结构扁平化使每个员工在工作过程中垂直的升迁机会大大减少。如何在职业生涯早期就开始培养与开发领导力,提升自身的能力责任就变得非常重要。此阶段的员工需要战略性地思考自己的职业生涯,善于管理自己的职业,成为一个自我引导型的学习者,学会如何开发自己以及如何更新和拓展自己的专长,以确保自己能够为组织的绩效做出相应的贡献,为自己尽早建立起一种"成功的良性循环"。

① 要想成功地履行自己的职责,首先就必须具备特定的技能。美国领导力专家约翰·科特认为领导才能需要包括三个方面:

a. 确立未来的方向:即发展一种对未来的远见,以及将该远见付诸实践时所必需的战略规划能力。这种能力包括以下几种从属能力:归纳推理能力;战略性思考和多角度思考的能力;将复杂的、模糊的数据转化为一种直接的、简单的可以交流的观点和战略;以及承担风险的能力;

b. 协调能力:即通过一些特定的语言和行为,将已经确立的公司发展方向告诉团队的合作者,团队成员能否很好地理解和接受公司的发展前景和发展战略,将会影响到整个团队和联盟的创造性。这种能力包括以下几种从属能力:建立相互信任的能力;领悟力;与各种各样的人相互沟通的能力;授权给其他人的愿望和能力;

c. 激励和鼓舞人们。该能力包括的从属能力有:运用权力和影响去改变人们的行为、态度和价值观的能力;管理绩效的能力,为达到一定的绩效而提供相应的培训、反馈以及奖赏;选择适当的变化策略以适应外界环境的能力等。

② 如何才能获得这些技能?上述的领导才能是可以通过学习获得的。美国职业指导专家林达·希尔在《新经理人的领导力》中提出了5项建议[16]:

第一,选择正确的职位:根据人职匹配原则,选择匹配的职位;职业生涯早期,人们对自己的才能、动机以及价值观可能仅仅有一个模糊的认识。通过不断地经历和总结,分析自己的关键优势、局限性和核心价值观。

第二,争取重要的工作分配。一些重要的工作任务,可能并不最为匹配,但是可以提供重要的发展机会。最有效率和成功的人,并不只是简单地等待其他人将这些职位提供给他们;他们会主动地追求或者创造这些职位。善于管理自己职业的人知道自己现在处于什么样的位置并且知道自己希望将来能够在什么位置上。有明确的职业发展目标,周期性对目标进行重新评估和修改;不断审视周围的环境,提前预测组织将会需要什么,努力发展相关的知识和技能。

第三,建立一个关系网络。关系网络是指以互惠原则为基础而建立起来的共同利益联盟或者交易关系,如将自己的一些资源和服务提供给别人,以此来交换自己所需要的资源和服务。最有效管理自己职业的人将时间花费在由自己的工作需要和发展需要所决定的重要关系上,而不会将自己的时间花费在自己最习惯的事情和最喜欢的人身上。会尽可能地识别并抓住一些机会,去与自己在一起工作的人建立起伙伴关系。成功的经理一定不是急着去成为一个"好的领导",而是关心自己能够成为一个"好的保护者"。

第四,发展符合伦理道德规范的判断力。管理者都会获得相应的权力;但是权力不仅仅意味着权利和特权,还包括相应的责任和义务。责任和义务也是权力的合法性来源。当代组织中的高层职位要求领导者能够做出正确的道德判断。这种决策需要符合相关利益群体的利益需求,这也正是我们广义职业责任的范畴,是职业责任和领导力结合的重要体现。

第五,进行职业生涯评估。通过评估开发有效的策略或调整自己的目标,定期检查自己所处的位置以及希望达到的位置。检查自己的所得和所失,评估个人的能力,评估个人如何为组织做了哪些贡献?是否被认可?个人资历是否有所增加?最后就能够逐步建立职业生涯中"成功的良性循环"。一个人如果选择了合适的职位,就可以在公司里充分施展个人才能;一旦开始为组织的绩效做出自己的贡献,在组织中的资历和信任度就开始不断上升;关系网络得到相应的发展。有些人愿意支持、帮助、分担风险,分配重要工作任务,通过工作分配,可以发展更多的关系,更好地为组织的一些重要目标做出自己的贡献。资历和信任度不断持续发展,关系网络延伸,上升空间随之也会扩宽。

"喜茶"是何方神圣？
——一个青年创业者生涯早期的责任与领导力修炼

2012年，喜茶诞生于广东江门一条名为江边里的小巷。由于广受消费者欢迎，喜茶由东莞、中山、佛山、惠州一路拓展到广州、深圳，现有门店48家。2016年因原名皇茶无法注册商标，正式更名为喜茶。2017年尝试走出华南跨区域扩张，在上海开立第一家分店，随即一炮打响，引发消费热潮。

喜茶于2017年2月11日进驻上海人流集中的来福士广场的1楼门面，开业仅几天其排队人群已形成长龙，需聚集到商场的中庭，由穿着灰蓝色工作围裙的喜茶工作人员拉出了一个更宽敞的等待区域。最多每天卖出近4000杯，日营业额达8万元，这在连锁奶茶界几乎是不可被打败的神话。

把奶茶店做成现象，喜茶绝对是第一个。在一些热门地段的分店，你甚至会遇到接近100人的等待队伍，更有甚者不惜花几个小时排队买奶茶。

聂云宸，"喜茶"创始人，今年26岁。最初创业，他卖手机。有一天，他发现这一行走不下去了，而很多街边茶饮店里的饮料没有一点茶，只是用些奶粉再加些"鬼东西"冲兑一下，就顾客盈门。他觉得，自己可以做出不一样的、更好的、用户更喜欢的茶饮，说不定能改变这个行业。

一、从卖手机开始创业之路

2010年，我19岁，安卓机要刷机，普通机是越狱。那些做智能机的靠这个收很多钱，这个东西其实是没有成本的。我决定我的店无论是越狱、刷机、装软件，都全部免费，而且不只对在我们店里购买手机的人免费，对不是在我们店里购买的人也免费。

每次开店，我想的都不只是开一家店。最初是因为兴趣，但是得有大的前途，我希望它可以做成国美那样，可以掌控渠道，然后逆向地去压低厂商。但是我后来发现，这是不可能的。在智能手机行业，不会重演这个事情。

二、发现商机，转行进入茶饮料行业

茶饮行业相对比较好做，有广泛的一个消费者群，市场很大。在我们之前，奶盖全部是用粉打的，就是奶盖粉。而我们是市面上第一个可以不加粉末做出来的。奶茶行业很多商家喜欢用粉来加入奶精，水果用果粉，什么乱七八糟的粉都有。这东西是不好的，我自己作为消费者，不想把它吃进肚子里。

卖好的东西是一个原则，而不是一个策略。用好的原材料做好的味道，才

是一种技能。不能说因为我这个是健康的,所以味道就差一点。消费者是不会买账的。

资料来源:

《26岁喜茶创始人:我开过很多很失败的店,没有人可以只靠营销成功》,2017-05-08,https://www.sohu.com/a/139201131_212452.

【请思考】

1. 喜茶的创始人是如何在多次创业的过程中提升职业责任和领导力的?
2. 这与喜茶的成功有何关联性?

【简要分析】

喜茶创始人不具备好的创业条件,开手机店也不是一个有前途的创业项目。然而从开手机店起,主人公具备了较高的职业责任意识和服务精神。本可按照行规对没有成本的刷机项目进行收费,然而他选择免费服务,这挽救了本来生意清淡的手机店。他看不惯茶饮行业用低劣茶粉坑害消费者的行为,用心研发了芝士茶产品,并提升其文化内涵,使其很好地融入青年消费者的生活,管理了数十家直营店,并立志发展成为具有中国特色的精品茶饮平台,前后两次创业经历的对比鲜明地体现了其职业责任和领导力的提升。

第三节 职业生涯中期的职业责任与领导力提升

当个人经过职业生涯早期之后,便步入了职业生涯的中期阶段。职业生涯中期的一个基本时间分割点是自职业生涯早期结束开始,延续20年左右,一般是在35—55岁之间。研究显示,职业生涯中期富于多种可能和变化。主要包括两个阶段:事业成熟期和职业生涯高原(中年职业危机时期)。在这一时期会呈现出晋升机会小、职业转换难实现等特征。如何应对这一阶段的危机和挑战,领导力和职业责任发挥着重要作用。步入职业生涯中期后,需要我们思考以下问题,这一阶段的职业生涯的主题是什么,我们要如何提升职业生涯中期的领导力,以及如何践行这一阶段的职业责任和使命?

一、职业生涯中期的特征与挑战

1. 职业生涯中期的特征

(1)个人生命空间多重交错。人的生命空间由四个周期组成:生命周期、职业生涯周期、家庭生命周期、社会生命周期。在职业生涯中期,中年人面临着不同周期之间的相互影响,生命空间多重交错,面临的任务繁重而交杂。

(2) 个人的心理特征与能力特征。随着年龄的增加,中年人开始意识到时间有限和生命有限的事实,承认能够得到晋升的员工只占少数,多数员工仍停留在原有岗位甚至面临被解雇的危险。同时,伴随家庭结构和企业内部关系的改变,中年人会产生一系列心理变化,进而导致较低的职业认同感,思考并质疑自身的整个职业生涯。

(3) 职业生涯中期的危机管理。由于在这一时期,中年员工会出现工作态度发生转变、创新热情减弱、心理承受能力降低等问题,需要进行职业生涯中期的危机管理。例如,完善员工绩效管理体系和薪酬管理体系;营造尊重人才氛围,鼓舞士气;工作的丰富化与再设计,激发员工兴趣和活力,重构工作满足度;构建学习型组织,鼓励职业生涯中期阶段员工树立自我超越的思想。

2. 职业生涯中期的挑战

(1) 个体自身的挑战。在职业生涯的中期阶段,个体普遍处于中年时期,生命周期理论告诉我们,这一阶段的人们,随着年龄的增加,学习能力趋于下降,时间紧迫的意识强烈,"上有老下有小"的家庭结构特点,诸如此类的变化,会使中年人压力增大。

(2) 组织金字塔结构的约束。组织的金字塔结构意味着职位越高,个人能够上升的空间便越小,而且由于中年时期的年龄、体力、精力等因素的多重限制,会遇到晋升渠道受阻、缺乏升迁机会、不被上司赏识等问题。

(3) 劳动力市场的竞争。劳动力市场的饱和,劳动力素质的提升,劳动力数量的增加等原因,加剧了在职业生涯中期的组织成员实现职业转换愿望的难度。这会进一步导致个人质疑自身的职业生涯发展等问题的出现。

(4) 组织内部的绩效考量。"吹响人生总攻的冲锋号,跨入人生的成熟期:最佳的时光、最丰富的经历,少了年轻人的浮躁与轻狂,多了一份稳重与责任。"一位中年职业经理人如是说道。在职业生涯的早期阶段,个人已经积累了一定的工作能力、人际关系、生活阅历,通过不断的实践和学习,个人的知识和能力得到充分应用,在对工作的把控程度、任务的解决程度、流程的娴熟程度等方面均得以体现,这也是事业成熟期的一种表现。步入职业生涯中期之后,伴随着升迁、职位的调整,个人会面临组织给予的新要求,新的工作内容也对个人的职业能力提出了考验。这时,如果不能够积极地适应和调整,便难以实现百尺竿头更进一步。

个体在职业生涯中期,由于工作年限的持续增加,频繁的工作任务和业务选择,会导致个体工作新鲜感的降低、习以为常趋于平淡,缺乏了职业生涯早期的拼搏精神,降低了开拓力,甚至有的员工出现了倦怠或消极情绪,进一步反映到员工的缺勤率上涨,客户关系僵硬,士气明显低落,工作出现被动情绪等。

职业生涯高原现象

所谓职业生涯高原(career plateau),指个体职业生涯发展的某一阶段,个体进一步晋升的可能性非常小。

这种危机来源于多种因素,如阶段性使命的难题。人到中年,不会再轻易跳槽,如果把人生比作一场足球赛的话,那么职业生涯的中期也就意味着开始踢下半场了。要认真盘点自己的知识、智慧、技能、经验、阅历、资源、健康,并根据时局的变化,做好职业生涯中期以及之后的调整和选择。如面临晋升机会小的难题,需要调整焦虑心情,主动应对挑战。再如职业转换难实现,应该遵循价值观念,提升自我,设定日程计划,把握有限的精力时间。

资料来源:谢宝国,龙立荣:《职业生涯高原研究述评》,《心理科学进展》,2005年第3期,第348—355页。

二、职业生涯中期的职业责任提升

1. 职业能力的提升

在职业生涯中期,个体往往肩负着更大的职业责任,需要不断提升职业素质和职业能力。如前所述,美国心理学家罗伯特·卡兹认为作为管理者需要三种概念技能、技术技能和人际技能等基本的管理技能。这三个技能对于不同职位层级的管理者有不同的要求。对于基层管理者,技术技能是最为重要的能力,因为他们需要直接处理员工所从事的工作;对于中层管理者,三个技能同样重要,不可偏废;而概念技能是高层管理者最重要的能力,它是指管理者对复杂情况进行抽象和概念化的技能。即能够将组织看作一个整体,理解各部分之间的关系,从中找出关键影响因素的能力,想象组织如何适应它所处的广泛的环境,从而确定和协调各方面关系。三种技能在不同职位层级的比例[17-18],如图7-4所示。

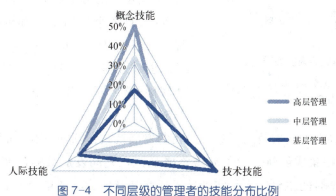

图7-4 不同层级的管理者的技能分布比例

2. 组织制度的约束

基于职业责任的落实,需要组织制定和执行相关责任制度进行约束,这对于职业生涯中期的管理者,提出了要以身作则地践行制度要求,并且需要其不断推进组织制度实施和革新。

3. 企业文化的熏陶

企业文化能够对员工的职业责任培育发挥潜移默化的熏陶作用,这离不开处于职业生涯中期的管理者对于企业责任文化的广泛传播,并形成示范和带动作用。在企业文化的管理中,管理者需要从以下四个方面亲身体验和努力实践:认知企业文化、以文化教导员工、主动维护企业文化、与时俱进地创造企业文化等。作为管理者,要对企业文化有较深入的理解,明确企业文化对职业责任的要求,以便于在管理过程中保持正确的文化方向。由于企业是一个不断发展的过程,管理者要在原有文化继承发扬的基础上,结合内外部环境变化,发现企业文化的新要求,持续创新。

三、职业生涯中期领导力提升

在职业生涯中期阶段,存在着职业生涯高原的危机,需要以集成理论为指导、以价值理论为关键,以期全方位、大幅度地提升管理者的领导力。

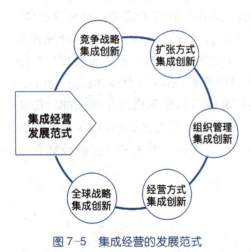

图 7-5 集成经营的发展范式

(资料改编自:包季鸣:《职业责任与领导力》,复旦大学出版社 2012 年版,第 226 页。)

1. 集成经营能力修炼

(1) 集成经营的含义。正如詹姆斯·弗·穆尔所言,"企业竞争不是要击败对方,而是要集成经营联盟广泛的共同力量创造新的优势,分享市场。"集成经营作为一种创造性的经营理念和思想,已经成为管理者在发挥领导力当中不可或缺的能力之一。具体而言,集成经营是指在企业经营管理的整个实践过程中,对各个创新要素和创新内容进行选择、集成和优化,形成优势互补的有机整体的动态创新过程。它强调了一种资源的聚合与协同性的创新[19]。集成经营的发展范式如图 7-5 所示。

(2) 集成经营的发展范式。集成经营的发展范式包括如下五方面的内容。

① 竞争战略集成创新。竞争战略集成是指在共同发展战略的基础上进行战略的整合。战略整合的主要内容是实现技术战略和其他战略的耦合。它会影响企业技

术开发项目的绩效,并且通过影响整合创新的互动过程间接影响项目的绩效。

② 扩张方式集成创新。企业扩张方式的集成创新包括多种方式。一方面,企业可以选择同类企业间的横向并购、纵向并购选择联盟进行扩张;另一方面,企业也可同时选用几种不同的扩张方式进行扩张。此外,还包括进行有边界与无边界的同时扩张,也就是说,突破地理边界,占据价值链的一段,在世界范围内与其他企业共同合作。

③ 组织管理集成创新。当前,产业联盟多为同行业或产业链上下游企业的"串联"组织,内部利益争夺导致松散的产业联盟组织面临瓦解的危机。组织管理的集成创新便应运而生,其中,"并联"根据企业各自优势分布在产业链的节点,实现各个击破,避免企业间的利益纷争。类似还有"H式组"集成,实现由"口头契约"到"股权关联"的紧密协同合作。

④ 经营方式集成创新。经营方式的集成创新主要是指将传统的虚拟经营与多元化经营的集成进行集成创新,即多元虚拟经营战略。借助虚拟经营特有的突破企业内部资源约束,充分利用企业外部资源的优势,克服多元化经营产生的消极作用,实现倍增的合力效应。

⑤ 全球战略集成创新。全球战略的集成创新主要是指将价值链上各环节和职能加以分散和配置,实行综合一体化经营,降低生产经营成本,以期实现最大化的全球效率。同时要注重公司内部混合国际分工和生产经营的综合一体化等综合应变能力。

(3) 开展集成经营的前提。职业生涯中期阶段,个体已经担任着中层或者高层管理职位,有必要将集成经营的思维和模式运用到组织内部,贯穿到整个工作之中。其中,能力和经验的储备、信息的储备将成为管理人员开展集成经营的前提。

一方面,能力与经验的储备是管理人员运用集成思维、发挥整合效应的首要前提。这种能力主要包括对于员工的价值发现能力、对于组织内部的号召能力、学习与知识使用的能力、聚合资源产生协同效应的能力。另一方面,管理人员信息的储备是开展集成经营的第二个前提,这些信息主要包括企业全寿命相关信息、各类资源相关信息、各类管理手段及方法相关信息、企业所面临的相关广义生态环境信息。

2. 价值管理能力修炼

任何企业都有一个共同的最重要的目标,即对利润最大化的追求。正如松下幸之助所言:"企业不盈利,企业家就是在犯罪。利润是企业的一切根源。"而价值管理作为企业的立身之本,是决定企业能否持续发展的关键因素。所谓价值管理,是指管理者致力于股东价值最大化的企业战略,以价值评估为基础、价值创造为目的,围绕企业战略、管理风险补偿、内部控制和薪酬设计,整合各种价值驱动因素和管理技术、梳理管理与业务过程的新型管理框架[②]。

处于职业生涯中期的管理者,需要具备并不断提升价值管理的能力。例如,缺乏价值管理能力的管理者对于企业发展指标的关注显得有限而狭窄,仅仅局限在生产数量、净收入、每股收益、广告等单向宣传,而具有价值管理能力的管理者对于企业的发展关注点多且全面,如市场份额的占有量,投资的资本回报程度、上市公司的股票价值,以及与消费者的网状沟通等。

创新盈利模式——宁波方太

自我定位于"厨房专家"的方太是一家厨电类产品生产商,自1996年创建以来,方太始终秉承品牌建设战略,创造了我国民族厨电第一品牌。方太取得的成绩与其产品创新和价值管理密不可分。在短短的20年发展历程中,方太先后经历了三次创新转型,即模仿创新、二次创新、自主创新。每次创新转型无不体现着企业的价值理念,通过技术创新与设计创新等具体实现。方太的产品创新先立足产品的语义设计,再寻求创造一种产品意义的获取与传达的机制,坚持走设计创新引领市场的战略路线。例如,方太先后生产了具有代表性的"四面八方不跑烟"的智能抽油烟机、嵌入式灶具、蒸微一体机等产品。此外,围绕"及时、专业、用心"的服务理念,重视与消费者的互动,凸显了企业的人文关怀和责任气息。

资料来源:http://www.fotile.com/service/index.html,经改编。

在上述案例中,我们可以看到,宁波方太厨具有限公司作为技术创新能力并不突出的后发企业,在新产品开发过程中始终关注着价值管理理念、价值盈利创新,让方太在短短20年的发展历程中,逐渐形成了独特的企业价值理念和创新能力,品牌影响力持续上升,成为我国厨电行业的领先者。

3. 重新定位角色,应对职业高原现象

上述所涉及的方法适合一般的职业生涯中期问题。但是如果一旦遇到职业高原现象,个人应该如何应对呢?兰特(Rantze)等曾经提出员工个体应对职业高原的4种策略:① 心态平衡,努力抑制自己的挫折感、愤怒等消极情绪,以平和的心态接受现实;② 跳房子游戏,即在现有职位不变的情况下,向工作之外的其他方向谋求发展,以发挥潜在的才能和智力;③ 跳槽,脱离原组织。到其他组织中寻求类似的职位,新组织要比原组织能够在晋升或者职责权能等方面提供更大的发展空间,期望通过环境的改变解决高原问题;④ 内部企业家精神,是指在已有组织内通过对内部资源的重新组合,实现产品开发、组织结构的变化、新事业部的创建等创新活动,其最终目的在于获取并扩大公司竞争优势[21]。除此之外创业法也被广泛推崇。创业法(entrepreneurial approach)是指处于职业高原的员工通过尝试、创新等途径努力开发他们现有的工作,与决策者进行工作互动,而不是单方面地接受与被接受、领导与被领导、决策与执行的关系、内部企业家精神法是解决职业高原效应的最有成效和具有实用价值的途径。

以上方法对员工个体应对职业生涯高原提出了有益的参考:

① 首先要正确认识自我,分析自己面对职业高原的类型。如果是组织高原,则是不可避免的,应当积极调适自我,接受现实;如果感到工作内容缺乏挑战,则是内容高原,应当通过自己的努力克服。

② 强化自主学习,增强可雇佣能力。在工作中,不断利用各种机会去提高自身的技术水平,不断进行职业培训去提升自我的职业素养,不断接受挑战性的任务去开发自我的潜能;在工作之余,努力学习新知识和新技术,不断地进行充电,为以后的职业发展争取更多的主动性,获得更多的发展机遇。全球化的竞争及对信息技术的发展要求组织应具有快速应对变化的能力。这就要求组织应将更多的控制权下放,给雇员更多的决策权。在这种形势下,每个人都不得不扩展自己的技能,走多样化发展道路。每个员工都要主动地学习如何与团队成员之间保持良好的合作,培养团队协作精神,掌握崭新的管理技能和方法;掌握能积极地改变员工工作行为的策略;要有打破常规,建立起新管理模式的创新精神;把握时代发展的潮流并担负起更重要的责任。坎特(Kanter)曾指出,未来职业安全不在于你是不是被雇佣了,而在于你有没有任职资格。所以应该将个人能力发展的重点由传统职能模式下的"专家型",转向现代生产方式下的"多面手型",增强自己的可雇佣能力[22]。

③ 寻求上级反馈,认识工作缺陷。通过寻求上级的真实反馈,员工可以树立正确的自我观念,在认识到自我优势的同时也能认识到自身的劣势,从而为全面提升自我谋求后续发展预先做好准备。

④ 寻求猎头公司帮助。猎头公司调配的是全社会的资源,无论企业还是人才,都可以不受地域限制。通过与猎头保持联系,可以随时知道国内其他地方甚至国外相关职位空缺情况,为自己的职业选择提供快捷的信息。职业经理人员在遇到职业发展困惑时求助于猎头,可以了解人才市场状况,并及时得到猎头顾问的职业发展建议和帮助。但是要慎重选择猎头顾问,高素质的猎头顾问首先应该是一名合格的职业发展咨询师,能给予个人在职业生涯中期实质性的职业帮助。

4. 职业生涯中期领导力提升重点：培养角色责任、追随者的信任

（1）培养角色责任。在企业组织中，个人到了职业生涯中期，除了少数人成为高层管理者，很多人可能成为中层管理者。此时，大部分中层管理者已经成为连接组织战略与具体工作人员和行动的关键纽带。他们是处于公司"中间"的那群人，正是他们看守着、管理着公司不同的组成部分，使它们正常运转。莉莎·汉尼伯格（Lisa Haneberg）认为优秀的中层管理者能解决的主要问题包括：建立有利于任务执行和目标实现的最佳工作模式；培育促进效率、实现目标的合作氛围；确定团队的工作业绩；处理不利于最终目标实现的日常障碍；清除妨碍工作彻底完成的因素；时间管理，学习过程协调技巧；锻炼中层管理技巧，谋求职业发展[23]。

企业中层管理者在职业生涯中期需要进一步强化其角色责任，具体其应扮演的角色如下：

第一，团队的主要执行者。每个部门都是一个团队，每一个团队都有领头人，中层管理者就是团队的主要执行人。企业战略和目标的实现，有赖于坚决落实。有效执行对企业的生存至关重要。这是中层管理的首要任务。拉里·博西迪和拉姆·查兰所著的《执行》[24]一书，为变革的中层管理者的角色责任进行了界定：首先需要全情投入。中层经理人要热情地投入到公司的变革中，彻底地了解执行技巧，不仅可以使自身提出正确的问题，建立正确流程，而且可以做出明智的决策，与员工建立信任感，达成企业预定的目标；其次是结盟。为了设定的目标，中层经理人要将人力、战略和运作紧密联系起来，使员工最大地发挥他们的长处，建立清晰的蓝图，内容涵盖战略计划、具体的任务分解以及围绕战略如何指导员工。

第二，主管领域的建设者。中层管理位于高管层之下，很多人认为就是被动地执行命令。事实上，企业的变革和企业管理的发展，需要中层更多地承担决策应变的职能。每一位中层管理者，都应了解企业的使命，领会企业的战略，成为上层管理的智囊，成为主管领域的策划者、建设者。第三，沟通协调者。中层管理者在任何组织体系中，都承担着承上启下、协调各方的责任，工作特点就是沟通。他们要花很大一部分时间澄清由于沟通问题而形成的混乱或弥补因此造成的感情伤害。特别是企业进行变革时，他们充当沟通者的角色还会明显增加。中层管理者不仅要传递信息，还需要培养一种习惯，传播和弘扬企业文化、企业目标与远景。主动寻求企业内外组织群体对重大决策的意见和建议。建立流程推动企业高层与基层意见的收集，将有价值的信息整合、反馈。最终实现企业与公众、企业内部各群体之间的和谐发展。

（2）培养对追随者的责任。当今企业管理发展与组织变革，对中层管理者的角色定位也在变化。中层管理者要将他的大部分时间花在管理和促进别人的工作上。如果一个中层管理者不能认识到自己工作的意义和重要性，就很难为企业服务，也很难实现自己的目标。因此培养其对追随者的责任也至关重要。此时，组织可以引导

其成为年轻员工的导师。对于处于职业高原期且年龄较大的中层管理人员,由于其进取心和工作参与感的降低,企业应采取适当措施引导其成为年轻员工的正式或非正式导师,以获得最佳企业效益。因为他们拥有处理复杂事务的丰富经验,工作技能十分熟练,且非常熟悉企业文化,企业应该促使他们把这些知识、经验传授给年轻员工,帮助年轻员工熟悉企业文化。另外,他们在指导年轻员工时,也能从中得到一种被尊重的满足感,同时还可能会激发出创造力。

第四节 职业生涯晚期的职业责任与领导力传承

职业生涯晚期较之于职业生涯的其他阶段,受到的关注程度较少,但是职业生涯晚期作为整个职业生涯的组成部分之一,依然值得我们进行学习和研究。在这一节内容中,我们将分析职业生涯晚期的主题与使命,以及职业责任和领导力的传承等问题。

一、职业生涯晚期的主题与使命

职业生涯晚期是指自职业生涯中期结束开始,即55岁之后,退休前的5—10年之间。在这一阶段,只有少部分管理者能够成为资深领导,而大多数人只能继续在原岗位工作,等待退休。对于成为资深领导的个人而言,主要任务是回顾整个职业生涯,深入思考和领悟领导力和职业责任,进而加以传承与延续。对于大多数等待退休的人而言,需要调整心态,保持工作效率,做好退休前的工作衔接等。

1. 成为资深领导

走到职业生涯的末期,只有为数不多的中高层管理人员晋升为资深领导。正如"能力越大,责任越大",资深领导往往承担着更加艰巨的责任和使命。由于这一阶段,资深领导的能力与经验都达到了整个职业生涯的顶峰状态,通过回顾、梳理和沉淀过往的经历,进一步深刻领悟领导力与职业责任,从而形成宝贵的经验,将会对组织中的后辈发挥积极的带动与启发作用,实现领导力与责任意识的传承和延续。

2. 等待退休

在职业生涯晚期,大多数人将继续在原岗位工作直到退休。这一阶段的个体有其主要特点,如自我意识上升、念旧心重、缺乏安全感。由于面临着退休以及退休所带来的一系列变化,易产生经济上、心理上和具体生活中的不适应,进而将导致焦虑、当前工作效率递减,进取心与竞争力下降等问题。这时,要调整工作态度,积极乐观地面对,坦然接受职位中心地位的下降,对处于职业生涯晚期的自我有正确的判断与定位,优势尚存、仍可发挥余热,从而继续对组织尽职尽责。

二、职业生涯晚期职业责任的传承

正如管理学家克里斯·莫斯哥夫所言:"成功不是以你离开什么来衡量的,而是你留下什么。你长久的价值,将会由延续性来衡量。"职业生涯晚期的职业责任传承主要包括三个内容,即精神与境界的传承、组织文化的传承、职业技能的传承。

1. 传承精神与境界

职业责任源于一个人内在的责任精神。在职业精神的驱使下,将会产生强烈的责任感和使命感。在一个组织中,总会有对自己工作缺乏热情和责任心的员工,这时来自资深领导那种强有力的职业素养和职业使命感将会深深影响到一批又一批员工,进而实现整个组织中尽心尽力、尽职尽责的良好职业氛围。由此,领导者在个人的职业生涯晚期,要有意识地向组织中的年轻员工传递职业精神和职业使命。

2. 传承组织文化

组织文化对于职业责任有着潜移默化的影响,而能否将这一作用有效发挥,离不开资深领导言传身教、身体力行的带动与熏陶。事实上,在企业管理者,特别是资深领导者的身上,集中体现着一个组织的经营理念、文化要求。这就要求,领导者在个人的职业生涯晚期,要在塑造企业氛围、企业正气、企业道德等各方面起到示范带头作用,激发中高层管理者和员工对组织的热爱与回报之心。

3. 传承职业技能

职业技能主要包括概念技能、技术技能、人际技能。资深领导具备精湛的技能、具有较强的角色意识与创新能力、具备自我管理和管理他人的能力。因此,要有意识地向高层管理者传递概念技能、向中层管理者传授人际技能、向基层人员传输技术技能。在传递责任理念的同时,帮助改进工作效率,帮助组织具备基本的造血功能,源源不断地补充血液,取得良好的发展。

三、职业生涯晚期领导力的传承

领导力的传承是资深领导在职业生涯晚期重要的职责之一。这不仅是一个重要任务,也是一门精深的学问,全方位考验着资深领导的洞察力、决策力、包容力等。具体而言,领导力的传承主要包括以下四个方面:超越自我、选好苗、育好人、接好班。

1. 摆正心态,超越自我

处于职业生涯晚期的管理者面临着生活、工作的一系列转变,但"内圣而外王",

自我超越是一个不断学习的过程,资深领导依然要不断超越自我、修炼自我。年龄和历练锻造了他们特有的向下扎根、向内探寻的能力,能够更好洞察自我、认识自我、激发自我,从而超越自我。所谓"老骥伏枥,志在千里"。资深领导有着明显的经验优势,应该继续以积极的心态、乐观的精神看待自身的职业生涯晚期;以数十年积累的能力和沉淀的经验,为整个组织规划未来十年的发展蓝图。

2. 敏锐识才,为组织选好苗

选好苗也就是说资深领导者要善于识才。唐太宗的"为政之要,惟在得人"、诸葛亮的"亲贤臣、远小人",皆说明选好苗子对于国家发挥着重要的作用。同样的道理,对于组织而言,组织的良好发展,创新与变革都离不开人才的作用。管理者不仅需要树立正确的人才观,而且要把选择人才作为自己的重要职责。职业生涯晚期的选好人关系到企业的兴衰成败和发展前途。如姜太公所言,"以贤人为贵,以诚信为上"。资深领导阅人无数,对于苗子的选择有独到的眼光和充分的经验,以全面选拔招募有才有德之人。

3. 培育人才,为组织育好苗

GE公司原CEO杰克·韦尔奇说:"通用公司是人才工厂。我们真正的核心竞争力,并不是在制造业或者服务业,而是培育人才的能力"。一个杰出的个人和一个世界级的领导者之间最大的区别在于教导他人的能力。领导者不能只有内在的知识,还要能够将这些知识传达出来,以便让他人理解并促进他人的成长。处于职业生涯晚期的资深领导者,培育合格的接班人是判断是否成功的最终标准。育好人很大程度取决于领导力的艺术。要避免爱才而用人短、忌才而不容人长。领导者要海纳百川,以员工和企业的共同成长机制、培训晋升机制等共同发挥作用。

4. 使用人才,促进组织更好发展

人才的价值在于使用。即使组织中的人力资源部门或是资深领导慧眼识才、尽心育才,如果不能知人善用,那么,人才依然无法对组织的发展起到重要的推动作用。因此,资深领导要善于有效地使用人才,正如"金无足赤,人无完人",人才的使用要用其所长,避其所短;正如"用人不疑,疑人不用",在人才的使用中要适度授权。此外,资深领导要考量人才的品德和素养。人才必须具备高尚的人格和职业责任,同时,要具备对事业的热情和执着,以及勤奋坚毅等素质。这些都是考量企业能否继续良性发展的重要因素。

5. 职业生涯晚期领导力传承重点:对利益相关者、对组织的责任

实际上,随着经济全球化进程的加快,企业领导者所处的环境与面对的社会问题越来越复杂。企业领导者面临着多方面的挑战,如多样化挑战、利益相关者挑战、伦理挑战等。尤其到了职业生涯后期,很多管理者已经成为组织的高层管理者,成为企业的真正领导者,这就要求领导者不仅要实现传统的利润目标,而且要承担各种社会

责任。

自人类进入21世纪以来,经济全球化、组织网络化、员工多元化等趋势日益凸显。为了使组织成功,使得组织持续发展,领导者不仅要关注传统的股东回报(利润),更要对组织外的社会与环境承担责任㉕。这就要求领导者与组织的所有利益相关者(全球员工、客户、供应商、政府等)建立持续的、相互信任的关系。因此,领导者的角色需要从传统的发号施令者演变成关系的建立者与协调者,与利益相关者的关系及其艺术处理的能力已经成为领导者的核心能力,是竞争对手难以模仿和拷贝的,因而也日益成为企业领导者职业生涯晚期领导力传承的重点。

【本章小结】

本章节是课程中的实践篇,强调学生的学以致用,将理论知识与实践知识合二为一。具体而言,主要涉及四个时间段,即职业生涯准备期—职业生涯早期—职业生涯中期—职业生涯晚期,内容围绕不同阶段过程中职业生涯的主题与使命、职业责任的培养、领导力的培养而展开。

【案例研究与分析】

比尔·拉福的职业生涯规划

美国著名企业家比尔·拉福从小立志做商人,却在大学时期选择了机械专业,硕士毕业后考取了公务员,五年后才开始下海从商……他的职业选择如此方向不一,但是他的职业生涯却如此成功。那么,是比尔·拉福盲目选择,还是这一切都在比尔·拉福的职场规划之中呢?

一、第一阶段:工科学习

比尔·拉福的父亲是洛克菲勒集团的一名高级职员,他发现儿子有商业天赋,机敏果断,敢于创新,但经历的磨难太少,缺乏必要的知识。于是,父子俩描绘出职业生涯的蓝图。升学时他没有像其他人一样直接去读贸易专业,而是选择了工科中最基础的机械制造专业。

二、第二阶段:经济学学习

大学毕业后,比尔·拉福没有立即进入商海,而是考进芝加哥大学,开始了为期三年的经济学硕士课程。

三、第三阶段：政府部门工作

比尔·拉福拿到经济学硕士学位后考取了公务员，在政府部门工作了五年。

四、第四阶段：通用公司锻炼

五年的政府工作结束之后，比尔·拉福完全具备了成功商人所需的各种素质，于是辞职下海，去了通用公司。

五、第五阶段：自创公司

大展拳脚两年后，他已熟练掌握了商情与商务技巧，开办了拉福商贸公司，开始了梦寐以求的商人生涯，实现多年前的职业生涯计划。

资料来源：http://www.srssn.com/ZhiYeGuiHuaShu/49837.html，略有改编。

【请思考】

请大家运用本章学习的内容分析比尔·拉福的职业生涯中职业责任与领导力的发展特点。他的职业生涯发展阶段对你有哪些启示？

【简要分析】

从以上五个阶段我们能够看到，比尔·拉福的生涯设计脉络清晰，步骤合理，充分考虑了个人兴趣、个人素质，并着重职业技能的培养，这种生涯设计在他坚持不懈的努力下，终于变为现实。如表所示。

关于比尔·拉福的每一阶段职业生涯规划的思考

	评 析	收 获
第一阶段 工科学习	工科学习不仅是知识技能的培养，而且能帮助建立一套严谨求实的思维体系，这正是经商所需要的。	除了本专业，还广泛接触了其他课程，如化工、建筑、电子等，这些知识在他后来的商业活动中发挥了举足轻重的作用。
第二阶段 学习经济	在市场经济下，一切经济活动都通过商业活动来实现，不了解经济规律，不学习经济学知识，就很难在商场立足。	掌握经济基本知识，搞清商业活动因素，对会计、财务管理也较为精通，在知识上已具备经商的素质。
第三阶段 政府部门	经商须有很强的人际交往能力，要想在商业上获得成功，必须深知处世规则，建立诚信合作关系。这种能力只有在社会工作中才能得到提高。	在环境的压迫下比尔·拉福由稚嫩的热血青年成长为一名老成、处事不惊的公务员，并结识了各界人士，建立起一套关系网络，为后来的发展提供大量的信息和便利条件。
第四阶段 通用公司	通过各种学习获得足够的知识，但知识要通过实践的锻炼才能转化为技能。	为实践所学的理论找到一个大平台，而且学习到了丰富的管理经验，完成了原始的资本积累。这是大学生创业应借鉴的地方，除了激情还应该考虑到更多的现实。
第五阶段 自创公司	比尔·拉福的准备工作，几乎考虑到了每个细节。拉福公司的成长速度出奇的快，二十年后，拉福公司的资产从最初的20万美元发展为2亿美元，而比尔·拉福本人也成为一个奇迹。	

注释

① [奥]斯蒂芬·茨威格著等:《人类群星闪耀时:全本》,广西师范大学出版社 2004 年版,第 11 页。

② 刘军军:《自我对话的概念与结构述评》,《重庆科技学院学报(社会科学版)》,2011 年第 14 期,第 29—31 页。

③ Ibrahim Senay: Motivating Goal-Directed Behavior Through Introspective Self-Talk: The Role of the Interrogative Form of Simple Future Tense, Psychological Science, 2010(4): 499-504.

④ 郭素然等:《自我对话与情绪智力的关系:自我意识的中介作用》,《心理发展与教育》,2011 年第 5 期,第 513—521 页。

⑤ John L. Holland: A theory of vocational choice, Journal of Counseling Psychology, 1959(1): 35-45.

⑥ E. 涂尔干:《道德教育》,上海人民出版社 2001 年版,第 1—499 页。

⑦ 翁文艳等:《大学生领导力开发现状与途径》,《当代青年研究》,2011 年第 3 期,第 21—26 页。

⑧ William E. Becker: Carl Shapiro and Hal R. Varian. Information Rules: A Strategic Guide to the Network Economy. Boston, Massachusetts: Harvard Business School Press, 1999. x + 352 pp, The Journal of Economic Education, 1999(2): 189-190.

⑨ 格拉德威尔:《异类:不一样的成功启示录》中信出版社 2009 年版,第 16—35 页。

⑩ 李春玲:《当代中国社会的声望分层——职业声望与社会经济地位指数测量》,《社会学研究》,2005 年第 2 期,第 74—104 页。

⑪ Linda S. Gottfredson: Circumscription and compromise: A developmental theory of occupational aspirations, Journal of Counseling Psychology, 1981(6): 545-579.

⑫ Linda S. Gottfredson: Gottfredson'S Theory of Circumscription and Compromise Jossey~Bass, 1996: 132-179.

⑬ 弗里斯:《领导力与职业生涯反思》东方出版社 2016 年版,第 157—179 页。

⑭ 兹加米勒等:《领导力》上海锦绣文章出版社 2009 年版,第 12 页。

⑮ 贝尔宾:《管理团队》机械工业出版社 2017 年版,第 51—98 页。

⑯ John J. Gabarro: Leadership for new managers,中国人民大学出版社 2002 年版,第 183—208 页。

⑰ 周三多:《管理学:原理与方法》(第六版),复旦大学出版社 2014 年版,第 21—29 页。

⑱ 陈春花:《管理的常识:让管理发挥绩效的 8 个基本概念》机械工业出版社 2016 年版,第 73—75 页。

⑲ 包季鸣:《领导力与职业责任》复旦大学出版社 2012 年版,第 226 页。

⑳ Tim Koller: Valuation measuring and managing the value of companies, Hoboken, N. J.: John Wiley & Sons, Inc. 2010: 873.

㉑ Katherine R. Rantze: Counseling Career-Plateaued Workers During Times of Social Change, Journal of Employment Counseling, 1985(1): 23-28.

㉒ Rosabeth Moss Kanter: Careers and the wealth of nations: a macro-perspective on the structure and implications of career forms, Cambridge University Press, 1989: 506-522.

㉓ [美]莉莎·汉尼伯格,石晓军译:《执行在中层》,机械工业出版社 2006 年版,第 1—181 页。

㉔ [美]拉里·博西迪 Larry Bossidy 刘祥亚译:《执行:如何完成任务的学问》,机械工业出版社 2003 年版,第 1—224 页。

㉕ Christof Miska: Reconciling Different Views on Responsible Leadership: A Rationality-Based Approach, Journal of Business Ethics, 2014(2): 349-360.

第八章

领导力、职业责任与未来

【本章要点】
　　通过对本章内容的学习,应了解和掌握如下内容:
1. 领导力理论、职业责任理论未来有哪些发展趋势?
2. 领导力及其相关学科领域有哪些最新的研究成果?
3. 未来职业和职业责任有何演进逻辑及其发展规律?

【导读材料】

解码未来领导力

在培育自己以及自己所在组织成为下一代领导者时,无论是领导者个人还是组织,都需要真正改变自己,为促进面向未来、推动进步迈出真实改变的行动。

这个时代,首要条件并不是快速的变化,而是持续的变化,这既带来了正面的影响,同时也带来了负面的作用,越来越多的人被拖入了信息过载的焦虑之中。我们进入了难以名状的时代,各种主义横飞,无主流,无定数,如今的环境给我们出了一个难题:当如此多的不确定性因素、无法厘清眼前的状况、难以预估的风险、越来越多的动荡围绕在身边时,我们该怎么办?

这已经不只是挑战与困惑,还导致了人们对未来的无力感。因为这一切也削弱和颠覆了过去几十年里人们所熟悉的标杆与价值判断,人们不断询问:到底什么才是我们可以信赖的选择?

大多数的企业都希望自己面对这种变化能够做出正确的反应,但是我们也都知道,其面临的最大的挑战在于:如何让组织成员做出相应的调整?

但是显而易见的是,陈旧的领导行为无法给出指引和解答,这一系列的挑战和复杂性,需要不断革新已有的领导技能,但是更需要新的领导行为,这样动荡的环境对领导者要求很高,需要具备远见卓识同时又立足于现在的领导者,我把这种领导者所具备的相关技能称为"未来领导力",并以"codes 领导力模型"来阐述其内涵。

未来领导力的特点。很多人在其职业生涯过程中,都正式或者非正式接受过领导力的培训以及实践。随着环境不确定性的加剧,经验无法再提供帮助以解决不确定性的问题,自然而然就会出现这样的问题:未来领导力有何不同?

现实中,关于一般意义上的"领导力"与具体的"未来领导力"之间的区别确实令人困惑,因此有必要对两者做一个简单的梳理,以使我们对"未来领导力"的特点有一个清晰的认识。

一般意义上的"领导"是形成愿景、传播愿景、建立信任并激励跟随者的过程,并通过个人努力和授权下属以最终实现愿景。而"领导力"则是指以最小的成本和最高的效率完成这一过程的能力,领导力在领导系统中是一个根本性、战略性的范畴,是领导者凭借其个人素质的综合作用在一定条件下,对特定人或组织所产生的人格凝聚力和感召力,是保持组织卓越成长和可持续发展的重要驱动力量。

从未来领导力的视角来看,这些一般意义上的领导定义,并没有解答在巨变环境下领导者都会面临的问题,诸如:如何解读不同市场的未来趋势?如何认知与识别不确定性?如何适应新技术带来的无限可能性?如何开放边界与组织外成员合作?如何应对全球化新格局?如何激励创意员工、与新生代员工进行有效沟通?如何识别高潜力未来领导者?等等。

今天人们所遭遇的问题,都是前所未有的问题;所面对的挑战,都是面向未来的挑战。因此,人们需要真正具有面向未来能力的领导者,带领他们在动荡与不确定性的环境下,可以朝正确的方向前行。

我们走访了23家企业,他们为应对不确定性和未来挑战,在组织变革与组织创新上做出努力并取得成效。受访者几乎一致认为,除了需要担当一般意义上的领导职责之外,他们还必须面对不确定性以及未来的挑战,这些挑战包括:必须调整他们的战略、业务结构、组织及文化、激励及约束机制以适应动荡的环境;无法预知的新挑战;更为复杂的员工需求以及面对未来的选择。其中令我感受最深的是,他们都不约而同地提出向年轻人学习、认知自己的局限与不足、展开更大范围的合作,以及放弃自己固有的成功和经验。

这些访谈以及持续的研究,让我们可以确定"未来领导力"是在一般意义的"领导力"基础之上,增加了新的领导力构成要素,也就是那些在变革与创新中取得成效的公司领导者们,重复提到并在实践中反复做到的特质,这些都是未来领导力的特点:具备领袖气质,能够在巨变的环境下,坚定价值选择,笃定前行,开放而融合,自律又感受生活,充满创意又脚踏实地。

资料来源:节选自中华工商时报《解码未来领导力》(2019年4月4日第003版)。

【请思考】
1. 未来领导力的发展趋势是什么?
2. 未来职业的发展趋势是什么?

第一节 面向未来的领导力

一、领导力理论的发展趋势

随着时代的变迁,人们的意识形态、认知模式、行为方式以及科技水平都在不断地发生着变化,这就对当今的组织的运营模型提出了挑战。传统的科层制的组织虽然能够发挥决策效率上的优势,但是其弊病也被越来越多的人提及,随之而来的是更多的对扁平化、灵活化、虚拟化组织形态的呼唤。在这样的背景下,传统的自上而下的基于职位与威权的领导力不再适用于当今组织,而是需要更多能够面向未来的领导力,本章节中,我们将分别从新领导观视角、新领导者角度、新领导艺术角度等方面介绍领导力领域新发展的几种领导类型。

1. 新领导观角度

(1) 蓝海领导力。蓝海领导力包含如下内容。

① 蓝海领导力的概念。蓝海领导力是指聚焦于领导者应采取哪些行为和行动来鼓舞团队,获得更高的绩效,而非领导者应当成为什么样的人。蓝海领导力的核心原理是将领导力视为一种"服务",组织中的成员可以选择"购买"或"不购买"这一服务。基于这一点,每个领导者都有自己的上下游客户——这些客户可以是上司,领导者需要向他们展现绩效;这些顾客也可以是下属,他们需要领导者的引导和支持以完成工作目标。当人们认可你的领导力时,实际上就是"购买"你的领导力。他们因为你的激励而追求卓越、积极行动。但当员工"不购买"你的领导力时,他们就会成为非客户,也就不再积极投入到工作中。运用蓝海战略中非客户转化为客户的概念和方法,能够帮助领导者将混日子的员工转化为敬业的员工,有效解放大多数组织中未被发现的人才能量蓝海。

研究结果表明,蓝海领导力能快速转变领导方式。

首先,蓝海领导力关注的焦点是领导者采取哪些行为与方式来领导团队或组织并实现更好的绩效,而非领导者本人的价值观与风格;

其次,蓝海领导力更紧密关注市场状况,领导者会主动去征求并尊重一线工作人员的意见与想法;

再次,蓝海领导力强调所有管理层级都拥有强有力的领导者,而不是仅仅聚焦在组织高层,是一套组织自下而上的领导力模式,它强调组织中中层和基层领导者的行为与影响。

② 蓝海领导力的训练四步法。蓝海领导力的训练四步法如下。

a. 洞悉领导力现状。修炼蓝海领导力的第一步是建立共识,管理层需要对领导力缺陷统一认识。训练中采用的工具叫作现状"领导力画布",管理者的行为和行动对应为"领导力画像"。领导力画布通过领导力潜在客户的视角分析各级领导者在不同管理行为中投入的时间和精力。此时,需要在组织内部成立一个12—15人的管理人员组成的团队,其人员应尽可能包括组织内的各个职能,且均为公认的优秀领导者。将团队划分为三个小组,对应不同的层级,在组织内部开展有关领导力现状的访谈,了解各级员工对目前领导力的感受并充分听取各方意见。

b. 描绘理想的领导力画像。这一步三个小组需要带着两组问题重新回到采访中。第一组问题要求受访者指出画布中的"冰点"和"热点"——冰点是指管理者花费大量时间精力,却没有产生出相应回报或效益的活动;热点是指那些能激发员工工作热情与创造力,但领导者容易忽视或做得不够的行为;第二组问题要让受访者发挥想象力,突破公司范围进行思考,聚焦于他们在其他组织经历的理想领导行为,尤其是那些能被内部管理者效仿,产生巨大影响的行为。这一步通常会激发出理想领导力的创新想法。

c. 选择理想的领导力画像。在对领导力画布修订后,小组要将这些画布向组织内部各个层级的领导者展示,对画布进行详细的描述,先将目前组织内部的领导力现状呈现给每个人。随后,向每一位领导者展示并阐述不同的理想领导力画像,要求组织内部不同层级领导者对理想画像进行投票讨论。随后,组织内部高层领导者进行闭门讨论,根据大家的投票结果选出每个层级理想的领导力画像,并在组织内部进行阐述与解释。

d. 将理想领导行为制度化。在确定每个层级理想的领导力画像后,组织要将理想领导力画像发布给每个层级的管理者,小组成员要帮助他们理解画像,解释需要增加哪些工作与行为,剔除哪些工作与行为,并对各层级领导者提出的问题与看法进行沟通,并向他们解释新的领导力画像如何帮助他们变得更加高效。在这个过程,每位领导者其实是其上级领导者和下级领导者都互为对方的"客户"。

(2) 柔性领导力。柔性领导力是指领导者通过非强制性的行为与方式引起追随者的心理响应,是一种将领导者的意图和组织目标转化为追随者自觉行为的领导力。柔性领导力通常不是依靠领导者的职位或行政命令等方式发挥功效,更主要是依靠追随者的心理活动过程,领导者通过柔性方式调动追随者的积极性、主动性与潜力,从而激发他们的自主动机与驱动力。一般来说,柔性领导力是非强制性的、具有引领作用的,领导者更多的是凭借着个人的人格魅力、知识经验、情感依赖以及技能专长。

柔性领导力的基本特征如下:

① 领导方式上强调人性化。不同于刚性领导力主要依靠组织内部的规章制度与职位权力,而柔性领导更依赖领导者本人的知识经验与人格魅力等,重视追随者的心理需求,注重激发追随者的主动性与潜能,力求人性化领导、个性化领导,从而更具有一定的优越性。

② 领导方法上注重互动性。柔性领导的一个重要原则就是领导者需要通过充分沟通、协调与激励等方式,来获取追随者内心的认同,从而使其主动发挥自己潜在积极性。在这一过程中,柔性领导首先需要建立一个地位平等、相互理解、相互支持的氛围,促进与追随者的互动,以柔性的领导方式来启发人、调动人、引导人,从而实现追随者在自觉的情况下发挥自己的主动性与潜能。

③ 领导效用上讲究持久性。刚性领导往往追求领导意图和目标能够及时达成，注重领导的时效性。在这种情况下，虽然领导者希望追随者在理解的基础上能够服从领导，但是其目的不是以理解为前提，更强调命令的实施与达成，因此通常会在追随者不理解的情况下贯彻执行。柔性领导则与之不同，这一类领导者往往试图帮助追随者理解并从内心深处认同他们的意图与目标，从而将该目标内化成个人目标的一部分，因此在效用上比刚性领导要更持久。

④ 领导艺术上追求高远性。刚性领导者会借助职权和规章制度来指挥下属，并试图通过为下属提供具有诱惑力的报酬、晋升机会、荣誉等，来促使下属服从领导，而柔性领导的追求的是长期的效益，着眼于未来，也强调在领导的过程中帮助追随者塑造个人良好的职业发展与工作环境。

2. 新领导者角度

（1）战略领导力。随着市场经济逐渐成为不同国家与地区的主要形态，特别是进入了经济全球化以后，企业之间的竞争日趋激烈并不断细分和深化，这就对领导者的综合素质以及领导力提出了更多的要求，战略领导力的重要性也愈加显著。战略领导力，除了是对领导者与非领导者的一种划分方式之外，还强调领导者在组织战略选择、发展导向、文化构建、团队管理等各方面的综合领导能力，其本质和核心是领导者的核心战略领导力，是领导力的一个集合，是领导者作为战略家所需具备的领导能力的总和。对战略领导力的概念，目前学界还未形成统一认识，我们将对几种典型观点进行一一介绍：

《战略管理：竞争与全球化》一书的作者——迈克尔·A. 希特、R. 杜安·爱尔兰、罗伯特·E. 霍斯基森，认为战略领导力是一种可以进行预期、想象、保持灵活性并且促使他人创造所需要的战略改变的能力，具体而言，战略领导力包括决定战略方向、探索和维持核心竞争力、发展人力资本、维持有效的组织文化、强调伦理实践、平衡组织控制等核心能力；美国纽约州立大学副教授索西克等，他们基于过程理论，提出战略领导是一个连续的过程，在这个过程中，领导者借助人力、技术、工作流程和商业机会的整合，为股东、社会和员工创造经济、社会和智力价值。战略领导者就是"聚焦战略的领导者"；奥地利 Innsbruck 大学教授海因特哈伯和弗雷德里奇认为，战略领导力是领导者确立愿景、塑造榜样并为公司创造价值的能力，是把愿景转化为结果的艺术和科学；英国 Western Ontario 大学教授克罗斯安、美国 Houston 大学教授维拉和加拿大咨询师南加德认为，在不确定性不断增加的动态环境中，战略领导力等同于卓越领导力，一个卓越领导者就是能够实现自我领导、领导他人和领导组织的战略领导者；等等。

从以上观点，我们可以知道，战略领导力是领导者的核心能力聚焦于企业组织的战略方向，战略领导者的领导意识与行为必须具备战略思维模式的整体性，并且能够根据内外部环境的动态变化而洞见事物发展趋势规律的领导力。其基本特征应包括：

战略领导力更强调组织的长远战略目标。战略领导力必须遵循与服务于组织的长远战略，以实现组织战略目标为导向，因此是长期性、持续性的；

战略领导力更强调领导者自身的榜样作用。秉持战略领导力的领导者个人不仅在组织工作中要有长远的战略目光，并且要将这种意识融入日常的工作与生活中，指导自己的行为与方式，为长远目标的实现而抵制住短期的诱惑，注重对未来的储蓄与投资；

战略领导力既要关注结果也要关注过程。战略领导力虽然是以长远目标为导向的，但是在实现长远目标的过程中，还需要设置不同的阶段性目标，这就需要在战略实施的过程中，加强对组织人力资本、科技创新、资源配置等方面的投资，为目标的实现储能；

战略领导力强调对情景的适应而非对追随者的影响。战略领导力虽则也是为了更好地领导下属实现目标而发展出来的领导力类型，但是其关注的焦点是战略目标的实现，而不是仅强调对下属施加影响力，更多的是强调通过战略领导力来激发追随者的共鸣，整合组织或团队的合力。

（2）共享式领导。当今商业环境正逐渐发生着两个主要的变化与趋势，使领导者面临着前所未有的压力与挑战：

其一，组织面临的任务复杂性、商业环境的动态性越来越显著，正逐渐超出领导者个人能力所能掌控的范畴。在市场化经济逐渐完善，企业竞争日趋激烈的今天，组织的未来更多地依靠人力资本与智力产出，对任何一个领导者来说，获取知识型工作与智力型产出，是未来组织获取核心竞争优势的重要前提条件，但是领导者不可能精通所有相关领域的知识技能，这也超出了个人的能力范畴，这就为领导者决策带来了困难；

其二，组织员工的整体素质正在不断提高，对主动性和授权提出了更多的要求。当今组织中，知识型员工越来越多，他们对自我实现、自我发展以及主动行为的要求也更加强烈，在这当中，有部分人工作的主要驱动力就是为了实现个人发展与人生价值。但是，在传统的科层制与威权式领导模式中，领导者控制各项事务的决策权与资源配置的权力，一定程度上会限制人才主动性的发挥。

在这样的背景下，共享式领导孕育而出，成为吸引知识型和创新型人才的重要因素。共享式领导是一种新的管理思想，该思想主张由领导者和其下属成员组成的管理团队来共同承担领导责任，领导者必须摆脱传统独自负责和控制一切的观念，使下属成员更愿意担任责任并更具主动性。当团队的所有成员充分参与到团队的领导，为最大限度地发挥团队的潜力而毫不犹豫地进行指导和影响团队其他成员时，则实现了共享领导。简单讲,共享领导就是团队同时进行的、持续的、相互影响的过程,伴有一系列不同的非正式领导者的出现。某种意义上说,共享领导可以被看作团队充分授权的发展,它是对过去那种期待一个拥有各项领导必备特质的正式领导者带领大家走向成功的观念的修正。

在共享式领导环境中,员工能够感知到在工作中具有较高的自主性和控制感知,能够感知到工作的意义与情感依赖,同时领导者也可以解除因监督而对失败的担忧,使之能更加关注于问题的解决。由此可知,共享式领导对于提高团队效能有着积极的作用。已有的研究也证明了共享领导可以增加团队凝聚力、增强成员工作满意感、增加员工的创造性和团队绩效,其倡导的思想对于鼓舞团队士气、促进人际关系,增强成员主人翁意识、价值感的作用是毋庸置疑。

① 在推行团队的共享式领导过程中,领导者承担以下职责:

a. 慎重确定共享式领导团队的合适人选;

b. 发展团队的领导技能;

c. 暂时性填补团队所缺的领导技能;

d. 管理好团队与其他机构的事务;

e. 授予团队设置目标、解决问题等权力。

② 共享式领导适用团队的条件如下:

a. 成员分担的工作之间高度相关。共享领导在高度依赖的工作环境下会产生优于单独领导者的领导效果;

b. 团队任务需要高创新。共享领导条件下比指导型领导者提供的选择方案更多,也就更容易产出创造性成果;

c. 工作任务高度复杂。当工作的复杂性增加时,整合成员资源实施共享领导可以弥补个体领导知识能力的不足。

③ 共享式领导对团队领导者与成员素质与技能的要求如下:

a. 成员理解了共享领导的标准是彼此之间进行建设性的侧面影响;

b. 成员认可了提供或接受适当的、建设性的建议的责任;

c. 团队成员发展了有效领导或遵从领导的技能;

d. 组织做好了为共享领导的推广提供切实可行的援助的准备等。

(3) 简约领导力。传统领导观认为,领导在任何时候和任何情况下都是极为重要的。但是简约领导却颠覆了这一思想,这种领导力观认为,在有的情景中领导的作用是有效的,但是有的情景中,领导者的效应可能十分有限,甚至是无关紧要的。

这种"颠覆"突出表现在以下几个方面:

其一,传统领导观是以领导者为核心发展而来的,强调领导者在组织中对追随者施加的影响力,但简约领导力有时会强调追随者的核心作用,领导者围绕着追随者转；

其二，传统领导观强调领导作用不可替代，在组织中领导者掌握着资源配置的核心权力，并对追随者发布命令，但简约领导认为领导者在有的情景中是可以被替代的，即通过发挥追随者的自主意识来替代部分领导的作用；

其三，传统领导观对领导者与追随者进行了清晰的划分，但是简约领导力认为未来随着追随者整体能力与素质的提升，领导者与追随者的界限会越来越模糊，在组织中会更强调人的自我领导，领导者要学会协调这种情景，并尝试追随追随者。

那么什么是简约领导力呢？《简约领导》一书给出了答案：简约领导力是指领导者向追随者主动施加又为追随者自觉接受的定向的、积极的影响力。在这个定义中，强调定向与影响力两个方面，定向是指确定方向与价值取向，包括组织的远景、战略与价值观，而这里的影响力，更多强调领导者对追随者的引导和激励，而非通过命令与权威施加影响力。从这个定义来看，简约领导力与柔性领导、共享式领导以及服务式领导有着近似的领导力思想，那就是以人为本，尊重追随者的自主动机，发挥追随者的自主性与潜能。

在《简约领导》一书中，作者不仅揭示了简约领导力的内涵与特征，同时对简约领导的修炼进行了系统介绍，形成了简约领导力修炼的四大法则：

第一，领导者要帮助追随者克服依赖心理。自我领导最突出的特征是主体的自主和独立。因此，领导者要帮助追随者克服依赖心理，尽快地适应工作环境，相对独立地去做决策、去解决问题，去面对困难，去竭尽全力达到目标；

第二，领导者要善于授权。授权，就是在决策之后，领导者授予直接的下属和追随者一定的权力，以便他们能够相对独立、相对自主地开展有关工作，授权是领导者的分身术，是一种重要的领导方法与领导艺术，领导者通过授权，培养和锻炼了下属和追随者的能力素养，能够实现自我领导；

第三，领导者要为自我领导者提供服务。简约领导观告诉我们，领导者的主要职责，是为自我领导者提供服务，为自我领导者提供价值导向，提供支持，为自我领导者提供条件，提供愿景，提供制度安排；

第四，领导者要正向激励自我领导者。简约领导的主要表现是领导者和追随者双方既自我激励又相互激励，按照简约领导观，领导者的主要职责是激励追随者干工作，激励追随者自主自愿地干好工作。在这个过程中，领导者要肯定追随者的行为价值，激发追随者的内在潜力和正确动机，调动起他们工作的积极性、主动性和创造性，让追随者迸发出工作热情，创造优异的工作业绩。

3. 新领导艺术角度

（1）真诚领导力。近年来，随着 Enron、Tycon 以及 WorldCom 等公司丑闻频发，引发了学界与实践界对领导者的道德素养以及人格的思考。根据盖洛普民调中心一项调查显示,社会大众对企业领导者的信任指数仅为28分(百分制);在另一项调查中,数据显示,美国有49%的员工对领导者的道德与诚实持有怀疑态度;而在中国北京某地区进行的一项数据调研显示,员工对于组织不满的最主要原因并非是待遇与薪资问题,而是针对领导者的行为与处世方式。由此可知,在当今的环境中,领导者的个人特质与行为方式扮演着越来越重要的角色,特别是那些与领导者个人自信、乐观、韧性等人格特质有关的性格要素。在这样的背景下,Luthans、Avolio、Shamir等一批学者推动了领导力的发展,他们以领导学、管理学、伦理学、积极心理学等相关研究为基础,发展提炼出了真诚领导理论这一学说,并逐渐成为领导学理论研究的热点。

① 真诚领导力的内涵。"真诚"一词来源于古希腊哲学中的"认识自我"和"真诚对待自己"等思想,是指个体了解自我,拥有个人的思想与体验(包括情感、需要、偏好、信念及价值观等),并按照自己的真实想法行事。真诚并不是与生俱来的内生性品质,而是一种关于关系的现象。研究发现,真诚包含了四个主要因素,其一是自我认知,即个体对自我的动机、情感、价值观及个人特征的知觉;其二是无偏见或平衡加工,即个体在加工和理解与自我有关的信息时,能在多大限度上保持理性客观;其三是真诚行为,即个人能够以一种与"真我"保持相统一、相一致的方式行事,也就是我们常说的"知行合一",真诚行事意味着个人在采取行动与做出选择时是基于自我的价值观、偏好及需要的,从而保持内外的高度一致性;其四是关系真诚性或透明性,即个体重视并努力达到关系中的坦率和真诚,是一种自我呈现和发展亲密、信任关系的积极过程。

哈佛商学院教授、前 Medtronic 公司 CEO 比尔·乔治先生根据其自身经历以及其多年的研究成果,提出了真诚领导者应具备的五项基本特性,那就是:

a. 了解领导的目的。如果领导者缺乏自己领导的目的和方向,就不可能会赢得他人的认同和追随,这也是领导的重要前提条件;

b. 奉行坚定的价值观。每一位领导者都有着丰富的人生经历,并能够从这些经历中通过反思形成个人的价值观,而在真诚领导者的价值观体系中,诚信是不可或缺的一条;

c. 用心灵去领导。真诚领导者必须是一个胸怀宽广,能够对追随者敞开心扉,并真心实意地关心下属的领导者,只有这样才能让追随者真实感受到来自领导者的真诚,否则会让追随者感受到来自领导者的虚情假意;

d. 建立密切而持久的人际关系。只有当领导者与追随者之间具备长期开放且深厚的人际关系,追随者才有可能建立对领导者的信任和承诺;

e. 展现高度自律。没有自律,领导者就无法赢得下属的尊敬,自律是领导者人格魅力与影响追随者的重要组成部分。

② 真诚领导力的作用。通过对既有文献的梳理,我们发现,真诚领导对激发员

工高水平的工作态度和行为具有重要的作用。例如,阿沃利奥(Avolio)等人研究发现真诚领导对下属的态度(承诺、工作满意度、激励和任务投入)与行为(工作绩效、额外努力和退缩行为)起到了重要的影响,并得出真诚领导与下属态度与行为正相关的结论。同时,他们提出并验证了希望、信任、积极感情、乐观作为中介变量能够显著影响这一过程;阿沃利奥和加德纳(Gardner)指出真诚领导本身具有的利他性行为特质使得他更容易通过榜样作用感染和影响下属,即真诚型领导作为榜样具有积极的价值观、心理状态和行为;伊利耳子(Ilies)等人也认为真诚型领导作为积极的行为榜样,可以通过从下属那里获得反馈来进一步增强真实性;布朗(Brown)、琼(Joann)和伊诺克(Enochs)以大学教员为研究对象探讨了真诚领导对员工行为的影响,结果显示领导者的角色模型概念、真诚领导的属性特别是兴趣以及自治支持对员工的效法行为有重要的、积极的影响;卡梅伦(Cameron)和罗伯特(Robert)认为,就真诚领导本身而论,真诚性是其核心,这种核心是使人以及整个组织维持效率的基本要素,通过不同的领导范式可以增强领导者之间的信任,促进下属效率的提高,同时还可以增强领导与下属之间的信任。

(2)沉静领导力。在传统领导力的研究中,领导者通常被描绘成商业领导与组织的英雄,他们具有坚毅的秉性、挑战困难的勇气、不可战胜的智慧以及坚持梦想的初心,他们能够鼓舞人心,号召追随者与之一起创造历史。然而,哈佛商学院教授小约瑟夫·巴达拉克教授经过多年的研究之后,发现大多数卓越的领导者并非是这样的热血英雄,也不是为了理想而战的圣斗士,而是那些能够在每天的日常工作中能够有效决策并正向影响他人的"沉静者",他们非常有耐心,循序渐进地做着正确的事和决策,并能够保持克制、沉着、谦逊的特点。巴达拉克教授在《沉静领导》一书中指出,尽管"沉静领导"看起来缺乏激情与速率,难以激起群众的热血,但是却经常被证明是使一个帮助组织度过困难,实现长期成长的"最快途径"。

巴达拉克教授提出了沉静领导者应具备的三大基本特质:

a. 积极、警觉、有创造性的克制。沉静领导者有着自己坚持的行为原则,他们拒绝使用英雄式的强硬态度与感染力来实现目的,相反的,他们选择了自我克制,虽然他们经常是充满斗志与激情的。在多数情况下,正是由于他们的这种自我克制,帮助他们在复杂的情景中能够厘清问题的本质,从而设计出一套有效的解决方案。这也与巴达拉克教授主张的"真正伟大的领导者,是在许多细微的事情上,做出了与众不同的抉择"这一观点不谋而合。

b. 现实与专注的谦逊。谦逊是沉静领导力的第二大特质,由于沉静领导者并不追求领导者的光环和胜利,同时他们也清晰地认识到每一件复杂的事情背后都有超出自己能力所解决的复杂性和变数,因此他们不会高估自己的能力在处理复杂事情中的重要性,也更能忍受挫折,通常他们会采取更符合现实的态度与专注来处理这些工作,尽好自己的本分,履行自己的职责。同时,他们知道所有复杂目标与任务的实现是多种力量共同作用的结果。

c. 坚韧与理性的执着。由于沉静领导者经常需要面临复杂而有挑战性的任务,同时他们也意识到自己的力量是有限的,因此他们需要通过执着的力量经过艰苦战斗才能最终实现重要的目标。具有沉静领导力的领导者会通过漫长、执着的努力来孕育和创造最适合组织发展的正确、有效的途径,他们将时间、精力与资源配置到理性的最适合组织发展的决策上,同时也接受不完美的结果。

巴达拉克教授提出这三个特质是相辅相成的,相对应地,他在书中还给出了更为实用的准则,具体包括:在对基本情况进行了解上,尊重客观事实,承认自己的局限性;当所处的环境充满不确定时,要争取时间,尽量给自己创造机会做出理性选择;不要把时间和精力花费在说教和鼓吹上,强调深度学习,仔细研究各方面可能的因素;努力寻找可以使规则得以变通的可能性;在解决问题的时候,不要贸然激进、仓促行事;最后,不要忽视、排斥妥协的解决方案。

二、领导力与相关学科领域结合的最新研究

1. 领导力与文化研究

(1) 跨文化领导力的出现。随着"全球化4.0"时代的到来,跨文化领导力的研究也逐渐兴起。全球化的倡导者托马斯·弗里德曼在其21世纪初的经典著作《世界是平的》一书中,将全球化划分为三个阶段,并提出进入21世纪之后,"全球化3.0"时代的到来,世界会越变越小,世界被逐渐分解成不同的个体,地域限制和文化差异不再是影响全球跨国合作的障碍,不同的国家和地区也需要在文化交流和文明碰撞中更新对世界及人类未来的理解。然而,随着经济技术的快速发展,"全球化3.0"已经不能满足世界各国和地区的发展需求,2019年1月22日在瑞士达沃斯举行的世界经济论坛年会上,提出了"全球化4.0:打造第四次工业革命时代的全球结构"的响亮主题,同时也向世界发出了清晰的信号,世界正在进入全球化4.0的时代,相应地,全球事务也正面临着严峻挑战和深刻变革。世界经济论坛发布的报告指出,全球共同应对主要紧迫风险的能力已经降至危机水平,不断恶化的国际关系妨碍各国应对与日俱增的严峻挑战。同时,由于地缘政治紧张局势等因素,经济前景日趋黯淡,这些都将进一步挫伤国际合作前景。按照达沃斯论坛组织方权威人士的说法,当前一系列挑战开辟了一个新的全球化时代,伴随着技术革命而来的一系列变革并非孤立发生在单一国家和领域,塑造全球价值、给出全球性回应成为必然选择。

"全球化4.0时代"的到来,使得跨文化领导力在解决全球事务中成为必备的领导能力。一方面,在全球事务中,跨地区、跨文化的交流已经成为日常工作的常态,需

要处理全球事务的领导者每天都在与不同政治、经济、文化背景的人和事物打交道,处理各种跨文化事务;另一方面,随着信息技术、人工智能以及大数据等技术的不断完善,跨文化信息、跨文化数据已经成为不同组织甚至是国家在未来实现核心优势的重要战略资源。因此,跨文化领导是指领导者在跨文化情景下敏锐识别和尊重文化差异、统领事务和引领追随者的一种新型领导活动。全球化时代的领导者需要积极理解全球化,善于跨文化领导,"在全球化浪潮中诞生的跨文化领导者,不仅是驾驭新型文化环境的能手,而且还是吸收先进领导理念和黏合各种文化资源的巧匠。"特别是在全球化4.0时代,商业领域亟须新型跨文化领导者的出现,这一新兴的领导角色不仅包括商业领域的跨文化领导者,也包括政治和公共行政领域中的跨文化领导者,不仅需要具备处理跨文化事务、缓解跨文化冲突的能力,同时还需要在全球范围内抓取数据信息的能力。

(2) 跨文化领导力面临的挑战。跨文化领导力面临的挑战包括如下五个方面。

① 智力的挑战——跨文化领导需要高水平的跨文化智商。近年来,文化智商(cultural quotient,CQ)成为智商与情商之后,又一重要的衡量领导者综合素质的新标准。文化智商的概念是由新加坡国立大学管理学院院长柯理思首先提出的,文化智商既指在一国之内对主流文化与亚文化的认知以及相应的行为模式,也是指对跨文化的了解和认知的能力以及相应的行为技巧,是在跨文化背景下对不同文化知识的认知,以及收集、处理信息、作出判断并采取相应有效措施的能力。由此,布鲁克斯·彼得森(Peterson. B.)在其《文化智商》一书中将文化智商描述为关于文化的知识(一般现实及文化特点)+认知(对自己和别人的)+特殊的技巧(行为模式)的集合。《商业大失败》一书的作者戴维·A. 利克斯(David A. Ricks)在分析跨国公司失败案例时发现,这些失败几乎全是因为忽略了文化差异所导致的。

② 风格的角力——跨文化领导需要选择合适的跨文化领导风格。研究结果表明,不同的文化内涵与特征适应不同的领导风格,以往成功的跨文化领导者多数都能够根据具体的文化情景、员工特点以及组织面临的问题而选择合适的领导风格。哈佛大学心理学博士、"情商之父"丹尼尔·戈尔曼在其《最根本的领导力:情商的威力》一书中提出了六种典型的领导类型,即强制型领导、权威型领导、关系型领导、民主型领导、领跑型领导和教练型领导,除此之外,后来的学者又提出了更多不同的领导类型,如变革型领导、交易型领导、服务型领导等,卓有成效的领导者能够根据不同的情景而在不同领导风格之间自由切换。跨文化领导者就要求能够在不同的领导风格之间自由切换,这是因为不同的国家和区域都有自己普遍接受的或习惯的领导风格,如果在跨国、跨文化交往中,领导者如果不能适时调整自己的领导风格,就可能遭遇跨文化领导风格带来的挑战。

③ 思维的冲突——跨文化领导者需要契合不同文化的思维方式。在一个由来

自不同文化传统、价值取向、宗教信仰、风俗习惯的员工组成的团队或组织之中,跨文化思维冲突是不可避免的,能否有效应对跨文化思维的差异和冲突,直接影响到跨文化领导的实现与效应。例如,东方国家更强调集体主义,在组织中强调个人利益服从集体利益,通常从组织整体视角去思考问题,西方国家更注重个人主义,强调个人在集体中的价值实现和人生理想,追求个人利益至上;再如东方国家组织里的领导者在处理信息和决策时,更偏好依赖直觉判断,西方组织的领导者的思维方式更侧重演绎,强调理性和量化思维,尽管当今时代,东西方思维方式正在彼此渗透和文化融合,但东西方在思维方式、文化特质、领导风格、沟通习惯、价值判断标准等诸多方面的确还存在较大差异,这也对跨文化领导提出了挑战。

④ 沟通的障碍——跨文化领导者需要跨越跨文化沟通的鸿沟。跨文化沟通是在不同文化情景交融中进行的,由于价值观、思维方式、文化语境等方面的诸多差异,具有不同文化背景的领导者与员工可能会存在不同的看法与解读,例如在有的国家更偏好于直接沟通,有的国家更偏好委婉的表达方式。这种沟通上的差异会造成理解上的偏差,从而影响跨文化沟通的质量。正如跨文化传播奠基人爱德华·霍尔提出的那样,沟通的效果会受到语境的影响,不同文化的语言存在着不同的语境文化之分,一种语境是信息充分共享,简单讯息自由流动,一种语境是高度个性化的,需要理解其背后的文化内涵,不同语境对于信息的编码方式是不同的,呈现出的显性特征存在差异,因此不同语境文化之间的沟通需要理解其特点。

⑤ 激励的无效——跨文化领导者需要避免适得其反的激励措施。激励是领导者实施高效领导的重要方式,有效的激励能够极大地调动下属的积极性。虽然,不同文化中激励的过程与作用是相似的,但是激励的方式与内容却存在着显著的差异。例如,西方国家更强调能力至上,强调个人主义在组织实现绩效目标中的作用,因此更倾向与其绩效挂钩的经济利益奖励,而在崇尚集体主义的东方国家,更注重团队或部门整体,强调集体的和谐一致,因此更多的是倾向给予集体性经济奖励或集体荣誉。如果不注意不同文化背景下激励模式的差异性,往往可能带来适得其反的效果。

跨文化领导力的五道坎

一、能融入情景,才能跨文化

情景领导力。所谓情景领导力,就是说在不同的文化背景下,对领导和管理的要求不一样。领导者不能只具备单一文化情景下的领导力。举几个例子。

在国外分公司调研时,就有同事跟我说:很想回国。我就问为什么。他说我每天都被本地员工问:你把老婆孩子都扔到中国,跑到这里来赚钱到底为了什么?你的人生肯定是错的。因为在当地的文化逻辑里,人不能为了赚钱而离开家人,陪伴家人更重要。也有经理跟我说:他有一天发现一个员工迟到,问他为什么?这位员工说,我在路上看到一朵花开,安静看着花开,很美好。人生有这样一刹那的美好比一切都重要,所以迟到了!问员工对于迟到有没有内疚?他说没有,因为见证花开的美好更重要!

中国企业之所以到海外会产生很多意想不到的管理难题,很大的原因就是中国管理者总想把自己的经验移出去,但事实是根本移不出去,因为情景不同。因此,不断变换的情景是对领导者要求非常高的地方。你的经验、管理体系等所有的东西都可能需要调整。如果再用原有的一套东西去做,出问题就是大概率事件。

二、先"通"吃,才能跨文化

跨文化沟通能力,这一点更重要。跨文化管理最大的特质是什么?跨文化沟通,因为管理的核心是要形成共识。我们在同一个文化背景下形成共识的方法论,与不同文化背景下形成共识的方法论不一样,必须通过跨文化沟通来解决问题,用传统管理的方式无法解决共识。所以跨文化背景下的领导者不能动用管理体系形成共识,而必须用沟通体系形成共识,两者完全不一样。在华南理工大学我刚好讲授跨文化管理这门课几年,课程中一直纠正大家:跨文化管理的核心不是管理,而是沟通。但沟通真的很难,第一个挑战就是语言。第二个挑战是生活方式。中国企业出去为什么很难?吃饭这件事就解决不了。四川同事去越南,还要做川菜。和本地员工吃的都不一致,其实是很难沟通的。有一次我在新加坡国立大学上课,来了一批山东同学,要请我吃煎饼。我说你带煎饼来很不容易,我不能再吃你的。他说老师放心,我带了两个星期的!如果在新加坡上课,吃两个星期山东煎饼,怎么理解新加坡?所以,跨文化沟通真的不容易做到,就语言和生活方式这两件事就很难。这两点做不到,而用管理方式去做,当然也做不到,因为双方的共识无法形成。所以在我看来,跨文化沟通能力是跨文化管理的核心,沟通形成共识,而不是靠管理形成共识。

三、用全球思维说话,才能跨文化

全球思维。中国有好故事,但这个好故事要想让全球人听,就必须用全球的概念和全球的语言去讲。我们很多时候总是喜欢用自己的语言、自己的思维方式去讲自己的故事,结果反而让别人对我们有误解。前些天戈壁挑战赛要举办,为北大国发院的戈12队友出征加油时,我在演讲中就提出一个观点:你信仰的真理和现实的真理是有差距的。你不要拿你信仰的真理当成别人的真理,非要让对方接受。这是不可以的。我们要认识到这个差距,你要确认自己是具有全球化的思维,还是只有中国的思维,甚至只有本人的思维!这中间有很大的不同。我本人虽然语言上有弱项,但思维上对自己的要求是全球的,否则难以真正理解这个世界的变化是什么。各位要做全球化的管理者,跨文化的领导者,就要迎接这个挑战。全球思维有两个要点:第一,整体一定是大于部分,同时部分必须对整体有价值贡献。第二,你一定要融合,融合就包括对差异性的尊重和包容。不能尊重差异性,就不会有真正的融合。这些都需要我们去努力训练自己。

四、本地化行动,才能跨文化

本地化行动。仅有思维的全球化还不够,还必须要有本地化的行动。本地化行动会涉及三个最主要的方面:本地资源、本地市场、本地人才。如果做不到这三点,实际上也做不到全球化。新希望六和把在不同国家分公司的本地员工送到中国来读书,为他们专门设置一个硕士课程。这样做一方面真正培养本地人才,另一方面又帮助他们了解中国,双方沟通起来就有更多共同的语境。

五、先有普世文化,才能跨文化

公司的企业文化是否具有普世性。最后这一个最难,公司文化是否具有普世性,是不是一个能在全球不同价值观体系下被接受的文化。我们看IBM的企业文化,能在全球几十个国家被接受。一家公司能不能形成这样的文化,你的企业文化能不能放到全球不同价值体系中被理解和接受,这是非常关键的。访问瑞士华为时,我问当地负责人他在一家中国公司里工作的感受,对方很惊讶地回答说:华为是一家全球公司,不是中国公司。本来我想调研外国人对中国公司的理解,结果在瑞士华为得到的是这样的答案。后来我和任正非先生沟通,问他华为怎么定位,他回答得很明确:华为就是一家全球化公司。所以,公司在制定企业文化时,一定要先从全球化的背景来审视。这样可以融合的文化才能自信,文化自信是特别重要的。如果你的企业文化不被接受,你就没办法引领价值观,也就无法引导和约束行为,这对中国企业是非常巨大的挑战。

资料来源:陈春花,《跨文化领导力的五道坎》,《中外管理》,2017(7):82-83。

2. 领导力与性别研究

女性领导力是指女性领导人把握组织的使命及动员人们围绕这个使命奋斗的一种能力。自 20 世纪 80 年代以来,随着女性高层政治领导的连续出现,大量女性开始在教育、军事、医疗以及其他非营利领域从事重要的领导工作。不可阻挡的女性领导发展趋势已不言自明地解答了女性能否成为领导者的问题。研究者们更关心的是这种趋势产生的原因和它蕴含的意义。诺斯豪斯指出,生产率提高、竞争性优势和金融业绩是有进取精神的女性领导者在员工中脱颖而出的三大原因。艾尔维森(Alvesson)和都比林(Due Billing)认为女性领导者数量应该增加,这不仅是出于两性之间应有的平等,而且是因为女性能以一种男性做不到的方式有助于工作生活。他们提出四个理由:两性应该拥有平等的机会;女性的能力应得到充分的施展;女性作为领导者的贡献应得到承认,特别是她们的价值观、经历和行为;女性特有的价值观能够使组织和工作生活更充实丰富。

正是伴随着女性受教育水平的不断提高、女权意识的逐渐增强以及女性就业政策的普及,近年来职场女性领导的数量正在不断地攀升,根据美国劳工统计局(Bureau of Labor Statistics)数据显示,在全球范围所有组织中有将近 30% 的 CEO 是女性领导者担任的。在女性领导者中,正逐渐涌现出像桑德伯格(现任 Facebook 首席运营官、曾被《时代》杂志评为全球最具影响力的人物之一)、菲奥莉娜(3 度入选美国《财富》杂志评选出的全美 50 位商业女强人)这样在自己的领域具有重要影响力的女性领导者,她们能够在日益复杂的环境中呈现出高水平的洞见力和适应能力,在她们的领导下企业实现了转型与发展。正如 Grant Thornton 会计师事务所报告显示,女性领导者更在意的是推动企业变革与发展。

近年来,越来越多的学者对男性领导力和女性领导力进行了比较,研究结果显示,与偏向"实践型"的男性领导相比,女性领导更偏向于"学习型",她们一般会更注重自我学习能力以及领导力的提升,从而对内外部环境中存在的风险与机会具有更高的感知能力,能够敏锐地识别并迅速作出反应。在领导风格上,女性领导更多展示出柔性领导和魅力型领导,更关注人际关系,更多表现在充分沟通,善于利用关系网络获取关键信息;在危机情景中,女性领导善于借助自身的直觉与感性,进行果断、迅速的判断。此外,女性领导在变革的情景以及在细节把握上具有天生的优势,她们都具有较高的执行力,注重人际关系,善于与人沟通。具体见表 8-1 所示。

表 8-1 男性领导力与女性领导力比较

对比维度	男性领导力特征	女性领导力特征
沟通	主要通过发布命令、控制等方式进行沟通	善于通过说服、引导和影响等方式实现管理目的
激励	偏向于借助权力或权威等手段实现目的,强调通过对下属的掌控来进行激励	善于通过正向强化来激励员工,偏向于借助合作与协调来培养下属,并适当授权

(续表)

对比维度	男性领导力特征	女性领导力特征
需求	具有较高的个人成就需求,呈现出控制、竞争、投机、进攻等特征	具有较高的情感与归属需求,一般具有包容、同理心等特征
人际	一般为任务导向,在协调和平衡成员人际关系上不够重视,不善于情感表达	强调民主与参与,一般多为关系导向,更人性化,富有感情
决策	决策果断,冒险精神更突出,一般倾向根据经验进行判断,决策时表现出自信	做决策时比较谨慎,面对风险时倾向于采取保守方案
认知	一般对组织内外部环境中存在的异常情况反应较慢,对细节问题把握能力不强	对企业内外部环境以及市场变化反应敏锐,问题与风险感知能力较强
风格	明显的变革型领导风格	偏向于交易型、权威型、放任型领导风格

资料来源:罗瑾琏,朱荧,钟竞,等,《企业高层女性领导者变革警觉特征及变革推动效应研究》,《管理学季刊》,2017(2):81-111。

女性领导力是怎样炼成的——以格力电器董明珠为例

作为中国知名的成功女性领导者,董明珠突破性别角色偏见认知的固有思维泥沼,展现出了刚柔并济的领导力特征。这些领导力特征既包括了独断专行、说一不二的现实导向型领导特征;也包括了情感关怀、民主参与的关系导向型领导特征。

一、董明珠刚性管理的一面

董明珠是一个非常强调制度的人,在领导格力组织文化构建的初期便体现出独断专行的领导力特征。她对法家学派和以制度为中心的管理非常推崇,她坚持"制度是刚性的,一旦制定就要严格执行,任何人和事都概莫能外",她从来不搞特殊化,公平公正,绝无例外。当然,由此也可以看出,刚性的管理必然离不开制度的规范,根据方式不同可将制度分为正式制度和非正式制度。

正式制度。董明珠在格力制订了一套完整的管理制度,从员工的选聘开始,任用、培养、保留和考核都有着详细系统的规定,不只在员工管理方面,在产品制度上,董明珠也有着三个指标:以质量取胜、以技术取胜和以专业化取胜。格力内部的质量指标已超国家指标的三倍,颁布一系列质量保证制度,以确保生产线的操作流程和操作技能,对产品的全面质量管理。

非正式制度。董明珠是一个原则性很强的人,她对自身的要求近乎苛刻。例如,进入格力工作的 20 多年来,她"从来没有休过年假"。在裙带关系上,她不会以公谋私,并且将借助亲属关系利用利益投机取巧的经销商直接拉入黑名单,断掉供货;明确要求刚大学毕业的儿子不得出现在自己的职权范围内。同时,她推崇军事化管理,在格力严格推行军队文化。董明珠保有了男性领导者所偏向的刚性管理领导特征,以严格的自我要求将独断专行、说一不二的形象植入组织。

二、柔性领导

柔性领导就是指在研究人们心理和行为的基础上,依靠领导者的非权力影响力,使人们产生一种潜在的认同感,引导其根据服从组织意志进行活动的领导行为。在董明珠的管理理念里,更是将这种领导力很好地嵌入了格力的管理模式。

首先是"情感关怀"。前面提到董明珠在格力建立了一套系统的人才管理制度,同时,董明珠在格力"先后建立了 6 所研究院,联手德国达姆施塔特大学共建了培养国际化创新型人才的中德学院",之所以有这些举措,是因为她力求做到关注格力的人才培养,使其能力得到最大程度的发挥,切实有用武之地。

其次是"民主参与"。董明珠坚持不聘请外部专家,争取激发内部员工的潜力,培养其领导力。董明珠在人才的物质激励方面也是不遗余力,鼓励员工建言献策,丰厚奖励可达 100 万元。

在董明珠的理念中,高薪挖来的专家无法做到对企业感情的全部托付,而对于企业内部的员工,"这些员工是与企业一起成长的,是舍不得走的",这句格言体现了格力人才培养的价值理念,她将创新人才的成长与企业的发展进行了"情感捆绑",使两者的命运紧紧相连。凡是真心实意为格力贡献的员工,均有机会得到相应的物质回报。可以看出,董明珠在发挥其女性领导力的过程中,体现出了女性特有的民主性管理风格与情感关怀特质。

资料来源:孙红霞,《女性领导力是怎样炼成的——以格力电器董明珠为例》《商场现代化》,2018,874(13):123-124。

3. 领导力与伦理研究

安然公司原本是世界上最大的能源、商品和服务公司之一,2001 年却被曝出财务造假的丑闻,公司的高级管理层被指控存在疏于职守、虚报账目、误导投资人以及牟取私利等不道德行为,最终导致安然公司迅速走向破产。三鹿集团、麦当劳、大众等公司,也曾因为领导者的非伦理行为而遭到消费者的抵制。领导者非伦理行为致使组织遭受严重损害的现象不仅引发了公众的普遍关注,也引起了学者对伦理型领导的研究兴趣。

过往的实证研究大多关注于伦理型领导的结果。这些研究结果发现,伦理型领导无论是在组织层面还是在员工个体层面都发挥了积极作用。在组织层面,伦理型领导改善伦理文化、增强组织社会责任感、促进群体学习行为、营造组织公平氛围、提升组织绩效、增加组织公民行为。在个体层面,伦理型领导有助于改善员工的工作态度(如组织认同、自我效能感、心理安全感等),增加积极工作行为(如组织公民行为、领导成员交换、建言行为等),减少员工消极行为(如不道德行为、反生产行为、关系冲突等)。相对成熟的后果研究来说,关于伦理型领导产生机制及影响因素的探讨较少。伦理型领导有什么样的特质?会受到哪些情景因素的影响?为什么下属会把领导者知觉为伦理型领导?伦理型领导产生背后的机制是什么?这些问题依然没有得到有效解决。本文旨在对伦理型领导的产生机制及影响因素进行系统梳理,以期对未来的研究有所启示。

伦理领导是指个体领导者的品格以及领导行为中包含着伦理与道德的特征,当领导者的行为与道德标准保持一致,一般认为领导者的行为是具有道德的,道德行为是通过道德的目的与手段来进行判断。伦理领导是领导者与追随者之间持续道德对话的过程,其目标是创建一种组织文化,促使人们能够在道德与美德上登上制高点。目前的研究中,布朗、特拉维诺和哈里森(2005)对伦理型领导的定义和测量方法应用最为广泛。他们将伦理型领导定义为,领导者通过个人行为和人际沟通表现出合乎道德规范的适当行为,并通过双向的沟通、激励和决策的制定促使员工去表现这些行为。同时,他们提出伦理型领导的影响因素有两个方面:领导者的个人因素和情景因素,领导者的个人因素包括领导者的宜人性、责任心、神经质、马基雅维利主义、道德推理和控制点;情景因素包括组织的伦理背景、伦理强度和伦理榜样。

关于伦理领导力的特点,学者们也从不同角度提出自己的观点。一般认为,伦理领导具有尊重他人、公正的、诚实与正直的等特点,是具有较高道德水平的个人与经理人,具有伦理意识,以人为本,善于鼓舞与赋权,肩负管理伦理的责任。

此外,伦理领导还应当考虑到下属对领导行为的理解和接受程度,只有当领导的伦理行为被下属识别和认可,下属才会认为该领导是伦理型领导,从而追随领导,表现出伦理行为。领导力的研究表明,下属自身的认知框架会影响他们对领导行为的看法,领导者在对复杂的伦理问题和伦理情景做出回应时,应考虑到他们和下属的伦理认知之间的差异,领导者对于自身行为和决策的伦理性的看法是基于自身视角的,而下属并不一定能理解领导的伦理决策和行为。因此为了避免评价的偏差,伦理型领导必须关注下属对自己行为的感知和评价。再者,伦理型领导的测量是采用下属评价领导行为的方式,也反映出其内涵应当是伦理型领导和下属对伦理型领导感知的结合。

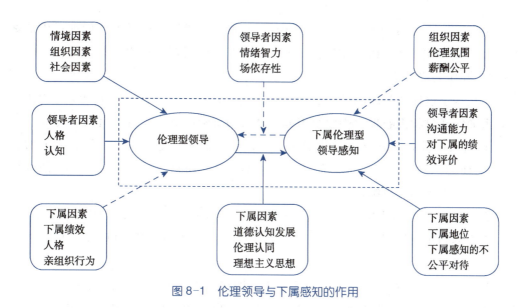

图 8-1 伦理领导与下属感知的作用

4. 领导力与心理学研究

艾伦·卡特勒在其著作《领导力心理学》一书中,使用了"洞悉人心,激活团队"这样一句话作为书名的副标题,也深刻诠释了领导力与心理学的关系——领导力的关键在于领导者施加的影响力,领导者只有真正地抓住员工的真实期望与内在需求,才能够激发员工高水平的敬业度与创造力,同时能够吸引和留住最佳人才。本小节中,本书将分别从积极心理学、高情商领导者等视角解读领导力与心理学的内在联系。

(1) 积极心理学——发挥人格优势的方法论。积极心理学是由前美国心理学会主席马丁·塞利格曼(Martin Seligman)提出的,从本质上来说,积极心理学主要探讨人们如何从生活中的各个方面获取到有效的能量。塞利格曼在其积极心理学的模型中构建了三大支柱,分别是积极的体验,主要指人们对过往以及当下幸福感与满足感的体验,以及对于未来的乐观心态;积极的人格特质,主要指人们受益于来自智慧、正直、充满希望等特质而带来的快乐生活;积极的制度环境,主要指人们能够从环境中感知到对于培养和鼓励人们从有意义的工作生活中获取的积极心理体验。其中,积极的制度环境是领导学里面探讨的焦点,在组织当中,领导者要通过借助积极心理学的方法,鼓励员工发挥自主动机,并在工作中感知到自己的潜能,从而创造出更好的绩效,满足个人的成长与自我实现的需求。

积极心理学应用中心的创始人亚历克斯·林利(Alex Linley)在其著作《从平凡到卓越》中提到了"人格优势",他指出人格优势是一种人们在长期社会生活中形成的能力,比如行为方式、想法与感知等,这种能力会以某种特别的形式存在,并能够赋予人们真正的能量,让人们发挥出高水平的表现。积极心理学关注于人们能够将什么事情做得很棒,什么事情是人们特别擅长的,做什么事情可以帮助他们展示出最好的自己,并持续地作出贡献。因此,优秀的领导者应该能够识别出并利用好员工的人格优势,并作为提升员工幸福感的方式,最终帮助员工表现出高水平的绩效。

正是基于这样的基础,亚历克斯·林利与其同事尼基·佩奇(Nicky Page)提出了领导者如何通过积极心理学构建组织或团队人格优势的五个步骤,具体如下:

① 对人格优势作出全面而深刻的了解。首先要理解优势不仅仅代表人们擅长做什么,而是一种人们自有的能力,会通过特定的行为和认知方式表现出来,能够持续激发人们表现高水平绩效;

② 知道从哪里着手搭建组织是最好的。企业组织都是由一个个团队组成的,在以人格为本的企业中可以搭建一个以人格优势为基础的小团队,并赋予其核心领导地位;

③ 更全面的了解构建组织的有效方法。构建组织的方法既包括传统的科层制、组织深化分析、根据主营业务或者地理区位因素划分,也可以根据员工的积极性为考量标准构建组织;

④ 找出关键要素。对企业组织现存在评估程序是否适合使用人格优势方法论?这就需要领导者将人格优势要素作为关键要素去考量,从而转变领导理念与重心,进而了解下一步该如何开展;

⑤ 保持信心与耐心。由于搭建一个以人格优势为基础的团队与组织需要转变组织不同层级的理念与工作方式,因此不可能一蹴而就,这就需要领导者保持信心与耐心,在变革过程中,确保每个阶段都能够根据实际的情况进行及时、合理、科学的动态调整,从而确保目标的实现;

(2)高情商领导者——激活团队能量的方法论。积极的情绪是个人、团队乃至组织获取成功不可或缺的情景要素,乐观主义的团队在面对困难时会更容易保持积极的态度,并在工作中克服各种挑战与困难。在团队或组织中,领导者的情绪具有重要的作用,因为它们会通过在内部的传递、渲染、接受、回应等渠道对他人的情绪产生影响。这种感知、评估以及控制自身及他人情绪的能力被称为情绪智力,也被称为情商。

领导者的重要职责就包括创建团队文化、影响团队规范并维持团队的情感基调。无论是哪个层级的领导者,都在很大程度上决定了员工的身心健康,他们时刻影响着员工的情绪感知。因此,领导者有责任,也必须具备相应的能力将集体的情绪引向积极健康的方向。与此同时,当下属感知到来自领导者的支持时,领导者的积极情绪也会通过传递、接受与反馈等路径传达给下属,团队成员也将来自领导者的情绪视为在不同场合下的权威回应。

霍华德·布克(Howard Book)和史蒂文·斯坦(Steven Stein)在其著作《情商优

势》一书中,对来自青年总裁组织的186位高管和创新联盟成员的调研发现,高情商的领导者从事管理工作的挑战较小,在处理商业挑战时遇到的挑战较小,同时能够给企业组织带来更高的利润。这是因为,首先,高情商的领导者具有较高的同理心,能够对他人的感受表达出理解,有利于培养出高凝聚力的团队氛围与工作关系;其次,高情商的领导者更容易尊重和认同他人的能力,从而会激发下属的潜能与表现;再次,高情商的领导者在现实判断和解决问题方面都具有更高的适应能力,从而能够增加产出。他们在该书结尾作出如下总结:

领导者倾向于使用一系列的情商技能去应对他们在日常工作中所面对的困难与挑战,因此情商测试可以被应用于企业领导者的评估之中;

能够充分地使用情商的技能与方法与领导者的沟通能力以及工作任务本身的特殊性有关。成功的领导者能够随机应变,根据不同情景自如地运用不同的技能。

总体来说,高级管理者普遍拥有高情商的技能,这种高情商的技能与他们的工作表现具有密切的联系,因此领导力的发展应当与识别、强化与应用高情商技能结合在一起。

三、互联网全民时代下的五星领导力

不确定性与颠覆式创新推动着中国进入移动互联网的全民年代和数字化时代。"互联网女皇"玛丽·米克(Mary Meeker)在其发布的《互联网趋势》报告中指出,中国正在逐渐成为全球最大的互联网公司的枢纽,在2018年全球市值最高的20家互联网公司中,中国占据了9家,美国占据了11家,相比5年前,中国仅有2家。

现阶段,中国移动互联网呈现出三大特色:

首先,中国移动互联网"大而独特"。第一,中国已成为全球互联网市场的双极之一,影响力显著。中国拥有7.1亿网民,相当于美国与印度的总数,互联网消费规模位居世界第二;中国互联网巨头和独角兽在规模与数量上都跻身世界前列。第二,中国互联网与美国存在着显著差异。从市场结构上来看,中国互联网电子商务与互联网金融占比较高;用户也更年轻、更"草根"。

其次,中国移动互联网"快速发展"。第一,中国的互联网经济增长迅猛,网民数量年增长率25%,互联网消费年增长32%,但是互联网用户普及率仅为52%,在G20集团中居于中下水平,未来还有较大的增长空间。第二,中国互联网新应用和服务的普及速度快,新兴应用渗透速度远超其他国家。例如,中国移动支付规模已经达到美国的70倍,众多新兴应用用户覆盖率均已超过50%。

最后,中国移动互联网"活跃多变"。中国互联网经济活跃度高,波动性也较大。主要表现为中国互联网经济节奏更快,服务与应用的变化也相对更快,与此同时,互联网行业的风口现象也更加明显,高峰期时企业的数量更多,相对企业平均寿命也更短。

特别需要指出的是,虽然中国移动互联网的发展速度很快,但是发展也极不平衡,目前中国互联网产业主要集中在消费级互联网领域,企业级领域严重滞后于欧美国家,同时在互联网与其他产业深度融合方面,中国与发达国家之间还存在着显著的差距。

正是在这样的背景下,中国企业家与领导者面临着四大挑战与四大机遇。四大挑战分别来自价值创造方式改变、经济增长速率放缓、产能过剩以及西方逆全球化潮流等带来的挑战,四大机遇分别是价值创造方式创新、产业消费升级、城镇化率提升以及中国国际化步伐加快等带来的机遇。正是在这样的背景下,五星领导力在领导实践上顺应大变革时代的呼唤,应运而生。

在五星领导力中,前瞻力是前提、平台力是关键、创新力是源泉、保障力是保证、共识力是基石。价值观是元动力,是动力机制。

1. 前瞻力

前瞻力是指敏锐感知周围世界的变化,并与时俱进,提出创新的组织目标的能力。具体包括:第一,掌握愿景和未来规划等方面的知识;第二,了解组织外部宏观环境的发展趋势与规律;第三,联系本企业实际确定创新的组织目标;第四,共启愿景或者说整合追随者和利益相关者的愿景。前瞻力的强弱,决定领导者能否做正确的事。

2. 共识力

共识力是指领导者与利益相关者形成共识的能力。利益相关者包括用户、股东、员工、合作伙伴、竞争对手、政府组织等。从领导力角度来说,共识力也是提供组织的学习能力。领导者除了需要能够构筑企业与团队的共享愿景之外,更需要了解组织,并成为能改变其工作方式的社会建筑师。这是因为,任何组织的社会结构都是一个隐藏的变量,领导者需要将组织中杂乱无章的声音梳理得井然有序。共识力虽然很难在现实中识别出来,但是它却实实在在地决定着人们的行为,同时也被微妙地传递给企业内部的个人与群体,并对他们的行为规范与价值观产生影响,同时也对形成企业内外的凝聚力产生作用。通过共识力的修炼,就是要达到企业上下同欲的效果。

3. 平台力

平台力是指领导者运用平台整合资源和发展企业的能力。体现为三项关键能力,即连接什么、如何连接的能力;有效赋能、高效协同的能力,建立合作共赢生态圈的能力。平台力非常重要,当一个企业同时具备网络协同、数据赋能和共赢机制三种发展动力时,企业将会快速集聚周边资源来辅助自身发展。

4. 创新力

创新力是指赋予资源以创造新价值的新能力。只要是能够改变已有资源的价值创新潜力的行为,就是领导者的创新力。领导者能够通过创新力,带动企业在市场中将生态圈内的要素资源进行有效整合,并通过赋能、重构、使能等方式,驱动平台创造出更多的价值。创新力具体表现为识别创新机会的能力、建立开放网络的能力、创新商业模式的能力以及管控创新风险的能力。

5. 保障力

保障力是指领导者打造实现新愿景的高效运营机制的能力,具体包括:领导与时俱进地组织变革、培育内在驱动的人力资源、重塑灵活适应的激励机制。保障力修炼的核心在于运营机制的重塑,企业中的运营机制至关重要,在不确定性和颠覆性创新的背景下,企业的组织运营、人力资源等都面临着巨大的挑战,这就需要对企业领导者的保障力进行修炼。

四、全球化背景下的责任领导力

随着经济全球化进程的加快,企业领导者所处的环境与面对的社会问题越来越复杂。企业领导者面临着多方面的挑战,如多样化挑战、利益相关者挑战、伦理挑战等。这就要求领导者不仅要实现传统的利润目标,而且要承担各种社会责任。然而,传统的领导理论却在一定程度上忽视了领导者所需承担的社会责任。因此,在新的时代背景下,有必要重新定义领导概念并界定其所需承担的角色。责任型领导概念的提出正是对既有领导理论与现实挑战的有力回应。

西方学者从21世纪初开始关注责任型领导,不过相关研究仍处于起步阶段。在我国,该领域的研究更为缺乏。为了更好地推进责任型领导理论的发展并指导我国企业的领导实践,有必要对责任型领导的概念内涵、理论基础、形成前因及影响结果等进行梳理与总结,并对该领域的未来研究方向进行展望。

责任型领导是一个综合性概念,它将社会责任与领导这两个截然不同领域的理论融合在一起。该概念的提出是对近年来相关实践需求的一种响应。自人类进入21世纪以来,经济全球化、组织网络化、员工多元化等趋势日益凸显。为了使组织成功,领导者不仅要关注传统的股东回报(利润),更要对组织外的社会与环境承担责任。这就要求领导者与组织的所有利益相关者(全球员工、客户、供应商、政府等)建立持续的、相互信任的关系。因此,领导者的角色需要从传统的发号施令者演变成关系的建立者与协调者。遗憾的是,传统的领导理论(如领导—成员交换、变革型领导等)强调领导与下属的二元关系,关注的主要是领导者对下属的影响以及下属对领导者的跟随和服从,忽略了新的时代背景下领导者与更为广泛的利益相关者的平等关系。

在第六十五届美国管理学会(The Academy of Management, AOM)年会上,普利思和马克(2005)首次提出了责任型领导概念;接着,马克和普利思(2006)在学术期刊上进一步发表了自己对该概念的理解。他们将责任型领导定义为"一种与组织内外的利益相关者建立、培养和维持相互信任关系的艺术和能力以及共同协作的责任行为,其目的是实现具有共享意义的商业愿景"。他们还强调,责任型领导研究不应该与传统的领导研究一样从描述的、工具性的视角去展开,而应该从规范的视角来进行。他们指出,责任型领导的行为过程是一种相关联的、涉及伦理的现象,它产生于社会的相互作用之中,并且领导者与被领导者相互影响,这种影响作用又与企业的未来目标密切相关。该观点把传统的领导者与下属之间的关系扩展到领导者与不同利益相关者之间,而且重点关注的是领导者与各利益相关者之间的责任。国内学者宋继文等也从利益相关者角度给出了类似的定义,他们认为责任型领导是指"通过对社会责任的积极履行,与组织内外不同的利益相关者达成互信、合作、稳定的互惠关系网,通过满足各方利益相关者的要求,以共享的愿景和协调各方的责任型行为来实现企业可持续发展及各方共同利益的领导行为"。沃林(Voegtlin)则基于民主协商思想就责任型领导概念提出了自己的见解。他们认为,唯有考虑与组织相关的各方,才能实现程序的合法性;唯有通过权衡与协商等方式,才能实现最终结果的公平性。因此,他们将责任型领导定义为一种能让领导者在行动中充分考虑个体行为对相关者影响的意识。

综合来看,尽管到目前为止,学者们对责任型领导概念还未形成统一的认识,但大多数责任型领导定义都包含有效性、伦理性和可持续性三个要素,并且强调领导者通过关注社会责任和商业伦理来实现组织的长远发展。

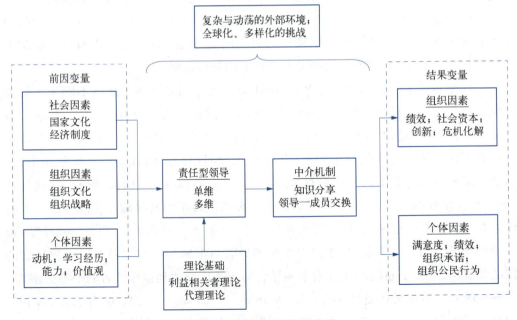

图 8-2 责任领导的作用机理

第二节　面向未来的职业责任

一、未来职业发展的新趋势

1. 传统雇佣形式的终结

近年来,随着互联网技术、大数据、人工智能等新型技术广泛渗入到经济、社会和生活的各个方面,企业内外部环境发生了颠覆性变化,经营环境变得更加复杂多变,不确定性极速增加,员工与组织的关系也发生了巨大的变化,这就对企业的传统雇佣关系提出了诸多挑战。在传统的商业环境中,企业可以凭借着企业家个体的经验、判断与个人魅力以及企业的技术、资金以及资源上的优势,帮助企业实现快速增长与盈利。但是,随着技术迭代提速,不确定性、复杂性明显增强使企业不得不努力收集更加系统全面的信息,同时还要求能够适时调整组织结构与决策体系,更加敏捷地应对市场环境的变化,快速作出企业决策,这就对企业的敏捷性与柔性提出了更多的要求,企业越来越多地采取基于客户快速反馈的组织结构,从而保证高效的市场反应能力。

这就要求企业越来越依赖优秀人才队伍,对人才能力的要求也越来越高,但是企业能够提供的传统激励资源,例如职位晋升机会和职业保障却因为组织向敏捷性和柔性的方向变革而愈发稀缺。与此同时,传统雇佣关系还受到新生代员工的价值观与信息习惯变化的影响:新生代员工更加关注自身价值的实现,渴望通过职业发展实现人生价值,他们也更加关注个人在工作环境中的体验感,这就使得传统的雇佣关系平衡法则难以在当今社会发生作用:一方面,企业很难提供关键激励资源(雇佣保障和内部晋升等传统激励),同时员工在雇佣关系中的利益诉求也发生了变化,这就要求企业对雇佣关系模式变革的本质进行分析,寻找到新的雇佣关系"法则"。

VUCA 时代企业与员工关系的新挑战

近年来,互联网技术深入渗透到社会、经济和生活之中,企业的经营环境变得更加复杂,不确定性更加明显,VUCA 一词便成了企业家和演说家口中的时髦词汇,被提及的概率越来越高,VUCA 给企业形成的挑战的确非常现实而且迫切。美国乔治亚大学的本纳特（Bennett）和勒莫因（Lemoine）认为，VUCA 是企业面临的四个不同方面的挑战，要求企业的应对方案也不同：波动性要求企业具备更高的敏捷性，储备更多的冗余资源；不确定性要求企业收集更为系统全面的信息；复杂性要求企业进行组织重构；模糊性则要求企业对可能的机会进行试验求证。而在 VUCA 环境中，企业所面临的人力资源问题则更加具体、更加现实！

……

VUCA 时代对企业的敏捷性和柔性提更高的要求，许多企业仍在灵活雇佣模式的道路上越走越远，遇到的人力资源管理问题自然也就越来越严重！在基于纯粹市场效率逻辑的灵活雇佣关系模式中，大多数企业必然经常面临以下两个基本冲突。

企业对敏捷性的需求 VS 员工对雇佣保障的需求。企业对柔性的需求 VS 员工对雇佣保障的需求。VUCA 时代，企业为追求组织柔性打破了长期雇佣的承诺转而采取灵活雇佣模式，原有的企业和员工之间的互惠关系随之被打破。从本质上说，员工都渴望拥有可预期的雇佣保障。企业成功的基石是一群受激励的和满意的优秀员工，企业必须平衡企业柔性需求和员工雇佣保障需求之间的矛盾。

企业对员工忠诚的需求 VS 员工对个人职业发展的需求。扁平化、并联式的组织结构越来越普遍，加之团队工作形式更加依赖员工的创始人思维和主动工作行为，因此，企业希望员工"眼光向内"，站在企业的角度思考问题并且主动创新和奉献。在长期雇佣模式中，企业可以通过提供长期雇佣以及内部晋升机会等方式激励员工，实现这一目标。但是在 VUCA 时代，随着组织模式的变革，长期雇佣变得非常稀缺，企业内晋升的机会也被大大压缩，因此，员工只能选择"吃着碗里的，看着锅里的"，他们更加关注自身在市场上的职业价值，更多表现出"眼光向外"的行为。

2. 虚拟团队的出现：更需要共享领导力

随着全球化经济和互联网技术的发展，越来越多的企业采用虚拟团队形式以有效配置和使用资源。虚拟团队特征往往使团队领导要求不同于传统的面对面团队。虚拟团队更多通过电子信息技术而不是面对面进行交流，很大程度上制约垂直领导者的影响力，包括对下属绩效的监督、实施解决问题的方案以及其他典型的监管和发展职能。为了克服这些挑战，领导者可以构建架构允许团队成员作为一个团队管理自己的绩效。

共享领导是团队成员自发地投入于领导-跟随者互动中,成员在团队中提供领导力的同时也认同其他成员的领导。共享领导是团队成员为了实现团队目标而互相领导的一个动态的互动影响过程。由于共享领导是来自团队成员的非正式领导,成员间交流的正式程度和层级性也弱,更容易克服虚拟团队的沟通困难。同时,共享领导使团队成员在相互领导中共担责任,促使成员共享各自的关键知识、技能、能力,为实现团队目标做出贡献。知识和信息共享有助于创造性想法的产生和传播。学者霍克(Hoch)的研究发现:共享领导水平较高时,团队成员愿意贡献自己的想法并让其他成员都能获取自己独有的信息。成员贡献更多创造性想法和方案促使团队创造力提高;同时,成员在团队中交流创造性想法也能促进其他成员进一步改进并提出更多创造性想法。团队成员之间信息共享、共同构建新的想法和工作流程、共同评价个体提出的想法是团队创造力的重要来源。共享领导有利于成员知识共享,进而促进团队创造力。

有研究表明:50%的虚拟团队由于传统分配的领导力有效性的缺失而未能达到战略和运营目标。虚拟团队领导力具有更多灵活性,并愿意让他人在必要时领导。通过授权和发展团队成员的方式来共同发挥领导力作用,以有效完成团队目标。这种突破单一领导者而将领导力延伸至每位团队成员参与的团队现象称为共享领导。可见,在虚拟团队,有效领导力不再局限于来自传统的、单个垂直领导者,同时需要团队成员共享领导力。

3. 按需式工作和劳动:云劳动出现

信息时代与人工智能技术共同塑造和确证了新的劳动逻辑:人类可以利用网络平台直接与世界对接。这种逻辑影响着用人单位向平台建设与平台服务的方向发展,也将使得一种新的劳动模式——"云劳动"成为主流。与"云计算"一样,参与"云劳动"的劳动者可以完美地与社会劳动任务对接,用人单位变成一个典型化的任务发布平台,劳动者可以随时选择和接受劳动任务。从发展趋势来看,这种"云劳动"将成为后现代劳动的主要形式,这是劳动力市场发展的必然结果,也是生产力和劳动力解放的必由之路。

当今中国,共享经济思维正向各个领域渗透,可以用共享经济思维将云劳动模式解读为"共享劳动力"。其中以滴滴为代表的网约车平台就是共享经济的典型模式,也是"云劳动"模式的先锋。2017年7月,"大医汇"作为首个共享医生平台在广州落地,成立初期已经有1 500名医生加盟。由此,广东省开启了"网约医生"的时代。同时,各种以职业联盟形式成立的网络平台在中国落地生长,越来越多的设计师、工程师、培训师等技术性职业在云劳动的模式下成为与平台合作的"自营劳动者",而相关行业的用人单位在市场的冲击下也开始渐渐转型为平台服务。可以预见,在不久的将来,非技术的、重复性的、危险性的职业会渐渐被人工智能代替,而其他职业大多可以通过云劳动的方式完成,新的劳动样态图景如画卷一般在中国大地缓缓展开。

当今的世界正在变成一个信息圈:我们越来越频繁地通过信息通信技术与世界以及其他技术对话,习惯用信息化的方式思考。现实生活中的工作与劳动也是如此。纵观现阶段的劳动力市场,灵活的雇佣制度、临时性的劳动力就业以及弹性的工作时间,已经成为日常工作的常态,兼职、临时工作(短期工作、季节性工作等)等工作形式普遍存在。根据国际劳工组织的统计数据显示,劳动合同的性质正在发生变化,短期合同和不定期工作时间变得更加宽泛,全球大约60%的工人就业以兼职或临时性工作为主。根据世界银行提供的数据显示,已有超过五百万人通过诸如"Freelancer.com"和"Up Work"等线上就业平台从事远程工作,工作范畴从网站设计到撰写法律摘文,通常至少带来每小时几美元的收入。

在大数据的浪潮下,AI不仅给各行各业带来了新一轮的"技术性失业",而且还间接地引发了工作本质的变革,出现了一种颠覆传统的工作模式——"云劳动",即一种"按需式"的工作系统。该术语是基于"云计算"的技术理念演化而来,类似的还有"云存储""云服务""云安全"之类的延伸概念。作为"云计算"在劳动力市场的拓展,"云劳动"带有浓厚的"云计算"特征且类似于其服务模式。"云计算"的特征主要表现为按需自助服务、无所不在的网络访问、独立划分资源池、对资源进行快速且有弹性的管理,并且该服务以可计量的方式呈现给用户。由此可见,"云劳动"对所要服务的领域更加精细化,更加聚焦于劳动力市场之需求。

"云劳动"就是在现有的工作形态下,按劳动力的需求在网络端对工作资源进行快速弹性地供应。其资源池里汇集的是公司外包出来的离散任务,大致可以参照微软公司旗下运营的一个名为"Universal Human Relevance System"的平台,上面每月都会发布成千上万个"微工作",如,测试搜索程序结果等。劳动力可以根据自身所具备的技能来选择相应的工作,成为"自营工作者"——一种被人工智能颠覆的劳动力市场所重新塑造的职业。至此,"云劳动"意味着从全职或兼职的工作者向完全自由的职业者演化,有选择地通过"云劳动"系统参与工作,与公司建立以工作为业务的合作关系。可以说,"云劳动"的出现,开创了新的工作形式,究其本质,是人类劳动自动化的结果。

4. 人工智能和机器人的广泛使用

伴随着AI技术的不断发展壮大,人类社会正在发生深刻而本质的改变。从手机智能系统、图像语音识别到智能机器人、无人驾驶汽车等智能产品的应用与普及,我们已自觉或不自觉地置身于人工智能的环境中。牛津大学哲学家尼克·博斯托罗姆认为,正如人类竞争激烈,并完全取代大猩猩一样,AI发展将超越人类并最终占据主导地位。伴随着人工智能技术的日益发展,现有工作岗位正发生着翻天覆地的变化。

在这种变化趋势下,未来的工作和职业培训将充满许多不确定因素,其中更是涉及人与智能机器能否竞争、协作与共存等重大问题。未来的工作将会经历何种变化?职业培训将如何适应劳动力市场的新需求和新挑战?

美国的皮尤研究中心发布了题为《工作与职业培训的未来》的报告。该报告呈现了人工智能时代劳动力市场发展的趋势,并提出了职业培训的应有之义。报告指出,在未来的十年或二十年内,会大量涌现人工智能领域的技术创新,教育、卫生保健、交通、农业和公共安全领域的工作都将受到巨大冲击,未来工作将从三个方面发生变化:一是工作被机器代替。伴随产业自动化的加速,世界将转向"后经济增长"模式;二是工作岗位将供给不足。随着越来越多的工作岗位被机器人所取代,就业市场的供给难以匹配更多的劳动力需求;三是人类劳动开启自动化模式,"按需式"劳动和生活将成为一种常态。

雅斯贝尔斯在《历史的起源和目标》一书中提出,伴随着人工智能技术的发展,人工世界的"轴心时代"正迎面走来。在这个时代,技术对社会带来的影响有时候非常诡异:一方面,它可以改善人们的生活,延长人类的寿命,让那些处于新行业、掌握新技能的人发挥更大的作用;另一方面,则可能让更多的人无事可做。人工智能带给我们最直接、最真实的威胁,就是对我们工作的威胁。

(1)工作正被机器替代。当前,机器的优势愈加凸显。虽然机器研发成本大大超过人员培训成本,但机器一旦投入使用,其完成任务的成本将远远低于人工完成任务的成本。劳动经济学家的一项最新研究发现:如果每一千名员工多使用一个机器人,那么缩减员工聘用比例约为 0.18%—0.34%,减少工资支出的比例为 0.25%—0.5%,世界经济论坛预计在 2015—2020 年,全球制造和生产、办公室和行政部门领域的工作岗位,将出现不同程度的下降态势。除了商业与金融运营、销售、建设和开采领域的就业前景基本持平外,只有建筑工程、计算机、数学领域的就业人数还会强势增长。《未来简史》的作者尤瓦尔·赫拉利宣称,未来已至,人类将在人工智能时代变成"无用阶级"。事实上,第三次工业革命时期就已经有很多中等技术的工作在不断消失,例如,打字员、售票员、银行出纳以及很多生产流水线岗位等。如今,世界已迈入第四次工业革命的浪潮,人工智能不仅会促使运输和物流业的大部分工人、行政工作人员和生产领域的劳动者被机器取代,而且还将影响所有涉及手指灵巧度、反馈、观察和有限空间内工作的任务。同时,由于一些工作存在危险、恶劣和枯燥等不良因素,机器人取代人类工作,能够有效提高工作质量和精确度,减少不必要的安全隐患。工业机器人是集机械、电子、控制、计算机、传感器和人工智能等多学科先进技术于一体的重要现代制造业自动化装备。其广泛应用于工业、医疗、军事、抢险和家政服务等诸多领域,例如,汽车等制造业的点弧焊机器人、喷涂机器人和搬运机器人;通信和远距离控制的网络机器人;其他非制造业的救援机器人、军用机器人等。

（2）工作岗位供给不足。斯蒂芬·霍金曾说："人工智能之于人类，可能是最好的事情，也可能是会终结人类的最坏事情"。对于工作而言，技术的发展一方面会带来失业；另一方面会调节工作市场，即社会上现有工作的数量、类型和构成都会伴随新技术的问世发生改变。世界经济论坛根据当前的就业数据预计，2015—2020 年期间，劳动力市场将遭到破坏性变动。共 710 万个工作岗位将被减少，同时，几个较小的职业圈将增加 200 万个工作岗位；超过 510 万个为净损失工作岗位，其中 2/3 的职位集中在办公室和行政类。根据国际劳工组织的统计数据预计，2015—2020 年间，全球劳动力总人口约为 350 968 万人，失业人口约为 20 202.4 万人。

我国也对人工智能进行了整体规划。2017 年，国务院印发《新一代人工智能发展规划》（以下简称《规划》）。规划分为三步：2020 年人工智能总体技术和应用与世界先进水平同步；2025 年初步建立人工智能法律法规、伦理规范和政策体系；2030 年建成更加完善的人工智能法律法规、伦理规范和政策体系。不远的将来，人工智能将开创人类劳动的新局面，给中国劳动就业和劳动立法带来翻天覆地的变化。

首先，社会劳动任务将被重新分配。《规划》指出，今后越来越多的简单性、重复性、危险性任务将由人工智能完成。这就意味着就业结构将发生根本性变革，因为无论行业性质差异如何，都有简单的、重复性的或危险性的工作，任何领域和行业都可以将工作任务按照难度或可复制性进行类型化分割。这些任务将由人工智能完成，人类的劳动任务将以创造性的、沟通性的、舒适性的、具有弹性的形式出现；

其次，社会劳动的功能将发生转变。一直以来，劳动都是人类与自然沟通的重要媒介，人类在劳动实践中实现人与自然之间的能量转换。当人工智能全面参与劳动时，人类将主要通过人工智能而非实质性劳动参与物质世界实现能量变换。人类劳动的主要功能将从创造转为分配或协调，届时将有无数新的岗位、职业以及劳动形式涌现出来；

再次，劳动者的身份将受到冲击。当前所谓的人工智能基本都属于"弱人工智能"的范畴，其本质上是人类智能增强的工具。具备深度学习功能与自我意识的"强人工智能"是否能够出现，尚没有实质性证据，因此劳动者的自然人属性无实质性的伦理争议。但是，即便"弱人工智能"的出现也已经给劳动者身份的认定带来困惑。美国高速公路安全交通管理局认定，谷歌无人驾驶汽车采用的人工智能系统可以被视为"司机"，这是否说明人工智能产品在一定程度上被赋予了虚拟而有限的法律主体资格？在定位人工智能的法律主体地位时，是否可以参照对宠物或者婴儿的定位？或者定位是基于代理权而活动的"代理人"？这些困惑预示着人工智能对劳动者身份的冲击不可避免且愈发广泛而深刻。

5. 劳动人口老龄化趋势明显

人口老龄化问题在中国已是一个严峻的社会问题，劳动人口的老龄化是社会老龄化危机的必然结果与集中体现。然而劳动人口的老龄化并非老龄化社会的被迫选择。一方面,新的劳动样态对劳动者的体能要求愈发宽松,智能条件与知识结构将是评价劳动者的主要参考;另一方面,在新的劳动话语中,劳动者的精神需求将成为劳动的主要动因。智能水平较高、社会化劳动热情较高,正是新时代中国老年人的两大特征。20世纪60年代的婴儿潮是我国享用至今的人口红利,这批"60后"也成为改革开放的生力军和中坚力量。1977年恢复高考大幅提升了这一代人的文化水平和认知能力,20世纪90年代开始的互联网技术也是由这代人吹起号角。"60后"是中国市场经济的建设者和富强巨变的见证者,拥有着独特的时代命运。与"50后"相比,"60后"掌握着更多适应时代发展的技能与知识,在互联网平台的作用下,他们可以在步入老年后仍保持与社会的有效沟通。在精神需求上,"60后"与"50后"也有明显不同,生存不再是"60后"养老的主要威胁,而更高级的精神需求则成为新时代"老有所养"的题中要义。这些精神需求不仅仅包括本能的对爱与关怀的需求,也包括对来自社会的认同与尊重的需求。综合考虑养老金替代率压力和新时代老年人特征,适当的劳动人口老龄化是应对老龄化社会的有效路径之一。总之,在延迟退休与促进老年就业配套政策的作用之下,中国后现代劳动的一大特征即为劳动人口的老龄化。

6. 新生代员工带来的代际差异

代际差异理论是在20世纪50年代由德国社会学家卡尔·曼海姆提出的,是指因出生年代与成长背景的不同而导致的各代群之间在价值观、偏好、态度与行为等方面呈现出的具有差异性的群体特征。代际差异的产生与社会环境有关,一般来说,重大的社会历史事件对处于不同年龄阶段群体的影响具有差异,这种差异是产生代际差异的基础。相同的社会历史事件会对于不同年龄群体产生价值观的分化,也就是代际差异。因而,明显的代际价值观差异常常会出现在社会环境发生变化的时期。代际的划分多以年龄为基础进行,在我国,新生代与非新生代的划分方式是当前受到广泛认同的代群划分方式。以此为理论基础的代际差异划分出的90后新员工即为当前企业中最受关注的新型员工群体。

(1) 性格特点。90后处于中国经济社会转型时期,受到外来文化影响巨大,在人格特点上与老一代员工有着许多差异:他们更加自尊,但社会赞许需求度更低,更倾向于认为在社会生活中发生的事件其根源在自身,成功是个人努力的结果,而并非归结于其他外部因素。同时,有一部分90后员工群体存在一定程度的焦虑、消极情绪等问题,组织管理者需要根据他们的心理需求应对可能出现的困境。另一方面,90后的员工更加勇于挑战新事物,富有创新意识;懂得把握时机,清楚了解社会需求;获取知识能力强,学习欲望强烈。因而,90后一定程度上较老一代员工有许多性格上的优势。

（2）需求理念。90后因受经济全球化的发展影响，受外来影响巨大，因而更加追求个人价值、自我享受、自我表达，因而与传统工作观相比，90后员工更注重休闲，从老一代的"生活为了工作"变为"工作为了生活"，更注重协调生活与工作的关系，更加看重企业工作中的自由。

（3）工作态度。与老一代员工相比，90后员工与组织之间的关系发生了很大的变化，新一代员工没有老一代员工对企业的信任型心理契约，90后员工更强调对工作自主性的追求，更追求工作中的自主性，因而对上级管理者的严格监督与控制更易产生反感。

总之，代际问题给未来的工作责任与领导力的发展提出了严峻的考验，其性格特点、需求理念以及工作态度决定了传统的雇佣模式和领导方式已经难以适应新一代员工的需求。未来的职业责任应该何去何从，值得我们深入思考。

二、职业责任意识的变化

随着未来职业发展的新趋势，业界对于职业责任的意识也发生了转变，根据本书第二章职业责任的内在逻辑，我们认为这种转变主要体现在职业角色认知、职业情感、职业态度、职业价值观和职业精神等五个方面。

1. 职业角色认知

（1）从岗位职员到事业合伙人。在传统的职业与雇佣关系中，组织与员工之间更多的是围绕着既定的岗位职责与薪资报酬建立的雇佣契约关系，在这个关系当中，员工根据岗位职责的要求履行责任，并根据工作绩效的高低获取相应的报酬。这种雇佣关系能够清晰地界定员工的职责边界，并根据相应的职责对其工作绩效进行评估。然而，在新的职业发展趋势下，组织与员工的关系本质上发生了改变——突破了传统的"稳固的雇佣与被雇佣"的关系，转向一种以"相互投资"为手段，以实现组织与员工"共同发展"为目的，以虚拟灵活和多样化为表现形式的新型雇佣关系。在这样的雇佣关系下，员工对于自己在组织或者工作中的定位与角色认知发生了改变，员工更倾向于将组织视为是一群事业合伙人的集群，在这个集群中，每个人都为了实现组织与个人的"共赢"而不断努力。

（2）从命令执行者到决策参与者。在传统的雇佣关系中会存在显著的上下级关系，员工会感知到较大的权力距离感，从而在日常工作中更多扮演着命令的执行者，即接收到来自上级领导的任务分派，并根据任务的要求完成工作内容。在这个过程中，一方面由于员工没有参与到决策的制定过程中，对命令本身可能会存在一定的理解偏差，另一方面，作为被动的命令接收者，员工更多的是以完成命令指派的任务为目标，一定程度上会抑制员工在工作中的创新与创造。在新的雇佣关系中，由于员工更多的是扮演事业合伙人的角色,因此也被赋予更多的权力参与到决策的共同制定当中,一定程度上也会提高员工的工作积极性与认同感。

(3) 从被动信息接收和资源配置到利益相关网络关键节点。在传统雇佣关系中,由于员工更多的是充当命令执行者的角色,因此员工更多的是等待上级领导传递关键信息和分配资源,这就会一定程度上抑制员工主动开发资源与获取信息的能动性。在新的雇佣关系中,员工将作为利益相关网络中的关键节点而存在,在这样的网络中,员工根据职业发展的需要,主动地去争取各方面的优质资源,并通过有效的利益相关者网络获取关键信息。

2. 职业情感

由于员工的角色认知的变化,因此也将呈现出不同的职业情感,包括从(中)低职业认同到高职业认同,从(中)低职业荣誉感到高职业荣誉感,从(中)低自我效能感到高自我效能感,从(中)低职业激情到高职业激情,从(中)低职业自尊到高职业自尊。这是因为,多样化深层次需求的满足会促使员工从心理层面强化对组织的认同感与归属感,帮助他们深度嵌入到组织的工作与创新网络中,并以"主人翁"的视角审视组织目标的达成与个人目标实现,进而提升个人满意度与承诺程度,提高职业情感水平。

3. 职业态度

从"谋生"导向的职业态度转向"幸福工作""享受工作"与"谋生"并行的职业态度。在传统的雇佣关系中,员工从事职业工作的态度更多地是以获取报酬为出发点,员工更多地将工作视为"谋生"的工具。然而,随着人们理念与思维方式的改变,员工在满足"谋生"基本需求的同时,也关注在职业中获取"幸福"与"享受"的感知。

4. 职业价值观

在新的雇佣关系中,更强调个人的人生目标、价值观与职业价值观的匹配。相似的价值观会促进员工与组织积极的情感联系,当他们感知到拥有相似或共享的价值观时,促进内部沟通交流,提高员工参与活动和接受团队任务、角色的意愿。从知识传递视角来看,由于思维、行为和决策方式的相似,员工在组织内建立信任与认同,有助于选择分享与贡献关键技术。从身份认同视角来看,相似的价值观能提高员工的认同感和凝聚力,从而使其更关注有利于组织的事情,愿意通过创造性的行为提高组织整体绩效。

5. 职业精神

在新的雇佣关系中更强调员工的敬业、勤业、创新、立业的职业精神。

一方面,当员工的个人价值观与职业价值观高度一致时,社会吸引会增强员工持续互动的社会动机和更加积极的情感反应,表现出更高的凝聚力和身份认同,这有利于组织内部的合作,促进信息交换与共同决策,进而提升员工的工作热情与创新活力。同时,价值匹配会让员工感知到更多的自主性,这有助于他们增强在创新过程中的自主性与适应性,也更容易塑造安全的、愿景式的、支持性的团队文化与氛围,这也被认为有利于团队整体的创新文化。在这样的文化氛围中,员工会呈现出更加饱满的职业精神面貌。

另一方面,从员工成长视角来看,当员工拥有组织需要的能力时,会得到更多的发展机会与支持,个人能力得到开发与应用,归属感与成长效价相应提高,个体因此受到激励,提高个人敬业度、创新意愿。从员工心理需求来看,当个体拥有独特知识与能力得到认可时,胜任感知与自我实现的心理需求得以满足,员工的内在驱动力就会越强,由此产生的交互记忆系统会促进员工之间增进信任与沟通,调节任务冲突,激发出更多的工作热情与职业精神。

三、未来职业责任发展的新趋势

随着全球化、智能化进程的不断加速,未来职业责任已经成为不同国家、组织竞相追逐的全球标准。

1. 未来职业责任发展的新框架

过去,企业为实现利益最大化而被动地关注员工的利益与个人发展,要求员工为了实现组织的目标而放弃个人的个性、特征,服务组织的领导与命令,在这个时候,员工更多的是害怕受到责罚而被动地接受职业所赋予的责任,员工履行本职工作的责任的最重要的动机是获取相应的报酬。然而,在未来员工主动履行职业责任已经发展成为影响企业获取竞争优势与成功的重要因素,企业和领导也更主动的关注员工,他们将会帮助员工发掘工作的意义与价值,更多地给员工授权,发挥员工的自主动机,甚至将帮助员工成长作为组织发展内在驱动力,让员工实实在在感受到自己是组织或者团队的"主人",从而能够自觉将组织目标内化为个人的目标,而更加积极主动地承担职业责任。

因此,不同于以往职业责任是由组织高层统一制定,并自上而下贯彻执行的一套规则与方针,未来的职业责任更强调不同层级员工之间的"对话",而非"命令",不同员工在感知到自己对于本职工作的认同感与情感依赖之后,将会自发地形成对出色完成该岗位本职工作所要承担责任的认知,并将这种认知在组织内部进行"对话",特别是与直接领导之间的"对话",通过领导给予该员工"反馈",从而帮助其更好地明晰自己的职业责任,因此,未来的职业责任应该是一套自下而上的新框架,在这个框架中,每个岗位上的员工将通过主动性与创造力发掘该岗位的责任,并将这种认知结果与直接领导进行"对话",从而明确自己的职业责任。相对的,作为"相互投资"的另一方,员工也会更多地站在帮助企业与领导者获取成功的角度思考,从而实现"共赢"。

2. 未来职业责任发展的新机制

职业责任的演进依赖于推动者对行动者的积极动员,以往组织通常通过会议、宣传或者惩罚等方式积极动员,从而使员工被动树立履行职业责任的意识。然而,未来随着职业责任新框架的构建,机制也在发生着变化:随着未来职业责任转化成为一个自下而上、自发形成的体系与框架,未来的职业责任会更多通过"对话"而非"命令"的方式进行,职业责任已经演进成为员工自发履行职业责任的过程。与此同时,组织将减少强制员工履行职业责任的政策与机制,转而更多地通过愿景描述、目标认同、价值实现、情感支持等柔性方式来加强员工对于职业责任的认同与理解。在这个过程中,组织通过设置共同的原则、目标和使命来推动职业责任框架的有序发展,从而将职业责任发展成为全员参与、全员利益相关的体系,在这个体系中,员工会更加积极加入承担职业责任的行列当中,而在这个体系中,员工的动机机制更多地是受自己内在的驱动以及组织氛围的影响,因为那些不遵守职业责任的员工会受到来自整个组织的谴责,从而无法在组织中继续承担重要职位。

特别需要指出的是,未来职业责任的发展方向中,员工从"心理契约"走向了"心理所有权"。"心理契约"是指个体在与第三方进行互惠交换过程中,以双方做出的或暗示的承诺为基础,形成的主观信念,这种信念指的是员工的贡献(如努力、忠诚等)与组织回报(晋升、报酬等)之间的交换关系的承诺。当个体认为通过自身的付出(忠诚、努力工作、牺牲娱乐等)会得到组织给予的合理回报(工作安全、薪酬等)时,这种信念就会形成契约。由此可知,基于传统雇佣关系的"心理契约"更多的是基于员工与组织之间在交换过程中的彼此承诺,是一种被动的持续投入。

"心理所有权"则是指一种个体感觉所有权的目标或一部分是"我的"这样一种认知状态。"所有权"最初源于法学,尔后被运用在经济学当中,直到20世纪90年代,一些欧美学者才开始从心理学视角探索所有权产生的各种影响。心理所有权起源的研究主要分为两大主流视角,其一是生物本能视角,持这一观点的学者认为所有的心理体验都是缘起于个体内在的先天机制,人类具有所有权的本能需求;其二是社会学习视角,这一类学者主要是从个体社会化实践的角度研究心理所有权,他们认为所有权及其相应的心理体验出现在人类发展的早期,并会伴随着人的成长和发展的经历与学习不断被强化,个人经历、认知的发展以及某些社会实践对所有权感知的形成起着重要的作用。员工在职业责任中展现多少敬业与热情,归根结底取决于他们的自主性与自主作用,并从内心深处认为"职业责任"这件事多大程度上是"我的",只有当员工将从事职业工作的外部动机内化为自我身份认同时,这种主动性与自主动机才会发挥作用。因此,未来我们有理由相信,在未来的职业责任发展中,"心理所有权"将取代"心理契约"成为发挥作用的心理变量。

3. 未来职业责任发展的新标准

未来职业责任具有互惠和共同监督的特点，为了适应新的需求和时代的发展，组织需要制定相应的计划、实践标准并采取具体的行动，从而在某种意义上能够发展组织的职业责任的原则，因此职业责任作为组织监督体系中的重要内容，在一定程度上动员其他员工也成为职业责任的行动者。在未来，由于职业责任更多的来自员工自发的行为与认知，因此组织内部原来的管理与领导体系成为提出职业责任要求的中介和推动职业责任规则合法化、固定化的保障。同时，未来的职业责任也更加强调"软"标准而非"硬"标准，事实上，企业遵守基本人权、劳工权利和环境权，强调人的自由而全面的发展，给予员工发挥主动性与潜能的空间与机会，让员工能够感知到自我控制，满足其自主、胜任与情感需求是推动在职业责任积极发展的必要条件。

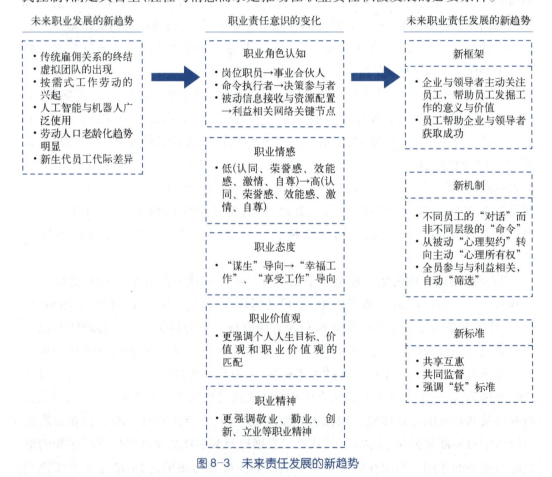

图 8-3 未来责任发展的新趋势

【本章小结】

从新领导观角度、新领导者角度、新领导艺术等方面阐述了领导力的发展趋势，

并介绍了领导力与相关学科结合的一些新的领导力理论研究与发展动态,从而对提出面向对来的领导力提供一点有益的借鉴;

介绍了未来职业发展的新趋势,包括传统雇佣关系的终结、虚拟团队的出现、按需式劳动与云劳动、人工智能、人口老龄化以及代际差异等视角对职业发展带来的影响,在此基础上,阐述了在新职业发展趋势下,员工职业意识的变化,并由此提出未来职业责任发展的新框架、新机制与新标准。

【案例研究与分析】

雇佣关系的新"法则"

华人管理学家徐淑英教授和她的团队认为,构建相互投资的互惠关系才是重构雇佣关系平衡的根本。他们经过大量的企业观察和研究指出,现在企业与员工之间的关系模式可以划分为四种类型,分别为过度投资型、准契约型、投资不足型和相互投资型,在四种员工-组织关系类型中,过度投资型和投资不足型都是不平衡的,准契约型则类似于短期的经济交换关系,这些最终都将对企业和员工造成长期的负面影响,他们建议,企业应该努力构建相互投资型的员工-组织关系。

在灵活雇佣模式中,在强烈的市场效率逻辑的支配下,长期雇佣模式下的企业和员工之间的互惠关系由于企业无法提供长期雇佣保障承诺而被打破,此时,企业和员工之间的关系更加类似于单纯的经济交易。徐淑英和她的同事们提出的"相互投资"在管理哲学上提供了未来的出路。相互投资型雇佣关系模式看上去比较"过时",但实际上更加"明智",组织通过主动提供更高水平的雇员投入而获得雇员基于"互惠行为规则"的更高水平的回报,员工展现更多的主动行为和更强的承诺水平。目前,研究者和实践者对于"相互投资"的管理哲学进行了两种成功的实践探索:一是建立任期制,以联盟关系替代市场关系,以领英(LinkedIn)为代表,外部市场主导的灵活雇佣模式饱受诟病,如何重构雇佣关系的互惠和平衡成为众多企业需要解决的根本性问题。显然,企业已经无法回到长期雇佣模式时代,在VUCA时代寻找建立长期雇佣关系的方法本身具有讽刺意味。

领英(LinkedIn)的解决办法是,通过建立任期制,以联盟关系替代市场关系,创建一种鼓励企业和个人相互投资的工作模式。领英(LinkedIn)总裁Reid

认为，商业世界需要有利于相互信任、相互投资、共同受益的新型雇佣关系框架，企业和员工之间的关系应该从市场关系变革为联盟关系，企业必须改变关于雇佣忠诚的理念，任期制能够更好地解决雇佣双方的信任问题，高质量的任期雇佣经历能够推动彼此的承诺和信任，并且推动达成下一个任期的可能。

联盟关系的核心前提是，承认员工可能离职，忠诚的观念不再是从一而终，关键在于雇主和员工都为提升彼此价值而努力，双方就如何在任期内互惠进行坦诚的沟通，达成一致并信守承诺。员工投资于企业适应环境变化的能力，企业投资于员工的可雇佣性。在联盟关系中，企业不再把员工当作附属的身份，企业与员工之间是典型的相互投资的关系，通过不同形式的任期制重建信任和忠诚；二是建立以可雇佣性为主线的战略人力资源管理系统，以中粮集团为代表。所谓提高员工可雇佣性，就是企业通过一系列的员工发展措施提高员工在劳动力市场上的适应能力和价值。例如，企业在互惠的基础上，尊重员工的职业发展需求，在企业内为其职业发展提供必要的工作机会，任期制的关键也在于此；再如，许多企业在业务创新常规制度流程之外一般都会为员工保留一定的非常规创新空间，百度、腾讯和阿里巴巴都有类似的内部创业创新机制：只要员工有一个好的 idea，就可能通过这种例外机制进行申报，从而有机会获得企业的资金和人才等方面的支持，从而使得员工的开创性能力得以在组织内快速实现。

以可雇佣性为核心的人力资源管理实践有效地链接了企业和员工的关键需求。在这一系统中，员工获得了胜任岗位的能力，提高了自身的职业价值，获得了在市场上的可雇佣性，从而从市场上获得职业保障；企业则获得了胜任的、满意的员工、期望的能力和组织柔性。雇主和员工之间互惠关系、雇佣关系的新平衡因此能够得以重建。虽然，我们必须承认优秀员工可能会离开这一客观现实，忠诚的观念不再是从一而终。但以提升员工可雇佣性为核心的人力资源管理实践能够给员工带来更好的雇佣体验，企业与员工之间也更加容易形成信任和合作，企业也因而更可能保留优秀人才。

资料来源：朱飞，《VUCA 时代雇佣关系"法则"的变革》，《清华管理评论》，2015 年第 10 期，第 43—49 页。

【请思考】

未来的雇佣关系将会呈现出什么样的特征，在这种特征下员工的职业责任将会发生怎样的变化？

注释

① 冯彦君等:《"后现代性"视阈下劳动法的革新与完善》,《南通大学学报(社会科学版)》,2018年第04期,第62—68页。
② 黄中伟等:《代际差异视角下工作价值观对员工离职倾向的影响研究》,《经济与管理评论》,2016年第1期,第54—62页。
③ 徐莹:《基于代际差异的90后员工关系管理》,《企业导报》,2016年第16期,第40页。
④ 潘海英:《国外虚拟团队管理研究进展评述——基于动量理论》,《科技进步与对策》,2011年第1期,第157—160页。
⑤ 朱飞:《VUCA时代雇佣关系"法则"的变革》,《清华管理评论》,2015年第10期,第43—49页。
⑥ 王聪颖等:《员工代际差异对其工作场所乐趣与绩效关系的影响》,《管理学报》,2012年第12期,第1772—1778页。
⑦ 文鹏等:《责任型领导研究述评与展望》,《外国经济与管理》,2015年第11期,第38—49页。
⑧ 杜梦:《沉静领导:克制、谦逊与执着》,《商学院》,2009年第03期,第56—58页。
⑨ 蒿坡等:《共享型领导的概念、测量与作用机制》,《管理评论》,2017年第05期,第87—101页。
⑩ 陈春花:《解码未来领导力——codes模型及其内涵》,《清华管理评论》,2019年第Z1期,第18—26页。
⑪ 舒绍福:《跨文化领导的兴起、挑战与应对》,《教学与研究》,2014年第10期,第60—66页。
⑫ 陈春花:《跨文化领导力的五道坎》,《中外管理》,2017年第07期,第82—83页。
⑬ 丹尼尔·阿杰贝克·彼得森:《跨文化领导力是企业全球化成功的关键》,《首席人才官商业与管理评论》,2018年第01期,第62—73页。
⑭ 马洁玲等:《蓝海领导力:员工对你的管理买账吗?》,《现代国企研究》,2014年第13期,第12—13页。
⑮ 颜廷锐:《领导力研究的新发展:伦理领导》,《理论与改革》,2010年第03期,第81—85页。
⑯ 李方君:《伦理型领导产生机制及影响因素》,《心理科学进展》,2018年第26期,第886—895页。
⑰ 孙红霞:《女性领导力是怎样炼成的——以格力电器董明珠为例》,《商场现代化》,2018年第13期,第115—116页。
⑱ 罗瑾琏等:《企业高层女性领导者变革警觉特征及变革推动效应研究》,《管理学季刊》,2017年第02期,第81—111页。
⑲ 曲庆等:《文化领导力:内涵界定及有效性初探》,《南开管理评论》,2018年第01期,第191—202页。

请扫描二维码获取更多图书资料

图书在版编目(CIP)数据

职业责任与领导力/姚凯编著. —上海：复旦大学出版社，2020.9
(复旦博学.21世纪人力资源管理丛书)
ISBN 978-7-309-15134-3

Ⅰ.①职… Ⅱ.①姚… Ⅲ.①管理学-高等学校-教材 Ⅳ.①C93

中国版本图书馆CIP数据核字(2020)第163531号

职业责任与领导力
姚 凯 编著
责任编辑/方毅超

复旦大学出版社有限公司出版发行
上海市国权路579号 邮编：200433
网址：fupnet@fudanpress.com http://www.fudanpress.com
门市零售：86-21-65102580 团体订购：86-21-65104505
外埠邮购：86-21-65642846 出版部电话：86-21-65642845
上海四维数字图文有限公司

开本 787×1092 1/16 印张 24.75 字数 485 千
2020年9月第1版第1次印刷

ISBN 978-7-309-15134-3/C·395
定价：54.00元

如有印装质量问题,请向复旦大学出版社有限公司出版部调换。
版权所有 侵权必究